LA NAISSANCE NORMALE
DU CHRÉTIEN

LA NAISSANCE NORMALE DU CHRÉTIEN

POUR UN BON DÉPART DANS LA VIE AVEC DIEU

David Pawson

Anchor Recordings

Copyright © 2023 David Pawson Ministry CIO

Titre original: *The Normal Christian Birth*
©1989 par David Pawson

David Pawson a revendiqué son droit d'être identifié comme auteur de cette œuvre, conformément au Copyright, Designs and Patents Act 1988.

Première publication : 2017
Cette édition a été publiée en Grande-Bretagne en 2023 par Anchor, qui est un nom commercial de David Pawson Publishing Ltd
Synegis House, 21 Crockhamwell Road, Woodley, Reading RG5 3LE

Aucune partie de cette publication ne peut être reproduite ou transmise sous quelque forme ou par quelque moyen que ce soit, électronique ou mécanique, y compris la photocopie, l'enregistrement ou tout système de stockage et de récupération de l'information, sans l'autorisation écrite préalable de l'éditeur.

Toutes les citations bibliques, ainsi que la façon de noter les références bibliques, sont, sauf mention spéciale, tirées de la Nouvelle version Segond 1978, dite Bible «à la Colombe».

Pour plus d'information sur l'enseignement de David Pawson, y compris sur les DVD et les CD, rendez-vous sur le site
www.davidpawson.com

**POUR OBTENIR DES
TÉLÉCHARGEMENTS GRATUITS**
www.davidpawson.org

Pour plus d'informations, envoyez un courriel à
contact@davidpawsonpublishing.com

ISBN 978-1-911173-13-7

Imprimé par Ingram Spark

«Mais la porte qui conduit à la vie est étroite – contractée par la pression – et la route en est resserée et comprimée, et ceux qui la trouvent sont peu nombreux.»
(Mt 7.14)

«Jésus répondit: "En vérité, en vérité, je te le dis, à moins de naître d'eau et d'Esprit, nul ne peut entrer dans le Royaume de Dieu."»
(Jn 3.5, La Bible de Jérusalem)

«Pierre leur répondit: Changez de comportement et que chacun de vous se fasse baptiser au nom de Jésus-Christ, pour que vos péchés vous soient pardonnés. Vous recevrez alors le don de Dieu, le Saint-Esprit.»
(Ac 2.38, La Bible en français courant)

TABLE DES MATIERES

Prologue: Un mot pour les sages-femmes — 9

Première partie:
L'ACCOUCHEMENT NORMAL A L'ORIGINE
– La dimension théologique
1. Quatre portes spirituelles — 19
2. Repentez-vous de vos péchés envers Dieu — 35
3. Croyez au Seigneur Jésus — 45
4. Soyez baptisés dans l'eau — 63
5. Recevez l'Esprit Saint — 81
6. Né de nouveau — 111

Deuxième partie: «QU'EN EST-IL DE...?»
– La dimension exégétique
7. Le grand ordre de mission (Mt 28.19-20) — 129
8. La postface de Marc (Mc 16.9-20) — 139
9. Le brigand sur la croix (Le 23.40-43) — 143
10. La seconde naissance (Jn 3.3-8) — 149
11. Les fleuves d'eau vive (Jn 7.37-39) — 161
12. L'inconnu connu (Jn 14.17) — 167
13. Les onze premiers (Jn 20.22) — 173
14. Le cinquantième jour (Ac 1.4-5; 2.1-4) — 183
15. Les trois mille (Ac 2.38-41) — 197
16. Les convertis samaritains (Ac 8.4-25) — 209
17. L'eunuque éthiopien (Ac 8.36-39) — 219
18. Le centurion romain (Ac 10.44-48; 11.11-18; 15.7-11) — 223
19. Les maisons entières (Ac 11.14; 16.15, 31; 18.8) — 233
20. Les disciples d'Éphèse (Ac 19.1-6) — 245
21. L'épreuve décisive (Rm 8.9) — 261
22. La sainte famille (1 Co 7.14) — 271
23. Le corps désarticulé (1 Co 12.13) — 275
24. Les morts baptisés (1 Co 15.29) — 289
25. La nouvelle circoncision (Col 2.9-12) — 293
26. Le bain de la régénération (Tt 3.5-6) — 303
27. L'enseignement élémentaire (Hé 6.1-6) — 307
28. La foi agissante (Jc 2.14-26) — 317
29. Le déluge qui sauve (1 P 3.18-22) — 323
30. La porte fermée (Ap 3.20) — 333

Troisième partie: LA DÉCISION TYPIQUE ACTUELLE – La dimension pastorale

31. Une décision standard	341
32. Aider des disciples à se repentir	353
33. Aider des disciples à croire	367
34. Aider à être baptisé	377
35. Aider un disciple à recevoir	387
36. Enfin sauvé	401
Épilogue: Un mot à la famille	413

Appendices:

1. Le baptême d'enfant	419
2. «Esprit» sans l'article défini	437
3. Trinité ou tri-théisme?	445

PROLOGUE:
UN MOT POUR LES SAGES-FEMMES

Vous avez entre les mains un manuel d'obstétrique spirituelle. Il n'est pas réservé aux évangélistes, quoiqu'il soit particulièrement pertinent pour leur ministère. Il s'adresse aux pasteurs, aux responsables de la jeunesse et à tous ceux qui exercent une activité dans l'Eglise; au fond, il s'adresse à tous les chrétiens qui aspirent à gagner d'autres personnes à Christ, tous ceux qui, à un moment ou à un autre, se trouvent en train d'«assister» une personne qui «naît de nouveau».

En somme, ce livre traite de la manière de devenir «chrétien». Il a été écrit comme l'expression d'une préoccupation de voir des «conversions» de meilleure qualité (ainsi qu'en plus grande quantité, ce à quoi tous aspirent).

La naissance a des répercussions sur la vie. C'est vrai de la naissance physique. Un bon «accouchement», rapide, propre et exempt de complications, produit un bébé en bonne santé. Une mise au monde prolongée, douloureuse et compliquée peut avoir des effets dommageables, tant physiologiques que psychologiques, conduisant à une santé précaire et à un développement ralenti.

C'est tout aussi vrai de la naissance spirituelle. De nombreux «chrétiens», moi-même y compris, furent mal mis au monde. Il fallut des années pour que leur initiation soit achevée, quand elle n'est pas restée tout bonnement inachevée. Dans de nombreux cas, le cordon ombilical qui relie au passé n'a jamais été coupé et correctement lié. Certains bébés n'ont jamais été lavés. Sur d'autres, personne n'a jamais posé les mains pour qu'ils puissent respirer et crier! Certains sont à peine en vie, d'autres bien vite abandonnés (comme ce fut le cas du peuple d'Israël, d'après Ezéchiel 16.45).

Force est de constater que la littérature traitant de ce sujet est singulièrement pauvre. D'un côté, on trouve un grand nombre de brochures destinées à être distribuées à ceux qui manifestent un intérêt pour l'évangile, leur expliquant comment ils peuvent répondre à cet évangile. La plupart, nous allons le voir, ont opté pour une simplification de la procédure au point de créer des distorsions et de mauvaises orientations, en se fondant généralement sur une interprétation erronée de deux textes isolés: Jean 1.12 et Apocalypse 3.20 (voir les chapitres 5 et 30). La «prière du pécheur» typique est sérieusement insuffisante (voir le chapitre 31).

D'un autre côté, ces dernières années ont vu fleurir un grand nombre d'ouvrages érudits sur le «complexe initiatique», écrits par des savants pour des savants (on pense à Frederick Dale Bruner, James D. G. Dunn et George Beasley-Murray). Ce qui a stimulé ces publications a été le désir d'intégrer des aperçus sacramentels ou pentecôtistes dans l'approche évangélique traditionnelle. Je partage cet objectif, quoique je sois parvenu à mes propres conclusions quant au dosage de ce cocktail!

Entre les besoins de celui qui aborde l'évangile pour la première fois et ceux du savant, il existe un vide que ce livre cherche à combler. Il s'agit d'une étude sérieuse destinée à ceux qui sont prêts à s'asseoir l'esprit ouvert devant une Bible ouverte, qui n'ont pas peur de pénétrer en territoire inconnu et d'aimer Dieu de toute leur intelligence. Il ne s'agit pas d'une thèse érudite; elle n'exige pas la connaissance du grec ou de l'hébreu (quoiqu'on y fasse parfois référence pour les besoins de l'explication), contient peu de références à d'autres ouvrages (pourtant, un lecteur attentif saura discerner qu'une documentation importante a été étudiée en

PROLOGUE: UN MOT POUR LES SAGES-FEMMES

vue de préparer la rédaction de ce volume), et ne nécessite qu'une intelligence moyenne pour comprendre les questions de fond. Toutefois, il sera essentiel de faire preuve d'une volonté de *dés*apprendre, puisque beaucoup de présupposés traditionnels seront remis en question.

J'éprouve un souci particulier de voir se fondre les courants «évangélique» et «pentecôtiste». Ce sont les deux principaux points de croissance dans l'environnement chrétien actuel et, d'après certaines enquêtes statistiques, leur intégration conduit habituellement à une multiplication par cinq de l'efficacité dans l'évangélisation. Pourtant, les relations actuelles entre les deux semblent davantage fondées sur une tolérance bienveillante que sur un partage de vérité. Quoiqu'il y ait aujourd'hui beaucoup moins de désaccord ou de trouble au sujet des «dons de l'Esprit», un profond fossé subsiste néanmoins au sujet du «baptême dans l'Esprit», ce dernier étant d'un intérêt beaucoup plus direct pour notre étude.

Ceux des lecteurs qui aiment être au courant du pire le plus vite possible seront peut-être aidés par un résumé des principales thèses de ces pages (quoiqu'ils soient vivement encouragés à ne pas rejeter le tout à cause d'un désaccord sur une partie!).

Il est demandé à la tradition évangélique de réétudier son postulat selon lequel «croire en Jésus» et «recevoir l'Esprit» sont synonymes et simultanés (généralement englobés dans l'expression unique «recevoir Jésus»). Il est de même demandé à la tradition pentecôtiste de réétudier son postulat selon lequel «recevoir l'Esprit» et «être baptisé dans l'Esprit» ne sont *pas* synonymes ou simultanés (ce «baptême» étant généralement considéré comme une sorte de «deuxième» étape ou bénédiction). Il est demandé à chacun de ces deux courants de revoir leur conception du baptême dans l'eau comme un acte symbolique plutôt que sacramentel (la peur de la «régénération baptismale» peut finir par être irrationnelle et dénuée de fondement scripturaire).

La position que j'ai adoptée se trouve à mi-chemin entre l'évangélique et la pentecôtiste. Cela pourrait n'avoir pour effet que de mécontenter l'une et l'autre et de se retrouver dans une sorte de *no man's land*! On pourrait aussi la considérer comme un authentique point de rencontre permettant une synthèse véritablement biblique.

En deux mots, je crois que la «naissance normale du chrétien» consiste en une vraie repentance et une foi sincère, s'exprimant et s'effectuant dans un baptême d'eau, accompagnées d'une réception consciente de la personne de l'Esprit avec puissance. Cette compréhension de l'«initiation» est développée sous trois dimensions:

Théologique. La première section comprend un énoncé de tout le processus, suivi d'un examen attentif de chacun de ses quatre éléments, et se termine par un chapitre qui établit le rapport entre tout cela et la doctrine de la régénération.

Biblique. Normalement, une étude des textes bibliques appropriés devrait précéder toute déclaration de conclusions. Bien que cette partie du livre ait été écrite en premier (et que certains biblistes émérites pourraient bien commencer leur lecture par là), je l'ai placée en deuxième, de sorte que le lecteur puisse voir la forêt avant d'examiner chaque arbre! Ces textes ont été choisis parce qu'ils sont cruciaux ou controversés. Il n'est pas nécessaire (et peut-être pas utile) de les parcourir dans leur ensemble à la première lecture. Le lecteur est néanmoins encouragé à considérer les chapitres 9, 10, 13, 16, 20, 21, 23, 27 et 30, qui sont fondamentaux à toute cette présentation. Il ne fait pas de doute que chaque lecteur aura aussi son propre texte-test favori!

Pastorale. La tentation de se précipiter dans une mise en application pratique doit être refusée! Essayer d'appliquer cet enseignement avant d'être convaincu par l'Esprit qu'il est conforme à l'Ecriture pourrait avoir des conséquences désastreuses. Malheureusement, une époque pragmatique comme la nôtre s'intéresse davantage à la question: «Est-ce que ça marche?» qu'à la question bien plus importante: «Est-ce juste?» Les chrétiens pragmatiques demandent: «Est-ce béni?» plutôt que: «Est-ce biblique?» Un vrai disciple apprend d'abord à maîtriser les principes. C'est une faute morale que d'utiliser des êtres humains comme cobayes! Mon espoir est néanmoins que cette étude fera plus que de changer des opinions – d'où la volonté de cette dernière partie de donner un grand nombre de conseils et suggestions pratiques pour le «gagneur d'âmes».

Les Appendices couvrent certains thèmes spécialisés n'ayant pas un rapport essentiel avec la thèse principale, mais revêtant un intérêt pour certains lecteurs. Il m'a fallu être tout à fait honnête quant à ma conviction que le baptême des petits enfants ne peut être intégré dans la compréhension de la naissance spirituelle décrite ici. Mon espoir est que ceux qui trouvent ma position choquante n'en rejettent pas pour autant l'ensemble du livre, mais qu'ils puissent y trouver beaucoup d'éléments utiles à leur ministère. En ce qui concerne l'emploi de l'article défini («le»), je ne suis pas le premier à remarquer son absence criante dans de nombreux textes du N.T. traitant de l'Esprit Saint (tels que «baptisés en Esprit Saint», «rempli d'Esprit» et «Avez-vous reçu Esprit?»). S'il est vrai qu'avec d'autres je trouve que cet emploi revêt une signification théologique aussi bien que grammaticale, mon principal argument ne s'appuie pas sur ce point – d'où son renvoi en appendice. Il fournit néanmoins une confirmation intéressante de ma thèse selon laquelle recevoir (l') Esprit est une expérience consciente avec une preuve audible.

Comme tout ouvrage qui se veut sérieux, ce livre a été conçu sur plusieurs années. Il a été forgé sur la double enclume de l'étude biblique et de la pratique pastorale. La thèse fondamentale a été publiée pour la première fois en 1977 dans mon livre *Truth to Tell*, dont le chapitre 9 (*Got a conversion complex?* [Avez-vous un complexe de conversion?]) contient l'essence de ce livre. A l'époque, j'y avais fait la promesse de fournir «plus tard un traitement plus profond et plus détaillé de cette thèse». Cet engagement, qui m'a été rappelé par ma femme, se trouve réalisé dans le présent ouvrage. Le matériel présenté ici a été affiné au travers de sa présentation lors de séminaires pour responsables chrétiens de nombreuses dénominations, dans mon propre pays comme à l'étranger.

Je voudrais dédier ce livre à toute une foule d'amis qui partagent ma conviction que «évangélique» et «charismatique» vont de pair. A Gordon Bailey, John Barr, Amex Buchanan, Clive Calver (qui m'avait invité à proclamer ce message lors d'une tournée de vingt et une villes pour le compte de Jeunesse pour Christ, sous le titre *«Laissez Dieu parler»),* Michael Cassidy, Gerald Coates, Michael Cole, Barney Coombs, Derek Copley, Nick Cuthbert, Don Double, Bryan Gilbert, Bob Gordon, Jim Graham (mon successeur à Gold Hill, Chalfont St Peter), Ian Grant, Lynn Green, Michael Green, Michael Griffiths, Chris Hill, Graham Kendrick, Cecil Kerr, Gilbert Kirby, Douglas McBain, David McInnes, Brian Mills, John Noble, Ian Petit, Derek Prince, Ian Smale, Colin Urquhart, Terry Virgo, Philip Vogel, Rob White et bien d'autres encore qui ont cherché, à leur façon; une synthèse de l'expérience charismatique de l'Esprit et de l'exégèse évangélique de l'Ecriture, et qui, par leur affection personnelle, m'ont stimulé à «aller et faire de même». Il ne devrait pas être nécessaire de préciser qu'aucun d'eux ne doit être tenu pour responsable des opinions exprimées ici (je tiens à préserver leur amitié!).

Dernière, mais non la moindre, je veux mentionner ma

PROLOGUE: UN MOT POUR LES SAGES-FEMMES

femme, qui m'a donné le courage et le café pour tenir le coup, croyant qu'il s'agit ici de la chose la plus importante que je puisse jamais faire dans mon ministère. Elle a humblement assumé le rôle du «lecteur moyen», étudiant soigneusement chaque chapitre dans cette perspective. Sans son soutien, ce livre n'aurait jamais vu le jour.

Première partie:

L'ACCOUCHEMENT NORMAL À L'ORIGINE

– La dimension théologique

1

QUATRE PORTES SPIRITUELLES

Nous pouvons énoncer la thèse présentée dans ce livre en ces simples termes: *l'initiation chrétienne est constituée de quatre éléments: se repentir envers Dieu, croire au Seigneur Jésus, être baptisé dans l'eau et recevoir l'Esprit Saint.* Chacun de ces éléments est bien spécifique. Ils sont tous indispensables pour l'entrée dans le royaume de Dieu. Ils ne s'excluent pas mutuellement, mais sont parfaitement complémentaires et constituent ensemble le processus pour «devenir chrétien». Ils peuvent se succéder très rapidement ou s'étaler sur un laps de temps plus ou moins long. Ce qui importe est leur réalisation effective plutôt que leur coïncidence dans le temps.

UNE DEMARCHE EQUILIBRÉE

Puisque les quatre éléments sont nécessaires, il serait vain de chercher à leur donner un ordre d'importance. C'est pourtant ce que différents courants dans l'Eglise ont eu tendance à faire, accordant à l'un une prééminence, parfois au détriment des autres. La pensée *libérale* a mis en exergue la repentance, avant tout sous l'angle d'un changement radical des comportements et du style de vie, quoique ces dernières années, l'accent ait été placé sur l'injustice sociale plutôt que sur l'immoralité de la personne. La pensée *évangélique* a concentré beaucoup d'attention sur la foi, en particulier sous son aspect individuel et intérieur, bien qu'elle ait parfois insisté sur la vérité doctrinale plutôt que sur la confiance de la personne en l'objet de sa foi. La pensée *sacramentelle* a mis l'accent sur le baptême d'eau, tout en ayant la plupart du temps ressenti le besoin d'y ajouter un rite de «confirmation» quand les sujets avaient été des bébés (plutôt que des croyants). La pensée *pentecôtiste* a redécouvert le baptême de l'Esprit, quoiqu'elle l'ait vu comme une expérience consécutive plutôt qu'intégrante de l'initiation.

Je crois que ces quatre courants ont raison dans ce qu'ils affirment, mais tort dans ce qu'ils ont tendance à sous-évaluer, ignorer ou même nier. Nous allons tenter de faire une synthèse de tout ce qu'il y a de meilleur dans chaque point de vue. Toutefois, nous n'entreprenons pas cette synthèse comme une entreprise œcuménique: il s'agit davantage d'une exégèse biblique qui pourrait fournir la base d'une véritable intégration, fondée sur des corrections loyales plutôt que sur un compromis déloyal.

Dans le Nouveau Testament, ces quatre courants sont entrelacés et l'initiation chrétienne y est comprise comme une combinaison de réforme éthique, de relation éternelle, de rite externe et de renouveau existentiel.

Prendre une partie de la vérité pour lui donner toute la place est l'essence même de l'hérésie. La vérité biblique complète sur un sujet n'est souvent comprise que lorsque des aspects différents, voire disparates, sont maintenus ensemble dans une juste tension. Par exemple, il est inévitable que ce livre traite de façon spéciale les aspects *humains* de la nouvelle naissance - le besoin de se repentir, d'être baptisé et de recevoir l'Esprit, ainsi que le besoin de croire au Seigneur Jésus - ce qui pourrait amener certains lecteurs à se demander si cela est compatible avec le principe réformateur de la «justification par la foi *seule*».

Il faut donc, au début de ce livre, énoncer de façon

catégorique deux convictions qui sous-tendent chacune des déclarations qui y sont faites:

Premièrement, l'œuvre accomplie par Christ sur la croix est *objectivement suffisante,* en et par elle-même, pour sauver le *monde* du péché. Rien d'autre ne peut, et encore moins ne doit y être ajouté. Christ a achevé par sa mort, son ensevelissement et sa résurrection, tout ce qui devait être fait pour nous les hommes et pour notre salut. Il a fait l'expiation du péché et nous a réconciliés avec le Père. Nous tenons pour acquis que tout cela a déjà été présenté, on ne peut plus clairement, à la personne qui désire être sauvée.

Deuxièmement, son œuvre parfaite n'est pas *subjectivement efficace,* au sens du salut d'un *individu* donné. Il est nécessaire que celui-ci se l'approprie et se l'applique personnellement. Celui qui est au bénéfice de sa passion est actif plutôt que passif. L'évangile exige une réponse. Une personne peut avoir des droits sur une succession, toutefois elle n'entrera en jouissance de l'héritage que si elle le réclame; par ailleurs, le fait qu'elle se l'approprie activement n'implique nullement que l'héritage soit mérité.

La controverse ne porte donc pas sur quelque chose qu'il faille *ajouter* à la foi, mais sur la manière *d'exercer* la foi pour s'approprier ce qu'offre la grâce. Voir, par exemple, dans le baptême d'eau une adjonction à la foi par laquelle les personnes se rendraient plus dignes ou plus méritantes du salut, est une falsification épouvantable. Le voir comme une expression et un achèvement de la foi par lesquels le croyant repentant s'identifie à Christ dans sa mort, son ensevelissement et sa résurrection est une toute autre démarche. Le baptême est alors considéré comme le moyen d'*expérimenter,* et non de mériter, la naissance que ces événements ont accomplie.

Sous cet angle, la foi est l'élément le plus fondamental des quatre; en fait, elle sous-tend les trois autres. La repentance est liée à la foi au début de l'évangile de Marc (Mc 1.15). Le baptême est lié à la foi à la fin de ce même évangile (Mc 16.16). L'Esprit est reçu par la foi et non par les œuvres (Ga 3.2). Ainsi, au vrai sens du terme, avoir la foi c'est se repentir, être baptisé et recevoir l'Esprit (Ac 2.38; voir au chapitre 15).

UNE DEMARCHE SCRIPTURAIRE

Nous avons déjà commencé à renvoyer le lecteur à des références bibliques. Pourtant, l'énoncé et la démonstration d'une thèse à l'aide de textes justificatifs rassemblés au gré du hasard n'est pas une procédure valable dans l'établissement d'une vérité biblique. Il est nécessaire d'associer une stratégie convenable d'étude générale avec une analyse contextuelle de passages spécifiques. On ne devrait parvenir à des conclusions qu'*après* ce processus, même s'il est possible de les énoncer avant une présentation complète.

Le sujet de l'initiation *chrétienne* lui-même dicte certaines lignes directrices fondamentales. Il indique en particulier le point de départ de la recherche biblique. Il est évident que cela signifie que cette recherche va se concentrer sur le *Nouveau Testament,* même si quelques références peuvent déjà figurer en filigrane dans l'Ancien. Mais où commencer dans le Nouveau Testament?

Candidats inadéquats

Aussi étonnant qu'il y paraisse, les événements rapportés dans les évangiles sont trop *précoces* pour notre objet. Les évangiles, qui couvrent la période s'étendant de l'avènement à l'ascension de Jésus, ne peuvent nous donner une image complète du schéma normal d'initiation tel que le comprenait l'Eglise de l'après Pentecôte (qui constitue le précédent pour «l'âge» dans lequel nous vivons aussi). Bien que la repentance, la foi, le baptême et l'Esprit soient tous mentionnés dans les évangiles, avec des aperçus utiles quant à leur signification, aucun d'eux ne pourrait revêtir la totale signification «chrétienne» qu'ils ont acquise après les événements de Pâques et de la Pentecôte. Par exemple, le baptême pratiqué par Jean (et par les disciples de Jésus) était à ce point différent du baptême pratiqué plus tard au nom de Jésus qu'un re-baptême sera nécessaire (Ac 19.1-6; voir chapitre 20). En outre, l'Esprit Saint avait été «avec» les disciples pendant la période couverte par les évangiles, mais ne pouvait être «en» eux qu'après la Pentecôte (quand ils l'ont «reçu»), ce qui ne pouvait arriver qu'après que Jésus ait été «glorifié» (Jn 7.39; 14.17; voir les chapitres 11 et 12). Même la foi ne pouvait se fixer que sur la capacité de Jésus à guérir et délivrer en tant que Messie; elle ne pouvait pas encore l'inclure comme Sauveur du monde (résultat de sa mort) ou Fils de Dieu (proclamation de sa résurrection), et encore moins comme Seigneur de tous. C'est une des raisons pour lesquelles il ne faut pas considérer le brigand crucifié avec Jésus comme modèle de la conversion chrétienne (voir chapitre 9). Paradoxalement, le plein évangile ne peut être découvert dans les quatre évangiles! Alors que tous les éléments y sont présents à l'état embryonnaire, leur gestation est loin d'être achevée (ce qui est, peut-on supposer, la raison pour laquelle Dieu nous a donné le reste du Nouveau Testament!).

Cependant, les épîtres et l'Apocalypse sont trop *tardives* pour notre objet. Tous ces écrits étaient adressés à des croyants qui avaient déjà été initiés ! On n'y trouve donc aucune étude directe ou systématique de notre sujet. Pour n'avoir pas pris conscience de ce fait, certains ont été conduits à un mauvais emploi des textes. (Apocalypse 3.20 en est un exemple classique. Ce reproche adressé à des croyants a été employé presque universellement comme une invitation à l'adresse de non-croyants; voir chapitre 30). Cependant, les épîtres et l'Apocalypse comportent de fréquents rappels des diverses facettes de l'initiation, choisies en fonction de leur rapport avec les besoins immédiats des croyants auxquels on s'adresse (voir les exemples donnés plus loin); mais il est presque impossible de reconstruire une vue d'ensemble correcte à partir de ces références fortuites. Comme nous le verrons, les auteurs des épîtres tiennent partout pour acquis le baptême d'eau et le baptême de l'Esprit de leurs lecteurs - mais ils ne décrivent ni ne définissent où que ce soit l'événement de l'un ou l'autre de ces baptêmes! Seuls sont mentionnés leurs effets ou leurs implications.

Un bon point de départ

Ainsi, si les évangiles sont trop précoces et les épîtres trop tardives pour nous servir de point de départ, que nous reste-t-il? Le livre des Actes! C'est le seul livre du Nouveau Testament qui ait pour thème principal l'évangélisation après la Pentecôte. Il comporte une foule de détails sur la façon dont des non-croyants sont devenus des croyants, des pécheurs sont devenus des saints. C'est un récit des aspects divins et humains du salut, il raconte les actes des apôtres pour présenter Christ aux hommes et les actes de l'Esprit pour présenter des hommes à Christ. La majeure partie de l'enseignement transcrit par Luc s'adresse à ceux qui ne sont pas sauvés. Nous y acquérons bien plus que des aperçus précieux sur la façon de communiquer le message, nous y voyons la réponse attendue et obtenue. Ici, et ici seulement, nous pouvons étudier Pierre, Jean et Paul dans l'exercice réel de l'évangélisation. A travers les situations où on les voit conseiller des personnes intéressées, nous pouvons discerner la compréhension qu'ils ont de l'initiation.

QUATRE PORTES SPIRITUELLES

Quelques objections à l'emploi des Actes

Certains spécialistes de la Bible trouveront cependant beaucoup à redire à l'emploi des Actes comme source doctrinale. Leur objection revêt deux formes. La critique *générale* veut que la doctrine ne puisse être fondée que sur les passages didactiques (enseignement) des écritures (comme les épîtres) et ne doive pas être édifiée sur des narrations (comme les Actes). La critique *particulière* est que Luc était historien, mais pas théologien. On prétend donc, pour ces deux raisons, qu'il nous faut commencer par les épîtres, en particulier celles de Paul (qui *était* théologien!), et lire les Actes à la lumière de sa théologie. Même en laissant de côté les difficultés de cette démarche pour ce qui concerne l'initiation (difficultés soulignées précédemment), il y a de graves failles dans chacune de ces objections.

Dans les Ecritures, le «génie» de la révélation est que la vérité est exprimée dans des situations concrètes plutôt que par des propositions abstraites. La Bible tout entière est une narration - depuis le jardin d'Eden jusqu'à la nouvelle Jérusalem. Les grandes vérités de la création et de la rédemption sont insérées dans la narration des événements. La plus grande partie de l'Ancien Testament et une partie du Nouveau se présentent sous une forme narrative. La Bible n'est pas tant un livre de théologie systématique que l'histoire d'un théisme situationnel. Et toutes les «narrations» ont été écrites pour que nous puissions en tirer «instruction» (Rm 15.4; 1 Co 10.6) *Toute* l'Ecriture est utile pour enseigner, parce qu'elle est tout entière inspirée par Dieu (2 Tm 3.16). Nous pouvons apprendre autant à partir des œuvres de Dieu qu'à partir de ses paroles; en fait, elles vont de pair et s'éclairent mutuellement. Le récit des événements est fait pour notre instruction tout autant que pour notre information. La Bible ne fournit pas une histoire complète du monde, d'Israël ni de l'Eglise. C'est une *sélection* d'événements significatifs accompagnée d'une *interprétation* prophétique de ces événements, les deux éléments étant l'un comme l'autre l'œuvre de l'Esprit de Dieu. (Actes 15 contient lui-même un exemple parfait de solution d'un débat doctrinal par le récit de l'activité divine, confirmé par les écritures.)

Luc n'est pas seulement historien, même s'il revendique l'intégrité d'un rapport exact dans le premier volume de son œuvre (Le 1.1-4). Il choisit les événements qu'il raconte et les détails de ceux-ci. Il les tisse alors dans un dessin général fondé sur sa compréhension profonde. Si théologie signifie comprendre Dieu, alors Luc était tout à fait théologien! L'idée d'une impossibilité de tirer une «théologie de Luc» de ses écrits comme on peut le faire avec Paul est un mythe qu'il faut démolir. (En ce qui concerne l'aspect de Luc comme *théologien,* nous recommandons au lecteur de jeter un coup d'œil au livre de Roger Stronstad, *The Charismatic Theology of Luke*, publié aux éditions Hendrickson en 1984.)

La tentative d'opposer la description narrative des Actes à la nature didactique des épîtres est tout à fait irréaliste. Ils ont été écrits à la même époque et relatent les mêmes situations (rappelons que Paul et Luc étaient compagnons de voyage). Les Actes contiennent des passages didactiques et les épîtres contiennent des narrations (comparer Actes 15 et Galates 1 et 2). L'unité dans la façon de voir qui existe entre eux est de loin plus importante que la diversité des expressions.

Se servir des Actes comme source d'une théologie de l'initiation

Nous pouvons, donc, nous tourner vers les Actes en toute confiance. Le grand avantage de ce livre est qu'il a été écrit «in situ», si on peut dire. Il s'agit de récits de témoins oculaires, certains de première main, d'autres de seconde main, et de la manière dont les apôtres se sont mis à évangéliser le monde. Ce qu'ils ont dit et fait nous fournit la matière qui sert de fondement à une théologie de l'initiation.

Par où commencer dans les Actes? Assurément par les passages qui contiennent les récits les plus détaillés de ce qui s'est passé quand des personnes se sont converties. Les deux passages qui viennent le plus promptement à l'esprit se trouvent en Actes 8 et 19. Les événements qui se sont passés en Samarie et à Ephèse sont relatés dans le détail pour une raison précise. Dans chacun des deux cas, l'initiation avait été incomplète, amenant les apôtres concernés à prendre les mesures nécessaires pour réparer les omissions. La seule véritable différence entre les deux groupes en question est que les Samaritains étaient bien plus «avancés» que les Ephésiens lorsque les apôtres entrèrent en scène et qu'ils avaient, par conséquent, besoin de moins d'apport «complémentaire». Ceci mis à part, le contenu et le déroulement fondamental de leur initiation sont identiques et suivent *un schéma en quatre volets: repentance, foi, baptême et réception de l'Esprit*. Puisque, dans ces deux occasions, les trois intervenants apostoliques sont parmi les plus importants (Pierre, Jean et Paul), nous ne prenons aucun risque en admettant que la «technique» qu'ils appliquent ici reflète leur pratique habituelle et schématise la réponse à l'évangile attendue par l'Eglise primitive.

On objecte fréquemment que les circonstances étaient exceptionnelles dans les deux cas et que l'initiation était par conséquent «anormale». L'évangélisation n'étant, de nos jours, dirigée ni vers les Samaritains, ni vers les disciples de Jean, on prétend qu'il est impossible de se servir de ces événements comme d'un précédent. Une telle critique omet de distinguer les éléments qui étaient exceptionnels de ceux qui étaient normaux. Elle passe à côté du fait que les apôtres se souciaient de redresser une situation *anormale* pour qu'elle s'ajuste au schéma *normal*. L'introduction de ces convertis peut avoir différé de celle d'autres, mais leur initiation était identique (sur ce point, certains lecteurs trouveront peut-être préférable de se référer, dès à présent, à l'exégèse détaillée de ces deux passages, aux chapitres 16 et 20).

Gardons à l'esprit cette structure en quatre volets et tournons-nous vers les récits que Luc fait d'autres «conversions». Nous noterons combien d'éléments sont mentionnés dans chaque cas:

Actes 2 Pierre mentionne la repentance, le baptême et la réception de l'Esprit, mais pas la foi (quoique cette dernière puisse être sous-entendue dans la question des personnes intéressées et déduite de la phrase «acceptèrent sa parole»).

Actes 8 Si l'on s'en tient aux meilleurs textes, l'Ethiopien n'a été que «baptisé» (certains manuscrits ajoutent une profession de foi et un manuscrit ajoute la réception de l'Esprit; voir chapitre 17).

Actes 9 Paul est «baptisé» et «rempli d'Esprit Saint» trois jours après sa rencontre avec le Seigneur sur le chemin de Damas (cf. v.18 avec 22.16). Mais il n'y a pas de référence précise à sa repentance ni à sa foi (quoiqu'elles soient toutes deux clairement discernables dans sa conversation avec Jésus et dans ses remarques et actions ultérieures).

Actes 10 Corneille, il est clair, s'est «repenti» (cf. 10.35 et 11.18) et a «cru» (cf. 10.43 avec 11.1 et 15.7), mais il «reçut l'Esprit» *avant* d'être «baptisé d'eau» *(seul* exemple d'une telle succession des événements; voir une explication au chapitre 18).

Actes 16 Le geôlier de Philippes «crut» (lui et toute sa maison) et fut «baptisé» (avec toute sa maison), mais il n'est fait aucune mention de sa «repentance» ni de sa «réception de l'Esprit» (voir au chapitre 19 pour la signification et les implications de «maison»).

D'autres circonstances échelonnées au fil du récit des Actes limitent l'initiation à «croire». Les *quatre* éléments ne sont pas explicitement énumérés en dehors du cas des Samaritains et de celui des disciples d'Ephèse, même si le cas de Corneille et de sa maison s'en rapproche. Le baptême est l'élément le plus fréquemment inclus; la repentance, le plus fréquemment exclu.

Que faire de tout cela? Pourquoi Luc ne mentionne-t-il pas les quatre à chaque fois? Toute autre raison mise à part, ses talents littéraires l'auraient empêché de se répéter d'une façon si ennuyeuse! Mais il y a un raisonnement derrière sa sélection: dans chaque situation il fait ressortir les traits les plus frappants ou les plus significatifs. La vue de trois mille baptêmes à la fois et dans une piscine (Béthesda?) ou le bruit de toute une maisonnée recevant une effusion de Pentecôte au milieu d'un sermon peuvent, de façon compréhensible, repousser d'autres détails dans l'obscurité! Une expérience tout à fait normale pour des croyants juifs «fait la une» quand elle se passe chez des Samaritains, voire des non-Juifs!

Il serait erroné de conclure que les omissions signifient que les quatre éléments n'étaient pas tous nécessaires pour chaque individu. Si on prenait les Actes de cette façon, cela voudrait dire que la plupart des convertis n'ont pas besoin de repentance, beaucoup n'ont pas besoin de croire, quelques-uns n'ont pas besoin de recevoir l'Esprit et un petit nombre n'ont pas besoin d'être baptisés! Pourtant, il est clair que ces quatre éléments constituaient l'initiation «normale» pour Luc, même s'il choisit parmi eux ceux qui ont le plus de rapport avec la raison pour laquelle il parle d'un événement particulier. Comme nous le verrons, la même procédure de sélection en fonction de la pertinence se produit dans les épîtres.

Il convient de faire une autre remarque: le processus complet d'initiation, depuis la «repentance» jusqu'à la «réception» prenait un certain temps, parfois court, parfois assez long:

pour les douze apôtres, il fallut plusieurs *années;*
pour les disciples d'Ephèse, probablement des *mois;*
pour les convertis de Samarie, peut-être des *semaines;*
pour l'apôtre Paul, quelques *jours;*
pour le geôlier de Philippes, seulement des *heures* et
pour la maisonnée de Corneille, apparemment quelques *minutes.*

Il est donc clair que la rapidité du processus n'a aucune importance, mais que son achèvement est vital. Luc et les apôtres se souciaient bien plus de validité que de vélocité!

L'initiation dans les évangiles

Munis de cette structure en quatre volets déduite des Actes, nous pouvons nous tourner maintenant vers les évangiles. La première découverte que nous faisons est que le ministère de Jean-Baptiste couvrait chacun de ces aspects! Il enseignait le besoin de la repentance pour ses péchés (Le 3.8); il est venu pour que tous puissent croire par lui (Jn 1.7); il a inauguré le baptême d'eau (Mt 3.11) et prêché le baptême d'Esprit (ce dernier est souligné dans chacun des quatre évangiles - Mt 3.11; Mc 1.8; Le 3.16; Jn 1.33).

Jésus a repris les choses là où Jean les avait laissées, prêchant la repentance et la foi (Mc 1.15), pratiquant le baptême (Jn 4.1-2) et promettant l'Esprit Saint (Jn 7.37-39). Cependant, ces concepts avaient déjà connu quelques modifications. La foi dans le royaume «proche» (c.-à-d. à portée de main) est maintenant bien plus personnelle, le Roi étant aussi «proche» et son nom étant Jésus. La foi est devenue synonyme de «croire en son nom» (Jn 1.12; 2.23). L'«immersion» dans l'Esprit Saint promise sera aussi une «boisson» qui produira une source jaillissant des profondeurs de l'être d'une personne (il y a un parallèle remarquable entre Jn 4.14 et 1 Cor 12.13; voir les chapitres 11 et 23); par dessus tout, ce baptême d'Esprit n'apportera pas seulement une *puissance* dans des vies humaines – l'«Esprit Saint» est une *personne,* un autre «accompagnateur», tout comme Jésus (Jn 14.16).

Chose encore plus significative, chacun des quatre aspects de l'initiation figure bien en vue dans les brefs résumés consécutifs à la résurrection de Jésus mentionnant ses instructions aux apôtres avant son ascension. Une combinaison des quatre évangiles fait naître un mandat missionnaire complet, qui explique parfaitement le schéma du ministère apostolique que nous avons observé dans les Actes. Ils devaient prêcher la repentance (Lc 24.47), prêcher l'évangile de sorte que les gens croient (Mc 16.15-16) et baptiser ces derniers lorsqu'ils croyaient (Mc 16.16; Mt 28.19). Par dessus tout, ce ministère ne pouvait pas même commencer sans le baptême de l'Esprit pour les apôtres eux-mêmes (Lc 24.49; Jn 20.22; Ac 1.5) et la promesse de la même puissance était faite aussi pour leurs convertis (Mc 16.17, ce qui explique l'offre confiante de Pierre à ses auditeurs en Ac 2.39).

L'initiation dans les épîtres

Arrivés à ce point de notre étude, nous pouvons nous tourner vers les épîtres. A la lumière des conseils consciencieux que nous l'avons vu donner aux Ephésiens qui le questionnaient (Ac 19.1-6; voir chapitre 20), nous ne devrions pas être le moins du monde surpris que Paul tienne les quatre éléments pour acquis lorsqu'il écrit aux Eglises qu'il a lui-même fondées. Dans ses lettres, on retrouve par-ci par-là des références à ses lecteurs comme

s'étant repentis (2 Co 7.9; 1 Th 1.9);
ayant cru (1 Co 15.11; Ep 1.13);
ayant été baptisés (Ga 3.27; Ep 5.26);
ayant reçu l'Esprit (2 Co 1.22; Ga 3.2).

Il se réfère à ces éléments même quand il écrit à une Eglise qu'il n'a pas lui-même plantée (Rm 2.4; 3.26; 6.3; 8.9). Il est vrai qu'il ne mentionne jamais les quatre en même temps dans le même contexte (pour la même raison que Luc le fait rarement dans les Actes; il choisit les aspects qui concernent plus précisément son objectif immédiat). Ce qui est remarquable c'est que, chaque fois qu'il mentionne *l'un quelconque* de ces éléments, il suppose que *tous* ses lecteurs savent de quoi il parle, pour en avoir eux-mêmes fait l'expérience. (Certains prétendent qu'il y a exception à cette «règle» dans ses références au baptême d'eau en Romains 6.3 et Galates 3.27. Cependant, même s'il est *possible* que ses paroles insinuent que quelques-uns n'ont pas été baptisés, son expression «nous tous», plutôt que «ceux d'entre nous», indique que l'opposition s'établit par rapport aux incroyants non baptisés et non par rapport aux croyants non baptisés.)

C'est précisément parce qu'il tient ces quatre éléments pour acquis chez chacun de ses lecteurs qu'on ne trouve, dans les lettres de Paul, aucun ordre ni aucune exhortation à être baptisé d'eau ou d'Esprit. Mais il serait tout à fait faux de conclure de ce fait que les quatre éléments peuvent être considérés comme acquis *à notre époque,* comme l'entendent trop souvent ceux qui séparent les épîtres de Paul du récit de Luc dans les Actes, et construisent leur doctrine de l'initiation sur ces premières, sans aucun rapport avec ce dernier. Bien que Paul les considère comme acquis dans les épîtres, pas plus que les autres apôtres, il ne les a considérés ainsi dans les Actes! Bien au contraire, dans leur évangélisation, ils ont insisté pour vérifier et compléter si nécessaire une initiation à laquelle il manquait l'un ou l'autre de ses composants vitaux. Par exemple, la seule raison qui permettait à Paul de considérer comme acquis le «baptême dans un seul Esprit» de tous ses lecteurs de Corinthe était qu'il avait planté leur Eglise et qu'il s'était bien assuré qu'ils avaient été complètement initiés (1 Co 12.13; voir le chapitre 23 pour une étude plus complète de ce point vital). S'il devait rendre visite à beaucoup de nos Eglises aujourd'hui, on pourrait bien davantage s'attendre à ce qu'il demande: «Avez-vous reçu l'Esprit Saint quand vous avez cru?» (Ac 19.2) qu'à ce qu'il affirme que tous ont été «baptisés dans l'Esprit»!

Il y a une raison plus subtile encore pour la nécessité d'étudier les épîtres de Paul à la lumière des Actes: certaines de ses instructions «didactiques» ne peuvent être pleinement comprises sans l'information descriptive fournie par Luc. Paul ne lie *jamais* le verbe «baptiser» ni le nom «baptême» au mot «eau»! Ce qui a amené certains spécialistes réputés, qui étudient la théologie de Paul uniquement à partir de ses épîtres, à prétendre que son concept du baptême (dans des versets comme Rm 6.4; Ga 3.27; Ep 4.5) n'a absolument rien à voir avec l'eau! Si nous pouvons admettre que Paul associait les deux (il y a bien un contexte dans lequel il emploie le mot «eau», mais pas le mot «baptême» - Ep 5.26), c'est en nous appuyant sur son expérience personnelle dans les Actes, tant de son propre baptême que du baptême qu'il a donné à d'autres, et sur les références, tout à fait explicites de Luc, à l'eau (Ac 8.36, par exemple).

De même, Paul emploie l'expression «baptisés dans un seul Esprit» (1 Co 12.13) sans aucune définition ou description de ce qu'il entend par là. La même remarque vaut pour l'emploi de cette expression dans chacun des quatre évangiles. *Seul* le récit des événements rapporté par Luc dans les Actes nous permet de savoir exactement ce que comprend être «baptisé dans l'Esprit». Une fois séparées du contenu que leur donne Luc, de telles expressions pauliniennes peuvent recevoir des significations totalement différentes, qui peuvent être introduites de façon arbitraire en partant d'un point de vue théologique préconçu (il s'agit là d'une liberté herméneutique que se permettent certains et qui a pour effet d'altérer la doctrine).

Les autres auteurs du Nouveau Testament font également référence à l'initiation. Pierre, par exemple, est le seul rédacteur d'épîtres qui utilise conjointement les mots «baptême» et «eau» (1 P 3.20-21; voir chapitre 29). Jean parle surtout de croire en Jésus et de recevoir l'Esprit (1 Jn 3.24; 4.13; 5.1-5). Cependant, l'auteur anonyme de l'épître aux Hébreux recense les quatre parties de l'initiation en une seule et même phrase et dans leur succession normale (Hé 6.1-2; voir chapitre 27). Sur la base de ce qui a été vu dans ce chapitre, nous pouvons énoncer en conclusion que l'initiation chrétienne suit une structure en quatre volets qui est soigneusement *exprimée* dans les Actes, clairement *annoncée* dans les Evangiles et toujours *présumée* dans les Epîtres. Tournons-nous maintenant vers ces «quatre portes spirituelles» qui conduisent au royaume de Dieu sur la terre.

2

REPENTEZ-VOUS DE VOS PÉCHÉS ENVERS DIEU

La repentance est sans doute la moins controversée des quatre parties de l'initiation, mais elle est, pour cette raison même, celle qui est probablement la moins étudiée et la plus négligée!

Le mot est plus facilement compris par les Juifs que par les non-Juifs. Il a été intimement mêlé à l'histoire d'Israël, particulièrement au cours de la période menant à son exil, quand un prophète après l'autre a cherché à avertir du désastre imminent en appelant à une repentance nationale. Toute personne connaissant Amos 4 ou Jérémie 18 et 19 sait parfaitement bien ce que signifie la repentance. C'est peut-être la raison pour laquelle la repentance est rarement définie dans le Nouveau Testament.

Dire que la repentance ne se limite pas à «regretter» est presque devenu un cliché, ce sentiment peut en effet exprimer des attitudes diverses. Ce n'est que le regret que nos actions aient eu de telles conséquences pour *nous-même*, guère plus que de l'apitoiement sur soi et une preuve que le cœur est encore égocentrique (Caïn et Esau fournissent de bons exemples de ce genre d'émotion - Gn 4.13 et Hé 12.17). Plus louable est ce remords accablant devant les conséquences de nos actions pour *autrui*, qui a au moins l'avantage de ne plus être centré sur soi (c'est ce que Paul a dû ressentir au souvenir de sa persécution contre l'Eglise – cf. Ac 9.1-2 avec Ph 3.6). La vraie repentance, cependant, commence lorsque nous prenons conscience des conséquences de nos péchés pour *Dieu* (et son Fils); il s'agit de cette «tristesse selon Dieu» qui ne constitue pas en elle-même la repentance, mais qui y conduit (2 Co 7.9). La lumière se lève lorsque nous prenons conscience que nous avons «péché contre le ciel», autant que contre les autres et, dans un sens, contre nous-mêmes (Lc 15.18, 21). Alors seulement, nous pouvons saisir que nous avons bravé l'autorité de Dieu, enfreint ses lois, pollué sa création, gâché son plaisir, provoqué sa colère et mérité son jugement. Notre tristesse sera alors plus que teintée de peur.

Cet arrière-plan émotionnel donné (dont l'intensité variera énormément en fonction du tempérament de la personne et des circonstances de son illumination), considérons cette véritable repentance à laquelle de tels sentiments peuvent et devraient conduire.

La repentance biblique comprend trois dimensions: les pensées, les paroles et les actes. Lorsqu'on traverse ces phases mentale, verbale et pratique, il se produit un mouvement de ce qui est caché dans le cœur vers ce qui est visible dans le comportement. Exprimer ce qui est visible sans ce qui est caché est choquant du point de vue moral («Déchirez vos cœurs et non vos vêtements» est une admonestation prophétique typique - Jl 2.13). Professer ce qui est caché sans ce qui est visible est de l'hypocrisie. Une illustration simple pourrait être utile: un chauffeur de taxi fait un très long détour pour amener un visiteur étranger à destination, de façon à faire rentrer un supplément d'argent dont il a besoin; la conscience troublée d'avoir exploité l'ignorance d'un étranger, il se répand en excuses et rend le prix de la course. Il a *changé* – en pensée, en parole, en acte; il s'est repenti de son péché.

PENSÉES – CONVICTION DES PÉCHÉS COMMIS

Le mot «se repentir» (*metanoeô*, en grec) signifie littéralement changer d'avis. Il veut dire penser à nouveau, en particulier en rapport avec un comportement passé. Un exemple typique, tiré du Nouveau Testament, serait la demande, faite par Pierre à ses auditeurs juifs, de revoir la crucifixion de Jésus et de prendre conscience qu'elle était le meurtre judiciaire d'une personne qui n'était rien de moins que le Messie, le propre Fils de Dieu (Ac 2.32-38; 3.13-19).

Se repentir signifie voir les choses sous l'angle de Dieu, être d'accord avec son analyse et accepter son verdict. C'est dire «Oui» au «Oui» de Dieu et consentir à son «Non». C'est apprendre à dire «Amen» à la parole de Dieu. C'est avoir une vision claire du péché de l'homme, mesuré à l'étalon de la justice divine, et du jugement inévitable qui doit avoir lieu quand péché et justice se rencontrent (Jn 16.8). C'est arriver à une «connaissance de la vérité» (2 Tm 2.25) concernant Dieu et soi-même.

A un certain niveau, cette découverte se fera en termes *généraux*. D'une part, la personne deviendra profondément consciente de ce que Dieu est bien *meilleur* que ce qu'on pense de lui en général. Le Seigneur est absolument saint, absolument pur, absolument juste. D'autre part, la personne prendra douloureusement conscience de ce qu'elle est elle-même encore bien *pire* qu'elle ne le pensait. Au lieu de se considérer comme fondamentalement bonne, tout en ayant de temps en temps fait de mauvaises choses (point de vue des «humanistes»), elle découvrira qu'elle est fondamentalement mauvaise tout en ayant réussi à faire, de temps en temps, quelques bonnes choses (point de vue de Jésus sur la nature humaine – Lc 11.13; cf. Jn 2.24). Pire encore, même les bonnes choses qu'elle a faites peuvent tout autant déplaire à

Dieu que les mauvaises et il faut également s'en repentir (Es 64.5 compare la justice humaine à une serviette menstruelle; Ph 3.8 en parle en termes d'excréments humains!). La découverte que Dieu considère la propre justice comme plus repoussante et irréductible que le péché à l'état brut porte un coup inattendu à l'orgueil humain et achève la révolution de pensée inhérente à la véritable repentance.

Cette étape franchie, la nouvelle façon de penser se penche sur le niveau *particulier*. C'est le caractère le plus important de la repentance: elle a trait aux «péchés» précis (pluriel), plutôt qu'au «péché» général (singulier). Tant que le concept quelque peu abstrait de «péché» ne s'est pas traduit en termes détaillés et concrets, il est difficile de passer à d'autres étapes de la repentance. Jésus est venu nous sauver de nos péchés, non de notre péché (Mt 1.21). Il est indispensable de savoir quels sont ces péchés dont nous devons être sauvés.

Nous n'avons jusqu'ici considéré que les aspects *internes* de la repentance. Mais ils doivent être suivis de deux aspects *externes*. L'un rend la repentance *audible*; l'autre la rend *visible!*

PAROLES – CONFESSION DES PÉCHÉS COMMIS

Une façon de *penser* différente à l'égard des actions passées doit être suivie d'une façon d'en *parler* différente. La bouche est, en général, le canal de communication entre ce qui est à l'intérieur et ce qui est à l'extérieur de la personne (Mt 12.37; Mc 7.18-23; Je 3.9-12).

Le ministère de Jean-Baptiste s'articulait autour de cette repentance cruciale pour le royaume qui approchait. Le baptême dans l'eau était le point culminant ou la consommation de la repentance (Mt 3.11; remarquez le sens de la préposition: *«en vue de»)*. La confession des péchés (pluriel) était un complément indispensable du baptême (Mt 3.6). Il ne s'agissait pas d'une liturgie formelle, ni d'une confession «générale» globale (il est possible de confesser que l'on a laissé inachevé ce qui aurait dû être fait ou fait ce qui n'aurait pas dû l'être sans penser à un seul tort précis!). Jean-Baptiste s'attendait à une reconnaissance publique verbale de la culpabilité personnelle sur des points précis. Les œuvres des ténèbres devaient être amenées à la lumière devant Dieu et devant les hommes.

Il y a deux grands avantages à une telle confession des péchés (distincte de celle du péché). On a déjà abordé le premier, il faut le répéter: soit, la *particularité*. Nommer les péchés exige tout d'abord de les identifier. De vagues généralités ne feront pas l'affaire («Eh bien, je suis sûr d'avoir péché quelques fois, dans certaines circonstances; après tout, qui ne péche pas.»). La réalité de notre péché est reconnue quand on fait une confession précise («J'ai fait ceci... et ceci... et encore ceci!»). Bien sûr, pour une telle mise à nu, il faut ravaler son orgueil; il n'est jamais facile d'admettre qu'on s'est trompé. Cependant, il est bien préférable de le faire maintenant, volontairement, que de le voir fait, contraint, plus tard. Ce qui, maintenant, est mis à découvert par l'homme sera couvert par

la grâce de Dieu; ce qui, maintenant, est couvert par l'homme sera mis à découvert par le jugement de Dieu.

Le deuxième avantage de la confession verbale est l'acceptation de sa *responsabilité*. On ne peut inclure d'excuses dans une confession, on ne peut plaider des circonstances atténuantes. La personne accepte à la fois d'avoir des comptes à rendre à Dieu et d'être responsable pour elle-même. Il est assez facile de reconnaître qu'on a besoin d'aide (ou, de nos jours, de «guérison intérieure»); cela ne fait pas grand mal à notre dignité personnelle! La véritable confession admet que le vrai problème est une culpabilité délibérée et que le vrai besoin est celui d'un pardon immérité. La confession ouvre le canal par lequel coulera la grâce (1 Jn 1.9).

Il est souvent utile d'ajouter à cette partie verbale de la repentance la *renonciation,* en particulier pour les péchés qui ont été obsessionnels ou occultes. Verbaliser ainsi la répudiation peut avoir un effet thérapeutique et libérateur. Le *lexis* de Larousse définit ainsi le verbe «renoncer»: «Abandonner la possession d'une chose; quitter la pratique d'une profession, l'exercice d'une fonction; ne plus avoir le désir; ne plus avoir d'attachement; cesser une chose; cesser de fréquenter; refuser toute satisfaction». Un jeune écolier en donnait une définition nettement plus succincte: «regretter suffisamment pour arrêter»! En suivant une progression naturelle, nous sommes déjà parvenus à la troisième dimension de la repentance.

ACTES – CORRECTION DES PÉCHÉS COMMIS

Des *paroles* de repentance doivent être suivies *d'actes* de repentance. Jean insistait auprès des candidats à son baptême pour qu'ils produisent d'abord «des fruits dignes de la repentance» (Le 3.8). Interrogé sur ce qu'il attendait qu'on *fasse,* il se montra à la fois précis et pratique dans sa réponse: distribuer ses vêtements en trop aux pauvres, s'assurer que ses comptes financiers puissent être regardés par le vérificateur des comptes, cesser d'abuser de son autorité et arrêter de revendiquer des salaires plus élevés! Il est intéressant de remarquer qu'aucun de ces péchés n'était «religieux» ou «spirituel».

On trouve dans le ministère de Jésus un exemple avec le cas de Zachée (Le 19.1-10), qui promit non seulement de «marcher droit» à l'*avenir*, mais aussi de rembourser le trop perçu du *passé* (avec un intérêt et une forte prime): Jésus annonça joyeusement que le salut était entré dans la maison en même temps que lui.

De la même façon, Paul s'attendait à ce que la repentance soit mise en évidence de façon pratique. La «vision céleste», à laquelle il n'a pas désobéi, fut son envoi vers les païens pour les appeler à «la repentance et la conversion à Dieu, avec la pratique d'œuvres dignes de la repentance» (Ac 26.20).

Jean-Baptiste, Jésus et Paul ont, tous trois, montré que la repentance implique la mise en ordre du passé, chaque fois que cela est possible.

Une partie de cette remise en ordre prendra la forme d'actes *négatifs*. Cela peut comprendre la destruction de sources de tentation (les Ephésiens ont brûlé une énorme quantité de livres occultes, par exemple – Ac 19.19). Certaines mauvaises fréquentations devront cesser, en particulier là où des relations sexuelles extra-maritales ou homosexuelles sont en jeu («C'est là ce que vous *étiez*, quelques-uns d'entre vous», 1 Co 6.11). Tout cordon ombilical qui est relié à un péché commis doit être dénoué et coupé. Il faut amener le passé à une conclusion.

La majeure partie de la remise en ordre, prendra la forme d'actes *positifs*, comme pour Zachée. On appelle cela la *restitution*, ce qui inclut des compensations adéquates pour ceux qui ont été lésés. Le pardon restaure la relation avec Dieu comme si elle n'avait jamais été rompue; en ce qui le concerne, le passé est oublié tout autant que pardonné (quelle maîtrise étonnante Dieu a-t-il de sa propre mémoire!). La raison pour laquelle nous avons tant de mal à nous «pardonner nous-mêmes» est que nous n'avons pas cette capacité d'«éffacer» de tels souvenirs. Au niveau des relations humaines, le pardon donné par Dieu ne libère pas la personne de ses obligations envers les autres, qu'elles soient de nature maritale, commerciale ou même criminelle. La grâce de Dieu a conduit de nombreuses personnes à rembourser leurs dettes, restaurer leur foyer et même confesser des crimes pour lesquels elles n'avaient jamais été condamnées. Dans de nombreux cas, un autre «fruit» de la repentance sera la *réconciliation,* avec ceux que nous avons lésés comme avec ceux qui nous ont lésés (Mt 5.23-24).

Tout ceci est le côté le plus difficile de la repentance. Certains doutent qu'un pécheur soit capable de telles actions quand il se tourne pour la première fois vers Dieu et laissent entendre qu'une telle repentance suivra l'initiation plutôt que d'en constituer la première partie. Ils oublient que l'aide divine sera toujours à la disposition de tous ceux qui désirent vraiment se repentir (remarquez que Dieu a accordé la repentance à Corneille et à sa maison, ce qui les a rendus capables de «pratiquer la justice» avant même qu'ils n'entendent l'évangile – Ac 10.35). Il n'a pas dû être facile pour Paul de renvoyer Onésime (son nom signifie «Utile») à son maître, ni pour Onésime d'aller, ni même pour Philémon de le reprendre (remarquez que Paul propose de faire la restitution à sa place – Phm 12-14, 19).

Si mettre les choses en ordre est la partie la plus difficile de la repentance, c'est aussi la plus payante. On éprouve un profond soulagement à le faire (joie partagée par le Rédempteur, quoiqu'il n'ait jamais eu à le faire pour lui-même). La joie du père quand le fils prodigue revient se reflète dans la joie du fils d'avoir enfin fait les choses comme il faut.

Cette façon de se «détourner» de ses péchés vers Dieu est l'essence du mot néo-testamentaire «conversion». Ce mot signifie se retourner, changer de voie, changer de direction. Il est donc très proche du mot repentance et plus particulièrement lié au troisième aspect de ce mot. Une vie changée est la marque de la repentance, bien qu'elle ne soit pas nécessairement la preuve de la régénération (voir chapitre

6). Une telle marque de repentance était exigée *avant* que le baptême soit administré - parce que ce rite marquait la coupure définitive d'avec l'ancienne vie de péché, et l'apogée du pardon purificateur de Dieu (Mc 1.4; Ac 2.38).

Il est même possible de considérer les désastres naturels comme des appels à la repentance, parce qu'ils nous rappellent que nous connaîtrons tous une ruine soudaine, si nous ne nous repentons pas de nos péchés (Lc 13.1-9). Devant l'horreur de ce jugement futur exercé par Dieu, tout sacrifice actuel vaut la peine - qu'il porte sur des choses que nous voulons contempler, toucher ou vers lesquelles nous voulons aller (Mt 5.29-30). Il vaut mieux nous détourner de nos péchés maintenant que de voir Dieu se détourner de nous à ce moment-là.

Nous tourner vers Dieu maintenant signifie qu'il peut se tourner vers nous! La Bible va jusqu'à dire que, lorsque nous nous repentons envers lui, il se repent envers nous! L'emploi de ce mot pour Dieu est, bien sûr, fait dans son sens mental plutôt que moral – il «pense à nouveau». Quand nous changeons d'avis concernant les péchés, il peut changer d'avis à notre égard. L'une des déclarations les plus claires de la Bible sur ce sujet nous est donnée à travers l'observation du potier et de son argile par Jérémie (Jr 18.1-10). Peu de métaphores ont été aussi mal comprises! La plupart des exégètes donnent à penser que l'argile n'intervient pour rien en ce qui concerne sa propre forme définitive (notion beaucoup plus proche de la philosophie islamique que de la philosophie judéo-chrétienne!). En fait, c'est l'argile qui choisit le genre de vase qu'elle va devenir. Quand elle ne répond pas à l'intention originelle du potier, celui-ci décide d'en faire un pot rudimentaire au lieu d'un vase élancé. L'argile connaît avec le potier une relation active et dynamique; chacun affecte l'autre, bien que le potier ait le dernier mot, puisqu'il a une maîtrise générale de la situation (l'argile ne peut rien faire d'elle-même sans lui). C'est une image du peuple de Dieu, Israël. Si la nation se repent, Dieu se repentira et fera d'elle un vase magnifique, rempli de sa grâce; si elle ne se repent pas, il en fera un vase laid, rempli de son jugement.

C'est donc la repentance qui permet que le pardon soit donné. Cela est également vrai au niveau humain. Jésus a enseigné à ses disciples qu'un frère qui péche doit tout d'abord être repris, mais ensuite pardonné – sept fois par jour, quarante-neuf fois par semaine, mille quatre cent soixante dix fois par mois... *s'il se repent* (Le 17.3-4). De la même façon, Dieu ne peut «changer d'avis» envers nous, du jugement à la grâce, que si nous nous repentons véritablement de ces choses qui méritent le premier, mais ont besoin de la dernière. C'est là le mobile le plus fort que quiconque puisse avoir pour se repentir de ses péchés. «Repentez-vous donc et convertissez-vous, pour que vos péchés soient effacés, afin que des temps de rafraîchissement viennent de la part du Seigneur, et qu'il envoie celui qui vous a été destiné, le Christ Jésus» (Ac 3.19-20).

Seulement, faire de la repentance le seul, ou même le principal facteur, serait tomber dans le piège d'un salut fabriqué par soi-même. L'accent serait alors mis sur ce que l'homme fait pour Dieu plutôt que sur ce que Dieu fait pour l'homme. Le «chrétien» serait alors le résultat d'une réforme morale: la version «pilier de bonnes œuvres» du christianisme, qui est la plus répandue en dehors de l'Eglise et qui n'est pas inconnue à l'intérieur!

La Bible n'enseigne pas la justification par la repentance, mais la justification par la foi. Se détourner de ses péchés dans la repentance est le juste prélude à se tourner vers Christ dans la foi, sujet sur lequel nous devons nous pencher maintenant.

3

CROYEZ AU SEIGNEUR JÉSUS

Il est difficile de surestimer l'importance de la foi dans l'initiation, si ce n'est en la poussant à un extrême tel, que les autres composants en deviennent optionnels ou non indispensables. Elle est sans aucun doute la plus cruciale des «quatre portes spirituelles» et sans elle, les trois autres perdent leur signification et leur efficacité. On peut douter que quelqu'un puisse réellement se repentir de ses péchés s'il n'a pas déjà «cru» à l'inéluctabilité du jugement et à la possibilité du salut (ce qui peut expliquer que Pierre n'ait pas mentionné la foi quand, le jour de la Pentecôte, la foule lui a demandé ce qu'elle devait faire; voir chapitre 15). L'un des éléments essentiels dans le baptême d'eau est que le candidat ait foi dans la puissance de Dieu pour ressusciter quelqu'un qui est mort et enterré (Col 2.12; voir chapitre 25). L'Esprit Saint est reçu par la foi (Ga 3.2). Ainsi tout le processus d'initiation est un exercice et une expression de la foi. Il n'est donc pas étonnant que la plus simple réponse jamais donnée à la question: «Que faut-il que je fasse pour être sauvé?» soit: «Crois au Seigneur Jésus, et tu seras sauvé» (Ac 16.30-31).

Pouvons-nous tenir pour acquis, même chez les évangéliques, que la foi est bien comprise? Vraisemblablement pas dans toute sa plénitude. En effet, le concept néo-testamentaire recouvre un certain nombre d'aspects différents, dont chacun peut être exagéré au détriment des autres. Par exemple, l'expression verbale de la foi est indispensable (Rm 10.9); mais si l'on considère une «*profession* de foi» comme une preuve suffisante du «croire», il peut en résulter de graves erreurs de jugement, au grand préjudice de l'Eglise et de l'individu. Ce qui nous sauve, ce n'est pas de *dire* que nous avons la foi, mais de l'avoir effectivement. Il est nécessaire que la foi soit possédée et pratiquée, tout autant que professée et proclamée!

Selon la doctrine apostolique, il existe cinq facettes fondamentales qui constituent ensemble la pleine foi: historique, personnelle, verbale, pratique et continue.

LA FOI EST HISTORIQUE

C'est un truisme de dire que la foi est fondée sur des faits et non sur des sentiments. Mais on ne saurait le répéter trop souvent, en particulier au sein d'une culture existentielle, où l'expérience subjective est considérée comme la pierre de touche de la réalité. Ceci a conduit à l'extrême inouï d'avoir foi en la foi elle-même! Beaucoup pensent que c'est l'*acte* de croire, et non les *faits* que nous croyons, qui rend la foi efficace. Pour eux, croire n'importe quoi est de loin supérieur à ne rien croire du tout. Pour employer le langage familier: «Peu importe ce que vous croyez, pourvu que vous soyez sincère.» La religion devient un placebo!

Dans une telle atmosphère de relativisme et de crédulité, il est choquant de proclamer que la validité de la foi dépend d'une réalité objective plutôt que d'une sincérité subjective. Pourtant, c'est bien là l'assertion chrétienne qu'il est nécessaire d'affirmer à la face de l'esprit contraire de notre siècle. La seule foi *salvatrice* (indépendamment de ce que les autres sortes de foi parviennent ou ne parviennent pas à accomplir) est fondée sur des événements historiques, qui se sont déjà passés ou doivent encore se produire.

La Bible est, au fond, une histoire du monde. Elle

commence plus tôt et s'achève plus tard que toutes les autres annales de ce genre, et ce principalement en raison de l'accès (par la révélation divine) de ses auteurs à ces domaines (passés et futurs) qu'aucun homme n'a été capable d'observer ou de raconter. Dieu est le seul capable de savoir comment le monde a commencé et comment il s'achèvera, puisqu'il est lui même la cause tant de son commencement que de son achèvement.

Il est, aujourd'hui plus que jamais, nécessaire de commencer par cette grande ossature de la foi. Il y a peut-être eu, autrefois, une époque où la foi en un seul Dieu, à la fois Créateur dans le passé et Juge dans l'avenir, aurait pu être considérée comme allant de soi dans un pays «chrétien». Ce n'est plus le cas, étant donné la philosophie séculariste et le pluralisme religieux de la société contemporaine. Il est devenu nécessaire, non seulement de chercher à savoir si la personne croit en Dieu, mais aussi de découvrir en quel genre de Dieu elle croit!

Heureusement, la Bible prévoyait cette nécessité de commencer par une foi fondamentale en un «Dieu bon». Quiconque cherche Dieu doit tout d'abord «croire» qu'il existe vraiment et qu'il veut qu'on le trouve (Hé 11.6). Il est révélateur que, chaque fois qu'ils prêchaient à des auditoires païens (par opposition aux juifs), les apôtres aient cherché à établir une compréhension solide de Dieu *avant* de mentionner Jésus-Christ (Ac 14.15-17; 17.22-31).

Quoi qu'il en soit, la foi en Dieu ne se limite pas à son activité au début et à l'apogée de l'histoire. Elle doit également accepter le fait de son intervention au centre de l'histoire (la divisant en avant et après Jésus-Christ) pour le salut d'une race rebelle. La foi implique la reconnaissance que Dieu a décidé de toucher toutes les nations au travers d'une nation (les Juifs) et tous les individus au travers d'un individu (le Juif appelé Jésus). Une ère relativiste, où l'on considère que tous détiennent *un peu* de vérité et que personne n'a *toute* la vérité, trouve profondément choquant cette «particularité». Il est difficile de trouver un fait plus étranger à la pensée moderne que celui qui veut que des Juifs en général et un Juif en particulier aient le monopole du salut (Jn 4.22; 14.6; Ac 4.12; etc.). Pourtant, cela aussi est essentiel à la foi salvatrice.

Cependant, le cœur de la foi réside dans ces événements cruciaux qui constituent la véritable «charnière de l'histoire»: c'est-à-dire, la mort sur une croix, l'ensevelissement dans une tombe (remarquez la position marquante de ce fait dans les Ecritures et dans les credos) et la résurrection dans un corps - événements qui se sont tous produits en l'espace de quelques jours pour l'être humain historique appelé Jésus de Nazareth (1 Co 15.3-4 énonce ces trois faits comme étant les points fondamentaux de la foi chrétienne). Cependant, la Bible explique les événements historiques tout autant qu'elle les rapporte. La foi comprend une acceptation du *sens* des événements autant que de leur *réalité*. Puisque le Jésus qui a été crucifié, enseveli et qui est ressuscité a par ces faits été reconnu comme étant ce qu'il prétendait être, le Fils de Dieu incarné, ces événements revêtent une importance pour l'histoire tout entière et pour la race humaine tout entière.

Si Dieu est ainsi aux commandes de l'histoire, le cours de celle-ci est déterminé par des choix personnels plutôt que par un hasard impersonnel, et par des jugements moraux plutôt que par des forces matérielles, ce qui va à l'encontre du point de vue populaire qui veut que l'histoire soit un cycle fortuit d'événements arbitraires. Cependant, puisque Dieu est éternel, on voit davantage sa main à long terme qu'à court terme. On peut voir une exception à cela dans la brève période pendant laquelle son Fils a vécu sur la terre. Si ses jugements opèrent lentement dans l'histoire, ses actes de grâce furent accomplis rapidement (cette différence est elle-même une clef de son caractère - Jon 4.2). La mort et la résurrection de Jésus sont devenues le cœur de l'histoire du salut, par le fait qu'elles ont fait l'expiation du péché et ont vaincu la mort.

Cette progression, qui va du Dieu de toute l'histoire au Jésus historique, était le cadre de foi prêché par les apôtres. Par exemple, les deux pôles de la proclamation de Paul étaient le «royaume de Dieu» et le «nom de Jésus» (Ac 28.31); ceci est également vrai pour Philippe (Ac 8.12). Ainsi, cet évangile «historique» est à la fois *étendu* (le «règne» de Dieu est universel - Ps 103.19) et *concentré* (l'autorité de Dieu est «centrée» sur Jésus, qui est maintenant «Seigneur» de toutes choses). Il *exclut* aussi toute autre foi et toute autre religion.

Il est absolument indispensable de souligner ce fondement historique de la foi salvatrice. Les pressions sociales qui s'élèvent contre une telle revendication sont aussi fortes, sinon plus, de nos jours qu'à l'époque de l'empire romain. Pourtant, cette foi a triomphé du monde d'alors (1 Jn 5.5) et elle est capable de le faire encore maintenant!

LA FOI EST PERSONNELLE

Si on s'arrêtait à la dimension historique, la foi serait réduite à la confession d'un credo, à une acceptation intellectuelle. Il est vrai

que la composition des credo avait justement pour but de sauvegarder l'élément historique vital (tant les faits que leur signification) pour les générations futures. Il est cependant possible de réciter un credos avec sincérité et conviction sans avoir pour autant cette relation et cet engagement qui constituent les ingrédients indispensables de la foi salvatrice. Les credos commencent bien de façon personnelle (*«Je* crois...»), mais il leur manque l'application de la confession d'une manière personnelle. Dire «Je crois que ceci est vrai» n'est pas la même chose que de dire «Ceci est vrai pour moi». Croire que Jésus est le Sauveur du monde n'est pas la même chose que croire qu'il est mon Sauveur. Rendre «témoignage» de Jésus implique les deux éléments de première et de seconde main que sont un témoignage personnel et un credo impersonnel!

La foi chrétienne consiste à croire en une personne unique plutôt qu'à une série de propositions. Elle ne se limite pas à croire *que* Jésus est mort et ressuscité; mais elle croit *en* Jésus qui est mort et ressuscité. Ce changement de préposition est crucial, il fait passer la foi de la pensée, où il est normal qu'elle commence, à la volonté (véritable siège de notre personnalité et très proche de ce que la Bible entend par «cœur»). C'est un déplacement de ce qui est objectif (information concernant Jésus) vers ce qui est subjectif (confiance en Jésus). Tandis que, dans la partie précédente, nous mettions la lumière sur le danger d'une foi subjective sans aucun contenu objectif, il nous faut maintenant prendre conscience du risque opposé!

Peut-être est-il significatif que les auteurs du Nouveau Testament (et Jean en particulier) préfèrent d'ordinaire le verbe «croire» au substantif «foi», soulignant ainsi qu'il s'agit d'une chose à faire plutôt que d'une chose à posséder. Bien qu'ils se réfèrent de temps en temps à la foi (en général employée avec l'article défini, «la foi», ce que l'on rencontre très fréquemment dans les épîtres «pastorales» de Paul à Timothée et à Tite) comme s'il s'agissait d'un «corps de vérités», la connotation habituelle du mot foi est celle d'une «attitude de confiance».

Une telle attitude de confiance entraîne une action, fruit de l'obéissance. Les paroles de Marie aux serviteurs, à Cana («Faites tout ce qu'il vous dira» - Jn 2.5) constituent une expression profonde de foi en son fils. Pour le dire en termes plus théologiques: la foi en Jésus implique de lui obéir comme Seigneur, tout autant que de croire en lui comme Sauveur. Si nous avons vraiment confiance en quelqu'un, nous n'hésiterons pas à faire tout ce qu'il nous demande de faire. (C'est une des raisons pour lesquelles le baptême est indispensable à la foi et par conséquent au salut; professer que nous croyons en lui quand nous n'avons pas même fait la première chose qu'il nous a ordonnée est une contradiction de termes, quand ce n'est pas de la pure hypocrisie.)

Pourtant, même l'obéissance peut être très impersonnelle, si elle se limite à la «loi de Christ» rapportée dans le Nouveau Testament. Puisque l'essence de la foi est une relation personnelle avec Jésus le ressuscité, comme l'exprime on ne peut mieux le concept biblique de «connaître» appliqué à une personne (Jn 17.3; cf. Gn 4.1), alors, pour nourrir une telle intimité, il faut plus qu'obéir à ses commandements écrits ou même croire que sa mort expiatoire peut avoir une application personnelle efficace.

LA FOI EST VERBALE

C'est une hérésie moderne que l'expression orale d'un désir puisse amener sa réalisation, que ce soit de façon psychologique en soi-même ou parapsychologique en quelqu'un d'autre. Cela tient plus de la notion païenne des pouvoirs prétendus divins inhérents à l'homme, que de la foi au Dieu biblique. Toutefois, une telle philosophie contient un élément de vérité - nos paroles renforcent nos pensées tout autant qu'elles les reflètent.

Le Nouveau Testament enseigne clairement que la foi doit être exprimée par des mots. Mais l'accent n'est pas mis sur les personnes *qui* les prononcent; il est placé sur les personnes *auxquelles* ils sont adressés. La simple verbalisation peut être faite pour soi tout seul, mais se parler à soi-même (quelque édifiant et profitable que ce puisse être!) n'est pas, en général, un signe d'équilibre mental, encore moins de bénéfice spirituel. La foi salvatrice s'exprime quand on parle à d'autres. Elle n'est exprimée à haute voix qu'à portée d'oreille et ce n'est que parce qu'ils sont écoutés que les mots de la foi deviennent efficaces.

Le principal et premier exemple de cette expression verbale est l'appel direct et nominal à Jésus pour rechercher le salut. Dans son premier sermon, à la Pentecôte, Pierre cite Joël à cet effet («...quiconque invoquera le nom du Seigneur sera sauvé» - Jl 3.5 en Ac 2.21), et il devient vite évident qu'il interprétait cette prédiction comme une référence à Jésus. Il est très frappant de voir la fréquence des références au *«nom»* de Jésus, dans le livre des Actes, à partir de ce moment-là (Ac 2.38; 3.6; 4.7, 10, 12, 17, 18, 30; 5.28, 40, 41; etc.). D'autres références incidentes montrent que les nouveaux disciples étaient encouragés à «invoquer» Jésus nominalement, en particulier au moment de leur baptême (Ac 22.16).

Les évangiles regorgent d'exemples où des hommes et des femmes ont précisément fait cela. Un exemple classique est celui de l'homme aveugle qui refusa de se taire, jusqu'à ce que Jésus l'ait entendu (Mc 10.46-52); il ne faut pas comprendre la déclaration de Jésus: «Va, ta foi t'a sauvé» comme signifiant que l'homme s'était guéri lui-même à force de crier - mais plutôt que son insistance avait été le moyen de libérer, dans son corps, la puissance guérissante de Jésus. La raison même pour laquelle les auteurs des évangiles ont rapporté tant de récits de ce genre était peut-être d'encourager les générations suivantes à agir pareillement, même sans être en position de le voir ou de l'entendre physiquement – après tout, l'aveugle de Jéricho ne pouvait pas non plus le voir!

S'adresser à Jésus, nominalement et à haute voix, c'est exprimer la croyance en sa présence aussi bien qu'en son existence qui se poursuit encore. C'est justement parce qu'il est vivant et proche (par son Esprit) que de telles paroles de foi ont une si grande efficacité. «C'est à l'Eternel que...j'ai crié, et il m'a répondu...» est tout aussi vrai de Jésus dans le Nouveau Testament que de Yahvé dans l'Ancien.

Il est très improbable qu'une récitation liturgique puisse être qualifiée de «parole de foi». Le Seigneur seul sait combien de membres d'une assemblée, répétant «Christ, aie pitié de nous» au moment voulu dans un culte, cherchent réellement sa grâce (ou même ont conscience de la profondeur de leur besoin). La répétition des paroles d'un autre, à moins qu'elles ne jaillissent spontanément dans l'esprit, n'est pas, en général, un vrai cri du cœur pour appeler à l'aide (voir au chapitre 31 une critique de l'emploi de la «prière du pécheur» dans l'évangélisation). On associe volontiers l'action d'«invoquer» à l'élévation du ton de la voix qui accompagne naturellement un sentiment d'anxiété aiguë dû à la prise de conscience d'un danger réel. En un mot, c'est le cri de quelqu'un qui a un besoin urgent d'être «sauvé».

La déclaration de Paul concernant le besoin de verbaliser la foi est probablement celle qui est le plus largement citée («Si, de ta bouche, tu affirmes devant tous que Jésus est le Seigneur et si tu crois dans ton cœur que Dieu l'a ramené de la mort à la vie, tu seras sauvé. Car l'homme croit dans son cœur et Dieu le rend juste devant lui; l'homme affirme avec sa bouche et Dieu le sauve» - Rm 10.9-10 français courant). Mais elle a besoin d'être déballée avec soin. Paul applique ici à l'évangile un principe attribué à l'origine par Moïse à la loi (Dt 30.11-14). Ce qui lie les deux, c'est la «justice», exigée par la loi et offerte par l'évangile. Dans les deux cas, cette «justice» n'est pas une norme hors de toute atteinte, mais elle est aussi proche que peuvent l'être les paroles sur les lèvres de celui qui y aspire; en fait, l'exprimer par des mots est la première étape vers son acquisition (Jos 1.8). Dans le cas de la justice de la loi, cela impliquait la récitation des lois de Moïse; mais dans le cas de la justice de la foi, cela implique la confession de la seigneurie de Jésus. Remarquez que pour «le chemin» de la justice, les commandements ont été remplacés par le Christ.

Mais «confesser» à qui? La plupart de ceux qui étudient la Bible ont été trop prompts à supposer que cela se réfère à une confession devant les hommes, que ce soit au travers de la déclaration d'un credo avec les croyants (les traductions qui placent «Jésus est le Seigneur» entre guillemets invitent à cette interprétation) ou par un simple témoignage auprès d'incroyants. Mais le contexte est celui de croire au Seigneur et d'invoquer son nom (voir vv. 11-13), et la principale référence pourrait donc être de s'adresser à Jésus lui-même comme Seigneur (comme Paul lui-même l'avait fait sur le chemin de Damas – Ac 22.8, 10).

Quoi qu'il en soit, les deux directions d'une telle «confession» ne s'excluent pas mutuellement. Il est possible que Paul lui-même ait eu à l'esprit une application double. Confesser Jésus comme Seigneur, en face de lui, doit être suivi de la même confession, en face d'autres, en particulier en face de ceux qui ne croient pas encore, bien qu'ils soient appelés à reconnaître un jour sa position (Ph 2.9-11). Un motif commun aux évangiles et aux épîtres est le lien complexe et indissoluble qui unit notre confession devant les hommes d'une relation avec Christ et sa confession devant son Père d'une relation avec nous (Mt 10.32-33; 2 Tm 2.11-13).

Confesser à Jésus lui-même notre reconnaissance de sa seigneurie est un acte de foi qui rend possible sa justice dans nos vies; la confesser à d'autres est un acte de foi qui la rend absolument nécessaire! Une telle confession pourrait bien être le tout premier «acte» de foi que fasse un disciple, mais ne doit pas être le dernier.

LA FOI EST PRATIQUE

Nous avons déjà souligné que la foi est davantage une chose que nous faisons qu'une chose que nous possédons (d'où la préférence du Nouveau Testament pour le verbe plutôt que pour le substantif). Jean nous rapporte un échange intéressant entre Jésus et la foule qui, ayant demandé: «Que ferons-nous afin de travailler pour les œuvres de Dieu?», obtint pour réponse: «L'œuvre de Dieu, c'est que vous croyiez en celui qu'il a envoyé» (Jn 6.28-29). Un prédicateur évangélique contemporain aurait peut-être répondu: «Vous ne devez pas même essayer de faire une œuvre quelconque; croyez tout simplement»! Mais ce serait là une simplification excessive. Croire c'est «obéir à la foi» (Ac 6.7). La foi du Nouveau Testament est on ne peut plus pratique.

Il est fort regrettable que le mot «œuvres» ait pris une connotation tellement négative, en particulier chez ceux qui construisent leur théologie principalement, sinon entièrement, sur les enseignements de Paul. Le mot est en fait absolument neutre et ne prend une nuance positive ou négative qu'en association avec d'autres concepts. Il est indispensable de prendre conscience que Paul se réfère habituellement aux «œuvres de la loi» et décourage fermement toute idée que celles-ci puissent fournir quelque mérite (ou même être accomplies comme il se doit!), ceci tout particulièrement en relation avec la justification (l'acceptabilité par Dieu). Mais s'il est vrai que nous ne pouvons en aucun cas être sauvés *par* de telles œuvres

(Ep 2.9), Paul souligne avec tout autant d'insistance que nous sommes sauvés *pour* des «œuvres bonnes» (Ep 2.10). Nous pouvons être à ce point obsédés par le mauvais concept des «œuvres de la loi» que nous en devenions aveugles quant à la juste place des «œuvres d'amour», «œuvres bonnes», et, dans l'argumentation présente, des «œuvres de la foi».

Car le mot «œuvres» signifie simplement «actions». Il se rapporte au fait de mettre quelque chose en pratique. C'est en ce sens que Jacques dit justement que «la foi sans les œuvres [actions] est stérile» (Je 2.20), qu'elle est tout à fait inutile pour sauver qui que ce soit! Il ne contredit pas Paul, mais il le complète, quand il ajoute: «Vous le voyez, c'est par les œuvres que l'homme est justifié, et non par la foi seulement» (Je 2.24; dont on pense bien à tort qu'il est en conflit avec des textes comme Ga 2.16). Paul pense aux «œuvres de la loi»; Jacques pense davantage aux «œuvres de la foi». Les exemples qu'il a choisis pour illustrer ses dires (Rahab la prostituée et le patriarche Abraham) montrent que l'idée de réalisations morales ne l'effleure même pas. Ils ont tous les deux risqué tout leur avenir à cause de leur foi en Dieu (tout ceci est développé en détail au chapitre 28). Jacques souligne fermement l'affirmation qu'il a faite plus tôt dans le même chapitre - La confession d'un credo en elle-même ne suffit pas à la foi salvatrice, si rien n'est *fait* dans cette direction. Il fait remarquer que les démons sont aussi de solides monothéistes et ne sont pourtant pas des croyants (Je 2.19)! Paul et Jacques s'accorderaient à dire que *«la justification est par les œuvres de la foi seulement»*. C'est la foi en action qui sauve.

Un autre auteur du Nouveau Testament apporte une contribution approfondie à notre compréhension de cet aspect pratique de la foi: l'auteur anonyme de l'épître aux Hébreux (voir chapitre 27 pour le contexte et le but de cette lettre exceptionnelle). Hébreux est un exposé classique de la nature de la foi – non seulement de ce qu'elle est («assurance des choses qu'on espère, ...démonstration de celles qu'on ne voit pas» – v.l), mais aussi et principalement de ce qu'elle fait: traduire dans le visible ce qui est invisible, dans le présent ce qui est à venir, dans le terrestre ce qui est céleste, dans l'ici et maintenant ce qui est dans le là-bas et plus tard. Les exemples qu'il cite sont tous des «œuvres de foi» que des hommes et des femmes ont *faites* parce qu'ils croyaient en Dieu: Abel offrit le bon sacrifice; Hénoc marcha avec Dieu (tout le long de la route jusqu'au ciel!); Noé construisit une arche; Abraham quitta sa maison pour une tente à l'âge de quatre-vingts ans, fit l'amour avec son épouse âgée et fut prêt à tuer son fils; Isaac et Jacob ont tous deux laissé à leurs fils un territoire qui ne leur appartenait pas encore; Joseph prit des dispositions pour ses propres funérailles dans le pays qu'il n'avait pas revu depuis sa jeunesse; les parents de Moïse risquèrent leur vie pour cacher leur bébé; Moïse lui-même quitta le palais pour conduire sa parenté d'esclaves dans un piège entre une armée et la mer; Josué fit le tour des murailles; Rahab cacha des espions; etc. Pas un mot sur ce qu'ils pensaient ou ressentaient concernant leur foi, uniquement ce qu'ils ont fait à cause d'elle. Bien que tous ces exemples soient tirés de l'histoire juive (ce qui convient à une lettre aux «Hébreux»), ils sont également des modèles pour la foi chrétienne – et en fait, ils attendent encore que les chrétiens les rattrapent (v. 40)! Leur assurance intérieure concernant l'avenir était attestée par leur conduite extérieure dans le présent.

En d'autres termes, la foi ne consiste pas seulement à *accepter* la vérité de la parole de Dieu, elle *agit* à partir de cette vérité. Il entre toujours un élément de risque dans la foi: si ce n'est pas vrai, il y aura une perte future; si c'est vrai, il y aura un gain futur. Mais les actes de confiance et d'obéissance doivent se poursuivre jusqu'à ce que la foi se change en vue (remarquez la merveilleuse déclaration du verset 13: «C'est dans la foi que tous ces hommes sont morts» – français courant),[1] ce qui veut dire que:

LA FOI EST CONTINUE

Continuer à agir conformément à la parole de Dieu, quel que soit le temps demandé pour que ses promesses s'accomplissent, est aussi dans l'essence même de la foi. C'est pourquoi, la même lettre aux Hébreux se poursuit en exhortant les chrétiens à suivre l'exemple des saints de l'Ancien Testament et à courir «avec *persévérance*», en gardant les regards fixés sur Jésus, le pionnier de leur foi et celui qui la mène à la perfection (c-à-d. celui qui la démarre et la termine), celui qui est allé vers une fin amère et qui l'a traversée en vue de la joie qui l'attendait au-delà (Hé 12.1-2).

L'accent sur la continuité de la foi commence dans l'Ancien Testament. Quand Habaquq craint que le jugement imminent de Dieu, sous la forme d'une invasion babylonienne, ne parvienne pas à faire la distinction entre les quelques justes et le grand nombre de méchants en Israël, Dieu lui affirme que «le juste vivra par sa foi» (Ha 2.4). Le mot qui est traduit «foi» n'est pas fréquent dans l'Ancien Testament, et dans tous les autres contextes il signifie «fidélité, loyauté, tenir ses engagements envers quelqu'un» (Le mot hébreu est *emunah*); c'est quelque chose dont on dit qu'il est «brisé» s'il n'est pas maintenu. Le mot «vivre» dans ce contexte veut simplement dire «survivre au jugement». «Juste» qualifie les personnes que Dieu (non pas l'homme) considère comme justes à ses yeux. Nous pourrions donc paraphraser le texte d'Habaquq ainsi: «C'est en *gardant leurs engagements* envers lui, que ceux que Dieu considère comme justes survivront au jugement qui vient.» Le prophète lui-même est au nombre de ceux qui gardèrent leurs engagements envers le Dieu d'Israël pendant tout le désastre, même lorsque les envahisseurs babyloniens détruisirent tous les arbres et tous les animaux, selon leur coutume impitoyable (Ha 2.17; 3.17-18).

Ce «texte d'or» d'Habaquq est souvent cité dans le Nouveau Testament (et devint le cri de ralliement de la Réforme, bien des siècles plus tard). Lorsque les auteurs apostoliques l'emploient, ils mettent toujours l'accent sur la continuité de la foi, c'est-à-dire le fait de tenir ses engagements envers Dieu. C'est pour cette raison que Paul le cite («par la foi et pour la foi» ou, plus littéralement, «de la foi à la foi» – Rm 1.17) et l'auteur des Hébreux fait la même déclaration («mais s'il se retire», terme de navigation pour baisser les voiles – Hé 10.38).

Ce qui est vrai en hébreu l'est aussi en grec – «foi» et «fidélité» sont un seul et même mot *(pistis)*. Il est traduit d'une façon pour le don de l'Esprit (1 Co 12.9) et de l'autre pour le fruit de l'Esprit (Ga 5.22). En fait, il est parfois difficile de savoir quel terme employer, et il faut évaluer le sens d'après le contexte. Etre plein de foi est la même chose qu'être «fidèle».

On peut voir dans les temps du verbe «croire» employés en grec un autre indicateur de la continuité de la foi. Quand il est fait référence au premier pas de foi qui débute la foi d'un croyant, c'est le temps aoriste qui est employé, signalant ainsi un événement ou un moment isolé (on en trouve des exemples en Actes 16.31 et 19.2). Mais c'est bien souvent le présent qui est utilisé, ce qui dénote une action ou un présent continus, par opposition à ce qui est passé ou conditionnel. Jean aime tout particulièrement cette deuxième forme: «Car Dieu a tant aimé le monde qu'il a donné son Fils unique, afin que quiconque croit [c-à-d. *continue* à croire, ou croit *maintenant*] en lui ne périsse pas, mais qu'il ait [c-à-d. dès maintenant, pas seulement dans l'avenir – voir v. 36] la vie éternelle» (Jn 3.16); «Ce qui est l'œuvre de Dieu, c'est que vous croyiez [c-à-d. *continuiez* à croire, ou soyez en train de croire] en celui qu'il a envoyé» (Jn 6.29); «Mais ceci est écrit afin que vous croyiez [c-à-d. *continuiez* à croire, ou soyez en train de croire] que Jésus est le Christ, le Fils de Dieu, et qu'en croyant [*continuant à croire*], vous ayez [c-à-d. *continuiez* à avoir] la vie en son nom» (Jn 20.31). (Remarquez que, pour cette raison, l'évangile de Jean convient mieux aux croyants qu'aux incroyants. Ce livre ayant davantage pour but de garder les lecteurs dans la foi que de les amener à la foi, il est normal qu'il ait été écrit plus tard que les trois synoptiques.)

Paul n'a jamais pris pour appui son pas de foi *d'hier* sur le chemin de Damas. Au cours de son pèlerinage, il compte sur une foi *actuelle*: «Ma vie présente dans la chair, je la vis dans la foi au Fils de Dieu... (Ga 2.20). A la fin de sa vie il était capable de proclamer: «J'ai gardé la foi» (2 Tm 4.7). Son enseignement contient de nombreux avertissements sur la nécessité de «demeurer» dans la foi (Ac 11.23; 14.22; Rm 11.22; 1 Co 15.2; Col 1.23; 1 Tm 2.15). Il y a de mauvaises nouvelles concernant ceux qui se «sont égarés» loin de la foi (1 Tm 6.10, 21) et même «ont fait naufrage» en ce qui concerne la foi (1 Tm 1.19). Il n'est pas étonnant qu'il exhorte les Corinthiens: «Examinez-vous vous-mêmes, pour voir si vous *êtes* [c-à-d. maintenant] dans la foi; éprouvez-vous vous-mêmes» (2 Co 13.5).

L'implication de ce témoignage est claire: la vraie foi signifie «garder ses engagements». La vraie foi n'est pas ce dont on part, mais le produit fini. La justification peut nous être acquise dans un moment de foi, la sanctification et la glorification sont le résultat d'une vie de foi. (La portée de cela sur la notion «une fois sauvé, toujours sauvé» sera discutée plus longuement au chapitre 27, qui étudie les passages sur l'apostasie d'Hébreux, et au chapitre 36, qui demande à quel moment une personne est «sauvée».)

La foi salvatrice n'est pas un *pas*, mais une *marche*, une série de pas s'étendant de cette vie dans celle à venir (1 Co 13.13). Une fois qu'une personne a mis sa confiance dans le Seigneur Jésus-Christ, l'étape suivante de la foi est qu'elle soit baptisée d'eau...

---

[1] N.d.T. La version anglaise citée ici par l'auteur dit de façon éloquente: Toutes ces personnes vivaient encore dans la foi quand elles sont mortes.

4

SOYEZ BAPTISÉS DANS L'EAU

L'inclusion du baptême dans l'initiation chrétienne, comme élément essentiel de celle-ci, suscite un malaise certain dans de nombreux milieux. D'aucuns, devant ce qui est de toute évidence un acte *humain*, craignent qu'un tel accent n'ouvre la porte au «salut par les œuvres» et ne compromette la doctrine de la «justification par la foi seulement». Mais, comme nous l'avons déjà souligné, ils ne semblent pas aussi soucieux lorsqu'il s'agit d'«ajouter» à la foi la repentance ou la confession de la bouche. En vérité, le trouble au sujet du baptême est plus profond et tourne plus généralement autour de la «nécessité» du baptême.

Le problème fondamental réside en ce que le baptême est un acte éminemment *physique,* alors que l'initiation chrétienne est censée être avant tout «spirituelle». Comment un rite matériel peut-il affecter des réalités morales (ou même les représenter)? Bien sûr, une courte réflexion confirmera que les trois autres éléments ont tous un certain côté physique. La repentance peut toucher aux vêtements (Lc 3.11), à l'argent (Lc 19.8) et aux livres (Ac 19.19). La foi comprend l'usage de la bouche (cf. Rm 10.10, qui en fait un élément «indispensable» au salut). La réception de l'Esprit vient souvent au travers de l'imposition des mains (Ac 8.17; 9.17; 19.6). Cependant ces trois aspects «semblent» plus spirituels que physiques, tandis que le baptême «a l'air» plus physique que spirituel! Mais pourquoi faut-il que ce soit un tel problème?

L'incapacité à lier le physique au spirituel est endémique

dans le monde occidental. Elle découle du fait que la pensée occidentale a des racines qui plongent dans la philosophie grecque, où la séparation des «univers» physique et spirituel était fondamentale. Cela a profondément affecté la pensée grecque, conduisant à des extrêmes tant d'indulgence que d'ascétisme. Cela a également affecté les croyances des Grecs, provoquant le grand débat sur la question de savoir si l'univers le plus «réel» était l'univers physique (Aristote) ou l'univers spirituel (Platon). En Occident, la pensée «séculière» a suivi Aristote, tandis que la pensée «sacrée» a suivi Platon. Cela a conduit à une tendance excessive à la «spiritualisation» dans le christianisme (ce qui, par une étrange ironie du sort, tient plus du mysticisme oriental). Ce genre de pensée sous-tend la définition du «sacrement» comme «signe extérieur et visible d'une grâce intérieure et spirituelle». Tant de gens voient l'eau du baptême comme un «simple» symbole, alors que la partie «réelle» est entièrement «spirituelle». Cette séparation entre l'aspect «extérieur» et l'aspect «intérieur» laisse même envisager qu'il soit possible d'avoir la «réalité spirituelle» du baptême sans le rite physique.

Il existe des personnes qui pensent sincèrement que le Nouveau Testament lui-même encourage cette dichotomie entre l'«univers» physique et le spirituel. Relevant dans l'Ancien Testament l'accent prophétique placé sur la réalité plutôt que sur le rituel (voir, par exemple, Es 58.6-7 et Os 6.6), elles voient l'apogée de cette tendance dans l'indifférence de Jésus vis-à-vis des rites extérieurs de purification (Mc 7.1-23) et dans son insistance sur la pureté de cœur. De même, la notion prophétique de la circoncision du cœur (Dt 10.16) est reprise par les apôtres (Col 2.11). En outre, l'épître aux Hébreux met en contraste les «types» physiques «terrestres» de l'«ancienne» alliance (temples, autels, sacrifices, sacerdoce, vêtements, encens, etc.) et les «anti-types» spirituels «célestes» de la «nouvelle» alliance. Il est donc certain, raisonnent-ils, que les chrétiens devraient fixer leur intérêt sur le spirituel et laisser de côté le physique.

Mais ce n'est pas toute la vérité concernant la «nouvelle» alliance. Le même Jésus qui a critiqué le lavement rituel avant les repas a ordonné le baptême pour tous ceux qui le suivent (Mt 28.19; voir le chapitre 7). Le même Paul qui parlait de circoncision du cœur lie celle-ci au baptême (Col 2.11-12; voir le chapitre 25). Et l'auteur de l'épître aux Hébreux parle lui aussi du besoin de venir à Dieu le *corps* lavé d'une eau pure (Hé 10.22; voir le chapitre 27). Car chacun d'eux était Juif et non pas Grec. La pensée hébraïque n'a jamais commis l'erreur de séparer ce qui est spirituel de ce qui est physique, puisque Dieu qui est Esprit a créé le monde matériel et qu'il s'attendait à ce que l'homme le mette en valeur et en jouisse. La Bible condamne l'ascétisme comme une hérésie! Les relations sexuelles ont une signification spirituelle (ce n'est que dans la pensée «grecque» que le célibat est considéré comme un état plus noble que le mariage).

Dans les Ecritures, les choses physiques ne sont pas seulement des métaphores pertinentes et des analogies appropriées des choses spirituelles; le physique peut être le moyen même de communiquer le spirituel. Ce principe valait dès le commencement, depuis les arbres de vie et de la connaissance en Eden, jusqu'à l'argile et la salive utilisées par Jésus pour guérir une cécité. Il trouve son expression suprême dans l'incarnation, la Parole faite chair. C'est dans son *corps* que Jésus a porté nos péchés sur le bois (1 P 2.24) et c'est la résurrection de son *corps* qui a apporté l'espérance de la vie éternelle. Rien d'étonnant à ce que le christianisme ait été appelé «la plus matérialiste des religions du monde» (remarque attribuée à l'archevêque William Temple).

Il n'est pas surprenant que le Seigneur ait ordonné à ceux qui le suivent de s'engager dans deux actes physiques, l'un pour démarrer la vie de disciple et l'autre pour la poursuivre. Les deux allaient avoir des effets profonds. Par rapport à la Cène, Paul décrit en détail les effets positifs de «communion» et les effets négatifs de «condamnation» qui peuvent découler de ce «sacrement» (1 Co 10 et 11).

Puisque nous avons cité une définition «grecque» du mot «sacrement», nous allons maintenant tenter d'en donner une définition «hébraïque» ! C'est *un événement physique aux effets spirituels*. Ceci établi, nous pouvons nous pencher sur l'étude du baptême et de son rôle dans l'initiation chrétienne. Nous nous poserons quatre questions: où, comment, pourquoi et quand était-il pratiqué?

OÙ ÉTAIT-IL PRATIQUÉ?

D'où cette pratique tire-t-elle son origine? Qui l'a inaugurée?

L'idée d'une purification rituelle est presque universelle - du bain donné au marié avant le mariage, pratique antique et très répandue, au lavage obsessionnel des mains bien connu des psychiatres modernes. Mais à partir de quand est-ce devenu spécifiquement religieux, et quelles sont les racines du rite chrétien?

Il est peu probable que l'on trouve les racines du baptême néo-testamentaire dans une religion païenne (bien qu'il puisse y avoir une référence de ce genre dans la mention d'un baptême «pour les morts» en 1 Co 15.29; voir chapitre 24). Il est beaucoup plus probable que le contexte en soit juif. Il est certain que l'Ancien Testament renferme des détails de lavages rituels, en particulier en rapport avec le sacerdoce. Les prophètes aussi attendaient une profonde purification du peuple (remarquez l'«eau pure» d'Ez 36.25).

SOYEZ BAPTISÉS DANS L'EAU

Les baignoires rituelles découvertes dans la communauté essé- nienne de Qumran rendent également témoignage de la place donnée, dans une branche au moins de la tradition juive, aux purifications régulières par immersion; la proximité, à la fois temporelle et géographique, de cette pratique avec les ministères de Jean et de Jésus est frappante. Cependant, même s'il peut y avoir une association d'idées, il n'y a aucune preuve d'un quelconque lien direct, particulièrement dans l'esprit de ceux qui étaient baptisés dans le Jourdain. Ils ne se considéraient pas comme se séparant de leur société, mais comme se séparant de leurs péchés - pour répondre à la première voix prophétique depuis des siècles (remarquez l'adoption par Jean de la façon de se vêtir d'Elie) et à l'annonce de l'avènement imminent du Messie.

Nombre de spécialistes ont vu un précédent dans le baptême juif de «prosélytes», qui s'était répandu dans la Diaspora («dispersion» des Juifs hors de leur propre pays) comme moyen de préparer les adhérents païens à une complète appartenance au peuple juif. Mais la plus ancienne preuve concrète de cette pratique remonte à la fin du premier siècle de notre ère, si bien que nous ne savons pas si elle était déjà répandue aux jours de Jésus. Quoi qu'il en soit, il y avait des différences bien réelles entre ce baptême-là et le baptême chrétien. Il s'accompagnait de la circoncision; il était auto-administré; il était administré à des familles entières, mais *pas* aux bébés qui naissaient plus tard; et, par dessus tout, il avait pour but d'ôter la souillure raciale, et non la culpabilité morale. Si le baptême était déjà connu avant que Jean-Baptiste ne commence son ministère, comme cela doit avoir été choquant de l'exiger de *Juifs!*

En dépit de tout ce contexte, nous ne nous égarerons pas si nous considérons le baptême comme une pratique originale introduite par Jean sur la révélation et l'ordre directs de Dieu, tout en étant de celles qui seraient facilement comprises sur la toile de fond de toutes ces purifications physiques et spirituelles par l'eau.

Le point saillant de la prédication et de la pratique baptismale de Jean était l'accent très fort placé sur le contenu *moral*. Il annonçait la nouvelle longtemps attendue que le royaume (gouvernement, non domaine géographique) de Dieu était sur le point de faire irruption dans l'histoire, amenant de telles normes de justice dans les affaires humaines que les conditions préalables urgentes pour en obtenir la citoyenneté étaient la repentance et le pardon. Jean comprenait l'acte d'immersion (voir le point suivant) dans le fleuve du Jourdain comme étant à la fois la consommation de la repentance et la communication du pardon (Mt 3.11; Mc 1.4; Lc 3.3).

Le lien qui existe entre le baptême de Jean et la pratique chrétienne ultérieure est double. Tout d'abord, Jésus lui-même se soumit à Jean, bien que ce fut pour lui un acte de «justice» plutôt que de repentance (Mt 3.15). Sa soumission et son commentaire sont un reproche permanent à ceux qui veulent le suivre mais estiment que le baptême n'est pas nécessaire! Deuxièmement, Jésus lui-même a continué à baptiser d'autres, après avoir commencé son propre ministère. En fait, à un certain moment, Jean et Jésus baptisaient dans le même fleuve, à quelques kilomètres de distance, occasionnant des comparaisons odieuses entre leurs effectifs respectifs (Jn 3.22-26). En fait, Jésus ne le faisait pas lui-même, mais il le laissait faire à ses disciples (probablement pour les mêmes raisons qui ont amené Pierre et Paul à le faire faire par leurs aides – cf. Jn 4.2 avec Ac 10.48 et 1 Co 1.14-17).

Aussi surprenant que cela puisse paraître, il n'est fait aucune mention d'un quelconque baptême, dans la majeure partie du ministère de Jésus, même lorsque les douze et les soixante-dix ont été envoyés en tournée missionnaire.

Pourtant, le baptême est au premier rang des dernières instructions de Jésus aux apôtres, entre sa résurrection et son ascension. Le fait qu'il l'ait clairement inclus dans le mandat missionnaire (Mt 28.19; cf. Mc 16.16) constitue une explication plus qu'adéquate de son application universelle dans l'Eglise primitive. A ce moment-là, comme nous allons le voir, la signification de cette pratique avait connu un développement considérable, mais le mode ou la méthode en restait identique.

COMMENT ÉTAIT-IL PRATIQUÉ?

Les représentations de Jean au Jourdain faites par les artistes chrétiens de ces derniers siècles présentent souvent les candidats debout dans une eau leur arrivant aux genoux, aux cuisses ou même à la taille, tandis que Jean fait tomber quelques gouttes d'eau sur leur tête avec une coquille Saint-Jacques; ces tableaux sont un compromis entre le récit biblique et la pratique liturgique qui s'est développée plus tard (immersion de la moitié inférieure et aspersion de la moitié supérieure!). Comme il est important de lire les Ecritures sans porter les lunettes de la tradition!

Le Nouveau Testament dit clairement que le baptême pratiqué par Jean et par les apôtres était une immersion totale dans l'eau («submersion» serait peut-être un meilleur terme). Jean choisit une partie spéciale du cours du Jourdain en raison justement de sa profondeur correcte (Jn 3.23). Philippe fit «descendre» l'Ethiopien dans l'eau (Ac 8.38). On a émis l'objection qu'il n'y aurait pas eu assez d'eau à Jérusalem pour baptiser trois mille personnes au même moment; ceci ferme les yeux sur les piscines de Béthesda et de Siloé - et bien sûr, le récit biblique ne prétend pas que tous étaient dans l'eau ensemble!

Le mot même «baptiser» implique une immersion totale. Au temps du Nouveau Testament, il n'était pas devenu le terme *faisant autorité* pour désigner un rite ecclésiastique. C'était un mot grec ordinaire (*baptizein*), à caractère *descriptif*. On l'employait pour le naufrage d'un navire (pas pour sa mise à la mer!), le plongement d'une tasse dans un tonneau de vin, le trempage d'un vêtement dans une cuve à teinture. On l'employait là où le français dirait tremper, plonger, puiser, immerger, enfoncer, noyer, faire boire la tasse ou inonder, submerger, imbiber, couler, mariner, macérer, saturer. Il était aussi employé plus généralement comme métaphore pour dire «ensevelir». Si Jean a été appelé «le Baptiste», ce n'est pas parce que c'était un titre, encore moins l'étiquette confessionnelle que c'est devenu depuis; c'était un surnom descriptif, signifiant le Plongeur, l'Immergeur (même phrase descriptive que celle qui fut appliquée à Jésus comme «baptiseur» dans l'Esprit Saint – Jn 1.33; ainsi Jésus était tout autant un Baptiste que Jean!).

Pendant des siècles, cette notion du baptême a été comprise. Même quand le baptême a été plus tard appliqué à des bébés (voir Appendice 1), ceux-ci étaient immergés (témoin de cela la dimension des fonts baptismaux médiévaux). Les Eglises orthodoxes grecques *immergent* encore les enfants (trois fois au nom de la Trinité!); peut-être est-ce parce qu'ils connaissent le grec! Quelle tragédie que le mot ne soit que rarement traduit par un mot français équivalent dans nos versions bibliques, mais seulement translittéré en une orthographe française! En fait, sa signification est à l'heure actuelle si technique qu'il a tout à fait perdu sa connotation originelle. Parler de «baptême par aspersion» aurait autant de sens pour un Grec que de parler d'un cercle carré ou de neige frite!

Le baptême du Nouveau Testament avait besoin d'eau, et en «grande quantité». Mais il avait aussi besoin de *paroles*.

Dans le baptême de Jean, il était demandé au candidat de faire une confession verbale de péchés précis (comme cela a été mentionné au chapitre 2). Dans le baptême des apôtres, on attendait du candidat qu'il «invoque» le nom de Jésus. Le baptiseur devait aussi baptiser *en* ce nom (Ac 19.5). Il ne semble pas qu'il y ait eu une formule fixée, ce sur quoi on insiste souvent aujourd'hui, mais l'inclusion du nom de «Jésus» était quelque chose d'important (voir le chapitre 7 pour une discussion sur l'étrange divergence entre le «nom» trinitaire de Mt 28.19 et l'emploi «unitaire» du nom de Jésus tout au long des Actes).

Pour terminer en ce qui concerne le mode, bien que le baptême n'ait jamais été auto-administré, son efficacité semble avoir dépendu davantage de l'état spirituel du baptisé que de celui du baptiseur (Jésus a été baptisé par quelqu'un qui n'était pas lui-même baptisé – Mt 3.14).

POURQUOI ÉTAIT-IL PRATIQUÉ?

Nous avons déjà remarqué que le baptême de Jean avait pour but la consommation de la repentance et la communication du pardon. Ce double but a été très clairement poursuivi dans le baptême chrétien (Ac 2.38). Cependant, un nouvel accent y fut ajouté après la mort, l'ensevelissement et la résurrection de Jésus.

Le baptême est un bain pour ceux qui sont sales

Il a pour but de laver les péchés (Ac 22.16; Ep 5.26; Hé 10.22). Son action purificatrice est plus intérieure qu'extérieure, elle concerne plus la conscience que le corps (1 P 3.21). Même cette façon de parler va au-delà de la compréhension de Jean. Mais une dimension complètement nouvelle est ajoutée avec le concept suivant.

Le baptême est l'enterrement de ceux qui sont morts

Le prélude obligatoire au baptême est de «dépouiller la chair» comme l'a fait Jésus, d'être crucifié avec lui; voici la «circoncision» qui n'est pas faite par la main des hommes, à laquelle Paul fait allusion (Col 2.9-12; voir chapitre 25). L'«ensevelissement» dans l'eau est le lien vital entre la mort du croyant à son ancienne vie et sa résurrection à une vie nouvelle (Rm 6.4; Col 2.12; 1 P 3.21). Combien l'acte d'immersion – submersion et émersion, ensevelissement et résurrection – convient bien à cette signification! (Tous les autres modes de baptême fixent l'attention sur le bain plus que sur l'aspect d'ensevelissement.)

Dans la plupart des références au baptême, dans le Nouveau Testament, il est très remarquable que le langage est instrumental plutôt que symbolique. Le baptême ne ressemble pas seulement à un bain, *c'est* un bain. Il ne ressemble pas seulement à un ensevelissement; *c'est* un ensevelissement. Le «signe» accomplit réellement ce qu'il signifie. Quand on ne voit dans le baptême qu'un «pur» symbole, indiquant une réalité spirituelle extérieure à lui, ceci ouvre la voie à l'idée qu'il indique quelque chose qui peut «arriver» à un autre moment, soit avant le baptême (dans le cas de croyants), soit bien après (dans le cas de bébés). (L'un des meilleurs livres sur cette compréhension «instrumentale» du baptême est celui de G. R. Beasley-Murray, *Baptism in the New Testament* (Eerdmans, 1962), même s'il ne fait pas une distinction suffisamment claire entre le baptême d'eau et le baptême d'Esprit.)

Mais le langage du Nouveau Testament est de coïncidence aussi bien qu'instrumental, il décrit ce qui se passe vraiment au moment même du baptême. Ceci place l'accent sur l'activité *divine* dans le baptême plutôt que sur l'acte humain. Ne voir en lui qu'un «acte d'obéissance» ou un «témoignage» (une sorte de témoin mouillé), c'est manquer son but essentiel. C'est un «moyen de grâce», un moyen de grâce *salvatrice*. Les auteurs du Nouveau Testament n'hésitent pas à utiliser le mot «sauver» en rapport avec le baptême (Mc 16.16; Ac 2.40-41; 1 P 3.21 – cette dernière déclaration étant la plus forte de toutes, avec son énoncé «le baptême qui vous sauve, à présent»). Dans ce «bain de la régénération» (Tt 3.5; voir chapitre 26) une personne «naît d'eau» (Jn 3.5; voir chapitre 10).

Il n'est pas étonnant que les apôtres aient associé cet acte avec certains des grands événements rédempteurs de l'histoire passée. Pierre a vu un type du baptême chrétien dans le déluge de Noé, en ce qu'ils ont été, lui est ses proches parents, séparés de leur ancien environnement mauvais par l'eau (1 P 3.20; voir au chapitre 29). Paul a vu le passage de la mer Rouge comme un type du baptême chrétien (1 Co 10.1-2) – il est tentant de tirer la conclusion que le baptême revêt, pour les chrétiens par rapport à Satan, la même signification que le passage au travers de l'eau, pour les Juifs par rapport à Pharaon (il est certain qu'après le baptême, «le péché ne domine plus» – Rm 6.11-14). C'est le sacrement de la rupture avec le passé et d'un nouveau départ.

Certains lecteurs trouveront tout ceci plutôt difficile à accepter et me suspecteront sans doute d'enseigner la doctrine redoutée du «baptême de régénération». Mais la crainte de cette déformation peut réduire le rite à un simple symbole. On évite cette erreur en se souvenant que le Nouveau Testament n'implique nulle part que le baptême réalise en et par lui-même l'un quelconque des résultats précités (le terme technique pour ce point de vue mécanique, voire magique, est la phrase latine *ex opere operato*). Ce n'est que dans certaines conditions spirituelles que le baptême est «efficace». L'eau en elle-même ne peut rien faire d'autre que de laver la saleté du corps. C'est la puissance de Dieu qui, par son Esprit et en réponse à la repentance et à la foi de l'homme, rend l'acte physique capable d'avoir un tel effet spirituel. Ce qui nous amène par une simple progression de la pensée à notre dernière question.

QUAND ÉTAIT-IL ADMINISTRÉ?

Quand les personnes étaient-elles baptisées au temps des apôtres? La réponse toute simple est la suivante: dès qu'ils étaient capables de convaincre les autres qu'ils s'étaient réellement repentis et qu'ils croyaient. Cela pouvait donc se passer le jour même où ils avaient entendu l'évangile pour la première fois (Ac 10.48), voire la nuit même (Ac 16.33).

Le jugement humain entrait bien sûr en ligne de compte et l'erreur occasionnelle a été commise (Ac 8.13), bien qu'elle ait été fermement corrigée dès qu'elle a été découverte (Ac 8.18-23). L'important est que le critère permettant de jauger la repentance était celui de la preuve plus que celui de la profession (Ac 26.20). Cependant, alors que la repentance était la seule condition demandée pour le baptême de Jean, le baptême chrétien exige aussi la foi au Seigneur Jésus-Christ.

Sous cet angle, l'état spirituel du candidat est un facteur bien plus important que la quantité d'eau ou la formule verbale employée dans le rite, puisque sans la foi du pénitent il est inefficace pour l'homme et inacceptable pour Dieu (et si le baptême participe au même caractère sacramentel que la Sainte Cène, il pourrait même être carrément nocif s'il est administré à un incroyant impénitent). Il s'agit donc d'un pas *volontaire* qui doit être fait par une personne moralement responsable (1 P 3.21; voir chapitre 29). Il ne peut y avoir de repentance ou de foi *par procuration* dans le cas du salut personnel. Chaque individu doit donner sa propre réponse vis-à-vis de l'évangile et faire sa propre demande de baptême (remarquez que «chacun de vous» s'applique à la fois à «soit baptisé» et «repentez-vous» en Ac 2.38; voir chapitre 15).

C'est ce qui explique l'emploi inhabituel de la voix moyenne du verbe «baptiser» (par exemple en Ac 22.16). La voix active signifierait «Baptise-toi toi-même». La voix passive signifierait «Sois étant baptisé». La voix moyenne signifie «Fais-toi baptiser» (c-à-d. par quelqu'un d'autre). Bien que le baptême soit fait par quelqu'un d'autre, il est décidé par *soi-même*. La volonté et la conscience de l'individu sont toutes deux mises en jeu. Le baptême est un acte conscient et consciencieux.

LE BAPTÊME D'ENFANT

Tout ceci conduit inévitablement à la question du baptême des «enfants» (le débat serait clarifié si l'on employait le mot «bébé» plutôt que le mot «enfant», faisant clairement apparaître que le problème concerne ceux qui sont totalement incapables de repentance ou de foi pour eux-mêmes – en fait, tout à fait incapable de commettre des péchés que le baptême laverait!). Cette question sera traitée plus en détail sous d'autres têtes de chapitre (voir les chapitres 15, 19, 34 et l'appendice 1); nous ne nous intéressons ici qu'aux références néo-testamentaires au baptême.

La plupart des spécialistes admettent qu'il n'y a pas de récit explicite du baptême d'un bébé (qu'il soit de parents croyants ou incroyants) dans le Nouveau Testament, tant par Jean-Baptiste que par l'Eglise primitive. Bon nombre poursuivent en expliquant ce «silence» par le fait que c'était la «première génération» de chrétiens, qui devaient tous être des convertis *adultes*. Cependant, il est inconcevable qu'aucun de ces premiers convertis n'ait été parent ou même grand-parent, qu'aucun des milliers qui s'attroupèrent autour de Jean-Baptiste au Jourdain ou autour des apôtres à la Pentecôte n'ait eu de famille! Le silence devient assourdissant.

Cependant, il y a des preuves plus positives de ce que les bébés n'aient pas été inclus. Il est dit du baptême de Jean-Baptiste qu'il était en vue de la repentance et que les candidats confessaient leurs péchés – aucune de ces deux choses n'aurait pu s'appliquer à des bébés. Il est précisé que ceux qui furent baptisés à la Pentecôte étaient ceux qui avaient «accepté la parole» (Ac 2.41; exactement le même langage que celui employé pour les «maisons» qui ont été baptisées – voir au chapitre 19 une étude détaillée).

D'autres passages ont été utilisés comme preuve indirecte de l'inclusion de bébés. La proclamation de Pierre que «la promesse est pour vous et pour vos enfants» est, quoi qu'il en soit, une référence au baptême de l'Esprit, non au baptême d'eau, et elle est clairement justifiée par la réception d'un appel divin et par la réponse à cet appel; elle est également offerte à «tous ceux qui sont au loin» (Ac 2.39; voir chapitre 15). Paul dit à une femme croyante que ses «enfants... sont saints» (1 Co 7.14; voir chapitre 22); mais il en est de même du mari incroyant et le contexte de la déclaration de Paul est le sujet du divorce et non celui du baptême. Dans ses épîtres, Paul s'adresse aux enfants comme étant «dans le Seigneur» (Ep 6.1 TOB; Col 3.20); mais ils sont de toute évidence suffisamment âgés pour faire face à des responsabilités morales.

Si la plupart des spécialistes admettent qu'il n'y a pas de preuve directe du baptême de bébés dans le Nouveau Testament, certains veulent avancer l'argument opposé, à savoir qu'il n'y a pas non plus de preuve contraire. Pourtant, ce n'est pas la question. Le problème est qu'il est impossible d'appliquer aux bébés la théorie néo-testamentaire du baptême (c-à-d. son sens et sa signification tels qu'ils ont été soulignés précédemment) sans que la pratique n'en devienne au mieux uniquement symbolique (d'espérances futures) et au pire tout à fait superstitieuse (sauvant le bébé de l'enfer), avec le légèrement sentimental entre deux (la «cérémonie d'entrée dans le monde» du bébé). Voir le baptême comme un bain lavant les péchés ou l'ensevelissement d'un pécheur exige une foi qui dépasse les mots de l'Ecriture. Car, un fait est simple, le langage du Nouveau Testament concernant le baptême *ne peut* s'appliquer tel quel au baptême des bébés. Il faut que ses conditions ou ses effets soient complètement modifiés ou même laissés de côté pour parvenir à ce qu'il «cadre» à la situation d'un nouveau-né.

Les véritables raisons pour baptiser des bébés sont théologiques plutôt que textuelles (ce que nous cherchons à faire apparaître dans l'appendice 1). Voici ce qui ce passe: un concept biblique, qui peut être valable dans son contexte propre, est élevé au rang de principe que l'on utilise pour interpréter des questions qui sortent de sa propre sphère. Les trois doctrines qui ont été ainsi utilisées (voir sur ce point l'appendice 1 pour une explication plus complète) sont celles du péché originel, de l'alliance héréditaire et de la grâce prévenante – dont aucune n'a de lien direct avec le baptême dans le Nouveau Testament (le but du baptême est de laver les seuls péchés réels, non le péché originel; c'est pour ceux qui sont nés de l'Esprit, non pour ceux qui sont nés de la chair; c'est le sacrement de la grâce que l'on s'est appropriée, non le symbole de la grâce prévenante).

CE QU'IL NE PEUT PAS FAIRE

Le baptême marque la fin de l'ancienne vie et le commencement d'une nouvelle vie, la mort d'un pécheur et la naissance d'un saint, l'ensevelissement de l'homme ancien et la résurrection de l'homme nouveau. C'est le «bain de la régénération» qui n'entraîne pas seulement un nouveau départ dans la vie, mais aussi une nouvelle vie dans laquelle débuter!

Mais parler ainsi peut susciter des espérances trop élevées! Beaucoup de personnes se sont attendues à ce que leur baptême ne se limite pas à les faire *débuter* une vie nouvelle mais les fasse *rester* purs, traite leur avenir aussi bien que leur passé, s'avère être le double remède à la domination du péché aussi bien qu'à sa souillure. Le premier péché commis après le baptême est terriblement traumatisant! Ai-je annulé mon baptême? Aurai-je besoin d'un nouveau baptême? Etais-je vraiment prêt pour le baptême? En fait, nous avons probablement seulement besoin d'un lavage des pieds (Jn 13.10)!

Ce qui se passe en réalité c'est que le baptême d'eau n'avait pas pour but d'accomplir tout cela pour nous. Il peut traiter notre passé, mais pas notre avenir. Nous devons nous souvenir que Jean-Baptiste reconnaissait les limites du baptême d'eau. Il reconnaissait la nécessité de la puissance aussi bien que de la pureté. Il savait, par révélation, qu'un autre «baptême» était nécessaire - et qu'il serait très prochainement disponible. Il savait même qui en serait l'administrateur. Son discernement prophétique comprenait le double ministère du Messie: «ôter le péché du monde» (Jn 1.29) et «baptiser d'Esprit Saint» (Jn 1.33) – et la personne qui devait accomplir les deux était son cousin, Jésus!

Tous les croyants ont besoin de recevoir *les deux* baptêmes, l'un d'un autre chrétien, l'autre de Christ. Dans l'un, nous recevons le don du Fils de Dieu dans sa mort, son ensevelissement et sa résurrection; dans l'autre, nous recevons le don de l'Esprit de Dieu dans sa puissance et sa pureté. Les sacrificateurs lévitiques de l'ancienne alliance étaient consacrés par un lavage dans l'eau et une onction d'huile (Ex 29.4, 7; Lv 8.6, 12). Dans la nouvelle alliance, tous les membres du peuple de Dieu sont sacrificateurs et ont besoin de cette double consécration. Quittons notre étude du «lavage» et tournons-nous vers l'étude de l'«onction».

5

RECEVEZ L'ESPRIT SAINT

Bien que les premiers croyants n'aient jamais employé le nom «chrétien» pour eux-mêmes, ils n'auraient probablement pas jugé opportun de nommer ainsi qui que ce soit avant que celui-ci n'ait reçu l'Esprit Saint. «Christ» signifie «oint» et tire son origine de la pratique par laquelle un nouveau roi était oint d'huile (en France, pour le sacre du roi, l'archevêque prenait dans la Sainte Ampoule une goutte du «Saint Chrême» qu'il mélangeait avec les huiles consacrées et procédait ensuite à l'onction, appelée «chrismation»). Dans la Bible, l'huile était le symbole de l'Esprit de Dieu, c'est pourquoi le Messie attendu, l'«Oint» (Psaume 2.2 - Segond 1910, est le seul emploi explicite de l'expression), le Christ (grec: *christos*), serait oint par l'Esprit (Es 61.1). Jésus a été reconnu comme étant le Christ (par Pierre, en Mt 16.16; par Marthe, en Jn 11.27).

Par prolongement naturel, ceux qui le suivaient furent surnommés «chrétiens»; mais il est significatif que c'est dans une ville païenne (Antioche) que cela s'est produit pour la première fois, là où, pour la première fois, ils furent perçus comme adeptes d'une religion nouvelle (dont le «dieu» s'appelait «Christ») plutôt que d'une secte juive (comme cela avait été le cas à Jérusalem).

Cependant, si les disciples avaient adopté ce terme pour eux- mêmes, comme le firent les générations suivantes, il aurait presque assurément pris un sens plus profond. Au lieu de se borner à signifier «un adepte de l'oint», il aurait transmis la pensée supplémentaire de «un adepte oint de l'oint» ou, littéralement, quelqu'un qui a été «Christ-isé». Car un point essentiel de l'évangile est que Celui qui a reçu l'onction de l'Esprit communique ensuite cette onction à d'autres et multiplie ainsi son ministère au travers d'eux (Mt 3.11; Mc 1.8; Le 3.16; Jn 1.33; surtout Jn 14.12).

La réception de l'Esprit peut aussi être considérée comme une «confirmation». Les apôtres Pierre, Jean et Paul ne se satisfaisaient pas d'une réponse réceptive à l'évangile tant que l'Esprit Saint n'était pas reçu (voir le chapitre 16 sur Ac 8 et le chapitre 20 sur Ac 19). Ils n'étaient pas satisfaits parce qu'ils n'étaient pas convaincus! Le don de l'Esprit, reçu de façon audible et visible, était la «confirmation» divine, la preuve que le croyant repentant et baptisé avait été accepté par Dieu et lui appartenait désormais. L'expérience «charismatique» des Corinthiens que Paul avait amenés à la conversion, expérience qui avait répandu tous les dons parmi eux, était considérée par Paul comme la «confirmation» de sa prédication, ainsi que de leur conversion (1 Co 1.6-7). Ainsi, la possession de l'Esprit était la marque du chrétien (voir chapitre 21 sur Rm 8.9), le sceau visible de la propriété divine (voir ci-dessous), le fondement principal de son assurance (1 Jn 3.24; 4.13). Elle était essentielle pour entrer dans le royaume (voir chapitre 10 sur Jn 3.5) et pour vivre dans la «nouvelle» alliance (2 Co 3).

Il faut étudier la réception de l'Esprit sous trois angles. Le premier: elle doit être clairement distinguée des trois autres composants de l'initiation. Le deuxième: il faut passer en revue le langage varié qu'on emploie à son propos. Le troisième: il est nécessaire de demander de quelle manière précise cela se passe dans l'expérience de chaque disciple.

SA NÉCESSITÉ DISTINCTIVE

Il est absolument vital de remarquer que, dans le Nouveau Testament, la réception de l'Esprit n'est *jamais* identifiée ou confondue avec la repentance, la foi ou le baptême d'eau. Ces quatre éléments sont tout à fait distincts et ils sont tous quatre nécessaires.

Peu de personnes confondent repentance et réception de l'Esprit

Il semble tout à fait clair dans les Ecritures que la première est un prélude à la dernière. Il est indispensable de chasser les *péchés* du chemin avant que l'Esprit *Saint* ne s'installe. Réciproquement, il est dangereux de chasser le mal sans remplir le vide qui reste (Mt 12.43-45)!

Ainsi, c'est se méprendre sur le ministère de Jean-Baptiste que de le voir comme complet en lui-même, même s'il a amené un grand nombre de personnes, par la repentance de leurs péchés, à l'expérience d'un pardon réel dans le baptême d'eau qu'il administrait (Mc 1.4). Reconnaissant l'insuffisance de son ministère, il annonça clairement à ses disciples un baptême de l'Esprit tellement différent qu'il ne pouvait lui-même le leur donner. Quoi qu'il en soit, on ne trouve pas la moindre indication que ce baptême supérieur, administré par un baptiseur de loin supérieur, rendrait la repentance ou le baptême d'eau caducs.

Beaucoup de personnes confondent foi et réception de l'Esprit

On considère si souvent les deux concepts «croire en Jésus» et «recevoir l'Esprit» comme synonymes (et donc simultanés) que ces deux expressions, toujours distinctes dans le Nouveau Testament, ont été combinées, lors de campagnes d'évangélisation, dans nombre d'appels exhortant les auditeurs à «recevoir Jésus». On tient pour acquis, sans l'ombre d'une question, que celui qui a «reçu Jésus» a aussi et automatiquement «reçu l'Esprit», que cela s'accompagne ou non d'une expérience consciente et d'une manifestation extérieure! Mais cette façon de penser est contraire à l'enseignement du Nouveau Testament sous deux aspects principaux:

Premièrement, *il est évident qu'en un certain nombre d'occasions, «croire» et «recevoir» n'ont pas été simultanés et, par conséquent, pas non plus synonymes*. On reconnaît que ce fut le cas pour les douze apôtres, par exemple. Il est clair qu'ils ont cru en Jésus plusieurs années avant de recevoir l'Esprit (Jn 7.39; remarquez que «croiraient» est un participe aoriste et indique ici une étape de foi déjà faite une fois pour toutes). Cependant, ce cas est souvent écarté parce que «antérieur à la Pentecôte»; ils n'avaient pu recevoir l'Esprit quand ils avaient cru, parce qu'il «n'était pas encore [donné]». Cet argument serait recevable s'il n'y avait pas d'exemples «postérieurs à la Pentecôte», mais ce n'est pas le cas. Il y a eu, en fait, un certain nombre de situations ultérieures où des personnes «ont cru» quelque temps avant de «recevoir». L'exemple le plus net est celui de Samarie, où des gens «ont cru» (temps aoriste encore une fois) sans «recevoir» (Ac 8.17). Certains ont essayé de contourner cela en mettant en doute qu'ils aient «cru» en la foi chrétienne «complète»; mais Luc ne dit pas cela, et ni Pierre ni Jean n'ont apporté le moindre correctif à ce sujet. D'autres soulignent les circonstances uniques qui peuvent expliquer le «délai», mais cela n'apporte pas même un début de réponse aux questions bien réelles posées par cet incident (par exemple, comment quelqu'un pouvait-il savoir qu'ils ne l'avaient pas reçu?). Le fait demeure: leur «croire» et leur «recevoir» *furent* séparés dans le temps (voir chapitre

16 pour un examen plus approfondi de cet événement). Même s'il n'y avait *qu'un seul* exemple d'une séparation de ce genre *après* la Pentecôte, cela suffirait à confirmer la distinction, mais il y en a d'autres dans le livre des Actes, et notamment à Ephèse (voir chapitre 20). La propre question de Paul aux «disciples» de l'endroit: «Avez-vous reçu l'Esprit Saint quand vous avez cru?» (Ac 19.2; à nouveau participe aoriste), révèle qu'à son avis il était possible d'établir une distinction entre «croire» et «recevoir», à la fois sur le plan de la pensée et sur celui de l'expérience. S'il est vrai qu'il découvrit ensuite que même leur foi connaissait des lacunes, les implications de sa première question n'en restent pas moins valables. Et la foi «plus complète» à laquelle il les a amenés *avant* de les baptiser au nom de Jésus n'était pas encore la même chose que de recevoir l'Esprit, ce qui s'est passé *après* leur baptême. Cette séquence, foi-baptême-réception, semble avoir été le schéma usuel pour la plupart des disciples du Nouveau Testament (voir chapitre 27 concernant Hé 6.1-6; *l'unique* exception qui nous soit rapportée est celle de la maison de Corneille, où la séquence fut la suivante: foi-réception-baptême; voir chapitre 18).

Deuxièmement, *la phrase «recevez Jésus» n'était jamais utilisée dans l'évangélisation apostolique*. On laisse entendre que l'emploi presque universel qui en est fait aujourd'hui est biblique, mais il est fondé sur une lecture superficielle plus que sur une étude soignée. L'application du mot «recevoir» subit un changement net entre les quatre évangiles, d'une part, les Actes et les épîtres, d'autre part, ce changement correspondant aux périodes d'avant Pâques et d'après la Pentecôte. Peu de personnes semblent avoir remarqué ce basculement, malgré ses implications théologiques profondes et son intérêt historique. Pendant que le Fils de Dieu était sur terre, dans la chair et «chez les siens», il a été rejeté par beaucoup mais «reçu» par quelques-uns; à ceux qui l'ont ainsi reçu il a donné le «droit» (*exousia*, pas encore la puissance, *dunamis,* parce que celle-ci n'était pas encore disponible avant la Pentecôte) d'être enfants de Dieu, puisque leur recevoir/croire signifiait qu'ils étaient «nés de Dieu» (Jn 1.11-13; j'attire votre attention sur le temps *aoriste* des verbes, qui limite la déclaration à la période historique de l'incarnation). L'emploi du mot «recevoir» se poursuit en parlant de Jésus, tant par lui-même qu'à propos de lui, tout au long de son ministère (par ex. Jn 5.43). Cependant, après son ascension au ciel et l'envoi par lui de l'«autre» personne qui prendrait sa place sur terre, le verbe «recevoir» est, sans exception, transféré de la seconde personne de la Trinité à la troisième, l'Esprit Saint (Ac 2.38; 8.17; 10.47; 19.2; 1 Co 2.12; Ga 3.2; etc.; cependant, voir l'Appendice 3).

Il n'existe que deux exceptions apparentes à cette «règle». Une fois, Jésus a déclaré que recevoir l'un de ses apôtres équivaudrait à le recevoir lui-même, ce qui à son tour reviendrait à recevoir celui (son Père) dont Jésus avait été lui-même un «apôtre», un «envoyé» (Jn 13.20; le verbe *apostellein,* «envoyer», et le nom *apostolos,* «envoyé», sont pratiquement la même chose). Cette déclaration ayant été faite la dernière nuit de sa vie, elle faisait probablement allusion à la mission des apôtres après la Pentecôte. Mais il est important de remarquer qu'il ne dit pas: «Quiconque croit en l'évangile me reçoit», mais: «Quiconque vous reçoit, vous des personnes, me reçoit, car vous êtes mes représentants» (principe que Jésus a déjà énoncé en relation avec le jugement final – Mt 25.31-46). Paul découvrit l'aspect négatif de cette vérité quand il persécutait l'Eglise (Ac 9.4). Le texte n'assimile pas «croire» à «recevoir», et ne mentionne pas du tout l'Esprit Saint.

L'autre «exception» se trouve dans l'exhortation de Paul aux Colossiens: «Ainsi, comme vous avez reçu le Christ-Jésus, le Seigneur, marchez en lui; soyez enracinés et fondés en lui, affermis dans la foi d'après les instructions qui vous ont été données, et abondez en actions de grâces» (Col 2.6-7). La première chose à remarquer est que nous ne nous situons pas dans le contexte de l'évangélisation d'incroyants, mais dans celui de l'exhortation de croyants; on ne trouve aucune trace d'une quelconque exhortation de Paul, ou d'un autre apôtre, adressée à un croyant pour qu'il «reçoive» le Sauveur. Chose plus significative: le mot traduit ici par «reçu», n'est pas le simple mot grec *lambanein* («recevoir»), mais *paralambanein*, verbe composé avec un préfixe qui signifie «à côté». «Recevoir-à-côté» était un terme moins direct, signifiant recevoir au travers de quelqu'un d'autre – entendre parler de quelqu'un, recevoir un enseignement concernant une personne, accéder à un aperçu ou une information sur une personne. La réception «indirecte» convient à la perfection à ce que Paul démontre et au contexte dans lequel il fait cette remarque. Il rappelle aux Colossiens l'enseignement qu'ils ont «reçu» au départ concernant les conséquences d'une vie quotidienne vécue sous la seigneurie de Jésus-Christ. Pour qu'ils demeurent «en lui», il fallait que cet enseignement de départ soit maintenu et appliqué, sinon leur relation avec lui se dégraderait, surtout s'ils écoutaient d'autres philosophies (v. 8). Ce verbe indirect pour «recevoir» est aussi employé dans un passage étudié plus tôt (Jn 1.11-12). Dans ce dernier passage, ceux qui «ne l'ont pas reçue» (la lumière, c'est-à-dire Jésus) [*paralambanein*] – indiquant ceux qui ont *entendu* parler de lui mais ne l'ont pas rencontré en personne (allusion probable aux chefs religieux et civils) – sont distincts de ceux qui l'ont reçu [*lambanein*], indiquant ceux qui ont eu un contact personnel direct avec Jésus.

Nous en concluons qu'il n'y a pas, après la Pentecôte, de fondement pour l'emploi de l'expression «recevoir Jésus» dans l'initiation chrétienne. Dans l'emploi qui en est fait aujourd'hui, il faudrait le considérer comme un équivalent trompeur de «croire en Jésus», mais il ne faudrait pas comprendre qu'il englobe «recevoir l'Esprit». Une grande confusion de pensée et d'expérience découle de cet amalgame de deux entités tout à fait distinctes. Dans «croire» l'accent principal est placé sur l'activité humaine; dans «recevoir» il est placé sur l'activité divine. Dans l'initiation «normale» la première entité précède le baptême d'eau et la dernière le suit.

Quelques-uns confondent baptême d'eau et réception de l'Esprit

Ceux qui désirent, tout à fait justement, donner au baptême sa pleine signification sacramentelle (par opposition à un simple rite) sont particulièrement enclins à cette erreur. Ils perçoivent correctement la régénération comme la fin de l'ancienne vie et le début de la nouvelle, et lient par conséquent en un événement et une expérience uniques le baptême d'eau (qui se rapporte principalement au passé) et le baptême de l'Esprit (qui se rapporte principalement à l'avenir). La conjonction étroite entre «eau-et-Esprit» dans l'enseignement de Jésus sur la nouvelle naissance a probablement favorisé cette erreur (voir chapitre 10). L'habitude de Paul, qui emploie le verbe «baptiser» (par ex. Ga 3.27) et le nom «baptême» (par ex. Ep 4.5) sans autre qualification, a conduit quelques spécialistes à imaginer que l'apôtre lui-même avait fait des deux baptêmes une seule et même chose. Cependant, deux témoignages du Nouveau Testament indiquent la direction opposée.

Premièrement, on ne trouve aucun récit où une personne aurait reçu l'Esprit *pendant* son baptême d'eau. Dans un récit, la réception de l'Esprit eut lieu juste *avant* (Ac 10.47). Habituellement, elle avait lieu juste *après* (par ex. Ac 19.5-6), bien qu'une fois elle eut lieu longtemps après (Ac 8.16). Ce schéma est conforme à l'expérience de Jésus lui-même, qui «reçut l'Esprit» après qu'il fût sorti de l'eau (Mt 3.16).

Deuxièmement, le Nouveau Testament enseigne clairement qu'il est possible d'avoir l'un des baptêmes sans avoir l'autre. Ceux qui ont reçu l'Esprit ont également besoin d'être baptisés dans l'eau (comme Corneille et sa maison); ceux qui ont été baptisés d'eau ont également besoin de recevoir l'Esprit (comme les Samaritains). Aucun de ces baptêmes ne rend l'autre caduc.

Ceci dit, il semble qu'il y ait effectivement un lien réel entre les deux. D'ordinaire, quoiqu'il y ait des exceptions, le baptême d'eau conduit au baptême de l'Esprit. Quand Paul découvrit que les disciples d'Ephèse n'avaient pas reçu l'Esprit, il remit immédiatement en cause la validité de leur baptême d'eau (Ac 19.3; voir chapitre 20)! Il faut peut-être chercher le lien dans le concept de résurrection. De même que la mort et l'ensevelissement de Jésus ont conduit à sa sortie de la tombe par la puissance de l'Esprit (Rm 8.11), de même on peut s'attendre à ce que l'ensevelissement du croyant repentant, dans la «tombe» d'eau du baptême, conduise à une expérience de vie de résurrection par cette même puissance de l'Esprit (cette notion ressort clairement de passages tels que Rm 6.3-4; Col 2.9-12 – voir chapitre 25 ou 1 P 3.18-22 – voir chapitre 29). De même que la mort, l'ensevelissement et la résurrection de Jésus se présentent comme un tout indissociable dans l'évangile, de même le baptême d'eau et le baptême de l'Esprit sont intimement associés dans la réponse que l'on apporte à cet évangile quoique, dans un cas comme dans l'autre, les parties ne soient ni identiques ni confondues les unes avec les autres.

Mais le «baptême de l'Esprit», qu'est-il exactement? Nous pouvons commencer à répondre à cette question en examinant les termes employés dans le Nouveau Testament pour le décrire.

SA NUANCE DESCRIPTIVE

Si nous devons en juger d'après le vocabulaire employé pour décrire la réception de l'Esprit, alors ce doit être en vérité une expérience très riche! Outre l'emploi direct de substantifs et de verbes, on rencontre de nombreuses métaphores et comparaisons. Avant d'entreprendre une étude détaillée de ces termes, nous devons souligner avec insistance le fait qu'ils sont descriptifs (ce qui élargit notre compréhension) plutôt que «définitoires» (ce qui limite le sens). Il faut les traiter comme des termes dynamiques plutôt que doctrinaux, les apprécier sous l'angle existentiel de la vie plutôt que sous l'angle intellectuel de la logique. Les verbes sont plus vivants, mais nous commencerons par les substantifs.

Promesse

C'est le mot qui lie la prophétie à son accomplissement. Il affirme un événement qui a été prédit et qu'il faut donc attendre. Par dessus tout, il illustre la fidélité de Dieu à tenir parole. La Bible contient plus de sept cents prédictions distinctes (dont plus de quatre-vingts pour cent se sont déjà réalisées!), c'est pourquoi le mot «promesse» joue un grand rôle dans les Ecritures; on a même voulu le voir comme la clef de la théologie de l'Ancien Testament. Luc se sert de ce mot le jour de la Pentecôte, tant pour l'expérience des cent vingt que pour celle des trois mille (Ac 2.33, 39). L'Esprit Saint a bien sûr été promis par Jésus lui-même, tant avant sa mort (Jn 7.37-39) qu'a- près sa résurrection (Ac 1.5). Mais il ne faisait que répéter une promesse déjà faite par son Père (Lc 24.49) des siècles plus tôt par la bouche des prophètes d'Israël (par dessus tout en Jl 3.1-2; mais aussi en Es 32.15; Ez 36.27 et ailleurs). En fait, Paul laisse entendre que cette effusion de l'Esprit se trouvait de façon implicite dans la promesse faite à Abraham, dès le début (Ga 3.14)!

Don

Lié de près à «promesse» (souvent dans le même contexte – Ac 2.38-39), ce mot souligne à la fois la source divine et la nature gratuite de l'Esprit qui est répandu. Il est impossible de le gagner, de le marchander ou de travailler pour l'avoir; il ne peut qu'être «reçu» avec reconnaissance (ou refusé!). Des spécialistes ont discuté sur le sens du génitif en Actes 2.38 - à savoir si le «du» signifie le don constitué par l'Esprit Saint lui-même ou le don communiqué par l'Esprit Saint; il semble que le premier sens soit le plus vraisemblable (cf. Ac 10.45 et 11.17) et qu'ainsi le don *de* l'Esprit lui-même délivre alors les autres dons *provenant de* l'Esprit (1 Co 1.7). Le «charisma» (singulier) de l'Esprit apporte les «charismata» (pluriel). On trouve dans l'épître aux Hébreux une conjonction de phrases intéressante: «ont goûté le don céleste ... devenus participants à l'Esprit Saint» (6.4; voir chapitre 27), qui souligne la nature expérimentale du don.

Arrhes

Le mot grec (*arrabon*) est traduit de façon variée: «dépôt, gage, avant-goût, acompte, caution, prémices» ne sont que quelques possibilités. Il s'agit bien sûr d'un terme commercial. Aujourd'hui, on l'utiliserait principalement à propos d'argent pour décrire la première somme d'argent versée pour assurer l'achat complet (d'où «acompte»), A l'époque du Nouveau Testament, on l'employait de façon plus générale pour des marchandises et il représentait la première livraison d'une commande importante, comme garantie que le reste était en voie d'acheminement (d'où «gage»). Les deux applications pourraient être englobées dans l'expression «premier acompte». Paul emploie trois fois ce mot (2 Co 1.22; 5.5; Ep 1.14).

Tandis que «promesse» donne au don une teinte *passée,* «arrhes» lui en donne une *future.* Recevoir l'Esprit n'est que le commencement! Il n'y aura pas seulement *davantage* sur la terre; mais aussi *bien davantage* au ciel. En fait, vivre dans l'Esprit est un avant-goût du ciel! L'un des signes de cette réalité est la joie qui s'exprime dans la musique (Ep 5.18-20); un autre, la communion que connaît le peuple de Dieu entre ses divers membres et avec Dieu; un autre encore, la connaissance croissante de la pensée et du cœur de Dieu (par des paroles de sagesse, de connaissance, de prophétie ou d'interprétation).

Renouveau

«Renouveau» n'est employé qu'une fois pour «recevoir l'Esprit» (Tt 3.5; voir chapitre 26), mais c'est un mot qui donne un éclairage intéressant; il parle de ramener quelque chose à sa condition d'origine, de restaurer ce qui a été perdu. La Bible enseigne que l'image de Dieu dans l'homme a été défigurée et que l'influence de l'Esprit peut être retirée (Gn 6.3; remarquez que la violence universelle en fut la conséquence). C'est par l'Esprit que cette image est aujourd'hui en cours de restauration (2 Co 3.17-18). Le processus commence quand l'Esprit est «répandu» sur nous (voir ci-dessous).

Des substantifs, tournons maintenant notre attention sur les verbes.

Donner/Recevoir

Ces deux verbes correspondent tout simplement au nom «don», bien que le premier décrive le côté de l'événement qui correspond à Dieu et le second celui qui correspond à l'homme. «Recevoir» n'est pas totalement passif, cependant; l'acceptation du don exige une coopération active, comme il y en a dans tout don et toute réception (voir chapitre 13, sur Jn 20.22, et chapitre 35).

En grec, le verbe «donner» est davantage employé que le substantif «don» (voir Ac 8.19; 15.8; Rm 5.5; 2 Co 5.5; 1 Jn 3.24; 4.13). L'un des traits qui rendent la Parole de Dieu «vivante et attrayante» est l'emploi plus fréquent de verbes que de noms, qui tendent à être trop «statiques» – et l'emploi on ne peut plus rare d'adjectifs (cf. 1 Co 13.4-7; «l'amour» n'est pas simplement quelque chose que l'on *possède*, mais quelque chose que l'on *fait*!).

Baptiser

Ce verbe est parfois employé comme synonyme de «recevoir» (cf; Ac 10.47 avec 11.16). Le nom «baptême» n'est *jamais* employé pour la réception de l'Esprit (contrairement aux prédications pentecôtistes modernes); seul le verbe «baptiser» est employé, suivi de la préposition «dans» (Grec: *en*) et des mots «Esprit Saint» (au datif *pneumati* et sans l'article défini «le» – pour le sens de ce dernier point, voir l'Appendice 2). L'expression tout entière «baptiser d'Esprit Saint» est employée par Jean le précurseur, Jésus et l'apôtre Paul (voir chapitre 23 les raisons qui poussent à croire que 1 Co 12.13 contient cette phrase précise).

Tout baptême requiert un *agent* (qui baptise), un *moyen* (dans lequel le baptême est fait) et un *but* (pour lequel il est fait). De même que Jean était l'«agent» du baptême d'eau, Jésus est l'«agent» du baptême de l'Esprit; ce qui fait que chacun d'eux reçoit le titre de «baptiste» ou «baptiseur» (Grec: *ho baptizon* – Mt 3.1; Jn 1.33). Mais le titre est descriptif plutôt que dénominatif!

Le moyen est tout à fait différent: «dans l'eau» et «dans l'Esprit Saint». Mais l'action est similaire. La signification du terme «baptisé» est la même dans les deux cas. David Watson, dans son livre *One in the Spirit* (Hodder &

Stoughton, 1973), p.68, l'énonce très clairement:

> *Le terme «baptême» ou «baptiser» est un mot riche. Dans la littérature séculière, il signifie «plonger, submerger, noyer, tremper, ensevelir». Une personne pourrait être dans les dettes jus*qu'au cou (lit. être baptisée), ployer (lit. être baptisée) sous le chagrin ou le malheur; ou encore être appesantie (lit. être baptisée) de vin ou de sommeil. Dans l'Oreste, Euripide emploie *bapto* quand l'eau déferle dans le bateau, mais *baptizo* quand le bateau est rempli d'eau et sombre.

Quand on pense aux expériences décrites dans le livre des Actes, il apparaît que c'était assurément le mot le plus naturel que les auteurs du Nouveau Testament pouvaient employer pour les décrire.

Le but des deux baptêmes est fort différent. L'un concerne la pureté, c'est-à-dire démarrer propre dans la vie chrétienne, se séparer d'un passé désormais mort et enseveli. L'autre concerne la puissance (Ac 1.8; 10.38), non seulement pour poursuivre la vie chrétienne (2 Tm 1.6), mais aussi pour jouer un rôle actif comme membre du corps de Christ (1 Co 12.13) et, par dessus tout, pour être un témoin de Jésus dans le monde entier (Ac 1.8). Remarquez que le but d'un baptême s'exprime par la préposition grecque *«eis»*, c'est-à-dire «pour» ou «en vue de», avec la notion de pénétrer à l'intérieur; le baptême de Jean est «pour la repentance» (Mt 3.11), le baptême d'eau chrétien est «pour le nom de Jésus» (Ac 19.5) et le baptême de l'Esprit est «pour un seul corps» (1 Co 12.13; mais voir à ce propos le chapitre 23 où l'on explique que «pour» (*eis*) signifie «la consommation de» plutôt que «l'introduction à»).

Remplir

Ici encore, le substantif équivalent, «plénitude», n'est jamais employé dans le Nouveau Testament et peut être trompeur quand on l'emploie aujourd'hui. Le fait que «rempli de» soit équivalent à «baptisé dans» est mis clairement en évidence par la comparaison textuelle (cf. par ex. Ac 1.5 avec 2.4). Pourtant, il y a une différence de nuance. «Baptiser» a une nuance initiatrice; il semble n'avoir été employé qu'une seule fois dans l'expérience d'un individu, pour son premier «remplissage» (il n'est jamais dit que quelqu'un ait eu des «baptêmes» répétés dans l'Esprit). «Remplir» est par contre employé pour des effusions successives de l'Esprit (par ex. Ac 4.31). En fait, l'exhortation de Paul à être «remplis de l'Esprit» (Ep 5.18) utilise le présent continu, la préposition «dans», et il manque l'article défini. Elle devrait donc être traduite «continuez à être remplis en Esprit», impliquant clairement un état continuel. «Baptiser» ne pourrait être employé dans ce sens, puisqu'il se réfère à un événement unique et initial.

Il y a malgré tout un autre développement du terme. Une personne qui a été «remplie» lors de son initiation (c-à-d. «baptisée») et qui a continué à «être remplie» depuis lors, mérite d'être décrite comme «remplie» d'Esprit (par ex. Ac 6.3). Cette forme porte bien des nuances de maturité et de sanctification, mais elle a encore principalement trait à la puissance (Ac 6.8), bien qu'une personne qui continue à être remplie produira le fruit aussi bien que les dons de l'Esprit (Ga 5.22-23).

L'absence de l'article défini «le» dans «rempli d'Esprit Saint» centre la pensée sur la puissance subjective plutôt que sur la personne objective de l'Esprit (à nouveau, voir Appendice 2). En d'autres termes, «remplir» met l'accent sur le revêtement de puissance plus que sur l'habitation par l'Esprit.

Enfin, «remplir» implique en général un «débordement». Nous reviendrons sur cet aspect plus loin dans ce chapitre. Il suffit d'indiquer ici qu'à chaque fois que ce mot est employé dans le Nouveau Testament, ceux qui ont été ainsi l'objet d'une effusion d'en-haut manifestent eux-mêmes une effusion évidente: remplis, ils débordent. Si l'événement même est d'abord «intérieur», il a toujours des conséquences «extérieures» qui sont, comme nous le verrons plus tard, de caractère vocal (même l'exhortation à «être (étant) rempli» de Ep 5.18 comporte l'objectif du débordement dans «des psaumes, des hymnes et des cantiques spirituels»).

Boire

Encore un mot «fluide»(!), «boire» a été employé par Jésus (Jn 7.37-39) et par Paul (1 Co 12.13) en relation avec «recevoir» l'Esprit. Si «baptiser» transmet l'idée d'une immersion externe, «boire» suggère une absorption interne. Il y a aussi un basculement subtil d'une soumission passive à l'action d'un autre (être submergé) à une coopération active de par sa propre activité (avaler). Ce verbe est toujours employé au temps aoriste (l'événement isolé), jamais au présent (une action continue) – ce qui le relie davantage au verbe «baptiser» qu'au verbe «remplir». Il n'y a donc pas d'idée de continuer à boire dans l'Esprit. Un bon coup amorce la pompe, pour ainsi dire! Le courant d'eau continue à couler de l'intérieur de la personne, après qu'elle ait bu (Jn 4.14; 7.38; voir chapitre 11). La personne qui a été *une fois* remplie de l'extérieur, peut *continuer* à être remplie de l'intérieur. L'Esprit est entré pour y demeurer.

Survenir, être répandu sur, descendre sur

Tous ces termes dramatiques viennent de l'Ancien Testament (probablement de la version grecque des «Septante», appelée ainsi parce qu'elle est, selon la tradition, l'œuvre de *soixante-dix* savants hébreux) et ont une longue histoire derrière eux. Ils indiquent l'apparition soudaine d'une activité «charismatique», de nature prophétique en général.

Luc affectionne particulièrement ces termes et les emploie de manière interchangeable avec «recevoir», «baptiser» et «remplir» (Ac 1.8; 2.17, 33; 8.16; 10.44, 45; 11.15; 19.6). Paul les emploie aussi à l'occasion dans le même contexte de l'initiation (Rm 5.5; Tt 3.6).

Ils indiquent la source extérieure de cette expérience (comme c'était le cas pour «boire»). Ce qui signifie qu'elle n'a rien à voir avec de quelconques techniques de méditation pratiquées en vue de libérer l'esprit «divin» qui, selon certains, est incarné dans la nature humaine dès la naissance (Jn 1.9 parle de la lumière incarnée dans la Parole, extérieure à l'homme, mais révélant les ténèbres qui sont en «tout homme»). Ces verbes montrent aussi un source dans le ciel plutôt que sur la terre. L'expérience est à la fois externe et interne.

Enfin, nous remarquons le ton spectaculaire – événement soudain plutôt que progressif, extraordinaire plutôt qu'ordinaire, dévoilé plutôt que caché. Les effusions font en général des éclaboussures!

Sceller

Cette métaphore vivante est également tirée du monde du commerce (comme l'était «arrhes»), et elle est aisée à comprendre. Il s'agit d'une marque visible et indélébile, apposée sur les denrées achetées pour indiquer aux autres clients qu'elles appartiennent déjà à un autre acheteur. De nos jours, on emploie davantage ce verbe en rapport avec des documents, comme un gage que l'accord ou la transaction a été accompli et ne peut être modifié. Bien que l'emploi moderne ne soit pas impropre (par ex. Ep 4.30), la signification ancienne permet une meilleure compréhension. Paul s'intéresse principalement à une preuve claire que la foi a été agréée de Dieu (Ep 1.13). Comme on pourrait s'y attendre, il lie de très près ce mot à ses autres métaphores commerciales (Ep 1.14; 2 Co 1.22). Il est possible que ce soit le même concept que Jean utilise dans son évangile (Jn 3.34; 6.27).

Oindre

Avec ce verbe, nous aurons fait le tour des paragraphes d'introduction de ce chapitre. Ce verbe a été employé à propos de Jésus et par Jésus en rapport avec sa propre réception de l'Esprit (Lc 4.18; Ac 10.38). Puisque Jésus devait donner l'Esprit à d'autres aussi bien que le recevoir lui-même, le mot «oindre» s'étend naturellement aux croyants qui partagent la même expérience que lui (2 Co 1.21; 1 Jn 2.27). Comme nous l'avons déjà dit, cette «onction» est une véritable «chrismation», tout comme le «scellement» est une véritable «confirmation».

Tous les termes que nous avons étudiés indiquent une expérience dynamique, riche et profonde. Ils soulignent tour à tour l'aspect divin et l'aspect humain; l'aspect instantané et l'aspect continu; l'aspect extérieur l'aspect intérieur; le côté personnel et le côté impersonnel – on pourrait croire que les auteurs du Nouveau Testament ont fouillé le dictionnaire pour découvrir une présentation appropriée des nombreuses facettes de la réception de l'Esprit dans la puissance. Mais en quoi consiste exactement le fait lui-même? Comment se produit-il et comment peut-on savoir qu'il s'est produit?

SA NATURE DÉFINITOIRE

Il est tout à fait inconcevable qu'un événement décrit dans les termes que nous venons d'examiner puisse arriver à une personne sans qu'elle-même ou qui que ce soit d'autre ne s'en soient aperçus! Prétendre qu'une telle terminologie puisse être employée, même lorsque la personne la plus impliquée n'a aucune conscience qu'il se passe quelque chose, c'est dérober aux mots leur signification et les réduire au niveau de l'absurdité.

Pourtant, c'est justement la conception de ceux qui considèrent que «croire en Jésus» et «recevoir l'Esprit» sont une seule et même chose. Etant donné que, de nos jours, dans de nombreuses «conversions», sinon dans la plupart, il y a une totale absence d'une quelconque manifestation charismatique, la pensée largement (et avec espoir!) répandue est que l'Esprit a été reçu automatiquement (et de manière subconsciente!). Tirer la conclusion apostolique que de telles personnes ont cru mais n'ont pas encore reçu créerait une telle montagne de problèmes pastoraux que l'on n'ose pas même l'envisager. Il est peut-être significatif que cette rationalisation s'accompagne invariablement d'une réticence à employer le langage descriptif du Nouveau Testament pour une telle «réception» de l'Esprit (des mots comme «baptisé dans», «rempli de», «répandu sur» ne conviennent bien évidemment pas du tout!).

Une chose ressort très clairement d'une étude des références néo-testamentaires à la «réception» de l'Esprit, chose qu'ont remarquée de nombreux biblistes – soit, «l'étrange précision» de tous les récits. Certains parlent du don de l'Esprit comme de «quelque chose dont on peut vérifier la réception». Un autre encore commente les propos de Paul en disant qu'il s'exprime «comme si la réception

LA NAISSANCE NORMALE DU CHRÉTIEN

de l'Esprit était quelque chose d'aussi précis et perceptible qu'attraper la grippe, par exemple»! Peu de personnes l'ont décrite mieux que le grand missionnaire Roland Allen[1] dans son livre *The Ministry of the Spirit* (World Dominion Press, 1960), pp.9-10:

> Le don que les apôtres ont reçu était un don précis donné à un moment précis. Il ne s'agissait pas de l'expérience d'une vague influence qu'ils auraient ressentie de façon plus ou moins marquée à des époques différentes: il s'agissait d'un fait précis dont ils pouvaient nommer le temps et le lieu. Plus tard, l'Esprit Saint fut donné à beaucoup d'autres, mais cette étrange précision a toujours marqué la venue du don. Il y avait toujours un temps et un lieu où chaque converti avait reçu le don. Pour Saint Paul, il était tout à fait naturel de demander à certains hommes d'Ephèse devant lesquels il avait un doute: «Avez-vous reçu l'Esprit Saint, quand vous avez cru?» (Ac 19.2). Comme allant de soi, il posait une question précise à laquelle il attendait un réponse tout aussi précise. Il s'attendait à ce que les chrétiens connaissent l'Esprit Saint, à ce qu'ils sachent s'ils l'avaient reçu et quand ils l'avaient reçu... En ceci, le don de l'Esprit Saint à tous les disciples qui suivirent avait les mêmes caractéristiques que le premier don du jour de la Pentecôte.

L'«étrange précision» est antérieure à la Pentecôte. Jésus lui-même «reçut» l'Esprit avec un accompagnement visible et audible (Mt 3.16-17), bien que la forme corporelle d'une colombe et la voix descendue du ciel aient été particulières à son «initiation». On peut trouver dans l'Ancien Testament des parallèles étroits à cet événement, comme dans le cas de «l'ordination» des soixante-dix anciens de Moïse (Nb 11.25) ou celui de l'approbation divine de Saül comme roi (1 S 10.6).

Dans ces deux cas, la preuve était la «prophétie», qui est précisément le signe annoncé pour l'effusion de l'Esprit dans «les derniers jours» (Jl 3.1-2).

Prophétiser

Voici donc le signe de la réception de l'Esprit commun à la fois à l'Ancien et au Nouveau Testament. Mais qu'est-ce exactement que «prophétiser»?

C'est une *parole*. Cela ne devrait surprendre personne que la preuve sorte de la bouche. Nous avons déjà remarqué que «remplir» implique «déborder» (c'est le moyen par lequel nous savons qu'une chose a été remplie, comme c'est le cas pour nos réservoirs à essence de voitures). Dans toute la Bible, la bouche est considérée comme le trop-plein du cœur. Ceci est vrai au niveau émotionnel – pleins de joie, nous rions; pleins de colère, nous crions; pleins de douleur, nous gémissons; pleins de crainte, nous hurlons. Et c'est particulièrement vrai de notre vie spirituelle. Rien de ce qui entre dans la bouche ne souille l'homme; mais ce qui en sort révèle l'état de péché du cœur. Si une personne a été remplie à en déborder de l'Esprit de Dieu, on peut tout à fait s'attendre à ce que sa bouche soit impliquée. La langue, jadis embrasée par l'enfer (Je 3.2-12) est maintenant embrasée par le ciel! Le «membre qu'on ne peut maîtriser», qu'aucun homme ne peut tenir en bride, est maintenant sous le contrôle de forces surnaturelles!

C'est une parole *spontanée*. L'impulsion à s'exprimer verbalement vient de l'intérieur de la personne remplie de l'Esprit, sans qu'aucun cantique ait été annoncé, aucun credo récité, ce n'est pas même pendant l'accomplissement de la liturgie. Il s'agit simplement de la source d'eau vive qui commence à bouillonner à l'intérieur, qui monte et qui sort. Sa caractéristique est d'être non préméditée, improvisée, non apprêtée, naturelle – en un mot: impromptue (voir le chapitre 35 pour des commentaires sur la manière d'encourager les personnes à «émettre des sons»).

C'est une parole *spirituelle* spontanée. Les mots ne viendront pas de l'intelligence, mais de l'esprit (1 Co 14.14-15 fait une nette distinction), court-circuitant le processus mental normal qui sous-tend l'expression orale. L'esprit sait exactement «que dire», parce qu'il est dirigé par l'Esprit Saint. C'est tout de même encore la personne remplie de l'Esprit qui s'exprime (la respiration des poumons, la vibration du larynx, les mouvements de la langue et des lèvres), mais il n'y a pas de formation intentionnelle des mots. Ainsi, la personne sera parfaitement consciente de «prophétiser», que sa conscience intellectuelle de ce qu'elle dit soit totale, partielle (1 P 1.11-12) ou nulle (s'il ne s'agit pas d'une langue que son cerveau a déjà apprise). L'accompagnement émotionnel peut aussi varier énormément, selon le tempérament, les circonstances et bien d'autres facteurs. En fait, la Bible est étrangement silencieuse sur les sentiments de ceux qui sont en train d'être remplis et la seule expérience «excitée» qui nous est rapportée en Actes 2 est celle de spectateurs curieux (vv. 6, 12).

Cette parole peut revêtir des formes diverses:

Le parler en langues

Cette malheureuse expression donne une impression de «bafouillage incontrôlé». Le mot grec (*glossai*) signifie tout simplement «langue» (comme dans l'expression «une langue étrangère»). Il implique une grammaire et une syntaxe correctes. Puisque c'est Dieu qui a donné toutes les langues de la terre (Gn 11.7-9), il peut parler chacune d'elles – au travers d'êtres humains remplis de son Esprit. A Babel, le but des diverses langues était destructif, tandis qu'à la Pentecôte le don des langues fut constructif. En cette dernière occasion, il remplissait la fonction utile de «signe», indiquant au-delà de lui-même la présence de Dieu pour toutes les nations, dans le but de réunir ce qu'il avait divisé. Ceux qui entendaient n'avaient pas *besoin* d'entendre leur propre langue (Pierre n'en a employé qu'une seule pour leur prêcher à tous); mais le fait de l'entendre dans la bouche de Galiléens à peine instruits convainquit un grand nombre qu'un événement surnaturel se passait sous leurs yeux. Ce qui est important est que Pierre ait compris que «parler dans une langue inconnue» était, en fait, «prophétiser», puisqu'il l'identifia promptement à la prédiction de Joël («C'est ce qui...», citant Jl 3.1-5). Si le don était tout à fait nouveau, du moins depuis Babel, Pierre n'aurait pu faire ce lien que grâce à une révélation directe (tout comme pour sa prise de conscience que Jésus était le Christ – Mt 16.17); mais il est tout simplement possible qu'une telle expression orale «inintelligible» ait déjà été associée avec les premières manifestations de «prophétie» dans l'Ancien Testament (comme dans le cas des soixante-dix anciens et dans celui de Saï). Le fait est que, pour Pierre, parler en langues et prophétiser étaient peu ou prou la même chose.

La même manifestation extérieure se produisit en d'autres occasions où l'Esprit fut reçu et, notons-le, où les langues données n'étaient pas nécessaires, ni reconnues (Ac 10.46; 19.6). Mais était-ce, à l'époque, la *seule* forme de «prophétie»? Le «parler en langues» est-il l'unique preuve témoignant que l'Esprit a été reçu?

D'une part, c'est le seul signe qui soit mentionné dans chacun des cas où la «preuve» est décrite. D'autre part, il est fait mention d'autres manifestations – la louange dans un cas (Ac 10.46) et la prophétie (distincte du «parler en langues» et probablement dans la propre langue de celui qui parle) dans un autre (Ac 19.6); dans aucun de ces deux cas, il n'est dit que tous ont parlé une autre langue (l'interprétation la plus naturelle est que certains ont fait une chose et certains une autre). Sur la base de ce témoignage, et en l'absence de toute déclaration scripturaire claire que les langues *doivent* être le seul signe nécessaire du fait d'avoir reçu l'Esprit, il semblerait excessivement dogmatique d'exiger ceci dans tous les cas. Dire que «le parler en langues» *pourrait* être dans tous les cas la preuve semble justifié; dire qu'il *doive* l'être semble injustifié (pour approfondir, voir le chapitre 35). Il semble plus sage de dire qu'une certaine forme de «prophétie» doive être la preuve de la réception de «l'Esprit de la prophétie» (Ap 19.10). Mais quelles sont ces autres formes?

La louange

Cette forme de prophétie, qui est citée avec le parler en langues au moment où Corneille et sa maisonnée ont reçu l'Esprit (Ac 10.46), est quelque chose de vraiment distinct des langues, comme l'indique le mot «et» – même si à la Pentecôte, le contenu des parlers en langues avait exalté les merveilles de Dieu (Ac 2.10). Il semble que ce soit une explosion spontanée de louange dans leur propre langue (le latin?). La véritable adoration n'est pas une activité «naturelle» de l'homme (bien qu'il soit possible de le persuader d'entrer dans un rituel et une liturgie lorsque ceux-ci sont socialement acceptables); c'est une activité spirituelle de Dieu dans l'homme. Une explosion de louange naturelle serait certainement une indication de l'entrée de l'Esprit!

La prophétie

Il pourrait sembler étrange, à première vue, de compter la «prophétie» au nombre des formes de prophéties! Cependant, le mot est employé à la fois dans le sens large, qui comprend le parler en langues (comme en Ac 2) et dans un sens étroit, où il se distingue des langues – comme lorsque les Ephésiens reçurent l'Esprit (Ac 19.6), et comme c'est le cas quand

Paul dresse la liste des dons de l'Esprit (en 1 Co 12.10) ou donne des directives pour l'adoration du corps de Christ (1 Co 14.5). Les deux différences principales sont les suivantes: a) le parler en langues est normalement inintelligible pour celui qui parle comme pour celui qui entend, tandis que la prophétie est intelligible pour chacun d'eux et b) les langues sont adressées à Dieu, tandis que la prophétie est adressée à l'homme (1 Co 14.2-3). Ce qu'il y a de commun est que le contenu tire son origine du Seigneur plutôt que de celui qui parle.

Les autres explosions verbales

Paul mentionne un certain nombre d'autres mots ou phrases spontanés dans ses épîtres.

L'exemple classique est «Abba» (Rm 8.15-16; Ga 4.6). On commet une grossière erreur de compréhension quand on l'appelle «le témoignage intérieur», puisque le verbe grec (*krazein*) signifie lancer un cri involontaire (cf. son emploi en Mt 14.26, 30). Ce mot, première façon dont un bébé appelle son père (l'équivalent français serait «Papa»), était la forme de prière familière favorite de Jésus à son Père, mais un mot qu'il n'a pas employé dans son enseignement public. Aucun Juif ne l'aurait employé, fut-ce dans une prière privée; ils n'auraient pas osé se montrer si familiers avec un Dieu qui menaçait de terrible punition ceux qui prennent son nom en vain! Les non-Juifs non plus ne l'auraient pas employé, puisqu'il s'agissait d'un mot juif. Son emploi spontané, tant par les Juifs que par les non-Juifs, serait sûrement l'indication que l'Esprit de Jésus témoigne que la personne «lançant un tel cri» avait à présent également le droit d'employer un tel terme d'affection!

Autre exemple, la phrase «Jésus est le Seigneur» (1 Co 12.3). Il faut souligner que Paul ne parle pas ici de la récitation d'un credo, comme semblent le supposer la plupart des commentateurs (un perroquet pourrait être entraîné à dire cela, sans aucune aide surnaturelle!), mais d'un cri spontané de reconnaissance (semblable au cri de l'enfant juif «Abba» quand il voit son père). Le contexte parle d'exclamations inspirées par d'autres puissances surnaturelles («Jésus est anathème»), qui étaient apparemment lancées pendant l'adoration à Corinthe.

Il y a encore les «soupirs inexprimables» (Rm 8.26), bien qu'il faille préciser que ni ces derniers ni les autres exclamations mentionnées ci-dessus ne sont spécifiquement liés au moment de l'initiation. Il ne faut donc pas trop nous appesantir sur ces exclamations en relations avec l'initiation.

La réception de l'Esprit

Il nous faut enfin nous demander *comment* ils reçurent l'Esprit. Est-ce que cela s'est passé d'une façon purement arbitraire et inattendue, ou y avait-il des conditions humaines à remplir auparavant? Les personnes qui recevaient étaient-elles totalement passives à ce moment-là ou coopéraient-elles activement?

Il va sans dire que le don n'était pas recherché avant qu'il y ait eu repentance claire, foi et baptême. L'absence de l'un quelconque de ces éléments pouvait faire obstacle au don (il y avait des raisons spéciales pour qu'il fût donné à Corneille avant le baptême, si bien que son cas ne constitue pas un précédent).

En s'appuyant sur Actes 1, certains ont enseigné qu'il était nécessaire de s'«attendre» à l'Eternel, laissant entendre que le moment du don dépendait exclusivement de sa décision souveraine. Mais cette attente n'était nécessaire qu'avant la Pentecôte, que Dieu avait fixée dans son agenda pour la première effusion; même dans ce cas-là, la période d'«attente» n'a été que de quelques jours. Tant Pierre que Paul s'attendaient de toute évidence à ce que le don fût donné immédiatement après que la réponse à l'évangile par la repentance-foi-baptême fût complète. Cependant, quelque chose laisse entendre que la prière pour le don doit être résolue et persévérante; dans le contexte du don de l'Esprit Saint (Le 11.13), Jésus a dit à ses disciples de continuer à demander jusqu'à ce qu'ils aient reçu. Il est certain que la prière semble avoir été un élément essentiel pour «recevoir», même dans le cas de Jésus lui-même (Le 3.21-22), ou dans celui des apôtres (Ac 1.14) et de ceux auprès desquels ils ont plus tard exercé leur ministère (Ac 8.15). Il est nécessaire de demander le don, il ne vient pas automatiquement.

Quelle était l'importance de l'imposition des mains? Il s'agit d'une forme intensive de prière-requête qui tout à la fois dirige et concentre l'intercession sur une personne particulière. Il faut dire que dans les deux seuls récits du Nouveau Testament où l'Esprit a été reçu sans cet acte, il y avait de très bonnes raisons à cela. Le jour de la Pentecôte, il n'y avait personne qui fût déjà rempli de l'Esprit et qui aurait *pu* imposer les mains sur eux (c'est pourquoi, Jésus l'a fait lui-même de ses propres «doigts» de flamme «touchant chacun d'eux»); dans le cas de la maison non-juive de Corneille il n'y avait personne qui aurait *voulu* le faire! Dans tous les autres cas qui nous sont rapportés, il y a eu imposition des mains, habituellement comme une postface immédiate au baptême (Ac 8.17; 9.17; 19.6). Il semblerait valable de supposer que cet acte physique était le vecteur normal de la communication de l'Esprit à d'autres; c'est assurément ce qui est enseigné dans l'épître aux Hébreux (Hé 6.1-6; voir chapitre 27), où l'imposition des mains est citée parmi les rudiments de l'enseignement élémentaire à donner aux nouveaux. De toute évidence, si le don peut être donné et reçu spontanément (comme chez Corneille) l'imposition des mains n'est pas une condition nécessaire indispensable, mais il semble bien que cela ait été normal.

Il est également clair que ceux qui reçoivent doivent être actifs, tout comme ceux qui exercent leur ministère auprès d'eux. Prophétiser est une activité humaine, en même temps que divine. Comme nous l'avons déjà vu, celui qui reçoit coopère en se servant de ses poumons, de son larynx et de ses lèvres. Mais cette coopération est-elle volontaire ou involontaire? Les disciples du Nouveau Testament étaient-ils si «subjugués» par cette puissance surnaturelle qu'ils «ne pouvaient empêcher» quelque chose d'exploser de leur bouche? Ils ne sont malheureusement pas disponibles pour un contre-interrogatoire! La Bible nous dit uniquement ce qu'ils ont fait, elle ne nous dit pas s'ils avaient un quelconque choix dans l'affaire! Mais d'autres textes donnent des éléments de réponse. L'Esprit Saint n'est pas seulement une puissance, il est une personne. Il est un Conseiller pour conduire et guider. A la différence du Père et du Fils, il n'est pas roi et ne règne pas avec une autorité absolue. Il peut être attristé (Ep 4.30), éteint (1 Th 5.19) et on peut s'opposer à lui (Ac 7.51). Tout ceci ne donne pas l'impression d'une «force irrésistible». Il ne fait pas violence à la volonté de l'homme et il n'impose pas sa puissance ou ses dons à qui que ce soit. Il va même jusqu'à confier le contrôle de ses dons à ceux qui les reçoivent; il n'est pas «obligatoire» de les employer (1 Co 14.28).

Nous pouvons donc conclure que l'Esprit ne sera donné qu'à ceux qui veulent le recevoir et déployer leurs voiles pour avancer dans le sens du vent. Au jour de sa puissance, il est nécessaire d'être bien disposé! Mais quel incroyable privilège – voir l'Esprit du Dieu vivant prendre demeure chez nous, nous apporter un rafraîchissement constant, de nouvelles capacités pour les autres, un témoignage efficace pour Christ et une adoration d'enfant pour le Père!

RECEVEZ L'ESPRIT SAINT

[1] Après plusieurs années passées en Chine, Roland Allen devint vicaire anglican à Chalfont St Peter (dont je fus le pasteur baptiste cinquante ans après) et, après avoir démissionné en 1907 en raison de la pratique scandaleuse du baptême d'enfants à tort et à travers, il consacra sa vie à des œuvres monumentales comme *Missionary Methods – St Paul's or Ours?* et *The Spontaneous Expansion of the Church.* Il prédit lui-même que son œuvre sur l'Esprit Saint ne serait pas appréciée avant une cinquantaine d'années; elle fut publiée en 1960! Il était vraiment prophétique et entrevoyait déjà la nécessité de missions indigènes, la croissance de l'Eglise et le renouveau charismatique. Je dois beaucoup à sa réflexion pionnière.

6

NÉ DE NOUVEAU

Le langage est un problème depuis la tour de Babel! Les mots semblent revêtir une vie propre. Tantôt ils deviennent trop élastiques et acquièrent un sens trop étendu; tantôt ils deviennent trop fixes et acquièrent un sens trop restreint. «Amour» est un exemple de la première tendance; «gai» en est un de la deuxième.

Les mots bibliques ne sont pas à l'abri de tels changements. Un enseignant qui se sert de la terminologie biblique n'expose pas nécessairement une vérité biblique (de même, l'emploi fréquent de citations bibliques ne rend pas un enseignement «scripturaire», en particulier quand les textes sont cités hors de leur contexte).

Il est souvent nécessaire de débarrasser les mots de leurs connotations modernes pour retrouver leur sens biblique. Mais le «désap-prentissage» est toujours plus difficile que l'apprentissage. Rompre une habitude est bien plus difficile qu'en acquérir une (comme le savent tous les golfeurs!). L'emploi habituel des mots a du mal à mourir!

«Conversion» et «né de nouveau» sont de bons exemples de ce danger et de la difficulté à l'éviter. Tous deux sont passés d'une description élastique à des définitions fixes. Dire: «Je suis un chrétien né de nouveau» est presque absurde – comme de parler d'un cercle rond ou d'un carré à quatre coins! De même, la déclaration: «Je ne me souviens pas du jour de ma conversion» contient une hypothèse implicite qui n'est pas du tout biblique.

Le problème est que les deux termes sont depuis

longtemps traités comme des synonymes dans les cercles évangéliques. On s'en est servi de façon interchangeable pour définir l'œuvre de Dieu en nous, qui nous amène des profondeurs du péché à une vie nouvelle en Christ. Dans les deux mots il s'est subrepticement glissé une compréhension tacite que ce processus est instantané. Dans l'intérêt d'un témoignage efficace, il est considéré comme un avantage que la personne ait été consciente du moment où cela s'est passé, ou du moins qu'elle soit capable d'en indiquer la date, quoiqu'on nous «accorde» que de nombreux croyants (peut-être la plupart, d'après certaines estimations) n'aient pas été conscients de ce qui se passait à ce moment-là.

Si (et c'est un très gros «si») on accepte que les deux mots se rapportent à un événement surnaturel instantané, alors une question se pose naturellement: Quel rapport y a-t-il entre cet événement et le complexe en quatre volets de l'initiation décrit dans les chapitres précédents? A quelle étape du processus se passe la conversion/régénération?

Mais le sens généralement reconnu à ces mots est-il vraiment biblique? C'est la question primordiale. Nous chercherons dans ce chapitre à montrer qu'un examen soigneux de l'emploi biblique de ces termes révèle qu'ils sont tous deux descriptifs plutôt que définitoires, que seul l'un d'eux décrit l'œuvre surnaturelle et qu'aucun d'eux n'est nécessairement instantané!

CONVERSION

Qui n'a pas entendu un évangéliste dire: «Je n'ai jamais converti qui que ce soit – seul Dieu peut convertir une âme humaine»? La remarque sonne juste, mais elle n'est pas du tout biblique. Selon les Ecritures, Dieu n'a jamais «converti» qui que ce soit!

Dans le langage évangélique moderne, on emploie fréquemment le substantif («ma conversion»). Dans le Nouveau Testament, le substantif n'est jamais employé et le verbe l'est d'ordinaire à la voix active («convertis ton frère») ou à la voix moyenne («convertissez-vous»). Le sujet du verbe est toujours humain, jamais divin. (Si cette idée vous est totalement étrangère, je vous invite à faire une étude détaillée d'un échantillon de textes: Mt 13.15; Mc 4.12; Le 22.32; Ac 3.19; 2 Co 3.16; Je 5.20; 1 P 2.25.)

Le fait est que dans le Nouveau Testament grec, le mot «convertir» n'est pas le terme technique ou théologique qu'il est devenu. C'est un mot tout à fait ordinaire, appartenant au groupe des dérivés de la racine simple qui signifie «tourner» (grec: *strepho*). La forme particulière que l'on traduit habituellement par «convertir» comporte le préfixe *epi*, qui lui confère le sens de «retourner» ou *«revenir sur ses pas»*. L'expression du Code de la Route, «faire demi-tour», est le plus proche équivalent qu'on puisse trouver.

C'est par conséquent la description la plus appropriée à employer quand un pécheur se détourne de ses péchés, se retourne complètement et revient vers Dieu. Il décrit son action personnelle (non celle de Dieu), qu'il ait décidé lui-même d'agir ainsi ou qu'il en ait été persuadé par quelqu'un d'autre. Il n'y a rien dans le mot même qui qualifie la rapidité du mouvement, que ce soit soudain ou lent; le mot s'intéresse uniquement à la direction prise. Que le demi-tour soit le résultat d'un mouvement de grande ampleur ou celui d'une série de mouvements plus restreints est tout à fait insignifiant. Ce qui est important, c'est que la personne qui allait dans une direction (l'enfer) se déplace maintenant dans la direction opposée (le ciel). La prise de conscience de tout ceci devrait être une source de réconfort pour les nombreux chrétiens qui étaient auparavant gênés quand on leur demandait de «rendre un témoignage». L'élément essentiel de la conversion est le changement de direction, et non la date et le déroulement du changement. Certains chauffeurs qui voyageaient à toute allure dans la mauvaise direction ont fait un demi-tour sur les chapeaux de roue en quelques secondes (le spectacle et le bruit sont tout à fait sensationnels et provoquent une bonne distraction, comme Hollywood n'a pas manqué de le découvrir!). Des conducteurs plus prudents peuvent prendre leur temps, et le faire de façon plus sûre pour les autres. Dans les deux cas, le principe vital c'est d'être sur le bon côté de la route! En fait, ce sont la repentance et la foi qui sont plus difficiles à dater. Il est aisé de se rappeler le baptême d'eau et le baptême de l'Esprit et de les dater.

En franchissant les «quatre portes spirituelles», une personne achève de se «tourner» du péché vers Dieu. A chacune des quatre étapes, l'action humaine est nécessaire et on fait un «pas» de plus. Le Nouveau Testament parle de chacune de ces étapes au mode impératif, montrant qu'il s'agit d'ordres auxquels il convient d'obéir:

Repentez-vous (Ac 2.38)

Crois (Ac 16.31)

Sois baptisé (Ac 22.16) Recevez (Jn 20.22)

Bien sûr, la proportion d'activité humaine exigée à chaque étape varie énormément. Dans le baptême d'eau, elle est limitée à le rechercher et à s'y soumettre (la voix moyenne est tellement significative: «Fais-toi baptiser»). Dans le baptême de l'Esprit, Dieu en accomplit la majeure partie, bien que la réception soit plus active que passive. Dans la repentance et la foi, l'accent repose fortement, quoique pas exclusivement, sur l'homme.

Il paraîtrait donc légitime d'employer le mot «conversion» pour le processus pris dans son ensemble, en le regardant sous l'angle de l'activité humaine à chacune des quatre étapes. Elles sont toutes nécessaires pour un «demi-tour» *complet*. En particulier, le baptême d'eau marque la rupture finale d'avec le péché, et le baptême d'Esprit commence la vie nouvelle. Tous deux sont fondamentaux dans la «conversion» et devraient être inclus dans un témoignage de la façon dont on a été présenté à Christ.

Pourtant, la «conversion» peut être renouvelée! Le Nouveau Testament emploie le même mot pour un frère croyant qui «retourne» au péché (Ga 4.9; Tt 3.11). Cet homme aura besoin d'être à nouveau «converti» à Dieu (Lc 22.32; Je 5.20), bien que dans ce cas-là ni le baptême d'eau ni le baptême d'Esprit ne soit nécessaire. La jeune fille de l'Armée du Salut, dont on raconte qu'elle s'était prévalue d'avoir été convertie dix fois et de ce que chaque conversion était meilleure que la précédente, avait au moins le mérite d'être honnête!

Le terme est évidemment bien plus élastique que nous ne le comprenons aujourd'hui. Il serait peut-être plus sûr d'employer l'équivalent tout simple «faire demi-tour», qui en est le sens à l'origine. Les témoignages se verraient dans l'obligation de devenir plus explicites et plus objectifs. Au lieu de dire «comment je me suis converti», raccourci fort commode, je devrais alors décrire les péchés dont je me suis repenti, dire la raison pour laquelle je crois ce que j'ai entendu, dire quand j'ai été baptisé d'eau et de quelle manière j'ai reçu l'Esprit. Un tel témoignage donnerait une meilleure information et serait plus édifiant!

RÉGÉNÉRATION

Passons maintenant au mot «régénération» – encore un qui souffre d'être devenu un terme technique théologique, dont le sens recouvre en général l'acte de la grâce divine par lequel le pécheur reçoit une nouvelle nature. On tient pour acquis, de façon presque universelle, que cet acte sera par conséquent un événement instantané, dont on peut ne pas avoir de conscience subjective sur le moment, bien qu'une prise de conscience du fait qu'il s'est produit vienne certainement plus tard.

Une telle compréhension «doctrinale» soulève inévitablement le problème du lien qui unit ce moment de régénération au processus d'initiation. A quel stade le miracle se produit-il? Trois réponses incompatibles se disputent notre attention: calviniste, arminienne, catholique.

Calviniste. Une théologie réformée, qui souligne la souveraineté de Dieu, place en général le moment de la régénération *avant* toute l'initiation, et ce sur le fondement «logique» que la nature humaine déchue est absolument incapable de se repentir du péché et, à plus forte raison, de recevoir l'Esprit. Dieu exerce sa grâce souveraine tout d'abord dans la régénération, rendant ainsi possible la réponse du pécheur à l'évangile. Le choix de la nouvelle naissance est par conséquent la prérogative de Dieu et de lui seul.

Arminienne. La plupart des évangéliques et des pentecôtistes semblent partir de l'hypothèse que la régénération a lieu après la repentance et la foi mais avant (ou, du moins, sans relation avec) le baptême d'eau. Les évangéliques confondent souvent régénération et «baptême de l'Esprit» («né de» et «baptisé dans» l'Esprit Saint étant considérés comme synonymes, bien que ce dernier terme soit rarement employé). Les pentecôtistes les considéreraient comme totalement séparés. D'une manière ou de l'autre, le choix de «naître de nouveau» est à la fois humain et divin; quand l'homme répond à l'évangile, Dieu répond par la régénération (d'où l'accent mis sur le fait de «prendre une décision»).

Catholique. Une approche sacramentelle confond régénération et baptême d'eau, que ceci suive ou précède (chez les bébés) la foi personnelle. Dans ce cas, le choix de «naître de nouveau» semble reposer sur les parents et sur le prêtre.

Si les trois points de vue sont profondément divisés dans leurs conclusions, ils ont en commun la prémisse sous-jacente que la régénération est peu ou prou instantanée. Mais cette hypothèse est-elle corroborée par l'Ecriture? Sinon, les profondes divergences entre ces points de vue viennent-elles de là? Et, de plus, comment cette notion est-elle née?

«Régénération», comme «conversion», est en fait un mot tout à fait «ordinaire», descriptif plus que définitoire. Sa construction à partir d'une racine simple est facile à comprendre. A partir du verbe «être» (grec *eimi*), un préfixe simple construit le verbe qui signifie «venir à être» ou «devenir» *(ginomai)*; un second préfixe le change en «devenir de nouveau» *(anagennao)*, quoique l'emploi de ce dernier sous la forme de substantif, se fasse à partir d'un autre préfixe signifiant «de nouveau» *(palingenesia* – pas de récompense spéciale pour avoir deviné d'où le premier livre de la Bible tire son nom!).

Le verbe pour «venir à être» est employé plus de deux cents fois dans le Nouveau Testament, avec un très grand nombre de nuances de sens – depuis la narration tout à fait ordinaire («Jean-Baptiste vint à être dans le désert» – cf. Mc 1.4, qui est quelque peu différent du français «paraître»), jusqu'aux événements extraordinaires de la création («ce qui ne pouvait être vu est venu à être ce que nous pouvons voir» – cf. Hé 11.3). Le sens plus étroit de «devenir» a également deux connotations distinctes, qui intéressent toutes deux notre étude. D'un côté, il peut se rapporter à un commencement tout à fait nouveau, quelque chose qui vient à être pour la première fois, et c'est donc un mot qui convient pour la création du monde (il est employé ainsi en Jn 1.3, 4, 10). D'un autre côté, il peut se rapporter à quelque chose qui existe déjà et qui prend une forme entièrement nouvelle, que ce soit par un processus naturel (une semence de moutarde «devenant» un grand arbre – Lc 13.19) ou par une intervention surnaturelle (de l'eau «devenant» du vin – Jn 2.9).

Ce double sens de «devenir» (en hébreu et en araméen, comme en grec) en faisait un mot idéal pour Jésus dans sa conversation avec Nicodème. Il pouvait faire le lien entre l'événement de la naissance physique (par laquelle une nouvelle personne devient un élément de l'ancienne création) et le concept de la naissance spirituelle (par laquelle la même personne devient un élément de la nouvelle création). Le dernier concept est simplement «devenir de nouveau» (on pourrait le traduire «devenir d'en-haut», puisque le mot grec peut signifier à nouveau et au-dessus – voir le chapitre 10). Dans tous les cas, un acte divin de création entre en jeu, même si cela n'exclut pas un élément de manufacture (c-à-d. le fait de commencer avec des matériaux anciens). Même une naissance physique ne se fait pas «à partir de rien», elle est le produit d'un matériau génétique existant et du processus de gestation. L'incarnation elle-même comporte cette double combinaison – d'un être divin qui a existé de toute éternité et d'un être humain qui a commencé dans le temps. La continuité d'existence peut coexister avec la discontinuité de forme.

Bien que le Nouveau Testament n'emploie que deux fois le substantif pour «devenir de nouveau», il s'applique de façon significative à la fois à des êtres humains (Tt 3.5) et à toute la création (Mt 19.28). Le Dieu qui restaure ses plus hautes créatures à leur condition d'origine désire faire de même pour l'univers entier! Les cieux et la terre doivent naître de nouveau» (Ap 21.1-5), bien que cela doive se réaliser par un baptême de feu plutôt que d'eau (2 P 3.10-13)!

Il n'y a rien dans le mot «régénération» lui-même, ni

dans le contexte dans lequel il est employé, qui implique que «devenir» soit instantané. Que cela *puisse* être le cas n'est pas discutable – et c'est parfois spécifiquement énoncé, comme quand il est dit que le nouveau corps de résurrection est donné «en un instant, en un clin d'œil» (1 Co 15.51-52), bien qu'il faille admettre qu'ici il soit fait usage d'un autre mot. Mais il n'est tout simplement pas vrai que cela *doive* être instantané. La création à l'origine (genèse/génération – Gn 2.4) a certainement été un processus en plusieurs étapes, quel que soit le point de vue que l'on adopte pour la longueur des six jours. La re-création des cieux et de la terre sera constituée de toute évidence par un ensemble similaire de phases. De même, une semence de moutarde ne «devient» pas un grand arbre en une nuit. En fait, le mot est bien plus souvent employé dans les Ecritures pour des choses qui ont *pris du temps* – long ou court – pour «devenir» ce qu'elles sont. Même l'incarnation (la Parole «devenant» chair) a pris neuf mois. La cause du devenir, la nature du devenir et la raison du devenir ont, de loin, plus de conséquence que la «rapidité» du devenir!

Pourquoi donc un tel accent aujourd'hui sur une régénération «instantanée»? C'est probablement en raison d'une impression communément répandue que tout ce qui se passe lentement ou graduellement peut «se justifier» en termes de cause «naturelle» (comme l'eau devenant vin au travers de la culture de la vigne et de la fermentation) tandis que la même chose se produisant soudainement démontre sa cause «surnaturelle» (comme à Cana).

Ce genre de raisonnement cache un profond sophisme: que Dieu n'est pas à l'œuvre dans le processus normal et lent de la nature. On suppose également à tort que la nature de Dieu exige qu'il fasse les choses à toute vitesse. Ce pourrait être un mauvais moyen de faire Dieu à notre image, puisque notre plainte la plus fréquente concernant son activité dans l'histoire est qu'il ne réagit pas assez vite aux situations! Sa création devrait nous apprendre quelque chose de sa patience (Je 5.7-8), surtout dans une ère qui exige une satisfaction «instantanée».

Maintenant que nous avons libéré le concept de la régénération de ses associations «instantanées», nous pouvons acquérir une appréciation nouvelle de sa relation au processus de l'initiation. Tous deux sont des processus plus que des événements isolés et ils correspondent l'un à l'autre d'une manière remarquable.

Il est tout à fait scripturaire de considérer le commencement de la vie chrétienne comme une naissance; cela remonte même aux propres paroles de Jésus, bien qu'il faille signaler que cette notion n'est pas employée très fréquemment (en fait, être «né» de l'Esprit revient un nombre moindre de fois qu'être «baptisé» dans l'Esprit, la proportion étant de six pour sept – ce que ne reflète pas la prédication évangélique de notre époque!).

Il y a, par conséquent, une sorte d'analogie entre la «naissance» physique et la «naissance» spirituelle (bien que Nicodème l'ait prise de façon trop littérale – Jn 3.4!), ce qui implique qu'il y a un degré de similitude entre les deux. Pour ce qui est de la naissance physique, il s'agit assurément d'un processus composé d'une série d'événements. Depuis les premières contractions de l'utérus, en passant par la sortie du nouveau-né et la coupure du cordon ombilical, jusqu'à la première respiration et le premier cri, c'est toute cette séquence qui amène à l'existence une nouvelle vie (bien qu'elle ait déjà existé dans l'ombre depuis quelque neuf mois). Il est extrêmement difficile d'appeler l'une quelconque de ces étapes: la «naissance». Se demander à quel moment le bébé est vraiment «né» est probablement vain et certainement hors de propos. La totalité de la procédure peut avoir été agréablement rapide ou relativement lente, ce qui importe c'est qu'une vie nouvelle ait commencé et que tout ce qui est nécessaire à la vie saine qui suivra ait été accompli, et accompli comme il faut. La naissance n'a guère de sens en et pour elle-même, elle est le prélude à la vie et c'est la qualité de cette vie qui est importante.

L'Ecriture nous encourage à voir en cela une analogie avec la «nouvelle» naissance et à appliquer le mot et le concept de la «régénération» au processus complet de l'initiation. Mis à part quelques parallèles qu'il est possible de tirer (les premières douleurs de la «conviction de péché», la coupure du cordon ombilical dans la «repentance», le nettoyage du bébé dans le «baptême» et l'émission de cris dans l'Esprit avec imposition des mains!), il y a aussi des raisons bibliques pour agir ainsi.

Tout comme on peut appliquer le mot «conversion» à l'ensemble des quatres étapes de l'initiation, puisqu'on parle de chacune d'elles au mode impératif, ce qui indique la nécessité de l'activité humaine, nous pouvons de même appliquer le mot «régénération» à l'ensemble des quatre étapes de l'initiation, puisqu'on parle de chacune d'elles au mode indicatif, ce qui indique le fait de l'activité divine:

Dieu lui-même accorde la repentance (Ac 5.31; 11.18);
Dieu fait don de la foi (Ep 2.8);
Dieu ressuscite de la tombe du baptême (Col 2.12);
Dieu répand son Esprit (Tt 3.5-6).

Le processus tout entier est l'œuvre de Dieu. Par ce moyen, il «régénère» une personne (c-à-d. fait qu'elle «devienne à nouveau»). Chaque étape est nécessaire pour le commencement de la vie chrétienne «normale» et nécessaire pour une croissance et un développement harmonieux.

Comme nous l'avons déjà vu, la proportion de l'activité humaine varie d'une étape à l'autre, et elle varie en général inversement proportionnellement à l'activité divine à chaque étape. Dans les deux premières (repentance et foi), l'accent principal est placé sur la contribution humaine, mais dans les troisième et quatrième étapes (les baptême d'eau et d'Esprit), il s'inverse pour se placer sur la contribution divine. Il semble en effet qu'il y ait une décroissance de l'activité humaine correspondant à un accroissement de l'activité divine au travers des quatre étapes. Ce déplacement progressif de l'accent peut être représenté par un diagramme: Repentez-vous, Croyez, Soyez baptisé, Recevez, Régénération divine (indicatif), Conversion humaine (impératif). Ce tableau est bien entendu un résumé des statistiques textuelles bien plus qu'il n'est l'énoncé d'un concept théologique. Pourtant, la tendance peut avoir une signification spirituelle: l'initiation est une séparation d'avec l'effort du moi et une introduction à l'énergie de Dieu.

Ainsi, alors qu'il est possible de considérer le processus *dans son ensemble* à la fois comme «conversion» (sous l'angle humain) et comme «régénération» (sous l'angle divin), le dernier mot s'applique spécialement à la deuxième moitié du processus, les deux baptêmes dans lesquels Dieu achève l'introduction à une vie nouvelle. Avant que les lecteurs évangéliques ne reculent d'horreur devant une telle déclaration, je les invite instamment à regarder à nouveau les deux versets de l'Ecriture qui définissent avec le plus de précision la nature de la «nouvelle naissance». Jn 3.5 (rendu de façon littérale) énonce qu'une personne «vient à être à nouveau *hors de* l'eau et l'Esprit» (voir chapitre 10 pour un examen complet de cette phrase fascinante). Tt 3.5 (encore une fois rendu littéralement) parle d'être «sauvé» *au travers* du «bain de la régénération» et de «l'Esprit répandu en renouvellement» (voir le chapitre 26 pour une exégèse détaillée de ce verset). Autant nous pourrions souhaiter que Jésus et Paul eussent attribué la régénération à la repentance et à la foi, autant nous devons néanmoins prendre les Ecritures comme elles sont. La formulation de ces versets ne présente aucun problème quand nous voyons la régénération comme un processus complet, dont l'achèvement coïncide avec celui de l'initiation.

Recevoir l'Esprit, quatrième et dernière étape de la nouvelle naissance, revêt une signification qui est absente des trois autres. Il s'agit de *l'achèvement* du processus de la régénération, qui marque le début de la vie nouvelle aussi bien que la fin de la nouvelle naissance, puisque cette existence nouvelle est la «vie dans l'Esprit» (Rm 8.4-5). Mais c'est aussi la *confirmation* de la régénération, la preuve qu'une vie nouvelle a commencé. Pour revenir un instant à l'analogie avec la naissance physique, recevoir l'Esprit avec un débordement de la bouche équivaut à la première respiration du bébé et à son premier cri. On trouve aussi un parallèle biblique dans la «venue à l'existence» d'Adam, quand Dieu «respira» dans ses narines, achevant le processus de la «génération» ou «genèse» par lequel il l'amenait à la vie.

Si cette compréhension de la double signification de la réception de l'Esprit (achèvement et confirmation) est correcte, alors ni la repentance, ni la foi, ni le baptême ne fournissent de preuve ou de garantie de la justification. Ceci est dû au fait que chacun d'eux peut être professé et pratiqué d'une manière inacceptable aux yeux de Dieu, qui seul sait tout ce qu'il y a dans le cœur. La preuve de son approbation et de son acceptation réside dans le fait qu'il a donné son Esprit, qui est le «sceau» apposé sur la transaction. C'est le point fondamental d'assurance: «*A ceci nous reconnaissons que nous demeurons en lui* [c-à-d. Dieu], *et lui en nous; c'est qu'il nous a donné de son Esprit*» (1 Jn 4.13; cf. 3.24). Il n'est pas étonnant que les apôtres aient été profondément soucieux lorsqu'une telle preuve manquait (voir chapitres 16 et 20); c'était la pierre de touche du fait d'être «chrétien» (Rm 8.9; voir chapitre 21 pour une critique de cette interprétation).

A ce point de notre étude, il est possible de soulever deux nouvelles questions, même si nous y répondrons plus complètement au chapitre 36. La première: pourquoi insiste-t-on autant sur la *naissance* plutôt que sur la *vie* des bébés spirituels (de sorte que notre évangélisation se soucie davantage de voir des personnes «naître de nouveau» que de s'assurer qu'elles sont «bien vivantes»)? La deuxième: pourquoi les évangéliques sont-ils aussi réticents à considérer le baptême d'eau (et les pentecôtistes aussi réticents à considérer à la fois celui-ci *et* le baptême d'Esprit) comme partie intégrante du processus complet de régénération?

A la racine, les deux questions sont liées à une vue trop simplifiée du salut. Quand on prêche le salut principalement en termes d'être à l'abri de l'enfer plutôt qu'en termes de sauvetage de ses péchés, quand on le voit comme ayant plus à faire au monde à venir qu'au monde présent, plus approprié à ceux qui meurent qu'à ceux qui s'attendent à continuer à vivre – alors il devient plus important d'être «né» de l'Esprit que de «vivre» dans l'Esprit (le besoin de justification éclipsant le besoin de sanctification). Si notre compréhension du salut minimise l'importance de la perspective du «monde présent», alors (puisqu'ils ont principalement trait à cette vie, en nous libérant de nos péchés dès maintenant) tant le baptême d'eau que le baptême de l'Esprit déclinent en importance dans la vie chrétienne, devenant même optionnels plutôt qu'essentiels.

Cette mentalité du «billet pour le ciel» n'est pas biblique et elle révèle une vue déséquilibrée du salut. La justification et la régénération y sont vues pour elles-mêmes plutôt que comme des moyens pour parvenir à cette «sainteté sans laquelle nul ne verra le Seigneur» (Hé 12.14, Darby). Cependant, la nouvelle naissance n'est ni le certificat qu'on a été élargi de l'enfer ni un abonnement pour le ciel. Elle est donnée pour rendre possible une vie libre du péché (1 Jn 3.9), pour jouir de la vie éternelle ici tout autant qu'après. La sanctification est le lien vital entre la justification et la glorification. Puisque le baptême d'eau et le baptême d'Esprit sont une partie vitale de la sanctification, ils sont partie intégrante d'un salut complet; c'est la raison pour laquelle Paul emploie le mot «sauvé» en parlant des deux (Tt 3.5) et c'est aussi celle pour laquelle Jésus les a considérés comme des constituants de base de la nouvelle naissance (Jn 3.5).

Pour un nombre beaucoup trop élevé de convertis, ce processus de nouvelle naissance est long et compliqué: la foi peut arriver bien avant la repentance; le baptême peut arriver bien après la foi (ou, ce qui est encore plus troublant, bien avant); un grand nombre de personnes ne peuvent dire avec certitude si elles ont ou non été «baptisées» dans l'Esprit; certaines ne se sont jamais repenties; d'autres n'ont jamais été baptisées. Ce n'est en général pas leur faute. Elles ont été mal mises au monde, par des sages-femmes inexpérimentées et mal formées.

Ce livre a été écrit pour tenter d'améliorer la situation. Après ce survol *d'actualité* de la «naissance normale du chrétien», il nous faut regarder les moyens *pratiques* d'appliquer cet enseignement dans des situations d'évangélisation et des situations pastorales.

Cependant, avant que nous ne fassions cela, il est nécessaire de nous assurer que les principes généraux que nous avons déjà soulignés sont solidement enracinés dans l'Ecriture. Nous devons jeter un coup d'œil à une vingtaine de passages clefs qui ont un rapport direct avec notre thème. Il nous sera encore plus important d'avoir une Bible ouverte à la main – et un esprit ouvert, car il y a un grand nombre de choses nouvelles à apprendre et de choses anciennes à désapprendre!

Deuxième partie:

«QU'EN EST-IL DE...?»

– La dimension exégétique

7

LE GRAND ORDRE DE MISSION
Mt 28.19-20

Allez, faites de toutes les nations des disciples, baptisez-les au nom du Père, du Fils et du Saint-Esprit, et enseignez-leur à garder tout ce que je vous ai prescrit. Et voici: je suis avec vous tous les jours, jusqu'à la fin du monde. (Mt 28.19-20)

Ce mandat missionnaire donné aux apôtres, et à travers eux à toute l'Eglise, est encadré par deux des revendications les plus incroyables que Jésus ait jamais faites pour lui-même. Il commence par affirmer son autorité universelle dans tout *l'espace* et finit en promettant sa présence perpétuelle dans tous les *temps*. On ne peut pas bien comprendre la «feuille de route» qu'il donne, hors du contexte de sa puissance et de sa position. Il exerce maintenant ses droits, à la fois d'envoyer les apôtres recruter une troupe internationale de disciples et d'appliquer à ces derniers ses propres normes absolues.

«Toutes les nations» s'applique aux groupements ethniques plutôt qu'aux entités politiques: ceci découle du désir de Dieu d'inclure toutes les variétés d'êtres humains («peuple, tribu, langue») dans son royaume, bien que les appellations «les nations» ou «les peuples» soient également des synonymes juifs pour «les gentils», c'est-à-dire les non-Juifs. Le fait que cet ordre de mission apparaisse en Matthieu, l'évangile écrit principalement pour des lecteurs *juifs,* est hautement significatif. Il montre on ne peut plus clairement que c'est Jésus lui-même qui a voulu l'évangélisation du monde non juif, ce qui représente un changement de politique par rapport à la mission exclusive auprès des «brebis perdues de la maison d'Israël» (Mt 15.24). Le changement avait été prévu avant sa mort (Mt 21.43 et 24.14).

L'aspect grammatical de son instruction est important. Un verbe à l'impératif («faire des disciples») est qualifié par deux participes présents continus («baptisant» et «enseignant»). Il doivent faire du discipulat plutôt que de faire des disciples. Les verbes sont plus dynamiques que les substantifs!

Un «disciple» est un quelqu'un qui apprend, mais il apprend d'une personne plutôt que d'un livre, d'un cours ou d'un système. C'est un apprenti plus qu'un étudiant. Le discipulat implique une relation – avec un discipleur, un enseignant, un conducteur. Aussi se pose-t-on la question: Faire des disciples *de qui? De soi-même ou de quelqu'un d'autre? La forme transitive du verbe autorise à pencher en faveur de chacune des applications – Pierre pouvait faire des disciples de Pierre, et des disciples de Jésus. La question est tranchée par le contexte: le* nom dans lequel les futurs disciples devaient être baptisés n'était pas celui d'un apôtre et les *prescriptions* qu'ils devaient enseigner n'étaient pas celles d'un apôtre. Ils devaient faire des «disciples de Jésus». Ceci est confirmé par le soin que Pierre, et plus tard Paul, ont mis à éviter de baptiser leurs propres convertis (Ac 10.48; 1 Co 1.13-17); et par le fait que les premiers chrétiens étaient connus de façon collective comme «disciples», mais jamais comme «disciples de...Pierre, Jean, Paul, etc.». Cependant, dans la mesure où l'enseignement de Jésus est incarné dans la vie de ceux qui enseignent, le discipulat peut se faire par imitation aussi bien que par instruction (1 Co 4.16; 1 Th 1.6; Hé 6.12; 13.7; 3 Jn 11).

Certains biblistes ont fait grand cas de ce que le commandement à «faire des disciples» vient avant le commandement à «baptiser», et en ont conclu que le baptême devrait toujours suivre l'instruction. Ce qui est surprenant, c'est que cette remarque est souvent faite par des pédobaptistes (ceux qui baptisent des bébés) – alors que la conclusion logique de cette remarque devrait être le baptême de croyants (Charles Simeon, l'anglican évangélique, était de ceux-là, tout comme Jean Calvin avant lui – voir appendice 1). Laissons la défense de ce point de vue au pieux Richard Baxter (dans son *Disputations of Right to Sacrament*, p.149ff., cité par T. E. Watson, *Baptism Not For Infants* [Walter, 1967]):

> Il ne s'agit pas ici d'une mention narrative du baptême faite en passant, mais bien de l'ordre de mission même que Christ donne à ses apôtres en vue de la prédication et du baptême, et qui exprime à dessein leurs diverses œuvres à leurs places et rang respectifs. Leur première tâche est, par *l'enseignement,* de faire des disciples, que Marc appelle des croyants. La deuxième tâche est de les baptiser... La troisième est de leur enseigner toutes les autres choses qui doivent être apprises par la suite à l'école de Christ. Mépriser cet ordre, c'est renier toutes les règles de l'ordre; car où pouvons-nous nous attendre à le trouver si ce n'est ici?

Pourtant, la grammaire ne peut pleinement permettre cette interprétation, puisqu'il ne s'agit pas de trois impératifs consécutifs, mais d'un seul impératif suivi de deux participes – ils doivent «faire des disciples en baptisant et en enseignant». Non que le baptême précède l'enseignement même dans ce cas, quoique d'autres pédo- baptistes emploient ce texte pour justifier le baptême des bébés bien avant qu'ils ne soient «enseignés». Ce point de vue opposé n'est pas non plus justifié par le texte, puisque le verbe «faire des disciples» n'est rien s'il n'est pas une relation consciente et volontaire, choisie par la personne concernée.

«Baptiser» est davantage une translittération qu'une traduction. Comme nous l'avons déjà vu, en grec ce mot signifie noyer, plonger, tremper, imbiber ou submerger quelque chose dans un liquide (comme un vêtement plongé dans une teinture, une tasse dans un tonneau de vin ou même un bateau englouti dans la mer; voir chapitre 4). La plupart des commentateurs le prennent comme une référence au baptême d'eau plutôt qu'au baptême d'Esprit, en raison particulièrement de l'élément du «nom». On peut trouver une confirmation de cela dans le fait que, même si la pratique du baptême d'eau semble avoir diminué pendant le ministère de Jésus, elle est devenue universelle dans l'Eglise primitive à partir du jour de la Pentecôte. Seul le commandement du Seigneur aurait assuré une telle continuation d'un rite physique après que soit venu le plein baptême spirituel du Messie (cf. la réaction de Pierre devant le baptême d'Esprit de Corneille en Ac 10.47). L'insistance apostolique sur le baptême d'eau ne peut s'expliquer que si le grand ordre de mission était la transcription véritable des paroles mêmes de Jésus.

La mode actuelle attribue ces paroles à l'Eglise primitive plutôt qu'à Jésus, même si l'apparente absence de tout autre ordre de Jésus à agir ainsi crée un nouveau problème, celui de trouver une autre explication à l'insistance de Pierre sur le baptême d'eau le jour de la Pentecôte! Une des principales raisons invoquées pour cette attribution est que l'énoncé trinitaire de Mt 28.19-20 rappelle plutôt une formule ecclésiastique et contredit l'emploi du nom de Jésus seul tout au long du livre des Actes (par ex. Ac 8.16; 19.5). Il est certain qu'il n'y a pas de preuve directe de l'emploi d'une formule trinitaire dans le baptême, avant le second siècle de notre ère.

LE GRAND ORDRE DE MISSION *Mt 28.19-20*

Si la forme d'immersion dans l'eau était la même pour les apôtres qu'elle l'avait été pour Jean-Baptiste, la *formule* employée était certainement différente. En fait, l'emploi d'un nom dans le baptême a été de toute évidence une innovation apostolique. On tient d'ordinaire pour acquis que la formule de Matthieu contient trois noms: «Père», «Fils» et «Saint Esprit». Mais cette lecture simple de la phrase est, en fait, trop simpliste – pour les raisons suivantes:

1. En théorie, «Père» et «Fils» ne sont pas des «noms» mais des relations.
2. Le «nom» du Père est «Yahvé», d'où vient «Jéhovah».
3. Le «nom» du Fils est «Jésus».
4. Le mot «nom» est au singulier (un) et non au pluriel (trois).

Quoi qu'il en soit, le problème majeur de la position en faveur de «trois noms» découle du fait que, même si des bénédictions trinitaires étaient connues et employées par les apôtres (par ex. 2 Co 13.13), on ne trouve aucun récit de baptême trinitaire dans le Nouveau Testament. Ces derniers, comme toutes les guérisons et toutes les délivrances, étaient faits au nom unique et puissant de «Jésus» seulement. Comment expliquer cette contradiction apparente?

De nombreux spécialistes (depuis MacNeile jusqu'à Barclay) attribuent tout simplement la formule de Matthieu à une liturgie ultérieure de l'Eglise que l'on aurait replacée dans la bouche de Jésus. Cependant, en l'absence de tout appui textuel parmi les manuscrits existants, qui permettrait de considérer cette formule comme une addition ultérieure à l'évangile tel qu'il a été écrit, cette supposition met en cause l'intégrité du collecteur d'impôts (et de textes!) qui l'a mis par écrit, l'accusant d'un rapport inexact!

D'autres ont accusé Luc de la même déformation, se

demandant si son objectif littéraire d'élever Jésus ne l'avait pas conduit à simplifier son reportage dans les Actes, réduisant la formule véritablement employée pour mettre l'accent sur le nom de Jésus. Cependant, Luc ne donne aucun autre signe d'une volonté de supprimer un langage trinitaire (voir Le 3.22 et Ac 2.32-33; 20.21-22).

Le point de vue extrême voudrait que Matthieu et Luc donnent *tous deux* un rapport erroné – auquel cas il n'y aurait que peu d'espoir de retrouver l'énoncé original du baptême et aucune raison d'en discuter!

Il est donc possible que les deux contiennent un rappel exact. Les apôtres, en employant seulement le nom de «Jésus», soit ignoraient la «lettre» du grand ordre de mission, soit étaient convaincus d'en accomplir l'«esprit». Se peut-il qu'ils aient considéré que le seul nom «Jésus» était, en fait, équivalant à une référence explicite à la Trinité? Après tout, ils savaient, à présent, que Dieu était le «Père de Jésus» et que l'Esprit Saint était l'«Esprit de Jésus» (Ac 16.7). En fait, le «Discours de la Chambre Haute» (Jn 14-16) avait tellement entremêlé les trois personnes de la Divinité (voir, par exemple, Jn 14.26) que se rapporter à l'une était se rapporter à toutes les trois. Le seul nom de «Jésus» aurait alors pu être considéré comme une sorte de terme «sténographique» pour la Trinité.

Cette suggestion n'est pas aussi tirée par les cheveux qu'on pourrait le croire à première vue. Le seul nom de «Jésus» n'est peut-être pas strictement d'accord avec l'énoncé de Matthieu, mais il est compatible avec lui, comme le montrent les considérations suivantes:

1. Le contexte tout entier est à la première personne du singulier (je, me). Jésus ne parle pas ici au nom de la Trinité (nous). Il ne dit pas: «...enseignez-leur à garder tout ce que nous vous avons prescrit.»
2. «Au nom de» est singulier plus que pluriel, indiquant

LE GRAND ORDRE DE MISSION Mt 28.19-20

qu'un seul nom pouvait couvrir les trois. Il ne leur dit pas de baptiser «aux noms de...»

3. Eusèbe cite ce verset comme disant: «faites des disciples de toutes les nations, les baptisant en mon nom, leur enseignant...» Même si ceci a peu de chance d'être un témoignage fiable à l'égard de la version originale du texte de Matthieu (personne d'autre ne le cite ainsi), il donne néanmoins la preuve d'une compréhension générale de l'application du grand ordre de mission qui est tout à fait compatible avec le récit des Actes (même avec l'emploi inhabituel de la préposition *«au* nom du Seigneur Jésus» – Ac 19.5).

Ce dernier point est important. Dans les Actes, le baptême n'était pas seulement «au» (grec: *en)* mais «pour» (grec: *eis)* le nom de Jésus. Ce qui signifie bien plus que «l'autorité déléguée» du *baptiseur.* Cela signifie une identification personnelle à Jésus de la part du *baptisé,* une union intime qui conduit à tout ce que Paul entendait plus tard par l'expression *«en* Christ» (Ga 3.27). Le sens n'est pas sans rappeler la pratique antique de soldats se vouant eux-mêmes par serment à la possession et à la disposition absolues d'un empereur (le sens premier du mot «sacramentum» était un serment d'allégeance à un «seigneur»). Ainsi le candidat au baptême perd, en un sens, son identité et, par là même, son propre nom; il reçoit alors un nom nouveau, celui de la personne dont l'identité est maintenant sienne, soit «Jésus». En cela, la cérémonie du baptême confère effectivement un nom (mais d'une façon totalement opposée à celle du baptême d'un bébé, où celui-ci reçoit son propre nom; et aussi totalement différent du fait de donner au croyant, lors de son baptême, un nom nouveau distinct de «l'ancien», pour indiquer la nouvelle naissance, comme cela se pratique parfois).

Ainsi, quels que soient les autres mots et noms utilisés

dans la formule baptismale, le nom de «Jésus» devrait figurer en bonne place, parce que l'autorité et la puissance de la Divinité toute entière résident dans ce nom (remarquez que dans le livre des Actes le «nom de Jésus» et la «puissance de l'Esprit» sont presque synonymes et reviennent avec une fréquence presque identique dans les premiers chapitres).

Cependant, ce serait faire preuve d'un légalisme excessif, dangereux et sectaire, que d'invalider (ou de valider) un quelconque baptême particulier sur la seule base de la formule verbale employée, comme si elle contribuait à conférer au baptême son effet (ou son manque d'effet). Continuer à prétendre que l'énoncé *doive* être «Jésus seul» ou «complètement trinitaire» pour être un baptême chrétien serait du sectarisme et conduirait à de multiples re-baptêmes. La tension serait peut-être réduite par l'emploi d'une formule plus souple, comme: «Au nom du Père, du Fils et du Saint Esprit, nous te baptisons dans le Seigneur *Jésus,* dans sa mort, son ensevelissement et sa résurrection» (ce sont les mots que j'ai employés pendant des années, ce qui satisfaisait tout le monde!), ou: «Nous te baptisons dans le nom du Seigneur *Jésus,* de son Père et de son Esprit.» Et nous avons déjà rappelé aux lecteurs la pratique de l'Eglise primitive qui encourageait les candidats eux-mêmes à invoquer le nom du Seigneur quand ils s'approchaient du baptême (Ac 22.16 – voir chapitre 3).

Il existe un courant pentecôtiste transatlantique qui a dérivé vers une doctrine unitaire fondée sur la personne de Jésus. Niant qu'il y ait trois personnes dans la Divinité, il considère Jésus comme l'incarnation *totale* du Dieu d'Israël. Refusant toute formule trinitaire, ses adeptes baptisent au nom de «Jésus seul» et se sont faits connaître comme «le mouvement Jésus seul». Puisque ceux qui baptisent au seul nom de Jésus peuvent souscrire ou ne pas souscrire à cette hérésie, il est donc nécessaire, quand on rencontre cette pratique, de se renseigner sur la théologie qui la sous-tend.

Enfin, notons que «baptiser» n'est que la première étape dans le «faire des disciples». Ce moment d'initiation conduit à une longue période d'instruction. Le «catéchuménat» *commence* par le baptême (tandis qu'aujourd'hui, il finit souvent à ce moment-là!). Ayant été enseveli et ressuscité avec Christ, le baptisé a alors besoin d'apprendre comment traduire cela dans la vie de tous les jours (Col 2.20-3.17 nous fournit un excellent programme!).

8

LA POSTFACE DE MARC
Marc 16.9-20

Jésus, ressuscité le matin du premier jour de la semaine, apparut d'abord à Marie-Madeleine de laquelle il avait chassé sept démons. Elle alla en porter la nouvelle à ceux qui avaient été avec lui, et qui menaient deuil et pleuraient. Quand ils entendirent qu'il vivait et qu'elle l'avait vu, ils ne la crurent pas.

Après cela, il se montra sous une autre forme à deux d'entre eux qui étaient en chemin et se rendaient à la campagne. Ils revinrent eux aussi l'annoncer aux autres, qui ne les crurent pas non plus.

Enfin, il se montra aux onze pendant qu'ils étaient à table, et il leur reprocha leur incrédulité et la dureté de leur cœur, parce qu'ils n'avaient pas cru ceux qui l'avaient vu ressuscité. Puis il leur dit: Allez dans le monde entier et prêchez la bonne nouvelle à toute la création. Celui qui croira et qui sera baptisé sera sauvé, mais celui qui ne croira pas sera condamné. Voici les signes qui accompagneront ceux qui auront cru: En mon nom, ils chasseront les démons; ils parleront de nouvelles langues; ils saisiront des serpents; s'ils boivent quelque breuvage mortel, il ne leur fera point de mal; ils imposeront les mains aux malades et ceux-ci seront guéris.

Le Seigneur, après leur avoir parlé, fut enlevé au ciel et il s'assit à la droite de Dieu. Et ils s'en allèrent prêcher partout. Le Seigneur travaillait avec eux et confirmait la parole par les signes qui l'accompagnaient.

(Marc 16.9-20).

La finale d'origine de l'évangile de Marc est irrémédiablement perdue. Le plus ancien manuscrit grec s'interrompt au milieu d'une phrase («parce qu'ils craignaient...»). Les copies plus récentes proposent une diversité de «finales», qui diffèrent chacune du reste de l'évangile par le style et le vocabulaire et sont présumées provenir d'autres auteurs qui auraient tenté d'«achever» l'œuvre. La postface la «plus longue» est celle que l'on inclut d'habitude dans nos versions bibliques récentes.

L'auteur anonyme semble avoir puisé son matériel dans les trois autres évangiles et dans les Actes (ce qui est l'indice d'une date tardive pour ce travail de rédaction). On trouve peu de choses ici qui ne se trouvent nulle part ailleurs dans les Ecritures. Même la protection promise contre les reptiles et le poison est mentionnée à la fois dans l'évangile (Le 10.19) et dans les Actes (28.3-6), même s'il est raisonnable de l'appliquer à un risque accidentel plutôt qu'à une folie délibérée.

Si ce passage n'a peut-être pas un auteur apostolique, cela ne veut pas dire qu'il est totalement dépourvu d'autorité apostolique. Les mots eux-mêmes peuvent très bien être un souvenir exact des propres paroles de Jésus pendant les six semaines où il enseigna, entre sa résurrection et son ascension. Nous n'avons que peu de récits de ce qu'il a dit, mais ce qu'on a suit un schéma logique, avec lequel notre passage est compatible. (Il faut toutefois ajouter que ce serait la seule mention des «langues» avant la Pentecôte.)

Quoi qu'il en soit, même s'il s'agit d'un résumé rédactionnel tardif, il est néanmoins pour nous d'une réelle valeur comme témoignage de la façon de voir de l'Eglise primitive vers la fin du premier siècle. Il nous donne, en particulier, un aperçu de sa conception de l'évangélisation, qui est le thème principal de ce texte.

D'une part, le baptême est vu comme un élément

indispensable et intégral pour être «sauvé», ce qui est tout à fait en accord avec l'enseignement apostolique (voir Tt 3.5 et 1 P 3.21, ce qui est développé plus largement aux chapitres 26 et 29). Notez, cependant, qu'une personne est «condamnée» au jour du jugement pour n'avoir pas cru, et non pour n'avoir pas été baptisée.

D'autre part, les «signes» miraculeux sont considérés comme une confirmation nécessaire de la vérité de l'évangile; encore une fois ceci est en accord avec l'expérience apostolique (cf: Rm 15.18-19; 1 Th 1.5; Hé 2.4). Remarquez qu'ici il est attendu de *tous* les croyants qu'ils aient de tels pouvoirs «charismatiques», et non pas des seuls apôtres. Il fallait que l'évangile soit *vu* aussi bien *qu'entendu* (point qui sera traité plus en profondeur au chapitre 33). Ainsi l'évangélisation serait une activité conjointe du Seigneur et de ses disciples travaillant ensemble – ces derniers apporteraient le *message* et le Seigneur apporterait les *miracles* (Ac 4.28-30; 6.8; 8.6; 11.20-21; 14.3). En définitive, le caractère tardif de cette «finale plus longue» renforce l'idée que l'Eglise primitive s'attendait à ce que cette mission combinée continue bien après que les apôtres aient quitté la scène terrestre!

9

LE BRIGAND SUR LA CROIX
Luc 23.40-43

Mais l'autre lui fit des reproches et dit: Ne crains-tu pas Dieu, toi qui subis la même condamnation? Pour nous, c'est justice, car nous recevons ce qu'ont mérité nos actes; mais celui-ci n'a rien fait de mal.
Et il dit: Jésus, souviens-toi de moi, quand tu viendras dans ton règne.
Jésus lui répondit: En vérité, je te le dis, aujourd'hui tu seras avec moi dans le paradis. (Luc 23.40-43)

Tôt ou tard, toute discussion sur l'initiation chrétienne en vient à la question: «Qu'en est-il du brigand sur la croix?» Elle est en général soulevée pour soutenir le point de vue que la conversion est une simple étape plutôt qu'un processus complexe. On la prend, en particulier, comme une preuve que le salut peut s'obtenir sans baptême d'eau ni d'Esprit. Tout ce qui est exigé, c'est la foi, même naïve.

Si ceci est vrai, la majeure partie du contenu de ce livre n'est pas nécessaire, et peut même être trompeuse. Il n'y aurait aucun besoin d'étudier un quelconque autre passage biblique que celui-ci! Cependant, la vérité c'est que cette vision simpliste de l'initiation n'est pas corroborée par d'autres versets clefs (Ac 2.38 – voir chapitre 15) ou d'autres passages clefs (Ac 19.1-6 – voir chapitre 20).

Il y a bon nombre de raisons assez évidentes pour que ce passage ne puisse être pris comme schéma normal de la «conversion» chrétienne aujourd'hui.

Tout d'abord, la condition du brigand était exceptionnelle. Il était à quelques heures de sa propre mort, et celle-ci était une mort judiciaire plutôt que naturelle. Il s'agissait d'un homme jeune, subissant la peine capitale. Son cas est donc un précédent pour quiconque se trouve devant une exécution imminente et méritée (c'est ainsi que John et Charles Wesley l'ont utilisé tandis qu'ils accompagnaient des criminels condamnés jusqu'à Tyburn, aujourd'hui le quartier de Marble Arch à Londres, où ces derniers allaient être pendus; de même le Père Gerecke l'a employé avec les criminels de guerre nazis à Nuremberg). A l'extrême rigueur cela pourrait s'appliquer pour encourager et réconforter quiconque ferait face à une mort imminente de nature accidentelle ou naturelle. Mais se servir de cette histoire pour convaincre des personnes en bonne santé, ayant devant elles une durée normale de vie, que c'est tout «ce qu'elles ont à faire» semble totalement injustifié.

Deuxièmement, la complète initiation du brigand était impossible. Il y a fort peu de chose que quelqu'un puisse faire après avoir été cloué sur une croix. La bouche est encore libre – pour maudire ou pour prier. Ce brigand avait fait le meilleur choix, mais il n'avait pas la moindre possibilité de produire des œuvres de repentance, ni d'être baptisé d'eau. Il a fait tout ce qu'il pouvait: il a confessé ses péchés et confessé sa foi en Jésus (voir ci-dessous). Se servir de son cas pour rassurer ceux qui *pourraient* faire davantage en leur laissant croire qu'ils *n'ont pas besoin* de le faire est un conseil dangereux.

Troisièmement, le brigand était avec Jésus dans la chair. Son histoire est dans l'un des évangiles, pas dans le livre des Actes. Etablir une relation avec Jésus quand il était sur la terre et établir un rapport avec lui depuis qu'il est retourné au ciel et qu'il s'est assis à la droite de son Père sont deux choses tout à fait différentes. Dans le premier cas, la rencontre se

LE BRIGAND SUR LA CROIX Luc 23.40-43

faisait par l'intermédiaire des sens physiques – en particulier la vue et l'ouïe, comme dans le cas du brigand sur la croix. En outre, il était alors possible de «recevoir» Jésus en «croyant en son nom» et la régénération accompagnait ce niveau de relation (Jn 1.12-13). Un changement dans la relation s'est produit lors de l'ascension de Jésus, quand il fut «enlevé au ciel» (Mc 16.19). A partir de la Pentecôte, on devenait chrétien en «recevant l'Esprit Saint», qui avait pris la place de Jésus sur la terre. Le brigand n'aurait pas pu recevoir l'Esprit; il est né et mort trop tôt (Jn 7.39).

Ainsi l'*ensemble* du tableau de l'initiation chrétienne doit aujourd'hui être glané dans la prédication et la pratique apostolique depuis la Pentecôte. Cependant, il est possible d'illustrer les parties qui composent le tout à partir d'incidents rapportés dans les évangiles, où ils se produisent souvent à l'état «embryonnaire»; ainsi, pour nous, Zacchée est un exemple excellent de repentance pratique, et le brigand sur la croix illustre la dimension de la foi, domaine dans lequel il fut tout à fait remarquable.

Le brigand fut la seule personne qui, en ce jour affreux, crut que l'écriteau placé au-dessus de la tête de Jésus disait vrai. A peine une semaine plus tôt, des milliers de gens avaient été convaincus que Jésus était le «roi des Juifs», mais désormais le désenchantement s'était amorcé et il allait conduire au désespoir ses disciples (Le 24.21). Les mots de Pilate, écrits sous l'emprise d'un ressentiment buté et d'une frustration judiciaire, n'ont engendré qu'un scepticisme général (Luc 23.37) – excepté chez le brigand, qui a déclaré, par un saut de foi presque incroyable, sa conviction que cet homme mourant aurait un jour son royaume, qu'il échangerait sa croix contre un trône, ses épines contre une couronne, sa nudité contre un manteau royal et ses clous contre un sceptre et un marchepied!

Si nous cherchons à déterminer comment et quand il

s'attendait à ce que Jésus «vienne dans son règne», nous entrons dans le domaine de la conjecture. Mais le fait qu'il ait demandé à ce qu'on se «souvienne» de lui indique qu'il pensait à une période de temps durant laquelle le souvenir de Jésus pourrait faillir («Quand tu viendras dans ton règne, veuille repenser à ce jour où tu mourus au côté d'un brigand qui crut en toi...»). Tout à fait de la même manière qu'il avait ramené la foi de Marthe du futur au présent (Jn 11.25), Jésus dit au brigand qu'il n'aurait pas à attendre longtemps, et qu'il ne courait donc aucun risque d'être oublié! Le «En vérité» (hébreu: *amen*, peut-être du même ordre que le français «franchement!») est une assurance que Jésus ne donnerait jamais de faux réconfort à un mourant (cf. Jn 14.2); c'est aussi une reconnaissance que ce qu'il était sur le point de dire semblerait tout à fait incroyable. La prière du brigand serait exaucée *aujourd'hui*. Son rêve deviendrait réalité dans quelques heures! Il y a un élément de prescience dans cette prédiction – la mort par crucifixion prenait habituellement de deux à sept jours. Le brigand mourut le même jour que Jésus parce qu'il eut les jambes brisées, ce que Jésus devait avoir prévu, tandis que Jésus *avait choisi* quant à lui de mourir ce jour-là, au moment même où les agneaux de la Pâque étaient mis à mort, ceci dans une obéissance à Dieu et une maîtrise de soi totales jusqu'au dernier souffle (cf. Ex 12.6; Le 23.46; Jn 10.18).

«Paradis» n'est pas seulement un synonyme de «ciel». Son sens primitif était celui d'un «jardin», et plus particulièrement d'un jardin royal où le roi recevait des hôtes d'honneur (comme les jardins du palais de Buckingham, où la reine d'Angleterre organise des réceptions à l'heure actuelle): c'est un endroit spécial pour des personnes spéciales. Ce privilège promis pourrait être plus qu'un tribut à la foi remarquable d'un criminel sagace; il pourrait bien indiquer à quel point le fait d'avoir le soutien moral et la compréhension d'un

LE BRIGAND SUR LA CROIX Luc 23.40-43

seul être humain isolé avait de l'importance pour Jésus, ce soutien venu d'un homme qui partageait son agonie physique, mais percevait aussi confusément ses pressions morales (Lc 23.41).

Jésus a donné une nouvelle direction aux pensées du brigand sur l'avenir, en centrant son attention sur la personne avec laquelle il serait, plutôt que sur le lieu où il se trouverait. «Tu seras avec moi» est une assurance remarquable. Cette amitié formée aux dernières heures de la vie ne serait pas interrompue par la mort! A peine se seraient-ils tous deux débarrassés de leur croix, qu'ils iraient faire une promenade dans le jardin du palais – *ensemble!* Bien que leurs corps soient morts et «endormis», leurs esprits seraient vivants et «éveillés» (1 P 3.18). Les paroles de Jésus au brigand sur la croix plaident en faveur d'une pleine conscience entre la mort et la résurrection, contre le concept du «sommeil de l'âme». En outre, Paul n'aurait guère pu désirer une existence inconsciente comme étant un «gain» et «de beaucoup le meilleur» en comparaison de sa vie palpitante, quoique épuisante, d'ici-bas (Ph 1.1-23).

Tout l'incident est traversé par la notion de la miséricorde et il est à juste titre cité comme une démonstration insigne de la justification par la foi. Il n'y avait aucun moyen pour le brigand de gagner une quelconque faveur ou un quelconque pardon, aucun motif auquel faire appel si ce n'est son propre besoin. Les portes du ciel sont ouvertes toutes grandes à ceux qui reconnaissent leur propre indignité. Ceux qui avaient gagné leur vie par la prostitution ou le racket (ce qu'étaient en fait les «péagers») trouvèrent plus facile de «forcer» le royaume de Dieu que les religieux et les gens respectables, parce qu'ils savaient qu'ils ne valaient rien. Le brigand sur la croix est simplement l'exemple culminant de beaucoup de cas de ce genre.

Cependant, il est passé à côté d'une grande partie des

conséquences qu'aurait pu avoir son salut en d'autres circonstances. Sa rédemption n'a été effective que dans un autre monde. On ne peut voir sa vie dans le monde présent que comme une vie gâchée. Il ne connaîtrait pas non plus la joie de vivre, dès à présent sur la terre, une vie honnête et droite, libérée des motivations, habitudes et compagnies criminelles. Il ne pourrait exprimer sa gratitude par un service fidèle pour celui qu'il appelait maintenant «Seigneur», et il ne se qualifierait donc pas pour une récompense ou une responsabilité dans le temps à venir. Le pardon ne peut restaurer le temps perdu ou les occasions perdues.

C'est la raison pour laquelle on ne doit pas lui permettre de devenir un «modèle» chrétien. Le voir sous cet angle ne peut qu'engendrer des chrétiens «minimalistes» qui demandent avec réticence: «Quel est le minimum indispensable pour être certain d'aller au ciel?» Le Seigneur cherche des chrétiens «maximalistes» qui demandent avec impatience: «Combien puis-je avoir pour être certain de la sainteté ici-bas aussi bien que du bonheur plus tard?» Ces derniers voudront plus que le brigand sur la croix ne pouvait avoir. Ils chercheront le baptême d'eau et le baptême de l'Esprit jusqu'à ce qu'ils les aient obtenus tous les deux, sans envier secrètement le brigand qui «s'en est sorti» sans eux. Ayez plutôt pitié du pauvre homme qui est mort avant de pouvoir les obtenir!

10

LA SECONDE NAISSANCE
Jean 3.3-8

Jésus lui répondit: En vérité, en vérité je te le dis, si un homme ne naît de nouveau il ne peut voir le royaume de Dieu.

Nicodème lui dit: Comment un homme peut-il naître quand il est vieux? Peut-il une seconde fois entrer dans le sein de sa mère et naître?

Jésus lui répondit: En vérité, en vérité, je te le dis, si un homme ne naît d'eau et d'Esprit, il ne peut entrer dans le royaume de Dieu. Ce qui est né de la chair est chair, et ce qui est né de l'Esprit est esprit. Ne t'étonne pas que je t'aie dit: il faut que vous naissiez de nouveau. Le vent souffle où il veut, et tu en entends le bruit; mais tu ne sais pas d'où il vient ni où il va. Il en est ainsi de quiconque est né de l'Esprit. (Jn 3.3-8).

De tous les sermons et les tracts écrits sur le texte «Il faut que vous naissiez de nouveau», combien ont expliqué ce que «l'eau» vient y faire – ou l'ont même seulement mentionnée? Une phobie de la bête noire de la «régénération baptismale» a conduit à une conspiration évangélique du silence sur le sujet, dépouillant la nouvelle naissance de toute relation avec l'acte physique. Nicodème n'a pas été le dernier à comprendre de travers l'enseignement de Jésus, et beaucoup restent comme lui dans «l'obscurité», aussi bien physiquement que spirituellement!

La grande majorité des commentateurs (y compris les Pères de l'Eglise, les catholiques, les réformateurs protestants, les puritains britanniques et la plupart des spécialistes modernes) acceptent que le verset 5 est un développement du verset 3, énonçant la nouvelle naissance plus en détail.

On rencontre des divisions sur la question de savoir si le mot grec *anothen* signifie «à nouveau» ou «d'en-haut». Ce qui va en faveur de la dernière interprétation est la référence «céleste» de l'expression «né de Dieu» (en Jn 1.13). Que Jésus fasse appel à un événement divin plutôt qu'humain est évident; il met en contraste une naissance surnaturelle et une naissance naturelle (v. 6). Nicodème lui-même a compris «à nouveau» (v. 4) et s'est trompé en la voyant comme une simple répétition de la première naissance. Ailleurs, dans l'évangile de Jean, le mot signifie clairement «en-haut» (voir 3.31; 19.11, 23); et il vaut la peine de garder à l'esprit que si Jésus parlait à ce moment-là en Araméen, cette langue ne possédait pas d'adverbe «à nouveau». Certains traducteurs, comme William Barclay, se couvrent et traduisent l'expression «né de nouveau d'en-haut»! Quelle que soit la manière de traduire, cela fait peu de différence pour le sens principal de la déclaration de Jésus au verset 5, qui corrige la notion erronée de Nicodème selon laquelle la seconde naissance serait *identique* à la première, en spécifiant à quel point la seconde serait *différente*. Contrairement à la naissance de la chair, celle-ci serait «d'[grec: *ek* – littéralement «à partir de»] eau et d'Esprit».

C'est là que commencent les difficultés d'interprétation! Il y a grosso modo trois façons possibles de comprendre l'expression rendue par «d'eau et d'Esprit» dans la version Segond:
1. Deux naissances, une physique et une spirituelle;
2. Une naissance, purement spirituelle;
3. Une naissance, ayant les deux aspects physique et spirituel.

Nous allons étudier chacune de celles-ci en détail.

LA SECONDE NAISSANCE *Jean 3.3-8*

UNE NAISSANCE PHYSIQUE ET UNE NAISSANCE SPIRITUELLE

En bref, avec cette interprétation, le parallélisme du verset 6, en termes de contraste entre «chair» et «Esprit», est interprété en revenant au verset 5, et l'aspect physique de la naissance, dans le verset 4, est interprété en présumant du verset 5 qui suit. Nicodème supposait à tort qu'un homme devait avoir deux naissances physiques, et Jésus le corrige en disant qu'un homme a besoin d'une naissance physique («d'eau») et d'une naissance spirituelle («d'Esprit»).

«Eau» serait donc synonyme de «chair» et devrait, d'une manière ou d'une autre, faire référence à la «rupture de la poche des eaux» qui précède la naissance physique (voir, par exemple, la note de bas de page de Kenneth Taylor dans sa paraphrase biblique Le Livre). Les difficultés suivantes accompagnent ce point de vue:

Premièrement, il n'y a aucune preuve que «né d'eau» ait jamais été employé dans le monde antique pour parler de la naissance physique. On trouve occasionnellement des références à la *semence* de l'homme comme étant de l'«eau» (ou «rosée» ou «pluie»), mais ceci aurait plutôt rapport à la conception qu'à la naissance, et il n'y a aucun lien connu avec les mots «né de».

Deuxièmement, il aurait été beaucoup plus simple pour Jésus de dire «né de chair et d'Esprit», si c'est bien ce qu'il voulait dire. Pourquoi embrouiller davantage Nicodème en introduisant le mot «eau» à ce moment-là?

Troisièmement, comprise ainsi, la première partie de la déclaration de Jésus devient un peu une lapalissade! «Un homme ne peut entrer dans le royaume, à moins de naître physiquement...» ne paraît guère être une précision utile! Par définition, «un homme» est déjà quelqu'un qui est né. Et la position emphatique de la locution adverbiale «si...ne» ou «à moins de» qualifie toute la phrase en mettant en lumière le critère vital pour entrer.

Quatrièmement, «l'eau» peut accompagner la naissance physique, mais elle ne la provoque pas. L'application de la *seule* préposition *(ek* = «hors de») aux *deux* mots (eau et Esprit) signifie que cette naissance est dans la même relation cause/effet, moyen/fin, avec les deux. Elle ne peut être accompagnée par l'un et causée par l'autre. Il n'y aurait alors aucun parallèle entre la naissance «hors de» l'eau et la naissance «hors de» l'Esprit.

Cinquièmement, la grammaire laisse entendre une naissance et non deux. Jésus ne dit pas: «né d'eau et né d'Esprit» ni même «né d'eau et de l'Esprit», mais «né d'eau et d'Esprit» (ce qui, pratiquement, fait des deux une cause «en tandem» de la naissance).

Sixièmement, il est fort peu probable que Nicodème ait compris l'«eau» comme une référence à sa première naissance (physique). Pour ces six raisons, nous devons rejeter cette interprétation.

UNE NAISSANCE PUREMENT SPIRITUELLE

Alors que la première façon de voir traitait comme synonymes «eau» et «chair», cette deuxième approche traite comme synonymes «eau» et «Esprit». L'expression «ce qui est né de l'Esprit est esprit» au verset 6 est prise comme l'équivalent complet de «eau et Esprit» au verset 5.

Pour étayer cette thèse, on souligne que Jean emploie souvent «eau» comme une métaphore de réalités spirituelles, non physiques, et en particulier de l'Esprit (par ex. Jn 4.14; 7.38). Ceci s'accorde à l'usage de l'Ancien Testament (par ex. en Ez 36.25, où «l'eau pure» apporte au cœur une purification intérieure).

A première vue, le problème est ainsi résolu de façon nette et précise, – mais un examen plus attentif révèle qu'il s'agit d'une solution trop simple, qui n'explique pas les points suivants:

Premièrement, le mot «eau» semble une addition superflue s'il est synonyme d'«esprit». Pourquoi faire une double déclaration, dans un langage indirect et dans un langage direct? «Né d'esprit [i.e. «eau»] et d'Esprit» ne sonne pas comme une remarque émanant du plus grand enseignant de tous les temps!

Deuxièmement, le mot «eau» chez Jean signifie *toujours* l'eau physique (H20!). C'est ce qu'il signifie tout au long de ces premiers chapitres et même plus loin dans ce même chapitre (1.26, 33; 2.7; 3.23). Dans quelques passages ultérieurs où ce mot est employé comme métaphore de l'Esprit Saint, il est invariablement qualifié par un adjectif supplémentaire (par ex. «vive») ou une expression (par ex. «que je lui donnerai») ou même par un nom (par ex. «source» ou «fleuves») – *jamais* il n'y a «eau» tout seul.

Troisièmement, il est extrêmement douteux que Nicodème, à qui la déclaration s'adressait directement, l'ait vue comme une métaphore de l'Esprit Saint. Il aurait été encore plus troublé si Jésus était presque immédiatement passé à la métaphore du «vent» pour l'aider à comprendre! «Si un homme ne naît d'eau et de vent...»!

Ainsi, pour ces trois raisons, cette interprétation doit aussi être écartée.

UNE NAISSANCE AVEC DES ASPECTS PHYSIQUES ET SPIRITUELS

Selon cette interprétation, Jésus est en train de dire à Nicodème qu'il a besoin de connaître une transformation, dont les intermédiaires seront des canaux à la fois physique et spirituel – la deuxième naissance est donc un événement aux dimensions à la fois physique et spirituelle. «Eau» parle de l'acte physique d'être baptisé, mais celui-ci ne peut de lui-même ni par lui seul provoquer la nouvelle naissance s'il n'est accompagné de l'activité divine de l'Esprit Saint. Nous pouvons citer les considérations suivantes en faveur de cette compréhension.

Premièrement, c'est un principe sain d'étude biblique que de prendre les Ecritures dans leur sens le plus simple, à moins qu'il n'y ait de bonnes raisons d'agir autrement. Dans le cas présent, «eau» est supposé signifier «eau» et «esprit» signifier «esprit»!

Deuxièmement, cela rend justice à la grammaire, pour qui les deux noms sont contrôlés par le même verbe et la même préposition. La juxtaposition de «eau-et-esprit» est considérée comme un fondement double pour un seul événement.

Troisièmement, il était presque certain que Nicodème comprendrait «eau» dans l'acception de la purification rituelle, parce qu'il était versé tant dans les promesses prophétiques que dans les pratiques pharisaïques. En outre, le contexte de la conversation n'était pas seulement celui du ministère miraculeux de Jésus, mais aussi celui du ministère de Jean, prêchant un baptême en vue de la repentance (1.19-28 ; 3.22-26). Nous savons que les pharisiens refusaient et se voyaient refuser ce baptême (Mt 3.7 ; Lc 7.30). Il est même possible que la remarque par laquelle Nicodème ouvre la conversation (Jn 3.2) soit une allusion à Jean, puisque Jean ne faisait pas de miracles (Jn 10.41). Il est également possible que dans la réponse de Jésus il y ait un léger reproche pour la flatterie de Nicodème, par l'emploi du mot «eau», puisque les pharisiens, dont Nicodème faisait partie, étaient parfaitement conscients de ce que Jésus baptisait aussi à cette époque-

LA SECONDE NAISSANCE Jean 3.3-8

là (Jn 4.1). Jésus n'est-il pas en train de dire à Nicodème qu'il ne peut avoir le secret d'un ministère puissant tout en refusant de se soumettre au baptême, celui de Jean ou le sien?

Quatrièmement, la conjugaison d'«eau» et d'«esprit» est déjà un thème courant des quatre évangiles, puisque Jean prêchait deux baptêmes, l'un d'eau et l'autre d'Esprit (Mt 3.11; Mc 1.8; Lc 3.16; Jn 1.33). Il y a trop de coïncidences pour croire que Jean 3 n'a rien à voir avec le lien existant entre les deux baptêmes.

Cinquièmement, cette interprétation s'accorde tout à fait avec le langage instrumental employé par les auteurs du Nouveau Testament au sujet du baptême d'eau (voir chapitre 4). Ils croyaient de toute évidence que le baptême «accomplit ce qu'il symbolise» et qu'il est tout autant un acte de Dieu qu'un acte de l'homme. Jean 3.5 possède un parallèle remarquable avec Tite 3.5 – «né d'eau» et «bain de la régénération» ne sont pas si différents que cela.

Sixièmement, la grande majorité des biblistes de tous les temps, tant catholiques que protestants, ont pris «eau» pour une référence claire au baptême.

Les raisons habituelles du rejet de cette ligne d'interprétation ne sont pas internes et d'ordre textuel; elles sont, au contraire, externes et théologiques. D'une part, on trouve la séparation chronique du physique et du spirituel dans le monde occidental, qui doit plus à Platon qu'à l'enseignement biblique. D'autre part, on trouve la phobie évangélique concernant la «régénération baptismale», qui aveugle beaucoup d'yeux sur la signification claire des paroles de notre Seigneur. Ceux qui considèrent les sacrements à la façon de Zwingli (comme de purs symboles) hésitent à attribuer des effets spirituels à des actes physiques – en dépit des conséquences désastreuses après qu'Adam et Eve eurent mangé du fruit de l'arbre de la connaissance (Gn 2.17), ou de celles que peut entraîner le fait de manger le pain et le vin de la cène indignement (1 Co 11.29-30).

Je suis moi-même chagriné par le point de vue qui veut qu'une personne puisse être «née de nouveau» en naissant d'eau *seulement* (pourvu que la bonne personne emploie les bons termes!). Ce point de vue est particulièrement choquant quand il est affirmé pour des bébés, qui sont totalement incapables d'avoir une quelconque réponse de repentance ou de foi. Mais dans le cas où l'«eau» se réfère au baptême d'une personne qui se repent vraiment et qui croit, alors c'est une toute autre affaire, fort éloignée de la notion superstitieuse et magique de ce qui a été traditionnellement compris par «régénération baptismale». En outre, l'étroite relation établie par Jésus entre «eau» et «esprit» garantit que personne ne peut prétendre que la nouvelle naissance ait jamais pu se faire par l'eau seulement. Sans la contribution vitale de l'Esprit, il ne pourrait y avoir de nouvelle naissance. Ceci nous amène à notre dernière question: Quelle est la signification exacte du mot «esprit» dans ce contexte?

Les lecteurs attentifs auront remarqué qu'en suivant de près la traduction de la Bible à la Colombe, nous avons employé «Esprit» dans les citations directes du texte de Jn 3.3-8, mais choisi «esprit» lorsque nous traitions des interprétations contestées d'«eau» et d'«esprit». Ce dernier choix souligne le fait que le verset 5 ne comporte pas l'article défini. Ce qui signifie que «né d'...esprit» (v. 5) pourrait donc ne pas être la même chose que «né de *l'*Esprit» du verset 6 (quoique, dans le verset 6 aussi, l'article manque dans certains des manuscrits les plus anciens); cependant, la traduction indique clairement la décision prise, sur ce sujet, par le traducteur dans son interprétation.

Tandis que l'«eau» est généralement considérée comme une référence au baptême, l'«esprit» est en général admis comme faisant référence à l'activité de l'Esprit Saint pendant l'administration du sacrement même. Pendant qu'un agent

LA SECONDE NAISSANCE *Jean 3.3-8*

humain applique le «vecteur» de l'eau, l'agent divin (l'Esprit Saint) saisit l'occasion pour accomplir l'œuvre intérieure et spirituelle. Assurément, nous pouvons acquiescer au fait que, sans cette activité de l'Esprit Saint, l'événement physique ne pourrait avoir aucun effet spirituel, car ni l'agent humain ni le vecteur matériel n'ont la puissance de l'accomplir. Mais rendons-nous ainsi pleine justice aux traits grammaticaux inhabituels de la déclaration de Jésus?

Ces traits, comme nous l'avons noté précédemment, sont l'absence de l'article défini et le fait frappant que «eau» et «esprit» sont gouvernés par la même préposition *(ek =* «hors de»), ce qui laisse entendre qu'ils ont le même lien avec la nouvelle naissance (tandis que le point de vue que nous venons de considérer fait de l'«eau» le vecteur et de l'«Esprit» l'agent).

Les difficultés disparaissent complètement si «eau et esprit» est considéré comme une référence aux baptême d'eau et baptême d'Esprit, les deux étant étroitement liés, mais jamais tout à fait confondus dans l'enseignement néotestamentaire. Les considérations suivantes vont dans le même sens.

Premièrement, comme nous l'avons remarqué, «eau» et «Esprit» ont déjà été liés dans la prédication de Jean, quand il se référait à ces deux «baptêmes» – l'un son œuvre, l'autre celle du Messie. Nicodème devait être bien au courant de la prédication de Jean; c'était un observateur ardent de tous les ministères inhabituels!

Deuxièmement, la préposition commune et sa signification inhabituelle prennent maintenant tout leur sens. Même la naissance physique vient «hors d'» une condition préalable «dans le sein de la mère» (c'est l'argument même que soulève Nicodème au verset 4 – qu'il est impossible de retourner «dans» cet état, de façon à sortir «hors de» à nouveau!). Jésus dit que cette deuxième naissance n'est pas «hors du» sein mais hors de «l'eau et l'esprit». Ceux qui sont baptisés «dans» l'eau et «dans» l'Esprit sortent «hors de» cette double expérience pour entrer dans la vie nouvelle. «Eau» et «Esprit» sont tous deux les *vecteurs* dans lesquels cette naissance se place (voir chapitre 23 sur 1 Co 12.13).

Troisièmement, l'absence de l'article défini indique une expérience subjective de la puissance de l'Esprit Saint; sa présence attire l'attention sur l'existence objective de la personne de l'Esprit Saint (voir Appendice 2 pour un traitement plus complet de ce point négligé). L'expression «baptisé dans l'Esprit Saint» ne comporte jamais l'article défini; l'accent est placé sur ce que vit la personne qui reçoit ce don. Dans le baptême d'eau, le candidat n'est guère conscient de l'œuvre intérieure de l'Esprit dans le sacrement; alors que, dans le baptême de l'Esprit, cette conscience est le trait central, à la fois pour le candidat et pour les autres personnes présentes. Dans sa conversation avec Nicodème, Jésus met en relief cette conscience de l'activité de l'Esprit – semblable au fait de sentir le souffle du vent sur le visage et d'en *entendre* le bruit, déclaration impossible à dissocier de la Pentecôte, quand ils furent tous «baptisés dans l'Esprit Saint». Quand une personne est «née de l'Esprit» l'événement peut être invisible, mais il ne sera pas inaudible!

Notons en passant que Jésus répondait aussi à la première question demandant comment un enseignant peut produire des œuvres aussi bien que des paroles. Jésus lui-même n'avait pas pu le faire avant d'être baptisé dans l'eau et de recevoir l'Esprit. De telles œuvres sont aussi des signes du royaume de Dieu (Mt 12.28).

Le moment est venu de résumer nos découvertes. Etre né de nouveau, c'est être né d'eau et d'Esprit, ce qui veut dire être «baptisé dans l'eau et dans l'Esprit» et sortir «hors des» deux pour vivre une vie nouvelle en Christ par son Esprit.

LA SECONDE NAISSANCE *Jean 3.3-8*

La même vérité est énoncée en d'autres termes par l'apôtre Paul, quand il dit que nous sommes «sauvés...par [encore une fois, une préposition unique pour les deux choses] le bain de la nouvelle naissance et de la rénovation que produit l'Esprit Saint...répandu sur nous avec abondance» (Tt 3.5-6 TOB – voir chapitre 26). Ainsi, baptême d'eau et baptême d'Esprit ne font pas seulement partie de l'initiation; ils sont la base même de la régénération et du salut!

11

LES FLEUVES D'EAU VIVE
Jean 7.37-39

Le dernier jour, le grand jour de la fête, Jésus debout s'écria: Si quelqu'un a soif, qu'il vienne à moi et qu'il boive. Celui qui croit en moi, des fleuves d'eau vive couleront de son sein, comme dit l'Ecriture. Il dit cela de l'Esprit qu'allaient recevoir ceux qui croiraient en lui; car l'Esprit n'était pas encore donné, parce que Jésus n'avait pas encore été glorifié. (Jn 7.37-39)

Au Moyen Orient, la fête des Tabernacles vient après six mois d'aridité et cette «fête des récoltes» a pour point culminant une cérémonie de prière pour que commencent les «pluies de la première saison». A l'époque du Nouveau Testament, le huitième jour, le «grand jour», de la fête, on répandait sur l'autel de l'eau provenant de la piscine de Siloé. La pluie était toujours le principal gage de la bénédiction divine sur le pays et sur le peuple, tout comme son absence était une malédiction divine (Dt 28.12, 24).

Ce jour-là, Jésus promit l'abolition de la «saison sèche»; ainsi donc, il y aurait une abondance perpétuelle de rafraîchissement liquide coulant depuis l'intérieur de chaque individu. Deux conditions importantes accompagnaient cependant cette offre.

Premièrement, elle dépendait de l'activité humaine. On trouve trois verbes à l'impératif: «venir», «boire», «croire». Chacun d'eux est centré sur Jésus. Dans tout ceci, se cache une extraordinaire affirmation implicite – «Vous vous dépensez à demander de l'eau à *Dieu*; c'est *moi* qui vous la donnerai!»

LA NAISSANCE NORMALE DU CHRÉTIEN

Le commentaire de Jean (au verset 39) précise que le langage de Jésus est imagé (tout comme l'était son affirmation qu'il rebâtirait le temple en trois jours). Il parlait d'un rafraîchissement spirituel qui ferait bien plus que de soutenir la vie physique. C'est ce qu'il entendait par «eau vive» ou «eau de la vie».

Deuxièmement, la promesse n'était pas accessible immédiatement. Jésus n'offrait pas une bénédiction instantanée!

Ici encore, l'explication de Jean est nécessaire. Puisque la promesse se réfère au don de l'Esprit Saint, il faudrait encore une ou deux années pour qu'il puisse être reçu par qui que ce soit, étant donné que le don ne pouvait être libéré avant que Jésus soit retourné à son statut précédent dans le ciel. Cette promesse ne pouvait avoir son accomplissement qu'après le jour de la Pentecôte.

On trouve dans le texte quelques points importants à souligner. Le plus déconcertant est la référence à une promesse de «l'Ecriture», c'est-à-dire l'Ancien Testament, allant dans le même sens. On ne trouve aucune prophétie claire associée à la venue de l'ère messianique qu'il soit possible de citer en parallèle à cette affirmation particulière de Jésus. Parmi celles qui pourraient y prétendre, citons:

Esaïe 12.3, puiser de l'eau aux sources du salut;
Esaïe 58.11 (Jérusalem), une source jaillissante dont les eaux ne tarissent pas;
Ezéchiel 47.1-12, l'eau sortant du temple même;
Zacharie 14.8, des eaux vives sortant de Jérusalem.

Le dernier texte a le mérite de faire partie d'une prophétie complète concernant l'apparition du Messie à Jérusalem lors de la Fête des Tabernacles. Nous devons, cependant, confesser que nous ne pouvons être totalement certains du

LES FLEUVES D'EAU VIVE Jean 7.37-39

passage de l'Ecriture que Jésus (ou Jean, interprétant Jésus) avait à l'esprit. Nous sommes sur un terrain plus solide en nous penchant sur d'autres traits contenus dans le texte même.

Il est intéressant de remarquer que «croire» et «recevoir» étaient des événements tout à fait distincts pour ceux qui suivaient Jésus à l'époque. Ils avaient déjà cru en Jésus, mais ne pouvaient pas encore recevoir l'Esprit. Pour ce qui est de cette génération-là au moins, croire en Jésus n'était pas la même chose que recevoir l'Esprit. Le mot traduit par «croire», au verset 39, est *pisteusantes,* participe aoriste concernant une étape unique et décisive déjà accomplie, alors que «recevoir» est de toute évidence encore à venir.

Bien sûr, tout ceci se passait avant la Pentecôte, quand ils pouvaient croire, mais ne pouvaient recevoir, même s'ils l'avaient voulu (parce que l'Esprit n'avait pas encore été «donné» – voir ci-après). Il ne serait possible de maintenir la distinction entre «croire» et «recevoir», *après* la Pentecôte, que si deux choses pouvaient être établies.

Premièrement, qu'il y a *au moins un* cas *après* la Pentecôte où des personnes ont cru en Jésus sans recevoir l'Esprit. En fait, il y en a plusieurs, y compris celui de Paul lui-même, mais le cas le plus clair est celui des Samaritains (voir le chapitre 16 sur Actes 8, où le temps aoriste est à nouveau employé: *episteusan).*

Deuxièmement, que la doctrine apostolique fait la distinction entre les deux. C'est ce que Paul fait implicitement dans sa question aux Ephésiens: «Avez-vous reçu l'Esprit Saint quand vous avez cru?» (voir le chapitre 20 sur Actes 19, où encore une fois, comme en Jn 7.39, est employé le temps aoriste: *pisteusantes*).

Nous en concluons qu'à la fois avant et après la Pentecôte, «croire en Jésus» et «recevoir l'Esprit» n'étaient ni synonymes, ni nécessairement simultanés (voir les chapitres

16 et 20 pour d'autres preuves à l'appui de cette conclusion).

La seconde partie du verset 39 contient également une construction inhabituelle et d'une grande signification. La plupart des versions modernes de la Bible ajoutent ici un ou plusieurs mots qui ne correspondent pas au grec; ces mots supplémentaires ajoutent à la clarté du texte plus qu'ils n'en tordent le sens, mais ils cachent néanmoins la teneur, l'impact de l'original. Traduit littéralement, il se lirait: «Car pas encore n'était Esprit». Deux points ressortent de cette traduction, points qui éclairent d'autres passages des Ecritures.

Premièrement, cela ne peut vouloir dire que l'Esprit Saint *n'existait* pas encore. Il est l'une des trois personnes de l'éternelle Divinité. La signification claire est que ses ressources n'étaient pas encore complètement disponibles aux êtres humains. L'addition habituelle du mot «donné» souligne la manifestation future de sa personne et de sa puissance. Mais en Ac 19.2 c'est presque exactement la même construction qui est employée, dans la réponse des Ephésiens à la question de Paul: «Nous n'avons pas entendu dire que l'Esprit Saint soit» (Ac 19.2 – voir au chapitre 20). Ils avaient entendu parler du futur baptême de l'Esprit (ils étaient, après tout, disciples de Jean qui avait parlé de ceci à tous ceux qui le suivaient); par contre, ils n'avaient pas entendu dire que ce don était maintenant disponible. Bon nombre de versions libellent à tort leur réponse, laissant entendre qu'ils ignoraient tout de l'Esprit, ce qui est trompeur.

Deuxièmement, tant en Jn 7.39 qu'en Ac 19.2, il n'y a pas d'article défini dans la phrase, ce qui est très significatif. Laissons le commentaire de l'évêque Westcott, dans son *Gospel of John* (John Murray, 1903), p.123, éclairer cette omission: «Lorsque le terme apparaît sous cette forme [sans l'article], il indique une opération, une manifestation ou un don de l'Esprit et non l'Esprit en personne.» Remarquez que le début du verset met l'accent sur la personne de l'Esprit, en incluant l'article défini (et voir l'Appendice 2 pour un examen détaillé de cette caractéristique des références néo-testamentaires à l'Esprit Saint).

Enfin, il nous faut noter la progression, dans ce passage, entre «faire entrer en buvant» et «faire sortir en coulant». «Boire» est équivalent à «recevoir» et est employé de cette façon en 1 Co 12.13 (voir au chapitre 23), quoique là, le verbe soit au temps aoriste (faisant référence à la toute première «gorgée»), tandis qu'ici, il est à l'impératif présent, qui veut dire «continuer à boire». Ce qui ressort ici semble être une correspondance entre ingestion et restitution. L'homme sera un canal, non un réservoir! Ceux qui continueront à absorber l'Esprit continueront à communiquer l'Esprit. On peut encore retrouver cet accent mis sur la continuité dans le participe présent du verbe «croire» au verset 38 (grec: *ho pisteuon* = «celui qui est croyant» plutôt que «celui qui a cru», en contraste avec le verset 39).

Les deux livres de Luc et des Actes ont tout d'abord été écrits pour des incroyants, d'où l'accent principal placé sur l'ingestion *initiale* de l'Esprit répandu (ainsi que l'emploi d'expressions telles que «tomber sur, venir sur, déverser sur», soulignant le fait que l'Esprit est à l'extérieur de la personne). Jean, qui écrivait pour des croyants («pour que vous continuiez à croire...et continuiez à avoir la vie éternelle» – Jn 20.31), met l'accent sur la restitution *continuelle* de l'Esprit qui demeure dans la personne (d'où des expressions comme «hors de son sein [c-à-d. les profondeurs de son être]», soulignant la présence de l'Esprit à l'intérieur de la personne).

Comme il est important de prendre sérieusement en compte les points de vue différents de tous les auteurs du Nouveau Testament et d'en faire la synthèse dans une théologie globale et équilibrée! Cette remarque n'est jamais plus importante que pour cette doctrine de la personne et de l'œuvre de l'Esprit Saint. Luc, Jean et Paul ont chacun leur contribution à apporter – et on devrait probablement les étudier dans cet ordre pour arriver à une compréhension juste!

12

L'INCONNU CONNU
Jean 14.17

L'Esprit de vérité, que le monde ne peut recevoir, parce qu'il ne le voit pas et ne le connaît pas; mais vous, vous le connaissez, parce qu'il demeure près de vous et qu'il sera en vous. (Jn 14.17)

La veille de sa mort en agonie, Jésus a dû réconforter ses disciples! Leur sentiment d'un désastre imminent émanait de l'annonce de son départ. La promesse d'un «Accompagnateur» (meilleure traduction que «Consolateur») en remplacement ne suffisait pas. Comment un parfait inconnu pourrait-il jamais prendre sa place dans leurs cœurs et dans leurs vies?

Arrive alors l'annonce étonnante de ce qu'ils sont déjà familiers du remplaçant! Jésus n'est pas en train de parler de l'influence générale de l'Esprit sur le monde, puisque celle-ci n'a jamais été, et ne pourra jamais être, la base d'une relation personnelle. Le monde n'a jamais levé les yeux sur lui ni expérimenté l'intimité avec lui. Mais les disciples, quant à eux, avaient été conscients de sa présence, même s'ils n'avaient pas été conscients de son identité.

Leur relation avec cet «Esprit de vérité» («vérité» étant, en grec, le même mot que «réalité») ne peut s'exprimer que sous forme d'un paradoxe. Elle contient à la fois la continuité et la discontinuité. La même personne continuera à «demeurer» avec eux, tout en étant «envoyée» vers eux. La relation avec cette personne, tout en n'étant pas nouvelle, sera pourtant nouvelle. L'Esprit a été avec eux, mais il sera en eux.

Certains copistes du Nouveau Testament ont trouvé que cette ambiguïté était de trop et ont rectifié les temps des verbes de façon à ce qu'ils soient tous les deux au présent («il est avec vous et il est en vous») ou, ce qui est plus fréquent, tous les deux au futur («il sera avec vous et il sera en vous»). Mais la façon de lire qui est indéniablement la plus sûre contient à la fois le passé et le futur. Il faut prendre l'Ecriture telle qu'elle est et non pas la changer pour qu'elle ait un «sens» à nos yeux, ce qui peut changer la vérité en absurdités! Ce mélange des deux temps, présent et futur, révèle la présence, dans la relation, à la fois de la continuité et de la discontinuité.

CONTINUITÉ

«Il vit [ou demeure] [déjà] avec vous». Voici de deux façons possibles par lesquelles l'Esprit pouvait être déjà avec (en fait, le mot grec est *para* = «à côté de») eux.

Premièrement, *dans la présence physique de Jésus*. Puisque Jésus avait reçu l'Esprit Saint «sans mesure» (Jn 3.34), ils connaissaient déjà la présence de l'Esprit dans le caractère, la conversation et la conduite de Jésus. Son message et ses miracles étaient l'œuvre de l'Esprit Saint (Mt 12.28).

Deuxièmement, *dans l'absence physique de Jésus*. A leur étonnement total, ils avaient découvert qu'ils pouvaient eux-mêmes guérir des maladies et chasser des démons, même lorsque Jésus les avait envoyés loin de sa compagnie. Cette expérience très réelle leur avait apporté une grande joie (Le 10.17).

A proprement parler, c'est la seconde de ces expériences qui continuera, à l'avenir, après le départ définitif de Jésus (et est par conséquent la référence principale des paroles de Jésus). Pourtant, puisque ces deux expériences «semblent» si semblables, la seconde sera aussi bonne que la première, et même meilleure (Jn 16.7). En fait, il est difficile de faire la distinction entre Jésus et l'Esprit en termes d'expérience existentielle (Jn 14.20, 23). Ceci explique leur joie incongrue quand Jésus les a enfin quittés (Lc 24.52).

DISCONTINUITÉ

Il va y avoir un changement radical dans la relation, d'une connaissance extérieure («à côté de») à une connaissance intérieure («en») de cette personne. Quelle est exactement la signification de ce changement, que la plupart des spécialistes identifient à juste titre avec les phases du discipulat précédant et suivant le Pentecôte (voir aussi le chapitre 13 sur Jn 20.22)? Les changements les plus significatifs que la Pentecôte a entraînés peuvent être recensés comme suit.

De l'inconscient au conscient. Cette complète prise de conscience de la présence de l'Esprit les conduirait à parler de lui comme d'une personne, tout aussi naturellement qu'ils auraient parlé de Jésus (l'Esprit est directement mentionné quelques quarante fois dans les treize premiers chapitres des Actes).

Du temporaire au permanent. Ils avaient connu sa puissance à l'occasion, quand ils avaient été envoyés pour des voyages «apostoliques»; ils avaient connu son absence en d'autres occasions (Mc 9.28). Ils auraient maintenant une capacité constante, aussi bien que consciente, d'employer ses ressources.

De l'hésitation à la confiance. Ils avaient connu des échecs dans le ministère et leur moral avait été complètement ébranlé à la croix. Après la Pentecôte, ils furent réputés pour leur courage (grec: *parrhesia* = «audace dans la parole»). Leurs opposants l'attribuèrent indûment à leur association passée avec Jésus (Ac 4.13), alors que cela résultait de leur association présente avec son Esprit.

De la délégation à l'intervention directe. Alors qu'ils avaient agi efficacement comme représentants de Jésus du vivant de celui-ci, ils se servaient maintenant de son nom avec une «autorité» qu'ils sentaient «posséder» en eux-mêmes («Ce que j'ai, je te le donne...» – Ac 3.6).

Ces contrastes et d'autres constituent un changement de degré plus que de genre – pourtant ce changement est intervenu rapidement plutôt que graduellement.

La chose la plus importante à remarquer est peut-être que le langage de «l'habitation» n'est devenu approprié pour les disciples qu'après le changement qui s'est opéré à la Pentecôte, après qu'ils aient «reçu la puissance», après qu'ils aient été «baptisés dans l'Esprit Saint» et après qu'ils aient été «remplis» et «oints». Cet usage se poursuit dans le reste du Nouveau Testament (par ex. Paul écrit: «Ne savez-vous pas ceci: votre corps est le temple du Saint- Esprit qui est en vous et que vous avez reçu de Dieu? – 1 Co 6.19). Cet enseignement ne s'accorde pas avec l'enseignement évangélique moderne qui veut que l'Esprit «demeure» dès le moment où l'on croit en Jésus (voir le chapitre 21 sur Rm 8.9).

Dans la vie de Jésus lui-même, on retrouve un changement similaire dans la relation à l'Esprit. Ayant été conçu de l'Esprit Saint (Lc 1.35), il est difficile de croire que, durant toute son enfance et le début de son état d'adulte, il ait eu moins de la présence de l'Esprit que son cousin Jean, qui était «rempli de l'Esprit Saint dès le sein de sa mère [ou dès sa naissance]» (Lc 1.15). Pourtant à l'âge de trente ans et, ce qui est significatif, immédiatement après son baptême d'eau, alors qu'il priait (Mt 3.16; Lc 3.21), il a été «oint d'Esprit Saint et de puissance» (Ac 10.38) et s'est mis à accomplir les miracles que Jean, qui n'avait été ni baptisé d'eau (Mt

L'INCONNU CONNU *Jean 14.17*

3.14) ni oint de l'Esprit de la même façon, n'avait jamais été capable de faire. Ceci peut expliquer la raison pour laquelle Jésus, qui tenait pourtant Jean dans la plus haute estime, le considérait comme ayant moins de signification que «le plus petit dans le royaume» (Mt 11.11).

En d'autres termes, il y a une correspondance nette entre l'expérience de Jésus au Jourdain et celle des disciples à la Pentecôte (dans chacun des cas l'Esprit «descendit sur» eux, c-à-d. venant de l'extérieur). Les deux cas furent des onctions de la puissance de l'Esprit Saint pour le ministère. La première eut lieu sur le corps physique de Jésus pour le début de sa mission messianique; la deuxième eut lieu sur son corps mystique (l'Eglise) pour la continuation de ce même ministère (voir Ac 1.1).

Trouve-t-on un changement similaire dans l'expérience des croyants qui vécurent depuis lors et jusqu'à nos jours? Laisser de côté Jn 14.17 comme une simple déclaration historique, ne s'appliquant qu'à une période éphémère de l'histoire du salut, pourrait être une erreur complète. Il y a un sens très réel dans lequel tous les croyants peuvent avoir le même basculement paradoxal dans leur relation avec l'Esprit Saint.

Depuis les toutes premières touches de leur éveil spirituel jusqu'à leur complet abandon à la volonté de Dieu, en passant par leur sincère recherche de Dieu, l'Esprit Saint est «avec» les croyants. Sans sa présence, il ne peut y avoir de conviction de péché, de justice et de jugement. C'est l'Esprit qui les prépare pour la nouvelle naissance et qui les guide tout au long de cette naissance. C'est l'Esprit qui transmet l'«octroi» divin de la repentance et le «don» divin de la foi. C'est l'Esprit qui les conduit au baptême d'eau et qui, à travers cet événement, accomplit leur ensevelissement et leur résurrection. En tout cela l'Esprit Saint est assurément «avec» eux et ils «connaissent» sa présence, au sens où ils font l'expérience de son activité.

Mais un changement radical dans la relation a lieu quand ils sont «baptisés dans l'Esprit Saint». Ils le «reçoivent» alors dans une puissance manifeste (c-à-d. avec des preuves extérieures). Ce qui s'est passé au Jourdain pour Jésus et à la Pentecôte pour les disciples se passe alors pour eux – engendrant la même confiance consciente et le même ministère miraculeux. Ainsi le basculement des prépositions, de «avec» à «en», peut s'appliquer à bon escient et légitimement à eux aussi.

Chose importante, ces expressions, «recevoir» et «demeurer», ne sont employées, dans le Nouveau Testament, que pour ceux qui ont fait cette expérience personnelle de la puissance de la Pentecôte. Le Nouveau Testament n'emploie jamais de tels termes à propos de l'activité de l'Esprit dans la repentance, la foi ou le baptême d'eau (quoique, comme nous allons le voir au chapitre 36, le mot «disciple» soit appliqué à ces premières étapes de l'initiation). Il est donc possible d'être un «disciple» repentant, croyant ou baptisé – sans avoir reçu l'Esprit Saint à demeure (les Samaritains sont l'exemple classique de cette anomalie – voir le chapitre 16). Jusque là, l'Esprit Saint est «avec» le disciple d'une façon inconnue des incroyants; mais il n'est pas encore «dans» le croyant, comme il le sera quand l'initiation sera achevée.

Cette façon de voir n'est bien sûr pas fondée sur ce seul verset de l'évangile de Jean; celui-ci ne peut tout simplement pas porter le poids d'une conclusion d'une aussi grande portée. Mais en continuant à examiner d'autres passages, en particulier dans les Actes et dans les épîtres, nous découvrirons d'amples confirmations de cette position. Nous traiterons des implications pratiques de cette conclusion dans la dernière partie de ce livre, et plus particulièrement au chapitre 35.

13

LES ONZE PREMIERS
Jean 20.22

Après ces paroles, il souffla sur eux et leur dit: Recevez l'Esprit Saint. (Jn 20.22)

Quel rapport y a-t-il entre cet événement qui s'est déroulé dans la «chambre haute» le premier dimanche de Pâques, et celui qui a eu lieu à la Pentecôte dans les parvis du temple deux mois plus tard? Pourquoi les disciples n'ont-ils eu aucune réaction apparente à l'action et au commandement de Jésus ou, du moins d'après le récit, n'ont-ils connu aucun changement en eux-mêmes? Pourquoi, après cela, avaient-ils encore besoin d'«attendre» la promesse du Père (Lc 24.49)? Et pourquoi, une semaine plus tard, se tapissaient-ils encore derrière des portes fermées à clef?

La solution proposée le plus souvent à ces problèmes est l'accusation «libérale» selon laquelle Jean aurait tordu l'histoire pour les besoins de son propre objectif littéraire. Puisqu'il n'avait jamais eu l'intention de copier l'œuvre de Luc en écrivant un deuxième tome sur l'Eglise primitive, mais qu'il visait néanmoins à fournir une couverture complète des événements décisifs de l'histoire de notre salut, il aurait par conséquent modifié la date de la Pentecôte pour parvenir à l'inclure dans son évangile. Ayant déjà mentionné le fait que l'Esprit Saint serait donné après la glorification de Jésus (7.39), il aurait ressenti le besoin de compléter le récit et, pour ce faire, de jongler avec les faits!

Même en termes généraux cette interprétation est

inacceptable. Sans parler de l'atteinte à l'intégrité de Jean (et les spécialistes reconnaissent de plus en plus sa précision historique, certains allant même jusqu'à proclamer que, dans ce domaine, il est supérieur aux auteurs synoptiques), cette manipulation de la vérité s'accorderait difficilement avec une croyance en l'inspiration divine de l'Ecriture.

Cette explication doit être rejetée parce qu'une telle transposition dans le temps altérerait considérablement l'événement même: celui- ci devient un fait privé plutôt que public; un groupe beaucoup plus petit est concerné (un douzième du nombre!) et on ne rapporte aucun résultat, que ce soit chez les personnes concernées ou chez d'autres au travers d'elles. Il est très difficile d'accepter que Jean soit en train de parler du même événement que la Pentecôte.

Pour ces raisons, et d'autres encore, il semble juste de reconnaître à Jean une sensibilité pour la fidélité historique. Dans le même contexte, il est déclaré que l'ascension est encore à venir (20.17), tout comme le retour de Jésus sur la terre (21.22). Ainsi pouvons- nous accepter que Jean rapporte fidèlement ce que Jésus a dit et fait le jour de sa résurrection. Mais alors que s'est-il passé exactement? Il y a au moins trois réponses possibles à cette question: ils ont reçu l'Esprit Saint; ils ont été régénérés; ou ils ont fait une «répétition» avant la Pentecôte. Examinons chaque réponse tour à tour.

ILS ONT REÇU L'ESPRIT SAINT

Cette réponse suppose que nous avons ici l'accomplissement de la promesse faite à la fête des Tabernacles (7.38-39 - voir chapitre 11): ceux qui avaient déjà cru en Jésus reçoivent maintenant l'Esprit Saint. Il leur avait été dit qu'ils «allaient recevoir»; voilà maintenant l'accomplissement. La condition préalable indispensable (que Jésus soit d'abord «glorifié» – 7.39) venait d'être réalisée dans sa crucifixion (12.23-33) et sa résurrection. Par cet événement ils font désormais pleinement connaissance avec la troisième personne de la Trinité.

A première vue, cette interprétation semble être la seule possible, mais un examen approfondi soulève un certain nombre d'incertitudes.

Tout d'abord, si nous acceptons cette compréhension de l'incident, il devient très difficile d'en faire le lien avec ce qui s'est passé plus tard le jour de la Pentecôte, qui prendrait alors une signification tout à fait secondaire. Un événement que ne mentionnent même pas Matthieu, Marc ou Luc, et qui ne figure que dans un seul verset de Jean, devient un événement crucial dans la vie des apôtres, à côté duquel la Pentecôte n'est plus qu'une simple libération de puissance. S'ils ont déjà «reçu» l'Esprit et qu'il «demeure» maintenant en eux, qu'allons-nous faire de l'image («survenant sur» et «répandu sur») employée pour décrire la Pentecôte – ce langage semble, pour le moins, plutôt impropre?

Deuxièmement, il est également difficile de faire le rapport entre cet incident de la «chambre haute» et ce qui était déjà vrai pour eux auparavant. Si l'Esprit était déjà «avec» eux et qu'ils le «connaissaient» déjà (Jn 14.17 – voir chapitre 12), il n'est pas aisé de voir le changement décisif qui a bien pu se produire à ce moment-là. Nous sommes dans l'absence totale de preuve qu'il y ait eu un changement radical dans le comportement ou l'activité des disciples entre cet événement et la Pentecôte – si ce n'est la joie qu'il est possible d'expliquer parfaitement par leur réunion avec Jésus ressuscité.

Troisièmement, s'il était vrai, ce point de vue contredirait carrément l'insistance précédente de Jésus à dire que la venue de l'Esprit était subordonnée à son propre départ, lequel n'avait pas encore eu lieu (16.7).

Quatrièmement, est-ce que pour Jean l'adjectif «glorifié» ne comprend pas aussi l'ascension de Jésus au ciel pour y retrouver sa gloire première (par ex. 17.5)?

Cinquièmement, Pierre, qui était présent en cette occasion et à la Pentecôte, se réfère toujours à cette dernière quand il parle du moment où il a «reçu» l'Esprit (voir Ac 10.47; 11.17; 15.9 – tous étudiés au chapitre 18). Or, si les apôtres eux-mêmes ne pensaient pas avoir «reçu» l'Esprit avant la Pentecôte, nous pouvons difficilement nous permettre de laisser entendre qu'ils étaient passés à côté de la signification de l'événement de la «chambre haute» que, du haut de notre sagesse, nous comprendrions mieux qu'eux!

A la lumière de ces objections à une identification de cet événement avec la réception de l'Esprit Saint, nous devons chercher une autre explication.

ILS ONT ÉTÉ RÉGÉNÉRÉS

Ce point de vue fait de cet événement le moment où les disciples sont «nés de nouveau» et sont entrés dans «la vie éternelle». En ce sens, ils ont été «préparés» pour la Pentecôte, puisque «seuls ceux qui sont nés de l'Esprit peuvent être baptisés dans l'Esprit».

La dernière remarque que nous venons de citer révèle les présupposés théologiques de ceux qui optent pour cette interprétation. Il s'agit de la façon «pentecôtiste» de considérer le salut, en deux étapes, avec une «seconde bénédiction». En séparant baptême de l'Esprit et régénération, les tenants de cette interprétation enseignent qu'il y a une double «réception» de l'Esprit pour tous les croyants. L'Esprit est d'abord reçu pour le salut et le pardon (sur la base de la repentance et de la foi) et il est reçu plus tard une deuxième fois pour le service et la puissance. Jn 20.22 est presque le seul texte à l'appui de cette théorie (peut-être parce que c'est le seul verset du Nouveau Testament, en dehors des cas où les croyants sont «baptisés dans l'Esprit», où il est dit que l'Esprit est «reçu»); l'événement est pris comme un précédent normatif de toute conversion ultérieure. L'écart de sept semaines entre le moment où les apôtres sont «nés» de l'Esprit et celui où ils ont été «baptisés» dans l'Esprit, joint à l'«attente» dans la prière, sert de «norme» pour l'initiation chrétienne actuelle.

Ce point de vue a l'avantage d'être clair et net, mais peut-être est-il trop carré! De fait, on trouve au moins deux points qui montrent clairement que l'événement de la «chambre haute» n'a pas été le moment de la «régénération» des disciples.

Premièrement, l'Ecriture emploie le vocabulaire de «renaissance» à propos des disciples antérieurement à cet événement: Jn 13.10 dit qu'ils étaient déjà «purs»; Jn 1.12-13 dit que tous ceux qui ont reçu Jésus et cru en son nom sont «nés de Dieu» (et si jamais il y avait des individus qui faisaient partie de ceux-là, c'était bien les disciples!); Mt 13.11 dit qu'ils avaient déjà reçu la révélation du royaume; ils pouvaient le «voir» (cf. Jn 3.3).

Deuxièmement, tous les apôtres n'étaient pas présents dans la «chambre haute» lors de cet événement. L'évidence de ce fait est tellement poignante et pourtant presque toujours oubliée! Dix des «Douze» seulement y étaient présents. Quand Thomas a-t-il donc été «régénéré»? Et Matthias? Et, d'ailleurs, le reste des cent vingt disciples qui ont été «baptisés dans l'Esprit» le jour de la Pentecôte, quand sont-ils «nés de nouveau»? Si l'on considère la Pentecôte comme la seconde réception de l'Esprit, quand tous ceux-ci ont-ils vécu la première?

Il semble donc que cette seconde interprétation ne soit pas non plus satisfaisante. Par conséquent, nous devrions peut-être nous pencher sur le troisième et dernier point de vue, pour voir s'il nous propose une explication plus convaincante de l'événement de la «chambre haute».

ILS ONT FAIT UNE «RÉPÉTITION» AVANT LA PENTECÔTE

Au lieu de nous demander ce qui s'est passé à ce moment-là, nous devons nous poser une question beaucoup plus radicale: s'est-il même passé *quelque chose*? Ou plus précisément, s'est-il passé autre chose que ce que Jésus a dit et fait? Nous ne pouvons répondre qu'à partir de ce que Jean rapporte effectivement – et la réponse est très simple: il ne s'est rien passé!

Si cela est vrai, que signifie cet événement? Pourquoi Jean l'a-t-il rapporté et quel en a été le fruit?

Jésus préparait ses disciples pour l'expérience sans précédent par laquelle ils allaient passer quelques semaines plus tard. C'était un «coup tiré à blanc» pour les familiariser avec certains aspects de l'événement à venir afin que, le moment venu, ils puissent reconnaître ce qui se passait et réagir de manière appropriée.

Pour les préparer, Jésus a donné à ses disciples à la fois un signe (ou signal) et un commandement (ou ordre). C'est un exemple classique d'une excellente préparation formatrice, du genre: «Quand cela arrivera..., faites ceci...»

Le signe

Le texte dit littéralement que «Jésus souffla». Les mots complémentaires «sur eux» essayent de traduire le verbe grec inhabituel *emphusao*, qui signifie littéralement «souffler dans» ou «gonfler». Une telle façon de souffler serait à la fois entendue et ressentie par les disciples (cf. 3.8). Le son qui parviendrait à leurs oreilles ressemblerait à celui du vent. Lorsqu'ils l'entendraient sept semaines plus tard (Ac 2.2), ils sauraient immédiatement que Jésus soufflait à nouveau sur eux, exhalant son Esprit en eux. En grec, le même mot – *pneuma* – est employé pour les trois termes «souffle», «vent» et «esprit». De même, dans l'Ancien Testament, *ruah*, onomatopée hébraïque (c'est-à-dire un mot dont la sonorité épouse le sens), est employé pour ces trois mots.

Le commandement

«Recevez» est ici un impératif; il s'agit d'un ordre. C'est aussi un aoriste, ce qui entend un acte unique de réception. Recevoir l'Esprit est une réponse active plus que passive. Il suppose que l'on tende vers l'objet et que l'on s'en saisisse plutôt que de «le laisser se produire». Une coopération est demandée; Jésus a exhalé, aux disciples d'inhaler! L'impératif aoriste n'implique pas nécessairement que, dans ce cas particulier, Jésus donnait l'ordre à ses disciples de le faire sur-le-champ. Il n'y a pas non plus, en Jn 20, la moindre indication que les disciples aient réagi à ce commandement au moment même. Mais au jour de la Pentecôte, ils l'ont effectivement fait. Quand le vent/souffle de Jésus souffla sur eux, les disciples «se mirent à parler en d'autres langues...» (Ac 2.4). Ils ont «livré leurs membres» à son mouvement. C'était un acte délibéré de coopération, fait de plein gré, pour recevoir librement le don de l'Esprit.

Autres considérations

Dès que l'on considère l'événement de la «chambre haute», le premier dimanche de Pâques, dans les seuls termes de ce qui a effectivement été rapporté, sans rien lire entre les lignes, les difficultés disparaissent, puisque celles-ci viennent de nos spéculations sur ce qui a pu se passer. Quand on le considère comme une «répétition préparatoire» ou, dans un langage plus biblique, comme une «action prophétique» préfigurant l'événement futur, Jn 20.22 s'insère plus aisément dans son contexte plus large. De telles actions prophétiques sont courantes tant dans l'Ancien que dans le Nouveau Testament (par ex. Ez 4; Ac 21.10-11). Les considérations complémentaires suivantes fournissent une preuve par accumulation de témoignages en faveur de cette interprétation.

Premièrement, le texte même est plus facile à expliquer à partir de cette hypothèse. Nous avons déjà souligné que le mot «eux» ne figure pas dans le texte grec original qui dit simplement que «Jésus souffla dedans». Ce qui est encore plus frappant est que l'ordre de «recevoir» vient *après* le fait d'avoir soufflé, et non avant; si souffler leur avait conféré l'Esprit, Jésus aurait dit: «Vous avez reçu» (c-à-d. à l'indicatif et non à l'impératif).

Deuxièmement, le texte tout entier fait davantage référence au futur qu'au présent. En Jn 20.21 Jésus envoie ses disciples – mais pas encore! Bien que le verbe soit au présent, ils ne doivent pas partir immédiatement. Cet «envoi» ne sera effectif qu'après la Pentecôte. En Jn 20.23, les disciples sont habilités à «pardonner et retenir les péchés». Pourtant ceci ne se passera pas immédiatement; cela ne débutera qu'après la Pentecôte. La première mention de pardon se trouve en Ac 2 et la première mention de rétention (des péchés) se trouve en Ac 5. Si Jn 20.21 et Jn 20.23 s'appliquent de façon si évidente au futur, en dépit de l'emploi du présent pour les verbes, il n'y a aucun doute qu'il en va de même pour Jn 20.22.

Troisièmement, les disciples avaient déjà vu un exemple d'action «proleptique» (c-à-d. par anticipation dans le temps) de ce genre, fait par Jésus dans cette même «chambre haute». Il avait pris du pain et du vin, leur avait dit d'en manger et d'en boire comme son propre corps et son propre sang – la veille de sa véritable mort, avant que son corps ne soit brisé et son sang versé. Nous ne sommes pas contraints à croire qu'en cette toute première célébration de la «Sainte Cène», le pain et le vin étaient en fait la «communion» à son corps et à son sang comme ils le sont devenus par la suite (1 Co 10.16). En cette soirée mémorable, quand son sang était encore dans son corps et que son corps était encore avec les disciples, il répétait littéralement ce qui allait devenir l'acte central de leur adoration, comme un orchestre répète ce que sera le concert. En cette occasion-là, il s'est aussi limité au don d'un signe (le pain et le vin) et d'un commandement («Faites ceci en mémoire de moi»); et en cette occasion-là non plus, il n'est pas fait mention que les disciples aient reçu autre chose que le signe. L'acte n'est devenu sacrement qu'après l'événement qu'il préfigurait; en fait, il semble qu'il n'ait été réitéré qu'après la Pentecôte!

Quatrièmement, le fait qu'il ne soit pas dit que quelque chose se soit passé pour les disciples après les paroles et les actes de Jésus, prend maintenant une signification très importante. Jean est tout à fait précis dans son récit. Jésus déléguait certainement son *autorité* aux disciples, mais il ne leur communiquait pas encore sa *puissance*.

Ainsi, par ces simples paroles et actions, Jésus a associé de façon indélébile et intime la Pentecôte à sa personne. Il n'est donc pas étonnant que lorsque l'événement lui-même s'est produit – après une telle «pré-représentation» prophétique –, Pierre ait pu avec tant d'assurance affirmer: «il [Jésus lui-même] l'a répandu, comme vous le voyez et l'entendez» (Ac 2.33). C'était la preuve suprême que «Dieu a fait Seigneur et Christ ce Jésus que vous avez crucifié» (Ac 2.36).

14

LE CINQUANTIÈME JOUR

Actes 1.4-5; 2.1-4

Comme il se trouvait avec eux, il leur recommanda de ne pas s'éloigner de Jérusalem, mais d'attendre la promesse du Père dont, leur dit-il, vous m'avez entendu parler; car Jean a baptisé d'eau, mais vous, dans peu de jours, vous serez baptisés d'Esprit Saint. (Ac 1.4-5)

Lorsque le jour de la Pentecôte arriva, ils étaient tous ensemble dans le même lieu. Tout à coup, il vint du ciel un bruit comme celui d'un souffle violent qui remplit toute la maison où ils étaient assis. Des langues qui semblaient de feu et qui se séparaient les unes des autres leur apparurent; elles se posèrent sur chacun d'eux. Ils furent tous remplis d'Esprit Saint et se mirent à parler en d'autres langues, selon que l'Esprit leur donnait de s'exprimer. (Ac 2.1-4)

La Bible s'interprétant «par elle-même», il est nécessaire d'étudier l'ensemble pour en comprendre une partie quelconque. La signification d'un quelconque événement ne peut être complètement saisie qu'en le voyant comme un maillon dans la chaîne de l'histoire sainte. Certains événements ont un rôle si fondamental que, sans eux, toute l'histoire tomberait en loques. La Pentecôte est l'un de ces événements.

Le jour de la Pentecôte prend racine dans l'Ancien Testament, qui est, par dessus tout, une bibliothèque de *prophètes* (depuis les cinq livres de Moïse jusqu'au livret de Malachie). Les patriarches étaient eux-mêmes prophètes (Gn 20.7; Ps 105.15). Moïse exprime son espérance qu'un jour tout le peuple de Dieu, et non les seuls anciens, soit composé de «prophètes» (Nb 11.25-29). Joël va encore plus loin et prédit que, «dans les derniers jours», tous le seront (Jl 3.1-2).

Les prophètes ont prophétisé parce que «l'Esprit du Seigneur» était «venu sur» eux, «tombé sur» eux, les avait «remplis» ou leur avait été «donné». Ainsi, quand viendrait le jour où tous prophétiseraient ce serait par une «effusion» de l'Esprit sur une plus grande échelle que jamais. Ce serait l'essence même de la «nouvelle alliance» que Dieu établirait à la place de l'«ancienne», conclue au mont Sinaï (Es 32.15; Jr 31.31-34; Ez 36.26-27).

Cette «promesse» est confirmée et complétée dans les évangiles. Tous quatre rapportent la prédiction de Jean-Baptiste. Dernier représentant de la prophétie de l'«ancienne alliance», il a souligné le ministère sur deux plans du Messie-Roi attendu, en disant que celui-ci ôterait les péchés et qu'il les remplacerait par son Esprit. Mais Jean introduit un terme nouveau pour cette onction prophétique, rendue possible par sa propre introduction de la pratique du baptême d'eau, qui était une analogie vivante de ce qui allait arriver. Le Christ serait lui-même oint par l'Esprit et «*baptiserait*» ensuite dans l'Esprit Saint. Ce ne serait pas une chose nouvelle, mais c'était un nom nouveau pour une expérience ancienne, ce qui explique qu'il soit pratiquement synonyme des termes vétéro-testamentaires mentionnés ci-dessus (voir chapitre 5). Ce nouveau terme met l'accent sur la nature enveloppante, recouvrante de l'onction; celui qui la reçoit sera immergé, plongé, trempé, noyé dans l'Esprit – une imprégnation et une pénétration totales!

Le soir, veille de sa mort, Jésus élargit la compréhension de ses disciples sur la «promesse», soulignant que l'Esprit

LE CINQUANTIÈME JOUR Actes 1.4-5; 2.1-4

est une *personne* et pas seulement une *puissance*, dont la fonction est de continuer le ministère de conviction et d'enseignement de Jésus lui-même, remplissant le vide laissé par son départ (Jn 14-16). Le jour de sa résurrection, il leur a fait faire une «répétition» de l'accomplissement de la promesse (voir chapitre 13). Luc rapporte l'ordre qu'il a donné lors de son ascension, d'attendre à Jérusalem jusqu'à ce que le «revêtement de puissance» ait lieu (encore un terme de l'Ancien Testament – 1 Ch 12.19).

La scène qui servira de théâtre à la Pentecôte a donc été dressée bien des siècles à l'avance et nous devons de ce fait nous intéresser à la signification du jour en lui-même. Cette fête, qui fait partie des trois principales fêtes juives annuelles, célébrait le don de la Loi au Sinaï, qui s'était produit exactement cinquante jours après que le sang de l'agneau «pascal» ait été versé en Egypte, d'où le nom «Cinquantième» ou *Pente*côte». Le don de la Loi avait amené la mort judiciaire de trois mille Hébreux qui avaient transgressé la Loi (Ex 32.28)! Depuis l'entrée dans la terre promise, ce jour avait acquis des connotations agricoles, ce qui avait été par ailleurs envisagé dans la Loi (où l'on en parle comme de la Fête des Semaines en Ex 34.22; la Fête de la Moisson en Ex 23.16; et, encore plus significatif pour le Nouveau Testament, le Jour des Prémices en Nb 28.26). Il allait effectivement être un jour des «prémices» des siècles plus tard – quand trois mille furent ramenés de la mort à la vie (la lettre tue mais l'Esprit fait vivre – 2 Co 3.6).

Cet événement a eu une «préparation» humaine aussi bien que divine. Les cent vingt personnes impliquées (ce nombre est déduit de Ac 1.15) étaient des disciples de Jésus et étaient toutes des «nordistes» de Galilée (Ac 2.7; cf. 1.11); le seul des douze qui soit originaire du «sud», Judas Iscariot, avait déjà été remplacé. Ces personnes avaient été témoins de la mort et de la résurrection de Jésus et avaient déjà partagé les sentiments profonds de la souffrance sans espoir et de la joie délirante. Ils étaient, ensemble, libres de toute inhibition émotionnelle (barrière si courante aujourd'hui) et prêts à répondre par un abandon sans embarras à l'effusion de l'Esprit. Ils étaient aussi impliqués dans une prière en commun régulière; le Seigneur Jésus leur avait très clairement fait entendre que le Père donne l'Esprit Saint à ceux qui «continuent à demander» (Le 11.13; remarquez le temps présent continu). Ils désiraient donc tous être «baptisés dans l'Esprit Saint» et «recevoir la puissance» (Ac 1.5, 8). Mais à quoi s'attendaient-ils en réponse à leurs prières et avaient-ils une quelconque idée du moment où cela se produirait? Ou bien la Pentecôte était-elle tout à fait inattendue aussi bien en ce qui concerne la chronologie qu'en ce qui concerne le contenu?

En ce qui concerne leur attente, nous ne pouvons qu'émettre des hypothèses. Il semble probable qu'ils se soient attendus à entendre un bruit, de leur Seigneur élevé «soufflant fortement» à nouveau sur eux (voir chapitre 13), même si peu d'entre eux avaient imaginé que cela ressemblerait cette fois-ci à une violente tempête! Et ils ont presque assurément supposé que le résultat de la réception de l'Esprit promis serait une effusion sortant de leur propre bouche (ils devaient bien connaître des exemples comme celui de Saül en 1 S 10.10, sans parler des prophètes), bien qu'ils n'aient vraisemblablement pas eu l'idée qu'ils s'exprimeraient couramment dans des langues qu'ils n'avaient jamais apprises et qu'ils n'avaient probablement jamais même reconnues eux-mêmes.

Pour ce qui est du moment où ils attendaient que l'Esprit «vienne sur» eux, il est plus que probable qu'ils avaient déjà eu en vue le jour de la Pentecôte. Ils pouvaient difficilement négliger le fait que Jésus s'était «arrangé» pour que sa propre mort coïncide avec l'égorgement des agneaux de la Pâque

LE CINQUANTIÈME JOUR Actes 1.4-5; 2.1-4

(Ex 12.6 pourrait parler de l'heure exacte, si l'expression hébraïque, «entre les deux soirs», signifie à mi-temps entre le moment où le soleil amorce son déclin et celui où il disparaît totalement). C'était la chose la plus naturelle au monde que d'attendre que le prochain grand événement capital ait lieu lors de la Fête de Pentecôte toute proche, quand une fois encore le peuple juif de partout serait rassemblé à Jérusalem. Quoi qu'il en soit, l'une des dernières choses que Jésus leur ait dites était qu'ils seraient baptisés dans l'Esprit Saint «dans peu de jours» (Ac 1.5). Le fait qu'ils aient supputé le bon jour se voit dans le moment et le lieu qu'ils ont choisi pour se réunir.

Rien, en Actes 1, ne laisse entendre que neuf heures du matin était l'heure habituelle pour leurs réunions de prière. C'était, cependant, l'heure de la prière publique dans le *temple*, et c'est là qu'ils s'étaient retrouvés le premier jour de la fête. Qu'il s'agisse du temple plutôt que de la chambre haute peut se déduire du fait que, plus tard, quelques milliers de personnes soient venues là où ils étaient rassemblés (et non vice-versa); le seul mouvement effectué par les disciples a été que douze d'entre eux se sont levés, tandis que les autres restèrent assis là où ils étaient (Ac 2.14). C'est vraisemblablement le mot «maison» qui a égaré les lecteurs, qui l'ont pris comme signifiant une «maison particulière»; mais le mot était également employé pour le temple comme résidence de Dieu (2 S 7.5-6; Es 6.4; 56.7; Le 19.46; Ac 7.47; etc.). Nous savons également, qu'après la Pentecôte, ce fut un lieu habituel de réunion pour les premiers disciples (Ac 3.1; l'expression inhabituelle *«les* prières» d'Ac 2.42 peut aussi faire référence à la liturgie du temple). Il est plus que probable qu'ils se réunissaient dans la zone du portique de Salomon, là où les deux sexes pouvaient se mêler (dans ce cas-là, l'emplacement est marqué aujourd'hui par la mosquée El Aksa).

LA NAISSANCE NORMALE DU CHRÉTIEN

Ce sont des phénomènes «objectifs» et «extérieurs» à eux qui ont fourni l'entrée en matière. Le vent et le feu constituent une combinaison extrêmement volatile. Remarquez aussi la combinaison du visible et de l'audible; l'œil et l'oreille sont les deux portes principales de la communication avec l'âme, proposées plus tard par Pierre comme preuve de la véracité de ses affirmations: «comme vous le voyez et l'entendez» (Ac 2.33). Ce que signifiait le vent tomberait sous le sens pour tout Juif, qui se servait du même mot (*ruah*) pour souffle, vent et esprit. L'air en mouvement est symbole de vie et de puissance; le vent est une métaphore pour la puissance du Dieu invisible (Ez 37.9-10). Pour le feu, c'est moins évident, quoique le feu soit un signe fréquent de la présence de Dieu, comme dans le buisson ardent de Moïse (Ex 3.2). Il attire en général l'attention sur son jugement destructeur, car Dieu est un feu dévorant (Dt 4.24; 9.3; Ps 97.3; Hé 12.29); et c'est probablement ce à quoi Jean-Baptiste faisait référence quand il affirma que le Messie baptiserait d'Esprit et de feu (cf Ml 3.19 et Mt 3.11-12). En Actes 2, il est plus vraisemblable que le «feu» symbolise la présence de Dieu plutôt que son action d'épuration. Nous ne devons pas imaginer chaque tête surmontée d'une flamme unique s'élevant vers le ciel (la forme particulière de la mitre des évêques doit beaucoup à cette idée fausse populaire); le récit suggère un grand brasier brûlant vers le bas, se divisant en ramifications de flammes dont les extrémités touchaient chaque tête, quoique sans roussir un seul cheveu.

C'était l'équivalent divin de l'imposition des mains! Puisque «chacun» fut touché en même temps, ils reçurent l'Esprit «tous» en même temps. Ainsi, l'aspect collectif de l'expérience n'est que la somme des expériences individuelles. C'est un point vital – un groupe ne peut être rempli de l'Esprit à moins que chacun de ses membres ne le soit. L'Esprit n'est pas donné à l'«Eglise» comme une entité corporelle, même si cela est prêché habituellement le dimanche de Pentecôte dans de nombreuses assemblées. Il est donné à chaque membre individuellement et, par eux, au corps tout entier. Par conséquent, l'Eglise ne peut continuer à posséder l'Esprit si ses membres ne l'ont pas reçu; les dignitaires de l'Eglise ne peuvent pas davantage transmettre l'Esprit à leurs membres, par le moyen d'un rite liturgique, s'ils n'ont pas été eux-mêmes baptisés dans l'Esprit. C'est mal célébrer le jour de la Pentecôte que de le voir comme une occasion unique où l'Eglise, dans son ensemble, a reçu l'Esprit; il est plus juste de le voir comme la première occasion, quoique loin d'être la dernière, où des membres de l'Eglise ont reçu l'Esprit, même s'ils se sont retrouvés en tant que groupe et ont reçu l'Esprit simultanément. Dans les récits ultérieurs, où tous les membres d'un groupe ont reçu l'Esprit au même moment, cela n'a pas été, en général simultané; le texte grec dit clairement qu'ils reçurent «un à un» à mesure qu'on leur imposait les mains (voir chapitre 16 et 20 sur Ac 8 et 19).

Remarquez que le terme de la prédiction d'Ac 1.5, «baptisés de l'Esprit Saint» est remplacé, dans le récit de l'événement, par le terme «remplis d'Esprit Saint», ce qui montre que les deux expressions sont interchangeables, si ce n'est que «rempli» peut être employé plus d'une fois pour les mêmes personnes (comme en Ac 4.31), tandis que «baptisé» est réservé à l'expérience initiale de plénitude. Cette même expérience, quand plus tard elle arrivera à d'autres, sera décrite comme l'Esprit «déversé sur», «donné», «reçu», «survenant sur», etc. (voir au chapitre 5 pour une liste complète des divers termes employés).

A ce point-là, le phénomène «objectif» (venant de l'extérieur) a cédé la place au phénomène «subjectif» (venant de l'intérieur). Ils furent «remplis jusqu'à déborder»! Comme nous l'avons déjà dit, la bouche est le débordement naturel du cœur – l'humour se répand dans le rire, la colère dans les éclats de voix, la douleur dans le gémissement, la peur dans le cri. Une personne remplie d'Esprit Saint éclate en «prophétie» d'un genre ou d'un autre (l'un des sens de *nahbi*, le mot hébreu pour «prophète», est «quelqu'un qui s'exprime comme une source jaillissante»). La parole spontanée est le signe qui a accompagné cette réception de l'Esprit ainsi que toutes les réceptions ultérieures. Les langues, auparavant «embrasées par la géhenne» (Je 3.6), ne prononcent plus maintenant que des paroles inspirées par l'Esprit.

Lors de la Pentecôte, ces paroles appartenaient à langues inconnues de ceux qui les prononçaient, bien qu'elles soient toutes connues de Dieu. En fait, pour la deuxième fois, au cours de l'histoire, Dieu «descendit» et fit que des hommes qui ne connaissaient qu'une seule langue se mettent à parler dans plusieurs langues. Cependant, la Pentecôte est plus un renversement qu'une répétition de Babel (Gn 11.7). A Babel, il s'agissait d'un acte de jugement divin, dont le but avoué était de confondre, de séparer et d'*exclure*. (Dans un tout autre sens, des «langues étrangères» figureraient dans un jugement postérieur d'Israël – cf. Dt 28.49 et Es 28.11-12; ces versets sont sous-jacents à l'argument de Paul à l'encontre de l'usage collectif des langues dans le culte, en 1 Co 14.21-23.) A la Pentecôte, la même capacité est conférée pour consoler, unir et *inclure*. Au lieu d'être séparées, les personnes seraient attirées les unes vers les autres (2.6).

Le fait que les «langues» étaient de vraies langues (ou, au minimum, des dialectes différents), avec une grammaire et une syntaxe, a été reconnu par les spectateurs fascinés. (L'expression «parler en langues» – expression communément employée dans les traductions bibliques actuelles – est très déroutante en ce qu'elle donne l'impression d'un balbutiement incohérent. La traduction plus juste du mot grec employé ici *[glossai]* est «autres langues»).

Remarquez que ce parler était le résultat de la coopération humaine avec l'initiative divine. «*Ils*» se mirent à parler, ce qui implique l'acte conscient de la vibration des cordes vocales. L'Esprit n'a fait que leur «donner de s'exprimer» – c'est-à-dire qu'il contrôlait langues et lèvres, assemblant les sons en un langage cohérent. Il ne les a pas «fait parler» mais a «donné expression» aux pensées et sentiments qui débordaient de leur bouche. Les disciples ont parlé, l'Esprit leur a dit ce qu'il fallait dire. Tous les dons de l'Esprit ont ce caractère double; personne n'est jamais forcé de les utiliser. Ils peuvent être donnés, mais ils doivent être reçus activement et non passivement.

Ce n'est qu'après que tout cela se soit passé qu'une foule nombreuse de spectateurs s'est rassemblée. Puisque c'était la fête de Pentecôte, Jérusalem en général, et le temple en particulier, étaient pleins de pèlerins. Ces derniers n'avaient pas été témoins du phénomène objectif du vent et du feu (ils auraient été encore plus abasourdis s'il en avait été ainsi!), mais ils étaient attirés par l'explosion inhabituelle d'un comportement sans inhibition, associé d'ordinaire à l'ébriété! Une fois assez proches pour percevoir ce qui était dit, ils se retrouvèrent face à un trait qui ne convenait pas à leur explication. La preuve d'un événement extraordinaire était à la fois audible (ils entendaient chacun sa propre langue) et visible (ils virent que c'étaient des Galiléens, sans doute à leurs vêtements). Peu après, Pierre fera appel à cette preuve audiovisuelle (Ac 2.33).

Saisissant l'occasion d'avoir une foule intéressée, les douze apôtres «se levèrent» et Pierre, en leur nom et dans une langue unique, prêcha son premier, et peut-être son plus grand sermon. Le reste est, comme on dit, de l'histoire.

Dans le but poursuivi dans ce livre – discerner

l'enseignement du Nouveau Testament sur l'initiation chrétienne – nous devons nous poser une question simple mais cruciale: Cet événement est-il unique et exceptionnel, ou fournit-il un précédent pour les initiations ultérieures?

Ceux qui croient que la Pentecôte est exceptionnelle et ne doit en aucun cas être considérée comme normative d'expériences ultérieures soulignent en général l'aspect collectif de l'événement. Ce jour est considéré comme «le jour de naissance de l'Eglise». La promesse que Jésus «baptiserait d'Esprit Saint» est vue comme étant totalement accomplie avec le premier groupe de cent vingt croyants. L'Eglise tout entière, à travers toutes les générations, a été «baptisée» à ce moment-là dans l'Esprit Saint et conserve cette expérience comme un bien lui appartenant de façon permanente. Il n'y a donc nul besoin qu'un disciple recherche pour lui-même une «expérience de Pentecôte» d'un baptême dans l'Esprit; il n'a besoin que d'une seule chose, se joindre à l'Eglise – par la foi, si l'on en croit les évangéliques; par le baptême ou la confirmation, si l'on en croit les catholiques – et il entrera automatiquement dans ce «baptême de l'Esprit» de la véritable Eglise, que ce corps soit défini de façon invisible ou institutionnelle. Cependant, nous avons déjà vu que cette façon de voir ne rend pas justice à l'accent qui est clairement placé sur l'aspect individuel de la Pentecôte; elle n'explique pas non plus, de façon satisfaisante, ce qui s'est passé pour les autres après la Pentecôte.

Il est vrai que le tout premier événement comporte des traits uniques, qui ne se sont jamais reproduits. Le bruit du vent et la vue du feu ne réapparaissent pas dans le Nouveau Testament, bien que l'on rencontre de-ci de-là dans l'histoire de l'Eglise des références à des phénomènes similaires. Il ne nous est pas non plus rapporté d'autres occasions où les «langues» aient été reconnues comme des langages connus – bien que, encore une fois, l'histoire ultérieure de

LE CINQUANTIÈME JOUR Actes 1.4-5; 2.1-4

l'Eglise comporte quelques exemples de ce type. Ainsi, les phénomènes «objectifs», comme nous les avons appelés, n'ont aucun parallèle dans le Nouveau Testament.

Les phénomènes «subjectifs», par contre, en ont! Le livre des Actes contient au moins trois autres récits d'événements similaires, employant le même langage descriptif et révélant les mêmes résultats pratiques. Dans l'un d'eux, l'apôtre Pierre assimile de façon précise ce qui se passe avec l'événement original (voir le chapitre 18 sur Ac 10.47; 11.15 et 15.8, qui parlent tous de la maison de Corneille, à Césarée). Comment les défenseurs du caractère unique et isolé de la Pentecôte expliquent-ils donc ces événements «irréguliers» de Samarie, Césarée et Ephèse? La réponse qu'ils donnent est d'appliquer le même concept «collectif» à ces derniers, les considérant, non comme des groupes d'individus étant «baptisés dans l'Esprit Saint» tous ensemble, mais comme de nouvelles catégories ethniques de la race humaine, représentant le cercle toujours grandissant de l'Eglise. Ainsi, Samarie devient la Pentecôte de la demi-caste des Samaritains, Césarée devient la Pentecôte des hors-caste, les Gentils. Ephèse ne cadre pas du tout dans cette classification, aussi ce cas est-il traité comme une sorte d'anachronisme historique, la Pentecôte des anciens disciples de Jean. Croyant que ces quatre Pentecôtes subsidiaires couvrent la totalité de la race humaine, les défenseurs de ce point de vue ne s'attendent pas à d'autres initiations (collectives) de ce genre. Il est à supposer que les Chinois, les Russes et les Américains ont tous été «baptisés dans l'Esprit» à Césarée avec Corneille.

De telles considérations ont servi à «consoler» des myriades de chrétiens professants. Le fait de traiter ces quatre événements comme des éléments constitutifs, et donc anormaux, les dispense de rechercher un tel baptême de l'Esprit pour eux-mêmes.

Mais est-ce la bonne interprétation? Est-ce conforme aux Ecritures elles-mêmes? Un examen attentif des positions de cinq enseignants du Nouveau Testament révèle une attente unanime de ce que la «Pentecôte» se répète dans l'expérience de chaque croyant individuellement!

Jean-Baptiste. La prédiction de Jean concernant le ministère futur du Messie, «baptiser dans l'Esprit», avait au moins une application aussi étendue que celle de son propre ministère, «baptiser dans l'eau». Quand il disait: «il vous baptisera dans l'Esprit Saint», il faisait, en puissance, référence à chacune des milliers de personnes qui étaient venues à lui pour le baptême d'eau de la repentance. Il décrivait un ministère continu et s'étendant au loin, à la suite du sien. Il aurait été étonné de s'entendre dire que sa prédiction ne concernerait qu'une journée (ou tout au plus, trois ou quatre)! Il prévoyait avec assurance un «baptême de l'Esprit» qui serait universellement disponible.

L'apôtre Jean. Le quatrième évangile partage cette attente universelle en rappelant l'invitation ouverte de Jésus à *quiconque* a soif de venir boire (Jn 7.37-39), invitation à laquelle l'auteur a ajouté son propre commentaire identifiant l'offre à la Pentecôte. Lui aussi aurait été étonné d'apprendre que l'offre se limiterait à cent vingt personnes qui auraient eu la chance de se trouver au bon endroit au bon moment!

Pierre. A la fin de son premier sermon, Pierre invite avec confiance ses auditeurs à partager l'expérience dont ils viennent d'être témoins, avec la ferme conviction que la «promesse» qui vient de s'accomplir pour les cent vingt est maintenant à la portée de tous en tout temps («pour vos enfants») et en tout lieu («pour tous ceux qui sont au loin»).

Luc. Le récit des événements de Samarie et de Césarée, tel que Luc le rapporte, montre que le seul trait inhabituel dans chacun des cas était d'ordre chronologique. Sous chacun des autres angles, ces événements se conformaient, comme nous

LE CINQUANTIÈME JOUR Actes 1.4-5; 2.1-4

le verrons, au déroulement normal de l'initiation que tous les autres croyants avaient reçue, en particulier les phénomènes de la «Pentecôte» qui ont accompagné leur «réception» de l'Esprit. Même l'incident d'Ephèse se conforme à cette norme.

Paul. Le langage «de Pentecôte» est appliqué à l'initiation qu'ont connue tous les lecteurs de Paul. Ils ont été «baptisés dans un seul Esprit» (1 Co 12.13 – voir chapitre 23), ils avaient eu l'Esprit «répandu» sur eux avec abondance (Tt 3.6 – chapitre 26) et, en cela, ils avaient «reçu l'Esprit» (Ga 3.2).

Devant ces preuves, il n'y a donc guère, voire aucun fondement dans le Nouveau Testament pour considérer l'événement de la Pentecôte comme un événement collectif, unique et exceptionnel, et contenant ainsi l'accomplissement total de la prophétie qu'avait faite Jean d'un baptême de l'Esprit. Tout le langage descriptif employé pour l'expérience «subjective» que les disciples ont faite ce jour-là est appliqué librement aux croyants qui n'étaient pas présents à ce moment-là. Il peut se faire qu'il y ait eu certains phénomènes «objectifs» exceptionnels pour marquer cette première expérience mais, dans son essence, c'était la première de nombreuses «effusions» de l'Esprit du même type.

Nous en concluons que le jour de la Pentecôte a «inauguré» l'élément final de l'initiation chrétienne, permettant au baptême de l'Esprit d'achever le modèle en quatre volets, aux côtés de la repentance, de la foi et du baptême d'eau. L'expérience des personnes présentes est donc un paradigme qui établit la norme pour les croyants ultérieurs.

15

LES TROIS MILLE

Actes 2.38-41

Pierre leur dit: Repentez-vous, et que chacun de vous soit baptisé au nom de Jésus-Christ, pour le pardon de vos péchés; et vous recevrez le don du Saint-Esprit. Car la promesse est pour vous, pour vos enfants, et pour ceux qui sont au loin, en aussi grand nombre que le Seigneur notre Dieu les appellera. Et, par beaucoup d'autres paroles, il rendait témoignage et les exhortait, en disant: Sauvez-vous de cette génération perverse. Ceux qui acceptèrent sa parole furent baptisés; et en ce jour-là, furent ajoutées environ trois mille âmes.

(Ac 2.38-41)

Pourquoi Pierre n'a-t-il pas dit à ses auditeurs de croire au Seigneur Jésus? L'expression «et vos enfants» approuve-t-elle le baptême d'enfants? Pourquoi n'est-il fait mention d'aucune manifestation de l'Esprit chez les nouveaux convertis? Ce court passage a levé nombre de questions de ce genre et encouragé bien des controverses!

Nous pourrions l'intituler: premier exemple d'évangélisation «postérieur à» la Pentecôte! Cela étant, nous pouvons nous attendre à ce qu'il renferme quelques indications sur l'initiation chrétienne pour le restant de l'ère de l'Eglise. Les questions sincères des auditeurs de Pierre, qui désiraient quelques indications pratiques concernant la façon de répondre à son message, donnent à sa réponse une grande signification. Nous trouvons ici le tout premier cas où des personnes en recherche reçoivent des conseils en vue du salut. L'enseignement et la technique de Pierre payent de retour une analyse soignée.

Le trait surprenant est l'absence du verbe «croire», ou même du substantif «foi». Ce qui s'en rapproche le plus est le commentaire qu'ils «acceptèrent sa parole» (2.41). Nous pouvons supposer que, de deux choses l'une, Pierre a soit déduit de leur question soit conclu de façon intuitive qu'ils croyaient déjà en son affirmation que Jésus est «Seigneur et Christ» (2.36). Il est certain qu'ils n'ont manifesté aucun désir de mettre en question la prédication de Pierre ou même d'en discuter. Ils étaient à ce moment-là tout aussi convaincus de la réalité de la résurrection et de l'ascension de Jésus qu'ils l'avaient été de sa crucifixion et de son ensevelissement. Leur question révèle qu'ils avaient tout à fait conscience qu'une acceptation intellectuelle de ces faits ne suffisait pas; les faits devaient conduire à l'action («Frères, que *ferons-nous?*» – 2.37). S'ils avaient atteint le stade de désirer répondre d'une manière pratique, il était dès lors superflu de leur demander de «croire».

Mais leur question comportait une nuance morale. Pierre les avait accusés d'avoir pris part à la crucifixion («que vous avez crucifié» – 2.36). Ils avaient accepté son accusation sans poser de question ou recourir à des excuses. Ils étaient coupables du crime le plus atroce qu'il ait été possible de commettre – en tant que Juifs, ils avaient assassiné leur propre Messie tant attendu! Leur question doit alors être considérée comme un cri du cœur plutôt qu'une interrogation venant de l'intellect. Elle est un mélange de désespoir et d'espérance. Nous pourrions paraphraser leur supplication ainsi: «Y a-t-il quelque chose que nous puissions faire pour redresser un tort aussi terrible?» L'accent de la question semble être sur la *responsabilité* de faire quelque chose plus que sur le faire.

Même s'ils pouvaient se demander si la situation pourrait

jamais être redressée, la réponse de Pierre est pleine d'espoir: il est possible de prendre des mesures concernant leur péché; ils peuvent «se faire sauver» (ce qu'indique la voix passive du verbe au verset 40), s'ils se conforment soigneusement à ses instructions.

Son premier conseil est l'ordre impératif, «Repentez-vous», exactement le même mot qu'ont employé Jean-Baptiste et Jésus en annonçant que le royaume était «proche» (c-à-d. à portée de main – Mt 3.2; 4.17). Pour l'auditoire de Pierre cela implique le même changement radical dans les pensées, les paroles et les actes. Puisqu'ils ont compris à quel point leur façon de voir Jésus était erronée, ils doivent maintenant l'admettre ouvertement et se ranger à ses côtés avec les disciples, quoi qu'il leur en coûte. Une reconnaissance publique que Jésus est vraiment Seigneur et Christ prouve leur repentance.

«Faites-vous baptiser» (v.38) montre que, dès le début, les apôtres avaient compris que la pratique du baptême d'eau, commencée par Jean-Baptiste et continuée par Jésus, devait se poursuivre après, en allant de pair avec, le baptême d'Esprit de l'ère messianique. Les deux baptêmes devaient caractériser les «derniers jours». Seul un commandement précis de Jésus lui-même, comme celui rapporté par Matthieu (Mt 28.19), peut expliquer que Pierre et les autres apôtres n'aient jamais considéré que le baptême de l'Esprit rende le baptême d'eau caduc et superflu (Ac 10.47 est d'ailleurs une illustration du contraire: le baptême de l'Esprit faisait du baptême d'eau une nécessité urgente). En outre, Pierre a donné, pour le baptême d'eau, la même raison que celle donnée par Jean, c'est-à-dire: le «pardon» ou la «rémission» des péchés (cf. Ac 2.38 et Mc 1.4). Le langage est très clairement *instrumental* – Pierre croit que le baptême d'eau *effectuera* la purification. Pour lui, comme pour les autres apôtres, le lavement du corps et la purification de la conscience constituaient l'aspect extérieur et l'aspect intérieur du même événement, l'acte externe étant la cause du changement interne. Leur compréhension était «sacramentelle» plutôt que «symbolique». Pour le dire sans ambages, Pierre aurait été surpris si quelqu'un lui avait demandé s'il était possible d'avoir le pardon des péchés sans être baptisé; il aurait sans doute eu des doutes quant à la sincérité de leur profession de repentance et de foi.

Les deux impératifs («Repentez-vous» et «Soyez baptisés») s'adressent à des individus, *non* à la famille ou à la nation. Il ne peut y avoir de repentance par substitution ni de baptême par substitution au nom de quelqu'un d'autre. «*Chacun* de vous» doit endosser la pleine responsabilité de «*vos* péchés» qui ont besoin de pardon. Les exigences de Pierre ne s'adressent qu'aux personnes moralement responsables de leurs propres attitudes et actions mauvaises (nombre de ses auditeurs se rappellent sans doute avec une culpabilité effroyable qu'ils ont joint leur cri à celui de la foule: «Crucifie-le»). Un tel baptême serait tout à fait hors de propos pour des bébés, qui n'ont absolument rien à voir avec le péché de leurs parents. Le baptême est un acte moral pour des personnes immorales et doit être le choix délibéré de l'individu, même si c'est un autre qui fait le baptême.

Après avoir explicité cette double exigence, Pierre annonce l'offre: «Et vous recevrez le don du Saint-Esprit.» Beaucoup ont pris pour acquis que cette déclaration, dont le verbe est à l'indicatif plutôt qu'à l'impératif, jointe à l'assurance avec laquelle Pierre s'exprime, doit avoir les deux corollaires suivants.

Premièrement, pour recevoir ce don il n'est absolument pas nécessaire de faire autre chose que de se repentir et de croire. Une fois ces conditions remplies, la «réception» est un acte tout à fait passif. En d'autres termes, c'est *automatique*.

Deuxièmement, sur la base de cette assurance, nous

pouvons être tout à fait certains que tout croyant a reçu le don de l'Esprit, *même sans aucune preuve extérieure* sur le moment. La foi en la promesse de Pierre suffit pour soutenir la confiance.

Mais Pierre lui-même aurait été étonné des déductions modernes tirées de sa prédication! Mis à part le fait qu'il donne au baptême, bien plus qu'au fait de croire, la valeur de pré-requis nécessaire pour recevoir le don – montrant en cela que le baptême précède normalement la réception de l'Esprit (Corneille étant la seule exception néo-testamentaire à cette règle) – le comportement ultérieur de Pierre, à Samarie, montre qu'il n'a accepté aucune des propositions ci-dessus et qu'il n'a pas non plus agi sur la base de l'une quelconque d'entre elles.

Quand un croyant repentant et baptisé ne montrait aucun signe extérieur clair d'une «réception» de l'Esprit, Pierre ne tenait pas pour acquis, comme beaucoup le feraient aujourd'hui, qu'il devait l'avoir reçu automatiquement et inconsciemment; au contraire, il en concluait que la personne ne l'avait pas reçu, et prenait de ce fait des mesures efficaces – comme de prier à nouveau en imposant les mains – pour rectifier l'initiation incomplète de celle-ci.

Néanmoins, Pierre avait l'assurance que toute personne qui répondait en vérité par la repentance et le baptême pouvait et devait recevoir ce don, que ce soit immédiatement ou plus tard. Quand, avec Jean, il pria pour les Samaritains, il le fit avec la même assurance. C'est une chose de dire que toute personne répondant à l'évangile par la repentance, la foi et le baptême *recevra* l'Esprit (comme en 2.38). C'en est une toute autre de dire que toute personne répondant de cette façon *a effectivement reçu* l'Esprit – déduction faite à tort à partir de ce verset.

LA PROMESSE

La certitude de Pierre, qu'ils *recevraient* l'Esprit, était solidement enracinée dans les termes même de la promesse du Père, dont la portée était sans limite. Ce qui s'était déjà passé ce jour-là pour cent vingt personnes avait une application universelle et s'étendait de façon claire à trois autres groupes:

«*Vous*». Ceci ne couvre pas seulement les trois mille, mais tous les autres auditeurs du moment et toutes les autres personnes appartenant à la même «génération perverse» qui en entendraient parler. Le pronom personnel englobe tous les contemporains de Pierre vivant à ce moment-là en Israël.

«*Vos enfants*». Le mot grec traduit par «enfants» n'est pas le terme qui désigne de tous petits bébés (*brephos* ou *nepios*) ni même de petits enfants (*teknion*, *paidion* ou *paidarion*), mais un terme général pour «descendants» (*teknon*). Il ne s'applique pas seulement à la génération suivante, mais à toutes les générations successives. La promesse n'est pas limitée aux contemporains de Pierre, mais elle s'étendra dans le temps jusqu'à la fin de l'histoire.

«*Tous ceux qui sont au loin*». Pas plus qu'elle n'est limitée dans le temps, la promesse n'est limitée dans l'espace; son étendue est aussi large que le mandat à être des témoins, confié par Jésus lors de son ascension: «jusqu'aux extrémités de la terre» (Ac 1.8). Pierre n'avait probablement pas conscience, à l'époque, que cela comprendrait tous les *peuples* aussi bien que tous les pays. Il pensait peut-être aux Juifs dispersés, qui étaient «loin» de chez eux. Quoi qu'il en soit, lorsque Corneille reçut la promesse, Pierre retomba rapidement sur ses pieds, après la surprise initiale! Peut-être son expérience auprès de la sous-caste des Samaritains l'avait-elle préparé, quoiqu'il lui ait fallu une vision spectaculaire pour compléter son éducation! Pierre n'a pas été le dernier prédicateur à se retrouver en train de parler au-delà de sa propre expérience, pour découvrir ensuite la pleine portée de ses propres paroles.

Il y a un certain nombre d'autres points importants à relever dans ce verset. Le premier est que la «promesse» s'applique uniquement au don de l'Esprit (2.33), et non pas au sujet plus général du salut. Si «pour vos enfants» est sorti de son contexte et considéré comme s'appliquant au concept beaucoup plus limité de la cellule familiale, alors il est nécessaire d'insister sur le fait que Pierre n'offre pas ici, aux enfants, le baptême d'eau, mais le baptême de l'Esprit.

Il est également important de comprendre que la portée de la promesse est plus étendue que ne le sera sa réalisation. Le don est à la disposition de toutes les personnes de chacun des trois groupes, mais elles ne le posséderont pas automatiquement. Tous ne saisiront pas l'offre. Deux conditions nécessaires habilitent à recevoir la promesse (toutes deux viennent de Jl 3.5):

Un *appel divin*: La phrase «en aussi grand nombre que le Seigneur notre Dieu les appellera» concerne tous les groupes – il faut que cette invitation élective soit entendue tout d'abord.

Un *appel humain*: celui-ci doit répondre à l'appel divin et une réponse adéquate doit être faite au travers de l'acceptation à se soumettre à l'ordre, «Repentez-vous et que chacun de vous soit baptisé», – cette expression aussi concerne les trois groupes («vous», «vos enfants», «tous ceux qui sont au loin»).

Ainsi, tout comme l'œuvre expiatoire de Christ à la croix, la «promesse» a une portée universelle, mais elle n'aura qu'une application individuelle. Elle ne sera opérante que pour le «aussi grand nombre» qui entendra l'appel du Seigneur, le «quiconque» qui invoquera son nom et le «chacun» qui se repentira et sera baptisé. Il devrait être évident qu'on ne trouve ici aucune indication en faveur d'une réponse substitutive d'un chef pour sa maisonnée ou d'un parent pour sa famille. Baptiser les enfants sur la base de ce verset, impliquerait logiquement le baptême de tous ceux qui sont au loin, avec ou sans leur repentance! L'offre et la demande de Pierre s'adressent exclusivement aux personnes qui sont elles-mêmes en état de répondre.

L'offre et l'exigence sont suivies d'un appel général que Luc résume en une phrase. «Sauvez-vous» est une mauvaise traduction d'un verbe aoriste, impératif passif. Le passif signifie «Soyez sauvés» plutôt que «Sauvez-vous» (le salut fait par soi-même est inconnu dans le Nouveau Testament!). La forme aoriste signifie faire un pas décisif, une fois pour toutes. L'impératif signifie que Pierre leur dit plus qu'il ne leur demande-il insiste plus qu'il n'invite; le ton est celui d'un sauveteur donnant l'ordre à un homme qui se noie d'attraper la bouée de sauvetage qu'il lui lance. (Cette exhortation est comparable aux paroles qu'Ananias adresse à Paul en Ac 22.16: «Sois lavé de tes péchés» – autre aoriste impératif, mais cette fois-ci à la voix moyenne, tout comme l'ordre qui précède: «sois baptisé»; l'équivalent français le plus proche serait: «Fais-toi baptiser et fais laver tes péchés».)

Dans le groupe auquel Pierre s'adresse par le pronom «vous», nous savons que trois mille ont revendiqué cette promesse en se soumettant au baptême. Les avocats du baptême par affusion prétendent que des problèmes logistiques insurmontables auraient rendu impossible l'immersion de trois mille personnes le même jour à Jérusalem; mais les piscines de Siloé et Béthesda auraient suffi (pour ne pas parler des baignoires rituelles qu'on vient récemment de découvrir à l'entrée du temple). Puisque la «Pentecôte» a eu lieu dans la matinée, ils ont eu tout le restant de la journée pour procéder aux baptêmes.

LES TROIS MILLE Actes 2.38-41

Le seul problème logistique réside dans la formation de disciples après une mission aussi fructueuse. Chaque membre de l'Eglise, lui-même à peine baptisé de l'Esprit, devait s'occuper d'une moyenne de vingt-cinq nouveaux convertis – et ce n'était que le premier jour! Ac 2.42-47 montre que le travail de suite fut un succès complet. Le baptême conduisait directement à l'enseignement, à la communion, à l'adoration, au service et à davantage d'évangélisation. Le fait qu'ils s'en soient si bien sortis tenait certainement à ce que Jésus avait donné trois années de formation aux hommes qui allaient conduire la communauté.

Le grand nombre de baptêmes, en cette occasion, soulève une question intéressante. Il est plus que probable qu'un grand nombre de ces gens, peut-être même la plupart, avaient déjà été baptisés par Jean – et qu'ainsi ce baptême était un «re-baptême». Cependant, Pierre ne s'en préoccupa nullement. Tous ceux qui reçurent son message furent baptisés, que ce soit pour la première ou pour la deuxième fois. Le baptême chrétien impliquait une identification avec le Seigneur Jésus-Christ, en particulier par l'emploi de son nom. Ainsi Pierre n'a pas hésité à «re-baptiser» ceux qui répondaient à l'évangile chrétien intégral, pour la même raison que Paul le fit à Ephèse (voir chapitre 20).

Il reste encore une question, concernant une omission surprenante dans l'ensemble de ce récit: il n'est fait mention d'aucune manifestation extérieure de l'Esprit dans l'expérience de ces trois mille. Si le récit de Luc est complet, il semble qu'ils n'aient rien obtenu d'autre que d'être mouillé! Ceux qui aimeraient croire que l'Esprit est reçu automatiquement, et le plus souvent sans preuve extérieure sur-le-champ, saisissent cette omission pour soutenir leur cause. Mais il s'agit d'un «plaidoyer par défaut», et ceci constitue un fondement notoirement glissant, puisqu'il peut être immédiatement contré par la déduction opposée. En outre, le silence n'est pas total, comme nous allons le voir.

Laissons-nous aller, pour le moment, à une petite spéculation. Quand Pierre a promis à ses auditeurs qu'ils étaient inclus dans la promesse qu'ils venaient de voir s'accomplir de façon visible et audible en lui-même et en ceux qui étaient debout ou assis autour de lui, quelles attentes a-t-il éveillées chez ses auditeurs? Certainement pas le vent violent, qu'ils n'avaient pas entendu, ni les flammes de feu, qu'ils n'avaient pas vues. Ces gens s'attendaient, alors, à partager cette libération verbale de louange et de prophétie dans de nombreuses langues, qu'ils avaient tout d'abord pris, à tort, pour des symptômes d'intoxication. Et Pierre, quant à lui, s'attendait sûrement à ce que cela leur arrive. Il y aurait eu pour le moins une énorme déception, sinon un ressentiment et une frustration, si tout ce qu'ils avaient «reçu» avait été de se faire tremper! Cette situation aurait causé plus de confusion que la manifestation originale! Il est presque impossible d'imaginer Pierre recourant à la rationalisation de la plupart des conseils modernes et disant à ses auditeurs: «Ne vous inquiétez pas si vous ne ressentez rien» ou «Ne vous attendez pas à ce que quelque chose se passe».

Cependant, comme le silence est loin d'être total, nous n'avons pas besoin de nous laisser aller à de telles spéculations imaginatives. Les actes et discours ultérieurs de Pierre ont pour fondement clair la prémisse que les trois mille ont «reçu l'Esprit» de la même manière que les cent vingt (Ac 10.47; 11.17; 15.8-9). Tant l'absence de phénomènes extérieurs chez les Samaritains que leur présence chez Corneille sont considérées par Pierre à la lumière de l'expérience de tous les croyants de Jérusalem, dont il prend l'initiation comme norme. Ce n'est qu'en s'appuyant sur le fait que les croyants précédents avaient reçu l'Esprit avec de tels compléments extérieurs, que Pierre pouvait savoir que les Samaritains ne l'avaient pas «reçu» et que Corneille l'avait «reçu» (ce point vital est développé aux chapitre 16 et 18); dans chacun des cas, la chronologie de la réception était inhabituelle, sinon exceptionnelle; mais le mode de réception était exactement le même que pour tout le monde.

L'omission de toute mention de ce point dans le contexte qui nous intéresse a une signification littéraire plus que théologique. Luc ne se laisse pas aller à des répétitions superflues. Pour cette raison, il ne dit pas non plus qu'ils se sont repentis et qu'ils ont cru. Ces deux faits sont sous-entendus. Le fait qu'ils aient «accepté sa parole» peut-être considéré comme synonyme de foi. Et leur soumission au baptême peut être prise comme preuve de leur repentance. Si Luc mentionnait chacune des quatre «portes spirituelles», chaque fois qu'il mentionne une conversion, son style serait vraiment fastidieux. En chaque occasion, il choisit l'élément le plus frappant ou le plus significatif. La vue de trois mille baptêmes, en une fois, est assez frappante pour rester gravée dans la mémoire, mais il y a une raison plus profonde encore pour choisir le baptême dans ce cas précis. Nous avons, ici, des complices au meurtre de Jésus qui répudient publiquement leur acte et s'identifient totalement à sa mort et à sa résurrection, prenant sur eux son nom comme Seigneur (de l'univers) et Christ (le Roi-Messie juif). Que tant de personnes aient fait cela à la toute première proclamation de l'évangile est ce qui a frappé Luc comme étant l'aspect le plus significatif.

Il est indéniable que leur vie, après ce moment-là, a révélé des preuves durables de ce qu'ils avaient reçu l'Esprit. La fidélité dans le culte, la communion, l'enseignement et la prière; une crainte respectueuse surnaturelle; un partage spontané des biens matériels; une louange joyeuse; une croissance continuelle – tout cela est le résultat d'un baptême de l'Esprit, non d'un baptême d'eau. Mais ce n'est pas à ses sous-produits ultérieurs que les apôtres ont su qu'ils avaient reçu l'Esprit. La preuve de ce baptême était une question d'observation sur-le-champ, plus qu'une déduction tardive; une question de comportement immédiat plutôt que de position finale. Ceci est particulièrement évident dans l'épisode de Samarie....

16

LES CONVERTIS SAMARITAINS

Actes 8.4-25

Ceux donc qui avaient été dispersés allaient de lieu en lieu, en annonçant la bonne nouvelle de la parole. Philippe, descendu dans une ville de la Samarie, y prêcha le Christ. Les foules, d'un commun accord, s'attachaient à ce que disait Philippe, en apprenant et voyant les miracles qu'il faisait. Car des esprits impurs sortaient de beaucoup de démoniaques, en criant d'une voix forte, et beaucoup de paralytiques et de boiteux furent guéris. Et il y eut une grande joie dans cette ville.

Un homme du nom de Simon, qui se trouvait déjà auparavant dans la ville, exerçait la magie, provoquait l'étonnement du peuple de la Samarie et se disait quelqu'un de grand. Tous, depuis le plus petit jusqu'au plus grand, s'attachaient à lui et disaient: Celui-ci est la puissance de Dieu, appelée la grande. Ils s'attachaient à lui, parce qu'il les avait assez longtemps étonnés par ses procédés magiques. Mais, quand ils eurent cru à Philippe, qui leur annonçait la bonne nouvelle du royaume de Dieu et du nom de Jésus-Christ, hommes et femmes se firent baptiser. Simon lui-même crut aussi et, après avoir été baptisé, il ne quittait plus Philippe et voyait avec étonnement les grands signes et miracles qui se produisaient.

Quand les apôtres, qui étaient à Jérusalem, apprirent que les habitants de la Samarie avaient reçu la parole de Dieu, ils leur envoyèrent Pierre et Jean. Ceux-ci, descendus chez eux, prièrent pour eux, afin qu'ils reçoivent l'Esprit

Saint. Car il n'était pas encore descendu sur aucun d'eux; ils avaient seulement été baptisés au nom du Seigneur Jésus. Alors Pierre et Jean leur imposèrent les mains, et ils reçurent l'Esprit Saint.

Lorsque Simon vit que l'Esprit était donné par l'imposition des mains des apôtres, il leur apporta de l'argent et dit: Donnez-moi aussi ce pouvoir; que celui à qui j'imposerai les mains reçoive l'Esprit Saint.

Mais Pierre lui dit: Que ton argent aille à la perdition avec toi, puisque tu as pensé acquérir le don de Dieu à prix d'argent. Il n'y a pour toi ni part ni lot dans cette affaire, car ton cœur n'est pas droit devant Dieu. Repens-toi donc de ta pensée mauvaise, et prie le Seigneur pour que l'intention de ton cœur te soit pardonnée, s'il est possible; car je vois que tu es en proie à l'amertume du fiel et aux liens de l'injustice.

Simon répondit: Priez vous-mêmes le Seigneur pour moi, afin qu'il ne me survienne rien de ce que vous avez dit.

Après avoir rendu témoignage et annoncé la parole du Seigneur, ils retournèrent à Jérusalem, en évangélisant plusieurs villages des Samaritains. (Ac 8.4-25)

Dans la lignée de notre étude, la question cruciale est simple: La «conversion» des Samaritains était-elle normale, comme le soutiennent les pentecôtistes, ou anormale, comme le soutiennent les évangéliques? Il est possible d'exprimer différemment le problème théologique qui sous-tend cela: Est-ce que le délai entre le moment où les Samaritains ont «cru en Jésus» et celui où ils ont «reçu l'Esprit Saint» indique qu'il y a une différence entre les deux choses (même quand elles se produisent en même temps), ce qui signifierait qu'il soit possible pour des croyants d'avoir l'une sans avoir l'autre? La plupart des biblistes acceptent qu'il y a eu un

LES CONVERTIS SAMARITAINS *Actes 8.4-25*

«délai» entre croire et recevoir dans le cas présent, mais ils l'expliquent de différentes façons.

Les commentateurs évangéliques se sont principalement penchés sur la question de savoir *pourquoi* il y avait eu un délai. Les Samaritains constituaient une sous-caste, formée des descendants issus des mariages mixtes entre les Juifs restés dans le pays, quand la nation avait été emmenée en exil, et les «indigènes» de Canaan. Au vu de ces facteurs ethniques, ces commentateurs ont a juste titre considéré cet épisode comme un pas de géant de la part de l'Eglise pour sortir de ses limites exclusivement juives jusqu'alors. Bien que cette étape ait été franchie spontanément plus que délibérément (Ac 8.4), elle s'inscrivait parfaitement dans la ligne du mandat missionnaire de l'Eglise (Ac 1.8).

Cependant, la profonde antipathie entre Juifs et Samaritains – qui était si forte qu'un Juif était prêt à faire le long détour par Jéricho pour ne pas rencontrer un Samaritain (Lc 10.33) et n'aurait pas même bu dans la même tasse qu'un Samaritain (Jn 4.9) – introduisit la première menace de schisme au sein du tout nouveau peuple de Dieu, l'Eglise. Le résultat aurait pu en être deux Eglises «nationales», qui seraient rapidement devenues trois (juive, samaritaine et non-juive). Pour éviter ce danger, on avance que Dieu lui-même a retenu son «sceau d'approbation» loin de cette nouvelle catégorie de croyants, jusqu'à ce qu'il puisse le transmettre au travers de représentants des croyants juifs, préservant ainsi l'unité de l'Eglise par le biais de l'interdépendance, et veillant à ce que des groupes ethniques ne deviennent pas indépendants les uns des autres. La désintégration du corps de Christ a été ainsi prévenue par cet acte de sagesse divine consistant à retarder le «don» jusqu'à ce que Pierre et Jean, deux des principaux apôtres, soient présents.

Faisons une petite digression. Certains ont vu ici les débuts d'une «succession apostolique», développée ultérieurement par un «épiscopat monarchique» dans des rites de confirmation et d'ordination. Que ce soit fort improbable se voit dans le fait que les apôtres n'avaient pas de monopole pour transmettre l'Esprit, même en ces jours-là (tout juste au chapitre suivant, Ananias rend ce service à Paul – Ac 9.17). Et Philippe lui-même aurait pu revendiquer d'avoir une telle «autorité par délégation» puisque les apôtres lui avaient imposé les mains (Ac 6.5-6).

D'autre part, il est peu vraisemblable que Pierre et Jean aient seulement représenté les croyants juifs de Jérusalem (comme Philippe aurait pu le faire lui-même). Ils représentaient la plus haute «autorité» dans l'Eglise (les «douze» et, dans ce cas, le cercle intime des trois, qui comprenait Pierre, Jacques et Jean) et, par leur démarche, ils s'associaient totalement à cette extension des frontières de l'Eglise. Ce qui avait été démarré presque fortuitement par un «diacre» enthousiaste devait être vu comme étant tout à fait en accord avec la stratégie apostolique pour l'Eglise toute entière.

Cela dit, il nous faut souligner que toute l'«explication» qui précède, concernant le délai dans la «réception» de l'Esprit par les Samaritains, est pure spéculation et va bien au-delà de ce que dit l'Ecriture. Le raisonnement peut être tout à fait valable, mais Luc ne tire pas de telles conclusions. Il se contente de donner les faits, sans aucune interprétation. Il nous raconte ce qui s'est passé, mais n'essaye en rien de nous dire la raison pour laquelle, à son avis, les choses se sont passées ainsi. Il y a description, mais aucune explication. C'est simplement un épisode de son «récit suivi» de la façon dont ils ont porté la bonne nouvelle de Jérusalem à Rome... via la Samarie.

Même si la théorie est correcte, elle ne peut être l'objet principal du récit. En fait, une telle spéculation peut être une distraction et, dans le cas présent, elle a réussi à détourner notre attention des implications importantes des détails que Luc a pris la peine de relater. Discuter sur la raison pour laquelle Dieu a retardé le «don» est une manière d'éviter de débattre sur la façon dont les Samaritains l'«ont reçu»; cependant c'est cette dernière qui est essentielle pour comprendre la théologie lucanienne de l'initiation.

Deux questions nous ouvriront la voie. Premièrement, comment pouvait-on savoir que les Samaritains *n'avaient pas* reçu l'Esprit? Deuxièmement, quand ils le reçurent, comment savait-on qu'ils *avaient* reçu l'Esprit? Ces deux questions ont, en fait, une seule et même réponse: *toute réception de l'Esprit, jusqu'à eux compris, était invariablement accompagnée de preuves extérieures indubitables.*

Il est nécessaire de développer ce point, car ses implications ont une longue portée. Nous sommes contraints de conclure que toutes les conversions antérieures à celles des Samaritains comprenaient une effusion de l'Esprit évidente, depuis les trois mille du jour de la Pentecôte, et que c'était la seule façon connue de «recevoir l'Esprit». En outre, cette «réception» se distingue de la repentance, de la foi et du baptême d'eau (et même de la «grande joie», v. 8) – qui peuvent tous se produire en dehors d'elle.

Pour éviter de tirer de telles conclusions, des tentatives ont été faites pour jeter le doute sur le bien-fondé de leur foi avant l'arrivée de Pierre et de Jean, comme s'il ne s'agissait pas complètement de la foi «qui sauve». De telles tentatives sont une rationalisation doctrinale, comme le confirme l'absence totale de plus ample instruction de la part des apôtres, qui ont de toute évidence accepté sans hésitation la validité de leur repentance, de leur foi et de leur baptême. Les Samaritains avaient cru à la bonne nouvelle du royaume de Dieu, avaient été baptisés dans le nom du Seigneur Jésus et avaient été témoins des miracles de guérison et de délivrance (ils étaient donc bien plus avancés que les «disciples» rencontrés par Paul à Ephèse – voir chapitre 20). Prétendre que tout ceci était en quelque sorte «sub-chrétien», c'est nier l'évidence du langage franc du texte. L'expérience déficiente des Samaritains n'était pas due à un manque quelconque de compréhension ou d'engagement de leur part. La raison du délai était la réponse que Dieu leur faisait (pour quelque raison que ce soit, peut-être celle citée ci-dessus) et non pas leur réponse à Dieu. Pierre et Jean doivent les avoir considérés comme satisfaisant parfaitement aux exigences requises pour recevoir l'Esprit car, une fois arrivés, ils se sont adressés à Dieu par la prière et non aux Samaritains par la prédication!

On ne peut souligner trop fortement que, pour les apôtres, l'absence de manifestation extérieure au moment de l'initiation était considérée comme preuve que l'Esprit Saint n'avait *pas* été reçu. Le point de vue moderne selon lequel ils devaient l'avoir reçu, mais avaient besoin d'être «libérés» dans l'Esprit, est tout à fait étranger à la terminologie du Nouveau Testament, sans parler de la théologie du Nouveau Testament. Les apôtres ne leur ont pas imposé les mains pour «libérer» ce qui était déjà en eux, mais pour qu'ils puissent «recevoir» ce qui devait encore «descendre sur» eux (v. 16; cf. 1.8; 10.44; 11.15; 19.6).

De même, la présence de manifestations extérieures était prise pour preuve que l'Esprit Saint *avait effectivement* été reçu. Bien que ce passage ne précise pas la nature exacte de la preuve en cette occasion, elle a été suffisamment claire pour convaincre les autres personnes présentes qu'ils avaient reçu l'Esprit: le temps imparfait du verbe grec, littéralement «recevaient», indique que cela se passait «un à un» à mesure que Pierre et Jean imposaient les mains sur chacun, plutôt que tous ensemble en tant que groupe, ce qui semble avoir été le cas le jour de la Pentecôte. C'est quand Simon «vit» cela qu'il convoita la puissance de le reproduire pour tous ceux à qui il imposerait les mains. Il est clair que la preuve était immédiate, et qu'elle n'était pas une déduction ultérieure tirée du «fruit» que l'on voyait s'épanouir dans le caractère et la conduite.

Il y a plus à dire sur Simon, que ses habitudes exhibitionnistes de magicien avaient amené à s'intéresser plus à la capacité de donner cette puissance aux autres qu'à la possibilité de la recevoir pour lui-même. Il n'a pas été le dernier à désirer la puissance surnaturelle pour s'élever plutôt que pour servir, le dernier à penser que les dons de la grâce peuvent s'acquérir à prix d'argent. Dans un langage mordant (l'équivalent de «Allez au diable, toi et ton argent!») Pierre l'exclut de toute «part dans cette affaire» (pensait-il à l'absorption ou à la communication de l'Esprit?) et met en doute aussi bien la réalité de sa repentance que la possibilité qu'il soit pardonné. Simon reste encore le magicien – à la fois dans son état d'esprit et dans sa disposition de cœur. Il laisse de côté le conseil de Pierre de confesser ses vils mobiles directement au Seigneur et supplie au contraire Pierre d'intercéder pour lui (le texte du Codex Bezae ajoute qu'il «ne s'arrêta pas de pleurer abondamment»). Rien ne suggère que Pierre ait accepté cette proposition sacerdotale ni que Simon ait trouvé le pardon, encore moins qu'il ait reçu l'Esprit. Ces faits nous rappellent que foi et baptême ne garantissent pas le salut, en particulier là où il n'y a pas eu de réelle repentance. Certains accuseraient sa «foi» de superficialité, mais ni Pierre, sur le moment, ni Luc, plus tard, n'ont éprouvé le besoin de parler ainsi. Le bon service qu'il a rendu a été de confirmer pour nous que la réception de l'Esprit s'accompagnait de preuves extérieures immédiates quand le «don» était donné individuellement.

Cet incident souligne aussi le lien qui existe entre la réception de l'Esprit et l'imposition des mains. C'est le premier récit où l'imposition des mains est faite dans ce but, et il nous montre la mesure qu'il faut prendre quand l'Esprit n'a pas été reçu «spontanément» (c-à-d. sans intervention humaine, comme à la Pentecôte). L'imposition des mains exprimant une combinaison d'identification et d'intercession, nous ne devrions pas être surpris de l'action des apôtres. L'imposition des mains avait déjà été utilisée afin de marquer une association entre la nomination et l'onction en vue d'une responsabilité particulière (Philippe lui-même en avait bénéficié – Ac 6.5-6).

Mentionnons en passant que l'incident de Samarie témoigne du changement d'attitude des apôtres eux-mêmes. La dernière fois qu'ils étaient passés en Samarie, ils avaient voulu appeler le feu du ciel contre ses habitants pour répondre à leur comportement qui outrageait Jésus en ne lui permettant pas de faire étape sur le chemin de Jérusalem (Lc 9.51-56)! Ils priaient maintenant pour que quelque chose d'une toute autre nature descende sur eux d'en-haut.

En résumé, l'expérience samaritaine n'était ni si exceptionnelle ni si spéciale que certains le prétendent. Il ne s'agissait pas d'une «deuxième Pentecôte» pour signaler l'accession des Samaritains au rang des sauvés, comme l'ont dit tant de commentateurs. Dans son essence comme dans son contenu, leur réception de l'Esprit était parfaitement normale et identique à celle qu'avaient connue tous les autres croyants avant eux. La «Pentecôte» s'était déjà répétée autant de fois qu'il y avait eu de nouveaux convertis!

Le cas des Samaritains comporte toutefois deux variantes par rapport à la norme. Premièrement, il y a eu un long délai entre leur baptême d'eau et leur baptême de l'Esprit, qui étaient normalement beaucoup plus proches l'un de l'autre dans le temps, quoique jamais simultanés. Deuxièmement, il y a eu l'acte humain de l'imposition des mains, qui est mentionné dans les récits ultérieurs des Actes, quoique jamais antérieurement. Une explication correcte de ces deux traits particuliers, qui sont inhabituels sinon exceptionnels, a été donnée ci-dessus.

Pourtant ces différences ne modifient en rien notre conclusion fondamentale, à savoir qu'une réception expérimentale de l'Esprit est un élément essentiel de l'initiation chrétienne normale, qui peut et doit être différencié, dans son contenu sinon dans la chronologie, de la repentance, de la foi et du baptême d'eau. Quand cela ne se passe pas comme prévu, l'action convenable qui doit être entreprise est la prière avec imposition des mains.

Par dessus tout, cet incident prouve qu'il était possible, même après la Pentecôte, de se repentir, de croire et d'être baptisé sans avoir reçu l'Esprit Saint. Un seul cas de ce genre suffit à prouver que c'est une *possibilité,* mais ce passage ne permet pas d'en déduire directement – ni d'établir comme règle – la *probabilité* que cette situation se reproduise. Cependant, la compréhension des apôtres selon laquelle l'absence de preuves extérieures immédiates doit être interprétée comme signifiant que l'Esprit n'a pas encore été reçu reste valable comme critère permanent. Si l'on applique ce critère à l'Eglise d'aujourd'hui, nous devons en conclure que l'expérience incomplète de l'initiation des Samaritains est loin d'être exceptionnelle!

Se demander quel était le statut ou l'état spirituel des Samaritains entre leur baptême d'eau et leur baptême de l'Esprit (par ex. «Seraient-ils allés au ciel s'ils étaient morts avant l'arrivée des apôtres?»), c'est introduire des notions évangéliques modernes dans le Nouveau Testament. Les définitions actuelles de «sauvé» et «chrétien» ne tombent pas bien dans les catégories apostoliques. De toute évidence, ce qui préoccupait les apôtres était bien davantage le stade où les Samaritains devaient être que celui où ils étaient! A l'époque, être «disciple» était davantage le fait d'être sur

« la Voie » (Ac 18.25-26 ; 19.9, 23) que celui d'avoir franchi la ligne ; davantage le fait d'avoir commencé le voyage que celui d'être arrivé à destination. Mais ces questions se posent aujourd'hui, même si Luc les ignorait, aussi les étudierons-nous plus en détail au chapitre 36.

17

L'EUNUQUE ÉTHIOPIEN

Actes 8.36-39

Comme ils continuaient leur chemin, ils arrivèrent à un point d'eau. Et l'eunuque dit: Voici de l'eau; qu'est-ce qui m'empêche d'être baptisé? Il ordonna d'arrêter le char; tous deux descendirent dans l'eau, Philippe ainsi que l'eunuque, et il le baptisa. Quand ils furent remontés hors de l'eau, l'Esprit du Seigneur enleva Philippe, et l'eunuque ne le vit plus, alors que, joyeux, il poursuivait son chemin. (Ac 8.36-39)

La première chose qu'on puisse dire concernant ce passage, c'est qu'il s'agit d'un récit extrêmement condensé. Par exemple, nous ne savons à peu près rien du discours de Philippe en dehors de son thème: Jésus. Il lui avait été donné la meilleure ouverture qu'un évangéliste puisse désirer pour une conversation ! Si une personne en recherche a jamais posé la question juste, c'est bien l'eunuque; mais aussi, il lisait déjà les Ecritures! Cependant, la réponse a dû prendre pas mal de temps, en dépit du fondement dans la connaissance juive de Dieu qu'il était possible de tenir pour acquis chez cet homme.

Nous ne devrions pas non plus être surpris que l'eunuque ait lui-même soulevé la question du baptême. Philippe en avait probablement parlé, puisque l'évangile commençait par le ministère de Jean-Baptiste (Mc 1.1-4). Mais étant un non-Juif, «craignant Dieu», adhérent à la religion juive, sinon prosélyte, l'eunuque devait bien connaître ce besoin d'un tel bain rituel pour entrer dans le peuple de Dieu et prendre pour sien leur Messie. Il est cependant possible que sa condition d'homme émasculé ait pu constituer un handicap pour qu'il soit pleinement accepté par les prêtres juifs (tout dépendait de ce qu'ils suivaient: Dt 23.2 ou Es 56.4-5).

Ce qui retient notre attention, c'est que la demande de baptême semble être la seule réponse qu'il ait faite à la «prédication» de Philippe. Si cela est vrai, nous aurions un cas authentique de «régénération baptismale»! On peut déduire sa repentance de son pèlerinage à Jérusalem, ce qui le mettait dans une position spirituelle similaire à celle de Corneille avant la visite de Pierre; mais il n'est fait aucune mention spécifique de foi ou de réception de l'Esprit.

Il est clair que quelques-uns des «copistes» des Ecritures, au temps de l'Eglise primitive, n'étaient pas très à l'aise au sujet de son initiation insuffisante (du moins pour ce que nous en dit le récit) et de son influence néfaste sur de futurs «catéchumènes». Des versets supplémentaires ont été ajoutés aux manuscrits plus récents, compensant les omissions les plus importantes.

Certains manuscrits ajoutent un verset (le v.37): «Philippe dit: Si tu crois de tout ton cœur, cela est possible. L'eunuque répondit: Je crois que Jésus-Christ est le Fils de Dieu.» Cet échange de propos supplémentaire contient plus qu'une trace de la confession de la foi apparue ultérieurement sous forme de credo; il a toutefois le mérite de montrer que l'Eglise primitive tenait à ce qu'il soit tout à fait clair que l'eunuque était un vrai croyant avant son baptême.

Un manuscrit (connu couramment comme le texte «occidental») donne une version très différente du verset 39: «L'Esprit Saint descendit sur l'eunuque, et un ange du Seigneur enleva brusquement Philippe.» Le spécialiste du Nouveau Testament Henry Alford suggéra que les variations de texte étaient nées «d'un désir de rendre les résultats du baptême de l'eunuque conformes à la méthode habituelle de la procédure divine». Si cette adjonction est une tradition authentique remontant à l'époque de l'événement même, cela signifierait que le ministère de Philippe était tout à fait suffisant pour achever l'initiation dans ce cas, ce qui n'était pas apparemment le cas en Samarie. Même si elle n'est pas historique, la modification nous révèle que l'Eglise primitive ne considérait pas que des mains «apostoliques» soient nécessaires.

Les deux adjonctions sont des preuves claires concernant le point de vue de l'Eglise primitive, même si elles n'ont pas Luc pour origine; elles révèlent le maintien d'une conviction claire quant à l'ensemble du complexe de l'initiation chrétienne.

Sur un point mineur, le langage «*descendirent* dans» et «furent *sortis* de» l'eau laisse entendre une immersion plutôt qu'une affusion; il est clair que la personne est amenée à l'eau et non l'eau à la personne! Il serait plutôt absurde d'immerger la moitié inférieure afin de pouvoir asperger la moitié supérieure (bien que tant d'artistes chrétiens aient peint cette combinaison plutôt ridicule, témoignant peut-être d'une étape transitoire entre les deux modes!).

Certains ont soulevé l'objection topographique que la bande de Gaza étant désertique n'aurait pas eu de cours d'eau convenant à une immersion totale. Son atteinte à l'exactitude historique et géographique de Luc mise à part, cette critique peut être contrée de deux façons. Tout d'abord, il existe un «oued», que l'Ecriture appelle le «torrent d'Egypte», qui déborde occasionnellement après les rares et courtes pluies violentes qui s'abattent sur les collines; ce qui pourrait expliquer le ton surpris de l'eunuque en l'apercevant. Mais aussi, la rencontre peut s'être produite bien avant ce point, sur la «route du désert», qui s'étendait de Jérusalem à Gaza.

Cet officier royal du Soudan (l'«Ethiopie» biblique)

a apparemment été le premier «non-Juif» à être baptisé. Pourquoi cela n'a-t-il pas été mentionné quand Pierre a été interrogé pour avoir baptisé Corneille? Cela pourrait simplement être dû au fait que l'eunuque aurait été considéré comme Juif par sa religion, sinon par sa naissance. Ce serait alors tout à fait conforme au thème général de Luc que cet incident soit rapporté principalement pour démontrer la volonté de l'Esprit que l'évangile soit répandu jusqu'aux extrémités de la terre – dans le cas présent, jusqu'au continent africain.

18

LE CENTURION ROMAIN

Actes 10.44-48; 11.11-18; 15.7-11

Comme Pierre prononçait encore ces mots, le Saint-Esprit descendit sur tous ceux qui écoutaient la parole. Tous les croyants circoncis qui étaient venus avec Pierre furent étonnés de ce que le don du Saint-Esprit soit aussi répandu sur les païens. Car ils les entendaient parler en langues et exalter Dieu.

Alors Pierre reprit: Peut-on refuser l'eau du baptême à ceux qui ont reçu le Saint-Esprit aussi bien que nous? Il ordonna de les baptiser au nom de Jésus-Christ. Ils lui demandèrent alors de rester là quelques jours.

(Ac 10.44-48)

Et voici: aussitôt trois hommes envoyés de Césarée vers moi se présentèrent à la maison où nous étions. L'Esprit me dit de partir avec eux sans hésiter. Les six frères que voici m'ont accompagné, et nous sommes entrés dans la maison de Corneille. Celui-ci nous raconta comment il avait vu dans sa maison l'ange qui se présentait et disait: Envoie chercher, à Jaffa, Simon surnommé Pierre, qui te dira des paroles par lesquelles tu seras sauvé, toi et toute ta maison.

Lorsque je me mis à parler, le Saint-Esprit descendit sur eux, comme il l'avait fait au commencement sur nous aussi. Alors je me souvins de cette parole du Seigneur: Jean a baptisé d'eau, mais vous, vous serez baptisés d'Esprit Saint. Or, puisque Dieu leur a fait le même don qu'à nous qui avons cru au Seigneur Jésus-Christ, qui étais-je, moi, pour pouvoir m'opposer à Dieu? Après avoir entendu cela, ils se calmèrent et glorifièrent Dieu, en disant: Dieu a donc accordé la repentance aussi aux païens, afin qu'ils aient la vie. (Ac 11.11-18)

Après une vive discussion, Pierre se leva et leur dit: Frères, vous le savez: dès les tout premiers jours, Dieu a fait un choix parmi vous, afin que, par ma bouche, les païens entendent la parole de l'Evangile et qu'ils croient. Et Dieu, qui connaît les cœurs, leur a rendu témoignage, en leur donnant le Saint-Esprit comme à nous; il n'a fait aucune différence entre nous et eux, puisqu'il a purifié leurs cœurs par la foi. Maintenant donc, pourquoi tentez-vous Dieu, et mettez-vous sur le cou des disciples un joug que nos pères et nous-mêmes nous n'avons pas été capables de porter? Mais c'est par la grâce du Seigneur Jésus que nous croyons être sauvés, de la même manière qu'eux. (Ac 15.7-11)

On parle souvent des événements qui se sont produits à Césarée comme de la «Pentecôte des païens». Ceux qui emploient ce terme partent habituellement du principe que ce n'était que la *troisième* effusion «initiale» de l'Esprit Saint dans l'Eglise primitive (Ac 4.31 rentrant dans la catégorie des «remplissages à nouveau»). Les circonstances très particulières qui ont entouré cet épisode sont un prétexte pour écarter tout rapport éventuel de ces événements avec une doctrine de l'initiation normale aujourd'hui.

On ne peut nier qu'il y ait eu quelques traits inhabituels, bien qu'ils ne soient pas exceptionnels. Les circonstances qui ont conduit Pierre et Corneille à se rencontrer étaient peu banales – mettant en jeu des anges, des visions et une transe!

LE CENTURION ROMAIN *Actes 10.44-48; 11.11-18; 15.7-11*

Le noyau de cette matrice surnaturelle a été la libération de Pierre, libération de ses préjugés raciaux et religieux à l'encontre des Païens, et sa prise de conscience des profondes implications de sa propre prédication à la Pentecôte, à savoir que son «tous ceux qui sont au loin» disait bien ce que cela voulait dire!

Cependant, il est possible d'exagérer l'angle païen. S'il est vrai que pour Pierre ce fut la première rencontre de ce genre, Philippe l'avait en fait battu sur ce point (voir le chapitre précédent). Il faut aussi remarquer que ce Romain, tout comme l'Ethiopien, était déjà dans le cercle des adhérents au judaïsme, de ceux qu'on appelait les «craignant Dieu» (Ac 10.2). Le fait que Pierre, qui allait devenir l'apôtre des Juifs (Ga 2.7), ait été guidé par Dieu dans cette situation païenne n'est pas sans signification; de la même manière, Paul, l'apôtre des païens, allait être conduit dans des situations juives – les sphères des efforts missionnaires n'ont jamais été exclusives.

Quoi qu'il en soit, notre souci principal est d'analyser l'expérience d'initiation de Corneille (et de sa maison), dont l'aspect le plus inhabituel a été l'effusion soudaine et inattendue de l'Esprit sur chacun d'eux simultanément, *avant* qu'ils aient fait profession de foi et qu'ils aient été baptisés, et avant même que Pierre ait achevé sa prédication. La seule mention de l'Esprit faite par Pierre concernait le ministère de Jésus (10.38) et la seule offre de l'évangile donnée par lui était le pardon des péchés. Il n'en était certainement pas encore arrivé à l'«appel» et ne leur avait pas dit ce qu'ils devaient faire en réponse à son message.

Il semble correct de supposer que leur attitude de «crainte de Dieu» comprenait déjà la repentance («pratique la justice» en 10.35 peut être considéré comme se référant aux «fruits dignes de la repentance»). Dieu, qui lit au fond des cœurs, avait de toute évidence discerné qu'ils avaient foi dans le message du prédicateur, et Pierre est aussi arrivé à la même conclusion (voir Ac 15.7-9). Mais ce récit est le *seul* où l'Esprit Saint ait été reçu avant le baptême d'eau. Dans le déroulement des schémas «normaux» d'initiation, la part de Dieu suit l'achèvement de la part de l'homme. Il n'est pas étonnant que Pierre et ceux qui l'accompagnaient aient été si surpris, même si leur surprise a eu pour principale cause les personnes, et non la succession des événements! Ils n'avaient jusqu'alors pas même imaginé que des païens puissent hériter de la «promesse» faite à leur ancêtre, encore moins qu'ils en héritent effectivement.

La question exégétique généralement posée à propos de Corneille est la même que celle concernant les Samaritains: Pourquoi Dieu s'est-il écarté de sa procédure et de son horaire habituels? En Samarie, l'Esprit a été donné plus tard que d'habitude, et on peut avancer une explication logique pour cela (voir chapitre 16). A Césarée, l'Esprit a été donné plus tôt que d'habitude, mais cette fois-ci, le texte lui-même donne des indications claires permettant d'en connaître la raison.

Le préjugé contre les païens, profondément ancré en Pierre, ne pouvait être corrigé que par étapes. C'était une étape importante pour lui que d'entrer dans la maison d'un païen, sans parler d'y annoncer l'évangile. Il est par conséquent plus qu'improbable que même une profession de repentance et de foi eût réussi à persuader Pierre que les païens étaient des candidats possibles pour le baptême chrétien. Le Seigneur a dû ôter lui-même sa dernière réserve, en agissant de façon unilatérale et en fournissant à Pierre la preuve convaincante qu'il avait accepté les païens comme membres de son Corps rempli de l'Esprit. Si le Seigneur n'avait pas pris cette initiative, les baptêmes n'auraient jamais eu lieu. Cependant, il faut accorder à Pierre qu'il a accepté la situation sur-le-champ et qu'il a osé encourir la désapprobation en complétant l'initiation des païens comme frères en Christ.

Concernant les baptêmes, trois points méritent d'être notés. Premièrement, Pierre n'a pas accompli le rite lui-même, mais il a laissé faire ses collègues (comme Jésus l'avait fait avant lui et comme Paul le fera après lui – Jn 4.2; 1 Co 1.14), vraisemblablement pour éviter les comparaisons propres à susciter la jalousie entre les baptisés à propos des baptiseurs. Deuxièmement, tous les baptêmes étaient l'acte volontaire d'«adultes» responsables. Puisque seuls ceux qui avaient «reçu l'Esprit» ont été baptisés dans l'eau et que seuls ceux qui avaient «entendu le message» ont reçu l'Esprit, il est clair qu'il n'y avait pas parmi eux de bébé (voir le chapitre suivant pour l'examen d'autres «maisons» sur ce point). Troisièmement, et c'est de la plus haute importance, la réception de l'Esprit n'a pas rendu le baptême d'eau superflu; cela l'a rendu encore plus nécessaire. Quand les deux baptêmes sont fondus d'une mauvaise façon, la «réalité intérieure» du baptême de l'Esprit dévalue le «rite extérieur» du baptême d'eau. Dans le Nouveau Testament, les deux baptêmes ne sont jamais identifiés au point que l'un «se fasse le médiateur» de l'autre. Bien qu'ils se succèdent souvent de peu, aucun récit ne nous dit qu'ils se soient jamais produits simultanément.

Rien n'a encore été dit concernant le contenu de l'expérience de réception de l'Esprit des païens, indépendamment de son échéance dans le temps. Etait-ce à ce point inhabituel, même anormal – et donc d'un intérêt purement historique (comme le laissent entendre de nombreux commentateurs)? Ou bien cet aspect était-il parfaitement «normal» et donc «normatif» pour les chrétiens d'aujourd'hui?

Comment Pierre a-t-il su que l'Esprit Saint avait été «répandu» sur ces païens? La preuve en était audible et consistait en un débordement spontané de paroles inspirées.

Deux formes de langage sont mentionnées – «parler en langues» (des langues autres, non un bredouillement) et «exalter» (vraisemblablement dans leur propre langue). Le «et» nous interdit de ne faire des deux qu'une seule expression: «exaltant Dieu en langues», et décourage le présupposé que tous firent les deux; la signification naturelle est que certains firent l'un et d'autres firent l'autre. S'il en est ainsi, alors ce serait aller au-delà de l'évidence néo-testamentaire que d'insister pour dire que les «langues» sont le seul signe indispensable du baptême de l'Esprit.

La combinaison des langues et de la louange est une réminiscence claire du jour de la Pentecôte (Ac 2.11). Et, puisque c'est la première mention des «langues» depuis la Pentecôte (laissant toujours la possibilité, comme le font de nombreux spécialistes, qu'il ait pu y en avoir en Samarie), on tient fréquemment pour acquis ou même on affirme dogmatiquement que ce phénomène «rare» était un signe extraordinaire destiné à marquer l'accession des païens à la grâce. Cette interprétation, et ses applications doctrinales, doivent être contrées de front à la lumière des commentaires mêmes que Pierre fait de l'événement.

Aussi bien sur le moment que dans les débats qui s'ensuivirent, Pierre s'est efforcé de souligner qu'il n'avait agi comme il l'a fait qu'en raison de la *stricte similitude* de l'expérience de ces païens avec celle de toutes les autres personnes! Les manifestations extérieures avaient été tout à fait normales et non pas exceptionnellement particulières. En posant ce principe vital, Pierre a réduit au silence ceux qui le critiquaient.

Le premier groupe qu'il a dû convaincre est celui des «frères de Jaffa», venus à Césarée avec lui. Pierre les a convaincus de faire les baptêmes en s'appuyant précisément sur le fait que les païens «ont reçu le Saint-Esprit aussi bien que *nous*». L'interprétation la plus naturelle de ce mot «nous» est que Pierre faisait appel à l'expérience de ses compagnons de voyage. Pourtant, il n'y a pas la moindre indication que ceux-ci aient fait partie des cent vingt de la Pentecôte; en fait, pour des raisons tant géographiques que statistiques, il semble plutôt qu'ils n'aient pas été présents ce jour-là. Ce que l'on peut déclarer est que ces croyants de Jaffa avaient reçu l'Esprit exactement de la même manière que la maison de Corneille.

Nous pouvons suivre cette même ligne de recherche dans la discussion que Pierre a eue par la suite, à son retour à Jérusalem (Ac 11.1-18). Cette fois, il est en face d'un plus grand nombre de croyants «circoncis» (c-à-d. juifs), plusieurs milliers déjà, et dont la grande majorité ne faisait pas partie du groupe d'origine de la Pentecôte. Fait ironique, ils semblent plus préoccupés de ce que Pierre ait mangé avec des païens que de ce qu'il les ait baptisés! Pierre emploie les mêmes arguments: «Le Saint-Esprit descendit sur eux, comme il l'avait fait au commencement sur *nous* aussi.» Une fois encore, le sens évident de ces mots est un appel à l'expérience de ses auditeurs, les invitant à s'identifier à ce qui s'est passé. L'initiation de Corneille avait été normale et non pas exceptionnelle.

Cette façon de comprendre pourrait être contrée en attirant l'attention sur l'expression que Pierre ajoute en cette occasion: «au commencement». Au premier coup d'œil, ceci semble ramener à la première Pentecôte et limiterait par conséquent la comparaison à la minorité de ceux qui y étaient présents; «nous» devient alors une sorte de «nous» royal et se réfère à une élite du groupe de Jérusalem. Cependant, cette impression pourrait être le résultat de nos traductions, où l'article contracté «au» contient l'article défini «le» qui ne figure pas en grec. Ce qui a le malencontreux effet de faire d'une référence générale une référence spécifique. Sans l'article, le mot «commencement» (grec: *arche*) est employé pour l'initiation chrétienne en général, le commencement de la formation du disciple (1 Jn 2.24 en est un exemple); tandis qu'avec l'article, il est employé pour désigner un événement historique (Ac 26.4 en est un exemple). Si les paroles de Pierre étaient traduites littéralement, on les lirait ainsi: «comme il était venu sur nous en commençant» ou en bon français: «comme il est venu sur nous quand nous avons commencé». La référence serait alors générale pour tous les auditeurs de Pierre, plutôt que particulière aux quelques privilégiés qui étaient présents «au» commencement (c-à-d. à la Pentecôte). Cette approche trouve une confirmation dans la remarque plus développée qui conclut la défense de Pierre: «Dieu leur a fait le même don qu'à nous qui avons cru au Seigneur Jésus-Christ» (le temps aoriste signifie «ayant cru»). Ce serait un choix de mots incongru, si Pierre se référait exclusivement aux cent vingt du jour même de la Pentecôte; c'est donc une description qui s'applique à l'Eglise tout entière. On trouve encore une preuve dans la citation par Pierre de la promesse faite par Jésus juste avant son ascension: «Jean a baptisé d'eau, mais vous...vous serez baptisés d'Esprit Saint» (Ac 1.5; 11.16); la citation est faite au mot près, mise à part l'omission significative de l'expression «dans peu de jours», dont l'inclusion aurait limité cette promesse au jour de la Pentecôte.

Ce sont exactement les mêmes arguments qui reviennent au concile de Jérusalem. Pierre n'a pas eu peur de se répéter après avoir découvert un argument imparable! «Dieu... leur a rendu témoignage, en leur donnant le Saint-Esprit comme à *nous*» (15.8). Il y a une certaine ambiguïté en ce qui concerne les personnes auxquelles Pierre s'adresse à ce moment-là: «les apôtres et les anciens» (15.6) ou «toute la multitude» (15.12). Cependant, il ne fait aucune référence directe au jour de la Pentecôte, ni aucune distinction entre ceux qui étaient présents ce jour-là et ceux qui ne l'étaient pas. Tout l'impact de son discours était que l'expérience de Corneille était identique à celle de tous les membres de l'auditoire de Pierre.

Cet appel eut gain de cause et fit taire les opposants de Pierre, et plus tard de Paul, faisant même éclater en louange certains d'entre eux (11.18). La réaction aurait-elle été aussi unanime si Pierre avait avancé que les païens avaient connu une manifestation très particulière qui n'était pas à la portée de la plupart des croyants de Jérusalem ou de Jaffa? Ceci aurait placé les croyants d'entre les païens au-dessus des croyants juifs, revendication plus propre à susciter la controverse et la jalousie que le contentement et la joie! Non, la force du plaidoyer de Pierre reposait justement sur le fait que Dieu n'avait «fait aucune différence entre nous et eux» (15.9). Rien ne justifie qu'on prenne «nous» comme signifiant «quelques-uns d'entre nous» ou «ceux d'entre nous qui ont eu le privilège de connaître la première effusion lors de la Pentecôte».

Pour conclure, le seul aspect anormal de la réception de l'Esprit par les païens a été son échéance dans le temps, par le fait qu'elle a eu lieu avant le baptême d'eau. Sous tous les autres aspects elle était bien plus normale que spéciale, bien plus un exemple qu'une exception. Bien que Luc ait inséré cet événement dans son récit principalement en raison de sa portée ethnique, ceci n'élimine pas toute sa pertinence pour l'évangélisation. Luc et Pierre partageaient la même compréhension de ce qui était nécessaire pour entrer dans le royaume de Dieu sur la terre.

19

LES MAISONS ENTIÈRES
Actes 11.14; 16.15, 31; 18.8

[Il] te dira des paroles par lesquelles tu seras sauvé, toi et toute ta maison. (Ac 11.14)
Lorsqu'elle eut été baptisée avec sa famille, elle nous invita en disant: Si vous me jugez fidèle au Seigneur, entrez dans ma maison et demeurez-y. Et elle nous pressa très instamment. (Ac 16.15)
Ils répondirent: Crois au Seigneur Jésus, et tu seras sauvé, toi et ta famille. (Ac 16.31)
Crispus, le chef de la synagogue, crut au Seigneur avec toute sa famille. Et beaucoup de Corinthiens, qui écoutaient Paul, crurent et furent baptisés. (Ac 18.8)

Je considère tous ces passages ensemble (on pourrait encore y ajouter 1 Co 1.16) à la lumière de la thèse fondamentale selon laquelle l'initiation chrétienne est un processus en quatre volets (se repentir, croire, être baptisé et recevoir). On se pose tout naturellement la question de savoir si l'*ordre* des diverses séquences de ce processus est important ou si cette succession n'a guère voire pas de signification, pourvu que les éléments soient en fin de compte tous présents.

Par exemple, il est clair qu'il est possible de recevoir l'Esprit avant d'être baptisé d'eau, quoique le Nouveau Testament ne nous donne le récit que d'un seul cas de cette espèce (Ac 10.47).

Quoi qu'il en soit, le gros problème est de savoir si le

baptême d'eau peut venir avant les trois autres composants. On accepte facilement que la repentance et la foi soient toutes deux des caractéristiques permanentes de la vie chrétienne et qu'elles continuent à se développer après le baptême d'eau, qui lui est un événement isolé. Mais le baptême d'eau peut-il être efficace s'il est administré avant la repentance ou avant que la foi ait commencé pour ce qui concerne la personne baptisée? L'importance de cette question réside dans la pratique très répandue du baptême «d'enfant», où il s'agit en général de bébés à peine âgés de quelques semaines et tout à fait incapables d'une repentance ou d'une foi conscientes.

Les défenseurs du baptême des bébés revendiquent fréquemment un soutien biblique pour leur position en faisant appel aux baptêmes de «maisons» pendant les ministères de Pierre et de Paul – associés aux noms de Corneille, Lydie, le geôlier de Philippe, Crispus et Stéphanas. Deux genres d'arguments sont fondés sur ces incidents. Au niveau pratique, certains prétendent que de telles maisons doivent avoir inclus des bébés, qui ont dû à leur tour être inclus dans les baptêmes. (Ceci peut être énoncé de façon moins dogmatique en disant que les bébés n'en étaient pas forcément exclus.) Au niveau théologique, certains soutiennent que le baptême de familles tout entières confirme la continuité du concept d'alliance, tel qu'on le trouve dans l'Ancien Testament, où les descendants d'un homme étaient inclus dans l'alliance aussi bien que lui-même – c'est ce que l'on voit, par exemple, dans l'alliance faite par Dieu avec Abraham. Les bébés pourraient alors être baptisés comme signe de leur appartenance à cette alliance de grâce, en vertu de leur ascendance physique; leur baptême serait alors l'équivalent néo-testamentaire de la circoncision vétéro-testamentaire.

Ce sujet comprend beaucoup d'aspects qu'il nous faudra étudier; certains seront vus ultérieurement (voir

Appendice 1). Les textes mêmes ne traitent que des implications pratiques, on ne peut les considérer comme données théologiques qu'en important des idées tirées d'autres passages des Ecritures. Quoi qu'il en soit, nous allons voir ces deux aspects, le pratique à partir des textes précis et le théologique à partir des vérités générales.

Un bon point de départ consiste à prendre tout d'abord le mot «maison». L'application actuelle de ce mot à la famille «nucléaire» (parents plus enfants) est dangereusement trompeuse. La signification biblique était encore plus étendue que le concept d'une famille «élargie», bien qu'une «maison» pouvait comprendre des parents âgés et des grands-parents (1 Tm 5.4). L'usage normal de ce terme comprenait tous les serviteurs, les esclaves et les employés directement associés avec la famille – et ces personnes pouvaient dépasser en nombre, et de loin, la parenté par le sang. C'était la situation d'Abraham, au moment où il circoncit son fils en premier lieu, puis tous les mâles parmi les gens de sa «maison» (Gn 17.23-27); ces derniers étaient, à une époque, au nombre de trois cent dix huit! Dans ce contexte, il y a presque une distinction entre «famille» et «maison», comme c'est le cas avec Rahab (Jos 6.25). On peut retrouver cette distinction partielle tout au long de l'histoire biblique et jusque dans l'histoire de l'Eglise primitive (l'un des Pères de l'Eglise mentionne une «femme d'évêque, sa maison et ses enfants» – remarquer l'ordre dans l'énumération!). Nous n'avons pas de véritable équivalent dans notre société occidentale égalitaire, où la «domesticité» est tombée en désuétude, mais la bourgeoisie du siècle dernier l'aurait mieux compris, bien qu'elle se serait servie de termes comme «le personnel» ou «la suite». De nos jours, le mot «employé de maison» est peut-être le plus proche que nous ayons!

Tout ceci ne prouve guère que des bébés n'aient pas fait partie du concept néo-testamentaire de «maison», mais cela démontre que les «maisons» comprenaient bien plus que la «famille», bien plus que les descendants d'un homme (cf. Jn 4.53). En fait, le terme pouvait être employé là où il n'y avait pas même de famille. Une personne seule pouvait avoir une «maison» d'esclaves – que ce soit ou non le cas pour les exemples du Nouveau Testament que nous sommes en train d'étudier, puisque le statut marital du «chef» de la maison n'est mentionné à aucun moment. Ainsi donc, ces textes vont beaucoup trop loin dans le sens des avocats du baptême des bébés! Si l'on prône qu'un «chef» fait entrer automatiquement sa «maison» tout entière dans l'alliance de grâce, alors ceci doit s'appliquer à ses parents et grands-parents, ainsi qu'à ses serviteurs et employés dans l'entreprise familiale. Il se peut que ce soit un salut par grâce, mais c'est un salut sans la foi! Il ne sert à rien de revendiquer que les bébés seraient exemptés de la foi, alors que les adultes ne le seraient pas; on ne rencontre pas de distinction de ce genre dans les récits. La promesse selon laquelle «tu seras sauvé, toi et ta famille» (Ac 16.31) exige la foi du *seul* chef de maison (ici le geôlier) ou bien elle exige celle de *tous* les membres de la maisonnée. La construction grammaticale pourrait permettre les deux déductions, mais ne peut en aucun cas entendre la foi de la part de tous les adultes et pas de la part des enfants!

En fait, le contexte confirme que la déclaration de Paul doit être interprétée comme l'extension à toute la maisonnée de l'invitation: «Crois au Seigneur Jésus, et tu seras sauvé». La question du geôlier dénotait le souci exclusif qu'il avait pour son propre avenir, mais Paul s'est saisi de l'occasion pour inclure les membres effrayés de son personnel et leur offrir la chance d'avoir part à son salut, en partageant sa foi. Le soin apporté par Luc pour noter leur réponse vient étayer la justesse de cette interprétation. L'évangile n'a pas été prêché au seul geôlier, mais aussi à *tous* ceux qui étaient dans sa maison, ils furent *tous* baptisés et *tous* furent remplis de joie parce qu'ils avaient *tous* cru!

On peut établir la même conclusion par rapport aux autres situations. «Toute» la maison de Corneille entendit le message, reçut l'Esprit, parla en langues et prophétisa. Pour décrire le groupe, il est parlé de «ses parents et ses amis intimes» (Ac 10.24). Tous étaient pieux et craignaient Dieu; tous attendaient un message qui conduirait au salut la maison tout «entière». «Toute la maison» de Crispus commença par croire et fut ensuite baptisée (Ac 18.8). Toute la famille de Stéphanas s'est «dévouée» au service des saints (1 Co 16.15, TOB – Les premiers convertis de l'Achaïe). On pourrait ajouter encore beaucoup de choses, mais l'important est que toutes ces maisonnées étaient *entièrement* constituées de personnes capables de manifester une réponse active à l'évangile. (J'ai moi-même été impliqué dans des «baptêmes de maison» de ce genre, où toutes les personnes «vivant sous un même toit» s'étaient repenties et avaient cru à peu près au même moment. Il est évident que de nos jours de tels baptêmes impliquent un nombre plus restreint d'individus.)

Bien que, dans le Nouveau Testament, les arguments en faveur de l'exclusion des bébés de la participation passive aux baptêmes de maison ne soient pas irréfutables, la charge de la preuve semble incomber à ceux qui incluent les bébés (et, corrélativement, excluraient les membres adultes de la «maison» qui seraient en mesure de croire et ne croiraient pas). Jusqu'ici, nous n'avons considéré que la base textuelle, mais le problème plus profond de l'arrière-plan théologique de ces textes doit aussi être étudié, puisque ce dernier est la véritable raison de l'interprétation dans un sens ou l'autre.

Il y a des objections théologiques de poids à la pratique du baptême de bébés avant qu'ils ne se soient repentis ou qu'ils aient cru pour eux-mêmes. La difficulté la plus notoire est l'application de la signification et de la portée néo-testamentaires du baptême (voir chapitre 4) à un bénéficiaire passif qui est incapable d'une quelconque réponse. On perd alors complètement le concept de porter la repentance et la foi à une expression et une efficacité totales par l'acte du baptême. Le langage instrumental, qui considère l'acte comme accomplissant ce qu'il représente – un ensevelissement et une résurrection véritables avec Christ – ouvre la porte à l'une des deux distorsions suivantes. Chez les uns, c'est un point de vue sacramentel extrême qui s'installe; ils croient que l'eau et les paroles suffiront pour amener le bébé au salut (point de vue nommé à juste titre «régénération baptismale»). Chez les autres, c'est un point de vue symbolique extrême qui s'installe; le baptême même n'accomplit rien ou presque rien, mais il est «signe» a posteriori d'une chose qui a déjà eu lieu (l'entrée dans l'alliance par la naissance physique) ou a priori d'une chose dont on espère l'avènement ultérieur (l'entrée dans le royaume par la naissance spirituelle). L'un des points de vue attribue trop au rite, l'autre pas assez! Les deux considèrent le baptême comme incomplet, exigeant l'adjonction d'une sorte de «confirmation» quand on atteint l'âge de responsabilité. Quelques-uns diraient que le baptême d'eau doit être complété plus tard par le baptême de l'Esprit (quoique la théologie catholique identifie les deux et croie que le bébé reçoit l'Esprit au baptême).

La position «pédobaptiste» la plus logique est celle qui se fonde sur la notion d'alliance. Elle s'appuie en général sur l'idée que, dans toute la Bible, il n'y a qu'une seule «alliance de grâce» et que cette alliance est révélée par des étapes et des modes divers. L'argument avancé est que Dieu traite davantage avec les personnes de façon collective que de façon individuelle et qu'on hérite de sa grâce physiquement tout autant qu'elle nous est impartie spirituellement. Dieu établit son alliance avec un «peuple»

LES MAISONS ENTIÈRES *Actes 11.14; 16.15, 31; 18.8*

plus qu'avec des personnes. La famille est l'unité du salut; une personne naît dans le «statut» spirituel de ses parents. Ainsi les baptêmes de «maison» s'inscrivent logiquement dans les voies de Dieu quand ils sont considérés comme des baptêmes de «familles».

Il est nécessaire de contester l'hypothèse de base de tout ce point de vue, selon lequel il n'y aurait qu'une seule «alliance de grâce» d'un bout à l'autre de la Bible. L'expression même ne se trouve pas dans la Bible. Le concept ne s'y trouve pas non plus. La Bible parle de diverses alliances (pluriel) qui sont caractérisées par leurs bénéficiaires, leurs promesses et leurs conditions. L'Ancien Testament lui-même contient les alliances très différentes conclues avec Noé (la première mentionnée), Abraham, Moïse et David. Les trois dernières sont étroitement liées les unes aux autres et elles impliquent, toutes trois, des descendants physiques et des parents – ainsi le concept «collectif» d'«alliance» s'applique assurément à la relation de Dieu avec Israël.

Le Nouveau Testament parle quant à lui d'une «nouvelle» alliance, annoncée par Jérémie dans l'Ancien Testament et dont il dit qu'elle ne serait pas comme l'alliance conclue avec Moïse (Jr 31.32). Elle rendrait caduque l'ancienne alliance (Hé 8.13). Nous devons donc examiner les angles sous lesquels cette nouvelle alliance devait être différente de l'ancienne.

Une différence majeure est qu'elle serait conclue avec chaque personne de façon individuelle plutôt qu'avec un peuple pris de façon collective. C'est ce qu'avaient entrevu les prophètes (Jr 31.29-30; Ez 18.2; Jl 3.5), et ce qui ressort très clairement des prédications de Jean-Baptiste et de Jésus, qui ont pris bien soin de dire que l'ascendance n'avait plus rien à voir avec l'alliance (Jn 3.9; 8.39). La chair ne peut produire que la chair; une seconde naissance, naissance de l'Esprit, est maintenant nécessaire (Jn 3.5-6). On trouve par conséquent un accent nouveau sur la responsabilité individuelle (qui implique la capacité de répondre!). Le langage de la nouvelle alliance a un accent très individuel – «tous ceux qui», «chacun», «quiconque». Ce qui est souligné avec insistance, c'est la nécessité pour chaque individu de donner sa réponse personnelle à Dieu («Si quelqu'un» en Lc 14.26-27; «quiconque» en Jn 3.16; «chacun de vous» en Ac 2.38). Le jugement à venir sera prononcé sur une base individuelle (Rm 2.6), tout comme le sera la rédemption de la colère à venir.

Il ne peut y avoir deux façons d'entrer dans le royaume: certains entrant par la naissance de la chair et d'autres par la naissance de l'Esprit! Le baptême relève de cette dernière et non de la première.

L'un des corollaires qui en découlent est que la famille n'est plus l'unité de l'activité salvatrice de Dieu. De fait, le Nouveau Testament montre qu'une «maison» et même la famille peut être divisée par l'évangile. Jésus a dit qu'il n'était pas venu apporter la paix mais l'épée – qui diviserait parent et enfant, frère et sœur. Par exemple, une famille de cinq personnes pourrait être coupée en deux et trois (Lc 12.51-53) – la seule relation intime dont Jésus n'envisageait pas la rupture est celle qui existe entre mari et femme dans un «saint» mariage (voir chapitre 22).

Nous en concluons que la base de la «nouvelle» alliance est tout à fait différente de celle de l'«ancienne» et que ses rites de reconnaissance doivent avoir des applications différentes. Mais quelle est cette «ancienne» alliance? Toutes les références du Nouveau Testament emploient cet adjectif pour l'alliance faite avec Israël au travers de Moïse, mais jamais pour celle conclue avec Abraham. En fait, le Nouveau Testament qualifie les croyants d'entre les païens de «descendance d'Abraham» (Rm 4.16 TOB), et ceux-ci doivent hériter des bénédictions qui lui ont été promises.

Puisque l'alliance conclue avec Abraham se transmettait aussi par ses «descendants», cela ne s'applique-t-il pas également à la descendance des chrétiens aujourd'hui? Le baptême de «maison» n'est-il pas le remplaçant direct de la circoncision abrahamique?

Il est important de remarquer que le Nouveau Testament n'emploie jamais le mot alliance en parlant du lien qui unit les croyants chrétiens à Abraham. Ce lien est spirituel et non pas physique, c'est un lien de foi et non de sang. Ils sont sa «descendance» ou ses «fils» en ce qu'ils portent son image en partageant sa foi; il est le «père» de nombreuses nationalités de croyants (Rm 4.16-17). Les chrétiens n'ont pas hérité de toutes les promesses faites à Abraham – par exemple, ils n'ont pas reçu le pays de Canaan – mais ils ont reçu l'Esprit promis (Ga 3.14). Nous devons aussi nous rappeler que, pour Abraham, la circoncision n'est venue qu'*après* sa foi et qu'elle ne pouvait être que le «sceau» de sa propre foi; elle ne pouvait être un «sceau» sur la foi d'aucun de ses descendants (Rm 4.10-11). Il est le père de tous ceux qui croient premièrement et qui sont scellés ensuite. En fait, le baptême d'eau n'est jamais, ne fût-ce qu'une seule fois, appelé un «sceau»; cet terme est réservé au baptême de l'Esprit dans le Nouveau Testament. En outre, le seul passage du Nouveau Testament où il est question de baptême d'eau et de circoncision dans un même contexte, établit de façon tout à fait claire que le rite physique de la circoncision n'est pas du tout envisagé (Col 2.9-12 – voir chapitre 25).

Ce qui lie l'alliance abrahamique et la «nouvelle» alliance est le Seigneur Jésus-Christ lui-même. L'«ancienne» alliance s'est achevée avec lui. Sa circoncision, à l'âge de huit jours, était la dernière que Dieu exigeât, Jésus étant l'unique «descendance» héritant de la bénédiction abrahamique (Ga 3.16). La «nouvelle» alliance a commencé avec lui. Le baptême de Jésus dans l'eau, à l'âge de trente ans, ainsi que sa souffrance et sa mort, à l'âge de trente-trois ans, étaient tous indispensables pour l'inauguration d'une nouvelle façon d'hériter de la bénédiction d'Abraham (Lc 12.50; 22.20). Il n'a pas choisi d'être circoncis, mais c'est lui qui a choisi d'être baptisé. Là est la clef. Le contraste se trouve entre la vie de la chair et la vie de l'Esprit. Les généalogies, si vitales pour le peuple de Dieu sous l'«ancienne» alliance, atteignent un point culminant et final avec l'arbre généalogique de Jésus (Mt 1 ; Lc 3). A partir de ce moment-là, l'hérédité est hors de propos. La nouvelle alliance forme un peuple nouveau, sur des bases nouvelles. Après avoir hérité de la bénédiction d'Abraham au travers de sa chair, Jésus l'accorde à d'autres au travers de leur seule foi (cf. Ac 2.33 et 11.17 avec Ga 3.2-14).

Après cette longue digression, nous pouvons revenir aux passages concernant les baptêmes de «maison» et énoncer avec assurance que ni la preuve interne (textuelle) ni la preuve externe (théologique) ne permettent de les utiliser pour appuyer la pratique du baptême d'enfant. Même en laissant la place à une marge d'ambiguïté, nous devons insister pour que les arguments en faveur de cette pratique soient établis sans l'aide de ces textes (si cela est possible!).

Permettez-moi de conclure ce chapitre avec une citation tirée de *l'Apologie pour les chrétiens* d'Aristide. (Aristide était un chrétien contemporain de l'empereur Adrien, qui régna de 117 à 138 de notre ère.) Cette *Apologie pour les chrétiens* révèle l'attitude des «chefs de maison» chrétiens, au cours de la période suivant immédiatement celle des écrits du Nouveau Testament: «Si l'un ou l'autre a des serviteurs ou des servantes ou des enfants, ils les persuadent de devenir chrétiens pour l'amour qu'ils ont envers eux et quand ils le sont devenus, ils les appellent frères sans distinction» (*La version syriaque de l'Apologie d'Aristide* par Claude Jacquot, mémoire non publié). Par conséquent, tant les serviteurs que les enfants d'une «maison» chrétienne étaient considérés comme objets d'évangélisation; et la clef de leur conversion était l'amour qu'ils recevaient de la part des membres chrétiens de la maison.

20

LES DISCIPLES D'ÉPHÈSE
Actes 19.1-6

Pendant qu'Apollos était à Corinthe, Paul, après avoir traversé les hauteurs du territoire, se rendit à Ephèse. Il rencontra quelques disciples et leur dit: Avez-vous reçu l'Esprit Saint quand vous avez cru?
 Ils lui répondirent: Nous n'avons même pas entendu dire qu'il y ait un Esprit Saint.
 Il dit: Quel baptême avez-vous donc reçu?
 Ils répondirent: Le baptême de Jean.
 Alors Paul leur dit: Jean a baptisé du baptême de repentance; il disait au peuple de croire en celui qui venait après lui, c'est-à-dire en Jésus. 5 Sur ces paroles, ils furent baptisés au nom du Seigneur Jésus. 6 Paul leur imposa les mains, et le Saint-Esprit vint sur eux; ils se mirent à parler en langues et à prophétiser. (Ac 19.1-6)

Ce passage est un exemple classique du tort causé par la division, non inspirée de Dieu, de la Parole en chapitres, sans parler des versets! L'histoire de la mission à Ephèse commence en Ac 18. Paul ne labourait pas en terrain vierge, il moissonnait là où d'autres – ici, ses amis Priscille et Aquilas, et plus particulièrement l'Egyptien juif Apollos – avaient semé. Il est impossible qu'une simple coïncidence veuille qu'Apollos et les disciples découverts par Paul n'aient «connu que le baptême de Jean» (18.25; cf. 19.3).
 Si, comme cela semble des plus probables, le groupe

rencontré par Paul tenait sa connaissance spirituelle d'Apollos, cela expliquerait en grande partie que Luc les ait appelés «disciples» sans autre qualificatif et que Paul les ait considérés d'emblée comme «croyants». Apollos en savait assez concernant Jésus pour être capable de prouver, à partir des écritures juives (c-à-d. l'Ancien Testament), qu'il était le Messie attendu (grec: *christos*), vraisemblablement en mettant en parallèle les prédictions prophétiques avec ce qu'il connaissait de la vie, de la mort et de la résurrection de Jésus (un peu comme Jésus lui-même l'avait fait sur le chemin d'Emmaüs – Le 24.25-27).

Ce lien avec Apollos expliquerait aussi que Paul mette en question, de façon prudente, voire méfiante, leur expérience spirituelle, car le ministère d'Apollos avait été défectueux. Son enseignement concernant Jésus était certes correct, mais il avait été limité et n'avait pas suffi à engendrer une expérience chrétienne complète. Il semble avoir ignoré le fait que le baptême était maintenant administré sur l'ordre de Jésus ressuscité et portait une signification plus complète «en» son nom. De plus, il n'était certainement pas au courant de l'effusion de l'Esprit Saint donnée plus tard par Jésus désormais élevé au ciel. Sans ces connaissances, la «foi» serait considérée par Apollos comme étant principalement un acquiescement mental à des vérités allant de soi (croire *que* Jésus était le Christ), plutôt qu'elle ne serait une relation existentielle (Croire *en* Jésus comme Sauveur et Seigneur personnel), relation inaugurée au travers du baptême dans l'eau et l'Esprit.

Aquilas et Priscille, couple qui avait déjà collaboré avec Paul par le passé, reconnurent les lacunes d'Apollos. Au lieu de «manger» du prédicateur, ils eurent la sagesse de lui «donner à manger». En privé et de façon informelle, ils l'éclairèrent sur le plein évangile. Ils semblent l'avoir également introduit auprès d'un autre groupe de «frères»

LES DISCIPLES D'ÉPHÈSE Actes 19.1-6

(différent de celui auquel il avait prêché), qui l'encouragèrent à prêcher sa compréhension plus profonde ailleurs, en Achaïe.

Il semble qu'Apollos ait ainsi été en relation avec deux groupes à Ephèse. Le premier, associé avec la synagogue, était formé des juifs qui avaient accepté sa démonstration que Jésus était le Messie promis dans leurs Ecrits. Le deuxième, qui lui a été présenté par Aquilas et Priscille, était un groupe de chrétiens qui se rencontraient probablement dans leur maison. Les deux groupes ne semblent pas avoir eu de lien direct entre eux; et le couple qui a corrigé Apollos ne semble pas s'être soucié de ceux qui avaient reçu son enseignement.

Cependant, les premiers contacts de Paul dans une ville se faisant en général à la synagogue, les personnes ayant reçu l'enseignement d'Apollos seraient les premières que Paul rencontrerait. Sa conversation avec eux, sujet de tant de débats et de controverses, trouve donc toute sa raison d'être sur la toile de fond exposée ci-dessus. Leurs réponses à son «examen contradictoire» reflètent avec exactitude la phase primitive de l'enseignement d'Apollos. Ils n'avaient de toute évidence pas bénéficié de conversations avec Priscille et Aquilas.

Luc n'hésite pas à les décrire comme «disciples», titre le plus répandu pour les chrétiens dans le livre des Actes. Le mot est employé pour un croyant isolé (9.10, 36), pour quelques croyants (9.19, 25) et pour tous les croyants (6.1, 7). S'ils n'avaient été que «disciples de Jean», Luc l'aurait certainement dit, étant donné son souci d'exactitude (cf. Le 1.3). L'absence de l'article défini («les») n'est pas significative ici (cf. 9.10, 36). Il les a acceptés comme «disciples» parce qu'ils étaient déjà dans «la Voie» (remarquez la fréquence d'utilisation de cette «dénomination» du christianisme dans la saga d'Ephèse – 18.25, 26; 19.9, 23). De toute manière, la question clef était de savoir jusqu'où ils étaient allés dans «la Voie»; Paul voulait une réponse à cette question avant de leur apporter son ministère.

Pour comprendre ce passage comme il se doit, le bon point de départ n'est pas la position ou la situation spirituelle des «disciples», mais l'approche mentale de l'apôtre. Ce passage contient des clefs plus claires en ce qui concerne la théologie paulinienne de l'initiation qu'aucune des épîtres; ceci est en grande partie dû au fait que les épîtres ont été écrites à ceux qui avaient déjà été complètement initiés et ne contiennent que de rares mentions de leurs débuts, tandis que dans ce texte des Actes, Paul apporte son conseil aux débutants eux-mêmes. Nous le voyons directement engagé dans l'évangélisation. Une analyse soignée de sa conversation et de sa conduite permet de découvrir des éclaircissements inestimables et des principes stimulants.

La première question de Paul à ces «disciples» nécessite une étude détaillée; on peut y lire à la fois trop et trop peu. Il ne met pas en doute leur doctrine, mais leur expérience; pourtant il le fait sur la base de sa théologie.

La phraséologie même de la question nous amène à dire qu'il trouve leur condition spirituelle peu satisfaisante. Nous devons prendre les paroles de Paul telles quelles sont, comme un résumé authentique de ses premières impressions, même si un examen plus approfondi allait modifier son opinion d'origine. En bref, il était au départ certain qu'ils avaient «cru» en Jésus, mais pas du tout sûr qu'ils aient «reçu» l'Esprit (ce n'est que plus tard qu'il a eu également des doutes sur leur foi).

Comment avait-il été conduit à cette double impression? Il devait y avoir eu des signes qu'ils aient «cru» – en tant qu'élèves d'Appollos, ils devaient connaître l'interprétation «chrétienne» des Ecrits de l'Ancien Testament et être capables de parler librement de Jésus comme «le Christ», toutes choses qui donnaient à Paul l'impression qu'ils

LES DISCIPLES D'ÉPHÈSE Actes 19.1-6

avaient entendu et reçu l'évangile. Mais certains signes devaient manquer – les signes qu'ils avaient «reçu». Il n'y avait vraisemblablement pas de manifestation des dons de l'Esprit. Pour employer une autre expression de Paul, ils ne semblaient pas «avoir l'Esprit» (Rm 8.9 – voir chapitre 21). Cette déficience pouvait être due à deux choses: ou bien ils avaient déjà «reçu» l'Esprit, mais avaient depuis «étouffé» son influence ou y avaient «résisté»; ou bien ils n'avaient jamais vraiment «reçu» l'Esprit. La question de Paul est posée de façon à découvrir la véritable raison et à déterminer le ministère qui conviendra, par conséquent, pour répondre à la situation.

La phraséologie est très significative. Si on la traduisait de façon littérale, la question de Paul deviendrait: «En ayant cru, avez-vous reçu l'Esprit Saint?» Le verbe «croire» est au temps aoriste et se rapporte donc à cette unique étape de foi par laquelle débute la vie de foi du croyant (ce même temps est employé, en Jn 7.39 et Ac 11.17, en association avec le verbe «recevoir»; et les deux contextes sont presque identiques à celui qui nous intéresse). Certains traducteurs se sont posé la question de savoir s'il valait mieux traduire «*quand* vous avez cru» (traduction préférée de ceux qui jugent «croire» et «recevoir» synonymes et par conséquent simultanés) ou «*depuis que* vous avez cru» (traduction préférée de ceux qui enseignent une «seconde bénédiction» qui ne peut être que postérieure). En fait, les deux traductions sont parfaitement acceptables! La question posée par Paul est en réalité: «En ayant cru en Jésus, avez-vous, à ce moment-là ou depuis, reçu l'Esprit Saint?» (en Ac 10.44 la réception était simultanée; en Ac 8.17 elle était postérieure!). Il ne se soucie pas le moins du monde du moment où ils ont «reçu» l'Esprit, mais il se soucie par contre de savoir s'ils l'ont reçu ou non. Etant donné qu'il a demandé si «croire» et «recevoir» avaient tous deux eu lieu, une conclusion s'impose: *pour*

Paul, croire en Jésus et recevoir l'Esprit Saint n'étaient pas une seule et même chose. Dans sa façon de penser, il était tout à fait possible que ces gens aient l'une sans l'autre, comme cela avait été le cas des Samaritains et aussi le sien pendant les trois jours passés à Damas. Cet état peut être «au-dessous de la normale», mais il n'est pas «anormal»..

Ce qu'il nous faut souligner maintenant, c'est que Paul s'attendait à ce que les disciples sachent s'ils avaient ou non «reçu». Ils n'étaient pas en position de pouvoir déduire cette «connaissance» des Ecrits du Nouveau Testament, comme de nombreuses personnes tentent de le faire aujourd'hui. En effet, ces textes n'étaient pas encore écrits! Ils ne pouvaient répondre que sur la base d'une expérience qui était si précise qu'ils ne pourraient avoir de doute quant au fait qu'elle se soit produite. Ce qui vient confirmer que Paul fait appel à leur expérience est l'absence de l'article défini – «Avez-vous reçu Esprit Saint...?» Cette absence a, en général, pour effet d'accentuer la puissance subjective plutôt que la personne objective. Cette omission caractérise chacun des récits où l'Esprit est envisagé comme une partie de l'expérience humaine, (voir Appendice 2).

Il faut aussi manier avec soin la réponse des disciples à la première question de Paul. Une lecture superficielle (comme c'est le cas de trop nombreuses traductions) prend cette réponse comme la confession d'une ignorance crasse concernant la troisième personne de la Trinité, l'aveu de n'avoir jamais entendu quoi que ce soit la concernant! Un manque de connaissance aussi total est fort improbable, puisque l'enseignement d'Apollos comprenait presque certainement la promesse que le Messie remplirait sa mission grâce à la puissante onction de l'Esprit Saint (Es 61.1), promesse accomplie pour Jésus lors de son baptême par Jean dans le Jourdain. Ils devaient avoir également entendu parler de l'enseignement de Jean selon lequel son baptême

LES DISCIPLES D'ÉPHÈSE Actes 19.1-6

dans l'eau ne pouvait se comparer au baptême du Messie dans l'Esprit Saint, qui devait venir plus tard.

En nous penchant à nouveau sur le libellé exact de la réponse, nous découvrons qu'il trahit une connaissance plus qu'une ignorance – mais une connaissance mentale plus qu'expérimentale. Ce qu'ils ont vraiment dit (traduit littéralement) était: «Mais nous n'avons pas entendu dire qu'Esprit Saint soit.» Remarquons encore une fois l'absence de l'article défini (accentuant la puissance plus que la personne) et explorons cette phrase laissée étrangement «en suspens» (Esprit Saint «est» quoi?). Certains pensent que «être» signifie «exister», mais cela suppose que l'on renverse la phrase et que l'on fasse de l'Esprit Saint l'objet plutôt que le sujet du verbe («Nous n'avons pas entendu dire qu'il y ait un Esprit Saint»), Assurément, la traduction littérale du grec en français demande l'addition d'un mot pour compléter le sens. Heureusement, il y a un parallèle exact à un autre endroit des Ecritures (que de fois c'est ainsi que l'on trouve la solution à des problèmes exégétiques!). Jn 7.39 est rendu littéralement par: «Car Esprit n'était pas encore, parce que Jésus n'était pas encore glorifié.» Que n'«était» pas encore Esprit? Prendre cette phrase comme signifiant que l'Esprit n'existait pas encore serait une dénégation hérétique de l'éternelle Trinité! Pour éviter cette erreur, les traductions ajoutent en général un mot complémentaire (qui ne figure pas en grec): «car Esprit n'était pas encore *donné*» (c-à-d. manifesté dans les hommes). Ceci se comprend et éclaire la référence à la Pentecôte (qui ne pouvait se produire qu'après la mort, la résurrection et l'ascension de Jésus – sa «glorification»). Dès que l'on insère ce mot complémentaire acceptable au sein de la même construction grammaticale en Ac 19.2, la réponse des disciples est tout à fait différente: «Nous n'avons pas entendu dire qu'Esprit Saint soit donné» (le texte «occidental» rend cela encore plus clair par sa variante *Lambanousin tines* qui donne, une fois traduite, pour réponse: «Nous n'avons pas entendu dire que quiconque ait reçu l'Esprit Saint»). En d'autres termes, ils savaient que l'onction qu'avait reçue le Messie serait à la disposition de ses disciples, mais ils n'avaient pas été informés que cela se soit déjà produit. Leur ignorance ne concernait pas l'Esprit Saint en tant que tel, mais les événements de la Pentecôte et leur signification pour tous les croyants qui suivraient.

Paul, sachant désormais ce qu'il voulait savoir, poursuivit donc son enquête, remontant encore plus avant dans leur initiation avec des questions sur leur baptême. Remarquez qu'il présuppose qu'ils ont tous été baptisés, même s'il se demande si le baptême a été correctement administré: à ce point, ils sont encore, dans l'esprit de Paul, des «disciples croyants». Etant donnée leur ignorance de la Pentecôte, Paul commence à s'interroger sur la dimension «chrétienne» de leur baptême et leur compréhension de la raison d'être de ce rite, d'où l'emploi de la préposition «pour» (voir chapitre 23 pour la signification complète de cette préposition en rapport avec le baptême). Pour chaque baptême il y a un «dans» (le vecteur – ici, l'eau) et un «pour» (la signification ou le but recherché accompli par l'acte). Exprimé plus simplement, Paul demande: «Qu'a accompli pour vous votre baptême, ou que signifie-t-il pour vous?»

Avant de nous pencher sur la réponse des disciples, nous devons marquer un temps d'arrêt et nous demander ce que cette question révèle de la pensée de Paul. De toute évidence, il y a, dans son esprit, une sorte de lien entre baptême d'eau et réception de l'Esprit. Bien que Paul ne fasse jamais d'identification entre ces deux choses, il les associe très intimement, les liant presque, quoique pas tout à fait, en termes de relation de cause à effet. Le baptême d'eau est à la fois un prélude et une condition préalable au baptême d'Esprit; en pratique, le premier conduit normalement au

LES DISCIPLES D'ÉPHÈSE *Actes 19.1-6*

second. Par conséquent, un baptême défectueux est l'une des causes possibles d'un délai dans la réception de l'Esprit. Disons cela autrement: habituellement, le Seigneur répond à un baptême fait selon les règles par la démonstration de son acceptation du croyant repentant au travers du don de l'effusion de l'Esprit. Ainsi, ce n'est pas seulement ce que le baptême a signifié pour le candidat qui facilite ou retarde la réception de l'Esprit; un délai pourrait aussi signifier que le Seigneur lui-même déclare le baptême insuffisant pour une raison quelconque.

La réponse que ces «disciples» ont donnée à la deuxième question de Paul a enfin révélé leur véritable position et fait connaître à Paul ce qu'il avait besoin de savoir. Leur baptême avait été une expression authentique de repentance envers Dieu, mais il n'avait pas été un acte personnel de foi dans le Seigneur Jésus. Comme cela ne leur avait pas été présenté comme tel, ils ne l'avaient pas considéré comme une identification avec Jésus dans sa mort, son ensevelissement et sa résurrection (Rm 6.3-4), exprimée par le don d'une nouvelle identité au travers du baptême «pour» son nom. Cela n'avait pas été un baptême «chrétien».

Cela révélait que leur foi n'avait pas été tout ce qu'elle devait être. A ce moment-là seulement, Paul prit conscience qu'il s'était trompé en prenant pour acquis qu'ils avaient «cru», du moins selon son acception de ce terme. En fait, des quatre éléments de l'initiation chrétienne, ils n'en possédaient vraiment qu'un seul: la repentance! Paul chercha à les conduire plus loin en soulignant que leur dernier mentor, Jean-Baptiste, avait parfaitement compris les limites de son propre ministère et de son baptême, conviant ses auditeurs à diriger leur dépendance vers «celui» dont il n'était que le précurseur. Son propre baptême de repentance avait pour but de «préparer la voie» pour la foi dans le Roi qui allait venir et qui se trouva être son cousin, Jésus.

LA NAISSANCE NORMALE DU CHRÉTIEN

Il est important de noter que la présentation que Paul fit de Jésus, à ce point, n'a causé ni surprise ni protestation d'ignorance («Nous n'avons pas entendu dire que Jésus soit»!). Il y a une énigme ici: le nom de «Jésus» devait être à la fois connu d'eux et employé au milieu d'eux quand Paul les a «trouvés» (ou alors pour quelle raison Luc les aurait-il appelés «disciples» et Paul aurait-il supposé qu'ils avaient «cru»?); pourtant, Paul leur dit maintenant de «croire en» Jésus. On peut encore une fois trouver l'explication dans le ministère d'Apollos. Son enseignement avait porté sur «ce qui concernait» (grec: *peri* – 18.25) Jésus, il avait partagé qu'il croyait que Jésus était le Christ, ce qui était exact mais pas suffisant. Il ne s'agissait cependant pas de la foi salvatrice dans toute son étendue, foi qui consiste à croire *en* Jésus (en fait, Paul emploie la préposition grecque *eis* = pour). La foi salvatrice est la confiance en une personne plus qu'elle n'est l'acceptation de propositions – d'où l'emploi du nom «Jésus» avec une telle insistance, dans le double but que ceux qui sont maintenant à la fois ses «parents» et ses «représentants» s'adressent à lui directement et qu'ils usent de ce nom comme autorité.

Par conséquent, Paul a dû expliquer tout cela, ainsi que bien d'autres choses. La réponse des disciples à l'éclaircissement complémentaire apporté par Paul a été un désir sans réserve d'entrer dans cette relation plus personnelle avec Jésus-Christ. Soit dit en passant, une soif d'aller plus loin est souvent le signe de ce que la personne est déjà sur «la Voie»; quand une personne pense avoir déjà reçu tout ce dont elle a besoin, ce n'est pas bon signe! Ainsi, les «disciples» éphésiens se soumirent promptement au baptême dans l'eau dans le nom du Seigneur Jésus. Paul n'a pas accompli le rite lui-même, mais il l'a laissé faire à ses aides, Timothée et Eraste (19.22), sans doute pour éviter que les disciples n'associent son nom au rite (1 Co 1.15).

LES DISCIPLES D'ÉPHÈSE *Actes 19.1-6*

Avant de poursuivre, nous devons prendre conscience que cet acte était ce que beaucoup appelleraient aujourd'hui un «rebaptême». (Pour en éviter les implications désagréables, Calvin a, dans son *Institution* 4.15.18, nié que le baptême d'eau ait été administré à Ephèse et insisté pour dire que Paul n'avait fait qu'imposer les mains à ces «disciples»!) Paul n'a pas hésité une seconde à mettre ces disciples dans l'eau pour la deuxième fois, pas plus que Pierre le jour de la Pentecôte (voir chapitre 15). Bien que leur premier baptême ait été accompagné d'une repentance authentique, l'absence d'une foi personnelle en Jésus signifiait qu'il n'avait pas été un baptême «chrétien». Il n'avait pas été accepté par le Seigneur comme remplissant ses exigences. Paul n'a pas cherché à «ajouter» la dimension de foi rétrospectivement à ce premier baptême, par une sorte de cérémonie de «confirmation» de son invention; cela aurait réduit le baptême à un simple symbole anticipateur, ce qu'il n'a jamais été censé être. L'emploi d'eau associé à une forme de paroles qui incluait le nom de Jésus n'aurait guère convaincu l'apôtre quant au fait qu'un baptême chrétien avait eu lieu. Ce n'est pas la formule – l'emploi en lui-même du nom de Jésus – qui rend le sacrement efficace, mais c'est la foi en son nom, l'invocation de son nom par le baptiseur comme par le baptisé (Ac 2.21; 3.16; 22.16). Il n'y a pas non plus de preuve que Paul aurait accepté une repentance ou une foi substitutive en lieu et place d'une réponse personnelle à l'évangile de la part du baptisé (voir le chapitre précédent).

Quel qu'ait été l'état premier de leur foi, il ne pouvait y avoir de doute quant au fait que les disciples éphésiens étaient maintenant de véritables croyants – ils s'étaient repentis de leurs péchés, avaient placé leur foi dans le Seigneur Jésus et avaient enfin amené les deux à maturité dans le baptême d'eau. Il est par conséquent quelque peu hors de propos de discuter sur leur condition spirituelle quand Paul les a rencontrés pour la première fois. Une chose est sûre, au moment où ils sont sortis de l'eau ils étaient *encore* dans l'état de personnes ayant cru et n'ayant pas encore reçu! Ce point vital échappe totalement à la plupart des évangéliques modernes (qui maintiennent encore qu'ils devaient avoir reçu quand ils avaient cru, en dépit de l'absence de tout signe extérieur en ce sens) et à la plupart des sacramentalistes modernes (qui maintiennent encore qu'ils devaient avoir reçu quand ils avaient été baptisés, en dépit de l'absence de tout signe extérieur en ce sens); si ces deux façons de voir étaient correctes, il n'y aurait eu besoin d'aucune *autre* intervention de la part de Paul. Pourtant, l'apôtre n'a adopté ni l'un ni l'autre de ces deux raisonnements. Il n'a montré aucun étonnement quant au fait que rien ne s'était «passé» jusque-là pour indiquer que l'Esprit avait été donné. Il semble avoir procédé sur la base de l'hypothèse simple que ces «disciples» satisfaisaient maintenant tout à fait aux conditions requises pour «recevoir», et que donc l'étape suivante normale consistait à demander que le don soit donné – en se servant de cette forme intensive et expressive de prière connue comme «imposition des mains». D'autres apôtres l'avaient déjà pratiquée (Ac 8.15-17) et d'ailleurs Paul lui-même avait reçu l'Esprit Saint de cette façon après qu'il se soit repenti et qu'il ait cru (Ac 9.17). Contrairement à sa position concernant les baptêmes d'eau, Paul a pratiqué lui-même l'imposition des mains – non qu'un apôtre soit nécessaire pour cela (Ananias avait suffi dans son propre cas) ni que ce fût lui qui avait posé la question le premier, mais parce que sa requête de prière laisserait clairement entendre que cette fois-ci ce n'était pas un être humain qui baptisait, mais Jésus lui-même (les mots employés étant adressés à lui plutôt qu'au candidat). C'est-à-dire que *tous* les croyants, sans distinction, seront baptisés dans l'Esprit Saint par Jésus lui-même, tandis qu'ils seront baptisés dans

LES DISCIPLES D'ÉPHÈSE Actes 19.1-6

l'eau par différents disciples de Jésus (quand il sera possible de faire la distinction).

Enfin, ayant rempli toutes les conditions, étudié tous les obstacles et résolu tous les problèmes, les disciples éphésiens reçurent l'Esprit Saint. Ils auraient désormais pu répondre à la première question de Paul par un oui franc et massif (ils n'en eurent pas besoin, parce que la réception de l'Esprit était toujours parfaitement visible pour les personnes présentes; Paul n'avait posé sa question que parce qu'il n'avait pas été témoin de leurs débuts). Leur initiation était maintenant *achevée*. Elle était aussi *normale*. Ils s'étaient repentis et avaient cru avant d'être baptisés, et ils avaient reçu l'Esprit après avoir été baptisés, succession précisément conforme à celle expérimentée en général par ceux qui acceptèrent l'évangile en ces temps-là. La *chronologie* était un peu inhabituelle, en ce que leur foi avait pris un peu de temps à atteindre son efficacité salvatrice. Le laps de temps entre l'acquisition d'une foi entière et la réception de l'Esprit a été court, mais réel (le baptême est arrivé entre deux). Qu'on le mesure en minutes (comme ici) ou en jours (comme en Samarie), l'«écart» est suffisant pour montrer que «croire» et «recevoir» ne sont, de toute évidence, pas la même chose.

Mon dernier argument, et non le moindre, est qu'à Ephèse, comme partout ailleurs et pour toutes les autres personnes, recevoir l'Esprit Saint s'accompagnait d'une preuve audiovisuelle de nature «pentecôtiste». En cette occasion, ils «se mirent à parler en langues, et à prophétiser». Ce sont deux formes d'élocution *spontanée*; la première serait dans une langue qu'ils n'avaient pas apprise et qui n'a probablement pas été identifiée, tandis que la seconde serait dans leur propre langue. Le contenu de chacune provenait de leur esprit plus que de leur pensée, l'Esprit Saint leur disant ce qu'ils devaient dire. Le fait que, chaque fois que des «signes» de la réception de l'Esprit sont mentionnés, le don des «langues» y apparaisse *toujours* est probablement significatif. Mais d'autre part, quand d'autres «signes» sont mentionnés, il n'y a pas d'affirmation claire que *tous* aient parlé en langue tout en manifestant d'autres dons (une telle affirmation générale n'est faite que le jour même de la Pentecôte, où les langues ont été la seule manifestation – Ac 2.4; voir chapitre 14). Il semble qu'ici, à Ephèse, certains aient parlé en langues et d'autres prophétisé (c'est le sens le plus naturel de la phraséologie). La Pentecôte mise à part, on ne trouve ni récit disant que toutes les personnes ont parlé en langues quand elles ont reçu l'Esprit, ni enseignement apostolique qu'elles auraient dû le faire. Il est possible d'étayer de façon solide par les Ecritures que les langues puissent effectivement être le signe extérieur, mais énoncer dogmatiquement que c'est la seule preuve valable, c'est outrepasser ces mêmes Ecritures.

Une ou deux observations finales compléteront notre étude. Le fait que douze «hommes» aient fait cette expérience n'a probablement pas grande signification, si ce n'est de souligner la précision méticuleuse de Luc dans son récit des événements. Cette précision n'exclut d'ailleurs pas leurs femmes ni les membres croyants de leurs familles. Remarquez qu'ils n'ont pas reçu l'Esprit Saint simultanément en tant que groupe – l'occasion principale où cela s'est produit dans le Nouveau Testament est la Pentecôte – mais individuellement, un par un, à mesure que les mains de l'apôtre étaient posées sur eux (comme cela s'était passé en Samarie – Ac 8.17). L'affirmation selon laquelle le Nouveau Testament ne relate que des baptêmes de l'Esprit collectifs n'est tout simplement pas vraie.

Une attention particulière a été donnée à ce passage à cause de sa signification exceptionnelle par le fait qu'elle fournit un lien direct entre les théologies lucanienne et paulinienne de l'Esprit. Il est de bon ton, dans certains milieux, de souligner leurs différences et de choisir

LES DISCIPLES D'ÉPHÈSE *Actes 19.1-6*

l'une comme critère pour l'autre! Les évangéliques ont tendance à choisir la théologie paulinienne, s'en servant pour neutraliser la dimension charismatique de Luc, tandis que les pentecôtistes ont tendance à choisir la lucanienne, s'en servant pour neutraliser la doctrine générale de Paul. Actes 19 démontre que la compréhension qu'avait Paul de l'initiation chrétienne était la même que celle des autres apôtres – c'est-à-dire le schéma systématiquement rapporté par Luc tout au long de l'histoire interprétative de l'Eglise primitive. Les traits essentiels de cette théologie commune peuvent être recensés comme suit:

1. Une initiation complète est constituée de quatre éléments: se repentir envers Dieu, croire en Jésus, être baptisé dans l'eau et recevoir l'Esprit Saint.
2. Le baptême chrétien exige comme conditions préalables la repentance du péché et la foi personnelle en Jésus.
3. Croire en Jésus et recevoir l'Esprit Saint ne sont pas la même chose. Ils peuvent être séparés dans le temps.
4. Recevoir l'Esprit Saint est une expérience précise accompagnée de preuves tangibles.
5. Quand l'un quelconque des éléments manque, il faut faire quelque chose pour palier à la carence.

Bien sûr, Ac 19.1-6 n'est pas le seul passage permettant de tirer ces conclusions (par exemple, voir les chapitres 16 et 27); mais c'est l'un des exemples les plus clairs de la pratique apostolique, duquel on peut déduire la doctrine apostolique. (L'application pastorale de ces principes sera abordée plus tard dans le livre, aux chapitres 32 à 35.)

Le défi qui nous est lancé de repenser nos présupposés modernes est exprimé d'une manière superbe dans *The*

Household of God (Londres, SCM Press, 1953) – l'un des écrits les plus prophétiques concernant l'Eglise d'aujourd'hui, rédigé par l'évêque Lesslie Newbigin, missionnaire d'une stature semblable à celle de Roland Allen:

> L'apôtre a posé une question aux convertis d'Apollos: «Avez-vous reçu l'Esprit Saint quand vous avez cru?» et il a reçu une réponse nette. Ses successeurs modernes sont plus prompts à demander, soit: «Avez-vous cru exactement ce que nous enseignons?» soit: «Les mains qui vous ont été imposées étaient-elles les nôtres?», et – si la réponse est satisfaisante – à assurer les convertis qu'ils ont reçu l'Esprit Saint même s'ils ne le savent pas. Il y a un monde de différence entre ces deux attitudes. (p.95).

21

L'ÉPREUVE DÉCISIVE
Romains 8.9

Pour vous, vous n'êtes plus sous l'emprise de la chair, mais sous celle de l'Esprit, si du moins l'Esprit de Dieu habite en vous. Si quelqu'un n'a pas l'Esprit de Christ, il ne lui appartient pas. (Rm 8.9)

Voici l'un des «textes à conviction» favoris de ceux qui prétendent que l'Esprit Saint est «reçu» automatiquement et, en général, inconsciemment, au moment où la personne «croit», ce qui rendrait inutile, voire trompeuse, l'attente de toute preuve ou expérience ultérieure pour confirmer que le «don» a bien été reçu.

Cependant, ceux qui se servent de ce verset dans ce but l'interprètent d'une façon tout à fait extraordinaire. La déclaration de Paul n'est pas prise telle quelle, mais renversée deux fois: tout d'abord de la forme négative à la forme affirmative, ensuite du début à la fin! En outre, ils y introduisent le mot «chrétien», bien qu'il ne figure pas dans l'original. Il en résulte une sorte de «tour de passe-passe» exégétique soigneusement déguisé. L'argumentation suit le schéma ci-dessous:

quiconque n'a pas l'Esprit n'est pas «chrétien», ainsi
quiconque a l'Esprit est «chrétien»,
donc quiconque est «chrétien» doit avoir l'Esprit.

Le troisième énoncé est alors considéré comme l'essence du texte et, pour une oreille peu exercée, il a la consonance d'une déduction parfaitement légitime. Pourtant il y a un vice de forme fatal dans la déduction logique, qu'il est plus aisé de mettre en lumière dans un simple renversement:

tout chien a quatre pattes, donc
tout ce qui a quatre pattes doit être un chien.

Ce sophisme fondamental compris, nous pouvons donner maintenant un exemple de double renversement:

quiconque n'est pas né de parents français n'est pas «Français», donc
quiconque naît de parents français est «Français», donc
quiconque est «Français» doit être né de parents français.

On pourrait considérer que c'est là un argument frappant si on ne prenait pas conscience du fait que le sens du mot «Français» pourrait ne pas être le même dans tous les cas; dans le troisième énoncé il peut inclure ceux qui le sont par un processus légal d'adoption ou de naturalisation. Suivant les mêmes principes, dans le troisième énoncé, «chrétien» peut avoir une signification très différente de celle qu'il a dans le premier. Dans l'acception moderne, «chrétien» s'appliquerait aux Samaritains avant qu'ils aient reçu l'Esprit, auquel cas Rm 8.9 pourrait servir à prouver qu'ils avaient reçu l'Esprit! Si on emploie «chrétien» pour tous ceux qui ont «cru» en Jésus, alors cette façon de comprendre Rm 8.9 fait de la question de Paul aux «disciples» d'Ephèse un non-sens complet. Cette question pourrait alors se libeller ainsi: «Avez-vous reçu l'Esprit Saint quand vous êtes devenus chrétiens?»

Nous étant débarrassés de cette fausse interprétation

communément acceptée, nous pouvons chercher à acquérir une compréhension nouvelle en examinant le contexte plus large et la phraséologie même du texte. Nous verrons ensuite son rapport avec la doctrine paulinienne de l'initiation.

Paul écrit aux Romains parce qu'il a le désir d'exercer son ministère chez eux (ils vivent au centre de l'empire romain) et au-delà de chez eux (Rome constituerait alors une «base» à partir de laquelle il pourrait atteindre l'Espagne, plus à l'ouest). Cette Eglise n'ayant pas été fondée par lui et ces chrétiens n'ayant jamais bénéficié de son ministère, il écrit sa propre «lettre de recommandation» (cf. 2 Co 3.1-3). C'est ce qui explique à la fois le fait mineur d'un si grand nombre de salutations personnelles (en Rm 16) et le fait majeur d'un énoncé si complet de l'évangile qu'il prêche (c'est, de ses écrits, celui qui s'approche le plus d'un énoncé «systématique» de théologie!). Ils ont besoin d'en savoir le plus possible à son sujet avant qu'il ne vienne chez eux, de sorte qu'il puisse être plus rapidement accepté et envoyé (Rm 15.24).

Il est également important de noter qu'il ne les connaît pas plus qu'il n'est connu d'eux. Bien qu'il ait entendu d'excellents témoignages de leur foi collective (Rm 1.8), il ne tient rien pour acquis. Comme ce n'est pas lui qui les a évangélisés, il n'admet pas, a priori, qu'ils soient tout ce qu'ils devraient être. Il s'adresse parfois à eux comme à des pécheurs, même s'ils sont «appelés à être saints» (Rm 2.7; cf. 1.17). Il se peut même qu'à un certain point il soit en train d'insinuer qu'ils ne sont pas encore tous baptisés (Rm 6.3). Il admet qu'ils pourraient posséder plus de dons spirituels qu'ils n'en ont (Rm 1.11; cf. 1 Co 1.7). Il s'attend, tout à fait raisonnablement, à ce qu'ils aient besoin de beaucoup d'aide et de conseils pour une vie pieuse, aussi bien les uns avec les autres dans l'Eglise que séparément dans le monde (Rm 12-15). Le verset sur lequel nous nous sommes arrêtés (Rm 8.9) s'insère fort bien dans toute cette «atmosphère», puisqu'il contient le rappel discret qu'il y a, derrière son enseignement, la prémisse fondamentale qu'ils «ont» tous l'Esprit; si cela ne peut être admis, ses conclusions ne peuvent s'appliquer.

Les huit premiers chapitres de Romains présentent la prédication paulinienne de l'évangile, sa «théologie» du salut; les trois chapitres suivants traitent des relations entre Juifs et Gentils, question pressante pour l'Eglise de Rome; enfin les derniers chapitres énoncent l'éthique du salut. La première partie (Rm 1-8) se subdivise en trois:

le besoin de salut (le péché de l'homme et la colère de Dieu);
le début du salut (justification);
la suite du salut (sanctification).

On interprète toujours Rm 8.9 comme s'il appartenait à la deuxième subdivision, alors qu'il appartient à la troisième. Il n'est pas tant une référence au *statut* du croyant devant Dieu, ce qui relève de la justification, qu'une référence à *l'état* du croyant en Dieu, ce qui relève de la sanctification. Par conséquent, il est tout à fait erroné de lire dans ce verset une définition de la façon de «devenir chrétien» (voici une nouvelle illustration de la maxime: «Un texte hors contexte devient un prétexte»).

Romains 7 et 8 vont ensemble. Ils constituent la toile de fond première de ce verset, en mettant en contraste la vie dans la «chair» (tant avant la conversion, en 7.7-13, qu'après, en 7.14-25) et la vie dans l'«Esprit». L'une de ces façons de vivre conduit à la défaite, au désespoir et à la mort; l'autre à la victoire, à l'espérance et à la vie. Mettre en relief les différences est un mode d'expression favori de Paul quand il veut stimuler les croyants à rechercher la sainteté (Ga 5.16-23 est un exemple classique de contraste de ce genre). Selon

L'ÉPREUVE DÉCISIVE *Romains 8:9*

Paul, le croyant est devant un choix qui ne se présente pas à l'incroyant. L'incroyant ne peut faire autrement que de vivre dans la chair. Un croyant, par contre, peut vivre dans la chair et être «charnel» – dans ce cas, sa vie sera aussi désordonnée et déprimante qu'elle l'était avant sa conversion – ou il peut vivre dans l'Esprit et être «spirituel».

Il est donc tout à fait normal, à la lumière de son thème et de sa relation avec les Romains, que Paul glisse en passant une remarque laissant entendre qu'il tient pour acquis que ses lecteurs «ont» tous l'Esprit. S'il n'en était pas ainsi, la paix, la filialité, l'aide dans la prière, la victoire providentielle sur les circonstances, le triomphe sur toute adversité, toutes ces choses seraient hors de portée. Elles jaillissent naturellement de la marche dans l'Esprit, de la direction de l'Esprit, du témoignage de l'Esprit et de l'aide de l'Esprit. Par la puissance de l'Esprit, la chair est amenée à «démissionner». Il est en effet impossible de vivre en même temps par la chair et par l'Esprit. Le croyant est peut-être «libre» de vivre soit dans la chair soit dans l'Esprit, mais jamais dans les deux (cf. Rm 8.5 avec Ga 5.17).

Gardons tout cela présent à l'esprit – et portons les bonnes lentilles de contexte! – pour nous tourner vers le texte même de Rm 8.9, en commençant par une traduction littérale du grec: «Si quelqu'un n'est pas en train d'avoir Esprit de Christ, celui-là n'est pas de lui.»

Ce qu'il y a de plus frappant dans cette déclaration, c'est le temps du verbe «avoir». En grec, le temps présent peut signifier soit une action prolongée («continuer à» avoir quelque chose) soit une condition présente («être» ayant quelque chose). Ce que les deux significations ont en commun, c'est l'élément de continuité; on l'appelle souvent le temps «présent continu».

Il est impossible de souligner trop lourdement que Paul fait référence à la condition présente de ses lecteurs et non pas à leur conversion passée. Il parle de leur expérience présente de sanctification plus que de leur entrée passée dans la justification. Quand il veut parler de la réception initiale de l'Esprit par un croyant, il emploie le temps passé, ou plus particulièrement, le temps aoriste (qui se réfère à un événement unique). C'est le cas plus avant dans l'épître, dans la partie sur la sanctification, quand il parle du «Saint-Esprit qui nous a été donné» (Rm 5.5). Remarquez qu'en Rm 5 Paul exprime sa totale assurance que ses lecteurs ont tous «reçu», alors qu'en Rm 8 il introduit une note de doute sur le fait qu'ils l'«aient» tous, ce qui indique une distinction fondamentale dans la pensée de Paul et dans son enseignement. «Recevoir» et «avoir» ne sont pas synonymes, bien que le premier doive conduire au dernier. Là où les disciples ne semblent pas «avoir» l'Esprit, la première chose à découvrir est s'ils l'ont «reçu»; c'est exactement ce qui a amené la question de Paul à Éphèse (voir chapitre 20). Bien qu'il ait découvert à Éphèse qu'ils n'avaient jamais «reçu», la formulation de sa question montre qu'il était ouvert à une autre possibilité, qu'ils aient «reçu» mais n'aient pas continué à «avoir».

Une confirmation de cette compréhension d'«avoir» et de «recevoir» nous est donnée par la version des Septante, traduction grecque de l'Ancien Testament. Cette version est celle que Paul cite le plus souvent et c'est par elle qu'il a dû s'habituer à cette expression même: «avoir l'Esprit Saint». Elle y est employée, au temps présent, à propos d'hommes comme Joseph et Josué, pour décrire leur état continuel de maturité spirituelle (Gn 41.38; Nb 27.18). Paul se l'applique à lui-même (1 Co 7.40).

En d'autres termes, «avoir» doit être compris en termes de continuité et d'expérience, en relation avec la sanctification, au lieu de l'être en termes de doctrine et de justice, en relation avec la justification. Si l'omission de l'article défini est intentionnelle, elle ajoute encore une indication en faveur de cette façon de comprendre; cela soulignerait l'expérience «subjective» de la puissance de l'Esprit Saint dans le croyant, par opposition avec l'existence «objective» de la personne de l'Esprit Saint dans le croyant (voir Appendice 2). Cela s'accorde tout à fait avec la première moitié de Rm 8.9, qui se traduit littéralement: «Vous n'êtes pas dans chair, mais dans Esprit, si en fait Esprit Saint continue à vous habiter». On retrouve ici les mêmes formes grammaticales: temps présent continu du verbe, absence de l'article défini, etc. En fait, les deux moitiés de la déclaration se lisent comme un couplet de poésie hébraïque (construite sur un «parallélisme», la répétition de la même pensée en d'autres termes); de tels couplets ne sont pas improbables sous la plume d'un «Hébreu né d'Hébreux» (Ph 3.5).

Ce qui saute aux yeux, c'est que les deux phrases commencent par la conjonction cruciale «si», la première étant renforcée par l'adverbe «du moins». Cela exprime clairement une situation conditionnelle, puisqu'il n'y a rien d'automatique en ce qui concerne le fait d'«avoir» ou celui de «demeurer». Il est possible de commencer par «recevoir» et de ne pas continuer à «avoir» l'Esprit.

Qu'ont donc perdu ceux qui ne continuent pas à «avoir»? Cette déclaration se trouvant en Rm 8 et non en Rm 5, la première réponse qui vient à l'esprit est: leur sanctification, mais pas nécessairement leur justification. Aucune des bénédictions de la «vie» dans l'Esprit ne peut être leur. Ils se retrouveront à nouveau «dans la chair», vivant des vies «charnelles» (1 Co 3.1). La loi du péché, à l'œuvre dans leurs membres, prévaudra sur la loi de Dieu dans leur pensée. En un mot, ils resteront coincés dans Rm 7! Cela ne peut amener que la mort spirituelle.

Mais la fin peut-elle en être la mort éternelle? La justification peut-elle se perdre comme la sanctification?

Quel est le sens de la dernière proposition: «celui-là n'est pas de lui»?

La première chose à élucider est qui est le «lui» dont il est fait mention. Les trois personnes de la Trinité (Dieu, Christ, Esprit) sont mentionnées dans ce verset. Il est cependant improbable que «lui» les représente toutes trois collectivement. Habituellement, on considère que «lui» se rapporte à Christ; puisqu'il est la dernière personne nommée avant le pronom. Ce point de vue a spécialement la faveur de ceux qui interprètent tout le verset en termes de justification plutôt qu'en termes de sanctification. On dit alors que la phrase signifie: «ce n'est pas un chrétien» (Le Livre), en y incluant d'ordinaire l'implication supplémentaire «et il ne l'a jamais été»!

Cette interprétation, en dépit du très grand nombre de ses partisans, brise la continuité du puissant argument de Paul, en faisant de Rm 8.9 un «à-côté» (qui doit donc être mis entre parenthèses, comme cet à-côté!). Il devient alors une sorte de «retour en arrière» à une partie nettement antérieure de son exposé et trouverait bien mieux sa place, juste après Rm 5.5, section sur la justification, où Paul parle de recevoir le don de l'Esprit en «devenant chrétien». Mais ici, en Rm 8, qui est à juste titre considéré comme le sommet plutôt que le commencement de l'expérience chrétienne, il semble étrange que Paul ait soudain interrompu son exposé par une remarque abrupte du genre: «Bien sûr, rien de ceci ne s'applique à vous si vous n'êtes pas même encore devenu chrétien»!

La difficulté disparaît si nous collons à notre approche contextuelle. Non seulement le thème de Rm 8 concerne exclusivement la sanctification; mais la personne qui est principalement en vue est *l'Esprit Saint*. L'accent s'est progressivement déplacé au fil de l'épître, de la colère de Dieu à la vie dans l'Esprit, en passant par la rédemption par Christ. Ici, en Rm 8.9, l'Esprit est au centre de l'exposé, où il est décrit tantôt comme «l'Esprit de Dieu», tantôt comme «l'Esprit de Christ», ce qui l'identifie étroitement aux autres personnes de la Divinité, et fait preuve, par là, d'une théologie saine. Les deux titres sont complémentaires et ils éclairent de façon plus vivante le parallélisme poétique des deux énoncés. L'ordre des phrases varie, comme dans les psaumes hébreux, mais un réarrangement rend le parallèle plus clair:

Esprit de Dieu + habitation = dans l'Esprit
Esprit de Christ + avoir = de lui.

Puisque le «de lui» de la deuxième ligne est synonyme du «dans l'Esprit» de la première, les deux phrases ont trait à l'Esprit Saint et le «lui» final n'est pas Christ, mais l'Esprit de Christ. Il y a encore un autre parallèle interne à chaque énoncé, que l'on peut faire ressortir ainsi:

Quand l'Esprit demeure en vous, vous êtes en lui;
quand vous n'avez pas l'Esprit, il ne vous a pas.

Paul fait une déclaration profonde, tout d'abord positivement, ensuite négativement, et le tout poétiquement!

Il parle de l'Esprit Saint vivant dans le croyant, plutôt que de l'Esprit Saint entrant en lui. Tout le verset est expérimental plutôt que doctrinal, axé sur notre «salut» dans ce monde plutôt que dans celui à venir, sur notre sanctification plutôt que sur notre justification. Il ne cherche pas à savoir qui est «de Christ» (sa définition habituelle du chrétien est quelqu'un qui est «en Christ»); il cherche à savoir qui est «d'Esprit».

Il n'est, par conséquent, nul besoin de discuter du rapport de ce verset avec le problème du «une fois sauvé, toujours sauvé» (voir chapitre 36). Perdre de façon existentielle sa sanctification est bien différent de perdre de façon éternelle sa justification. C'est de sanctification que Paul se soucie en Rm 8.

Le ton de Rm 8.9 est celui du réalisme, avec un équilibre fin entre une forte dose d'optimisme dans le vers positif de la strophe et une légère touche de pessimisme dans le vers négatif. C'est le mélange délicat d'une mise en garde nécessaire, énoncée de façon impersonnelle à l'intention de «quiconque» manquerait à «continuer à avoir» l'Esprit Saint, et d'une assurance confiante, adressée personnellement à «vous», que cet avertissement n'est guère nécessaire à Rome, puisqu'ils ne sont pas dans la chair mais dans l'Esprit (et peuvent donc s'appliquer tout Rm 8). Ce même dosage de mise en garde générale et d'encouragement particulier se retrouve dans d'autres écrits apostoliques (Hé 6.9 en est un bon exemple – voir chapitre 27).

Pour résumer, en ce qui concerne Paul, «Esprit Saint» n'est pas tant une saine doctrine qu'une dynamique spirituelle. Il se souciait que ses convertis, ayant «reçu» l'Esprit au début (Ga 3.2 – temps aoriste «une fois»), «continuent» à se le voir «accordé» (Ga 3.4 – temps présent «continu»). Le salut complet ne sera l'expérience que de ceux qui «ont *encore*» l'Esprit; il ne suffit pas de l'avoir «eu *autrefois*».

Le défi que lance cette distinction est peut-être plus nécessaire aujourd'hui que jamais. Le baptême dans l'Esprit Saint n'est qu'un commencement. Avoir été rempli est une chose; rester rempli en est une toute autre. «Recevoir» l'Esprit est une étape vitale, «avoir» l'Esprit est une marche victorieuse. Voilà le message de Romains 8, dont le verset 9 est l'épreuve décisive.

22

LA SAINTE FAMILLE
1 Corinthiens 7.14

Car le mari non-croyant est sanctifié par la femme, et la femme non-croyante est sanctifiée par le frère, autrement, vos enfants seraient impurs, tandis qu'en fait ils sont saints. (1 Co 7.14)

Voici encore un «texte à conviction» favori des tenants du baptême des bébés sans leur consentement ou leur coopération. Il est souvent associé aux baptêmes de «maison» (voir chapitre 19), bien que dans ces derniers cas, c'était la foi du «chef» de la maison (c-à-d. *le mari)* qui était censée sauver la maisonnée tout entière, tandis qu'ici le salut est prétendument accompli aussi bien par la *femme* croyante.

En fait, ce verset n'a rien à voir avec l'initiation, ni même avec le salut en tant que tel. Le contexte en est une discussion sur le mariage et les problèmes qui se posent entre deux croyants; et encore plus entre un croyant et un non-croyant. Un croyant peut-il échapper aux pressions d'un «joug aussi inégal»? Bien sûr, un croyant n'aurait jamais dû se mettre dans une telle situation (2 Co 6.14) – ainsi Paul se penche-t-il certainement sur le cas où l'un des partenaires est devenu croyant *après* le mariage.

Paul ne peut citer de paroles détaillées de Christ pour répondre à toutes les circonstances, mais il n'en considère pas moins que son conseil «apostolique» a l'autorité d'un «ordre» (1 Co 7.10). Cependant, le principe qui sous-tend son conseil a bien le précédent du Seigneur: le divorce n'est pas une option possible. Si la séparation est la seule solution à une situation domestique impossible, le croyant doit rester seul ou se réconcilier avec son ex-partenaire (mais non pas épouser quelqu'un d'autre, parce que le premier mariage n'est pas dissous, mais seulement laissé en suspens).

En lisant entre les lignes, il est manifeste que certains croyants essayaient de justifier le divorce, ou même la séparation seulement, pour l'unique raison que le partenaire n'était pas croyant. Un joug disparate de ce genre était prétendu valoir une relation immorale qui devait donc être rompue; être marié à un «pécheur» était considéré comme une corruption spirituelle pour le «saint». Ce qui est plus vraisemblable, c'est qu'il s'agissait tout simplement d'une excuse pour se débarrasser d'un compagnon ennuyeux!

En réalité, d'après Paul, l'influence s'exerce dans l'autre sens. Loin de voir le croyant pollué, il voit le non-croyant «sanctifié». Mais qu'est-ce que cela veut dire en fait? Cela ne peut signifier ce raffinage moral et spirituel qui suit la justification, puisque Paul établit plus tard que le partenaire non croyant n'est pas encore «sauvé» (1 Co 7.16). Il doit donc employer le terme dans un sens technique, légal et presque rituel semblable à «mis à part pour Dieu» (sa connotation originelle dans l'Ancien Testament). Le «saint» mariage a mis de tels incroyants dans une catégorie différente, rendant inopportune l'injonction «sortez du milieu d'eux et séparez-vous» (2 Co 6.17). La relation est de celles qui portent l'approbation et la bénédiction de Dieu; ce qui a l'aval de Dieu doit aussi avoir celui du croyant.

Paul conclut son argumentation en soulignant que si un partenaire incroyant est considéré comme trop «impur» pour qu'on vive avec lui (c-à-d. en raison de son incrédulité plutôt que de ses péchés), il faudrait appliquer le même principe aux enfants, et le croyant devrait les abandonner (soit parce qu'ils sont les enfants d'un incroyant et sont, par conséquent,

LA SAINTE FAMILLE *1 Corinthiens 7.14*

«contaminés», soit parce qu'ils ne sont pas encore croyants eux-mêmes). Mais cela n'est pas nécessaire, parce que la «sainteté» de la famille en tant qu'unité place les enfants aussi dans la catégorie des choses «saintes» que le croyant doit manier avec soin. Encore une fois, il est manifeste que Paul emploie le mot «saint» dans un sens objectif et «légal» (comme «non polluant») plutôt que dans un sens subjectif «moral» (comme «non pollué»); seul un idéaliste n'ayant eu aucun contact personnel avec des enfants pourrait croire que le fait d'avoir un parent converti assure le comportement et le caractère «saints» de sa progéniture!

Se servir de cette qualification de «saints» donnée à des enfants pour justifier le baptême des bébés est, pour le moins, précaire. On pourrait tout aussi bien avancer que de tels enfants «saints» n'ont besoin d'*aucun* rite purificateur (de la même façon que le baptême des prosélytes juifs incluait les enfants existants des parents qui se «convertissaient», mais considérait tous les rejetons ultérieurs comme déjà «saints» et ne nécessitant pas de purification rituelle); on pourrait encore prétendre qu'un mari «sanctifié» mais incroyant satisfaisait tout autant aux exigences requises pour le baptême que ses enfants «saints»!

Il serait intelligent que tous s'accordent pour accepter un moratoire sur l'emploi de ce passage dans toute discussion sur l'initiation chrétienne. Ce passage est déjà assez difficile à appliquer au thème du divorce et du mariage dans lequel il s'insère naturellement, sans chercher à le faire entrer de force dans le contexte tout à fait étranger du baptême! La seule raison pour laquelle nous l'avons traité ici est qu'on y a fait très fréquemment appel pour étayer la grande séparation dans le temps entre le baptême et les autres éléments de l'initiation chrétienne.

Les enfants ayant un parent croyant sont déjà «saints» par leur naissance dans cette famille. Le baptême ne peut les rendre plus saints qu'ils ne le sont déjà, et se servir du baptême comme une simple reconnaissance de ce qu'ils sont déjà, c'est altérer grossièrement la signification néo-testamentaire de cet acte.

23

LE CORPS DÉSARTICULÉ
1 Corinthiens 12.13

Car c'est dans un seul Esprit que nous tous, pour former un seul corps, avons tous été baptisés, soit Juifs, soit Grecs, soit esclaves, soit libres, et nous avons tous été abreuvés d'un seul Esprit. (1 Co 12.13)

Comme c'est le cas dans la majorité de ses lettres, Paul traite ici de problèmes dans une Eglise qu'il a lui-même plantée. Certains de ces problèmes sont doctrinaux (leur compréhension de la résurrection était quelque peu branlante), certains sont moraux (l'inceste entre certains membres et l'ivresse à la table de la Cène) et certains sont sociaux (ils concernent les cliques réunies autour des différents prédicateurs). Deux de ces problèmes fondamentaux ont trait au manque de maturité des Corinthiens (ils étaient plus «charnels» que «spirituels») et à leur désunion (ils se souciaient davantage des «dons» que des «fruits» de l'Esprit).

Le contexte immédiat du verset que nous étudions est un ensemble de trois chapitres portant sur «les dons spirituels» (grec: *charismata*). 1 Corinthiens 12 parle des divers dons manifestés dans le corps; 1 Corinthiens 13 explique comment les dons exercés *sans amour* peuvent être dommageables pour le corps; 1 Corinthiens 14 souligne la «voie par excellence» qui consiste à exercer les dons *avec amour* pour édifier le corps. Quel dommage que la division en chapitres, qui n'est pas le fruit de l'inspiration, ait interrompu le «cours» de la déclaration de Paul, permettant aux lecteurs de lécher la confiture de l'amour sans croquer la tartine «charismatique»!

Paul s'adresse à la situation de Corinthe, soit en réponse à des questions précises que les chrétiens de cette ville lui auraient posées concernant l'usage des dons, soit, ce qui est plus probable, en réaction devant des rapports sur leurs abus dans l'assemblée. Cependant, son souci sous-jacent (ou prépondérant) est l'unité du corps, sans laquelle les dons ne sont au mieux que des jouets inutiles et au pire des armes dangereuses. D'où l'accent qu'il place sur l'«amour» (grec: *agape,* qui est «sollicitude» plus qu'«attirance»). Une telle attitude vise plus à édifier l'autre qu'à s'exprimer ou se mettre en valeur soi-même.

Le thème de 1 Corinthiens 12 est la «diversité dans l'unité» et l'appel fondamental de tout ce chapitre s'appuie sur l'expérience que les Corinthiens ont de l'impulsion de l'Esprit dans leurs rassemblement. Paul commence en leur rappelant que toute parole spontanée ne vient pas de l'Esprit Saint; une influence païenne provenant de leur passé peut encore se manifester. Le contenu de ces exclamations indiquera leur source. La raison pour laquelle Paul commence par ce point est peut-être que la majorité des dons spirituels recensés par la suite prennent la forme d'un discours inspiré de façon surnaturelle.

L'Eglise corinthienne manifestait toute la panoplie des charis- mata, ce qui a déjà fait l'objet de la reconnaissance de Paul envers Dieu (1 Co 1.7). Mais c'est justement la grande variété de ces derniers qui causait les problèmes de cette Eglise. Certains dons faisaient plus d'impression que les autres, rehaussant la renommée de ceux qui les exerçaient. Le besoin de ces dons était valorisé et le besoin d'autres était minimisé. L'envie, l'orgueil, la colère, l'impatience,

LE CORPS DÉSARTICULÉ *1 Corinthiens 12.13*

la malice et la violence étaient latents chez ces chrétiens immatures, mais l'avènement des charismata a amené ces vices à la surface. L'usage égoïste des dons divisait le corps.

Par conséquent, Paul met l'accent sur l'unité des dons qui sous-tend leur diversité. Derrière toutes les différentes sortes de dons, services et opérations, se trouve le même Dieu – Père, Fils et Esprit Saint, qui sont tous trois directement impliqués dans l'activité charismatique. En fait, la Trinité est le premier et parfait exemple de la diversité à l'œuvre dans l'unité, et c'est cela qui transparaît dans toute activité divine au sein de l'Eglise sur la terre.

Du «tous» de 1 Co 12.4-6, Paul passe au «chacun» des versets 7-11. Le même Esprit rend chaque personne différente par son don, opérant lui-même le choix du don. Il n'y a donc qu'une seule personne derrière tout cela, et tout ne vise qu'un seul but – «l'utilité commune». Les dons ont pour *source* l'unité et pour *objet* l'unité.

Le reste de 1 Co 12, à partir du verset 12, tourne autour de la métaphore du corps physique. Tout comme le Créateur est un exemple de diversité dans l'unité, la créature faite à son image l'est également. Les dons spirituels sont à l'Eglise ce que les membres, les organes et les facultés sont au corps. Dans chacun des deux cas, la santé est le résultat de la pleine *participation* et de la bonne *coordination* de toutes les parties. Remarquez que Paul ne dit pas que c'est ainsi que les choses *devraient* être «pour» les chrétiens, mais que c'est ainsi qu'elles *sont* «avec» Christ. L'Eglise est *son* corps et non pas le nôtre!

1 Corinthiens 12.13 doit être examiné avec soin dans ce contexte. Il n'est pas étonnant que le mot clef soit «un seul»; il revient trois fois, suivi de près par les mots «tous» et «Esprit», qui figurent chacun deux fois. «Tous-un-Esprit» résume le verset et convient parfaitement à toute l'argumentation.

Gardez présent à l'esprit que tout l'appel de ce chapitre est tourné vers *l'expérience de l'Esprit* qu'ont les Corinthiens, non vers leur théologie de l'Esprit. Ils peuvent connaître des expériences différentes des divers dons qu'il a donné à «chacun»; mais ils ont «tous» exactement la même expérience de l'introduction à l'exercice de ces dons dans le corps. Ce «point de départ» commun de leur expérience charismatique est la source d'une unité fondamentale derrière la diversité des dons qui ont suivi. Ils partagent tous le souvenir commun d'une expérience initiatrice, précise et datable, d'une «vie dans l'Esprit». Elle a aussi été une expérience «dualiste», bien décrite par les deux verbes «baptiser» et «abreuver». Nous étudierons les deux moitiés d'1 Co 12.13 séparément.

«...BAPTISÉS DANS UN SEUL ESPRIT, POUR ÊTRE UN SEUL CORPS...»

Mis à part le changement d'adjectif, de «saint» en «un seul» (qui s'explique tout à fait en vue du contexte et de l'objectif de ce passage, comme nous l'avons expliqué ci-dessus), cette phrase est *exactement* la même que celle employée ailleurs dans le Nouveau Testament: «baptiser d'Esprit» (Mt 3.11; Mc 1.8; Lc 3.16; Jn 1.33; Ac 1.5; 11.16). Le verbe (grec: *baptizen*) est suivi d'une préposition (grec: *en*) et d'un datif (grec: *pneumati*). Par conséquent, chez Paul, la phrase doit porter la même signification que partout ailleurs. La préposition doit donc être traduite par «dans» (plutôt que par le «d'» habituel des autres versets). L'Esprit n'est pas l'agent par lequel le baptême est administré, mais le vecteur «dans» lequel le baptême a lieu.

Tout comme les croyants de Corinthe ont tous été baptisés «dans l'eau» (grec: *en hudatî*), ils ont tous aussi été baptisés «dans l'Esprit» (grec: *en pneumati*). Le temps aoriste du verbe «baptiser» met l'accent sur un événement unique qui s'est produit pour eux tous bien que, de toute évidence, pas de façon simultanée, étant donné qu'il est extrêmement improbable qu'ils se soient tous joints à l'Eglise le même jour.

Mais avaient-ils tous fait *l'expérience* de ce «baptême» dans l'Esprit? Avaient-ils été conscients de ce «baptême» au moment où il avait eu lieu? Etait-ce un souvenir réel? Savaient-ils de quoi Paul parlait, ou était-ce une «révélation» nouvelle pour eux, par laquelle ils apprenaient qu'ils avaient été, en fait, baptisés dans l'Esprit sans qu'ils s'en soient rendu compte? De telles questions, si fréquentes aujourd'hui, auraient probablement étonné tant Paul que les Corinthiens. Quoi qu'il en soit, nous devons y faire face, en raison de l'interprétation évangélique usuelle de ce verset, qui le considère comme une explication doctrinale de Paul plutôt que comme la description de l'expérience dynamique des Corinthiens. Il y a beaucoup de choses en jeu: les mots «nous avons tous» comprennent-ils aujourd'hui tous les chrétiens ou non? En d'autres termes, tous les croyants ont-ils, à l'heure actuelle, été «baptisés dans un seul Esprit», même s'ils n'ont aucune conscience que cela se soit produit? Les implications pastorales en sont énormes!

La clef de cette profonde différence d'interprétation réside dans l'interprétation de l'expression «pour former un seul corps». A première vue, elle se réfère à l'entrée initiale du croyant dans l'Eglise de Christ. Le point de vue sacramentel considère que le baptême d'eau marque le moment de l'entrée, d'où ce qu'avancent les catholiques: le baptême de l'Esprit est la réalité intérieure du rite extérieur. L'Esprit est «reçu» au travers du sacrement, même quand il est administré à un bébé, et toute expérience ultérieure de l'Esprit est appelée, contrairement à ce qu'en disent les Ecritures, «libération» de l'Esprit qui était jusque-là intérieur. Le point de vue évangélique considère la foi comme le point d'entrée, d'où le postulat selon lequel le baptême de l'Esprit est la même chose que la justification ou la régénération. L'Esprit est «reçu» au moment où la personne croit, et toute expérience ultérieure de l'Esprit est associée à la «plénitude» (encore un mot non scripturaire) de l'Esprit. Aucun de ces points de vue n'est à l'aise avec l'expression «baptisé dans l'Esprit» et celle-ci n'est que rarement employée, si tant est qu'elle le soit jamais. Les premiers préfèrent parler de baptême dans l'eau et les derniers de «nouvelle naissance» dans l'Esprit. Cette négligence est surprenante en regard de la prédication de Jean-Baptiste annonçant que ce serait le trait caractéristique du ministère messianique de Jésus. Les évangéliques, en particulier, semblent étrangement ignorants du fait que «baptisés dans l'Esprit» et «nés de nouveau» ont des fréquences d'occurrence à peu près identiques – fréquences très faibles – dans le Nouveau Testament! Pour compléter le tableau, le point de vue pentecôtiste, tout en étant tout à fait libre dans l'usage de l'expression, ne croit pas que c'est ce dont parle 1 Co 12.13! Le «baptême» dont il est fait mention ici est considéré comme un acte d'incorporation plutôt qu'un acte de revêtement de puissance; bien qu'accompli par l'Esprit, il n'a rien à voir avec le baptême dans ou de l'Esprit ni avec le baptême dans l'eau. En pratique, ce point de vue est très proche de l'approche évangélique, bien qu'il laisse la place à une croyance en un baptême dans l'Esprit comme «deuxième bénédiction» à un stade ultérieur. Le point de vue libéral semble réticent à utiliser tant «né de nouveau» que «baptisé dans l'Esprit» et tend à croire que l'Esprit est déjà à l'œuvre dans tous les hommes qui appartiennent au «corps» de l'humanité.

Les approches catholique, évangélique et pentecôtiste supposent toutes que le mot «dans» revêt la même signification en grec qu'en français. On le comprend comme s'appliquant à la toute première introduction à une situation nouvelle. Quand sa signification s'étend, en français, à d'autres stades du parcours, des qualificatifs sont ajoutés: «à peine dans», «plus avant dans» ou «en plein dans». Le mot grec (*eis*) englobe toutes ces acceptions, sans qu'il soit nécessaire d'ajouter de qualificatif. Il peut s'appliquer au début, au cours ou à la fin d'un parcours – un départ ou une arrivée. Seul le contexte indique l'aspect le plus probable.

Quand il est employé avec le verbe «baptiser», il signifie invariablement «en plein dans» de préférence à «à peine dans», indiquant l'achèvement plutôt que le commencement – ce qui amène une chose à son expression complète, son fonctionnement pratique ou au point culminant de sa forme. Par exemple, l'expression «baptisés en Moïse» (1 Co 10.2) ne signifie pas que Moïse n'a pas conduit les esclaves hébreux avant la traversée de la mer Rouge, mais que cet événement a amené leur dépendance par rapport à Moïse et leur confiance en lui à un engagement total, marquant ainsi la rupture finale d'avec l'autorité de Pharaon; après ce «baptême», il ne pouvait y avoir de retour en arrière, parce qu'il était définitif. L'expression «baptisés en Christ» (Ga 3.27 – si on considère qu'elle se rapporte au baptême d'eau, ce qui est vraisemblable compte-tenu de la référence à «revêtir» le vêtement nouveau de Christ) porte en grande partie la même signification; elle ne laisse pas entendre qu'il n'y ait pas eu foi en Christ ou relation avec lui avant leur baptême, mais que ces choses sont maintenant amenées à leur consommation véritable. L'exemple le plus clair de cet emploi est la déclaration de Jean: «Moi, je vous baptise dans [grec: *en*] l'eau en vue de [grec: *eis*] la conversion» (Mt 3.11, TOB) – pourtant, il avait déjà demandé le fruit de la repentance, ou conversion, avant leur baptême (Mt 3.8)! Ils avaient dû prouver qu'ils étaient déjà *dans* la repentance avant qu'il ne les baptise *en vue de* la repentance. C'est tout le contraire de l'usage normal contemporain, où «en vue de» conduit à «dans». Mais si la signification de «en vue de» (grec: *eis*) en relation avec «baptiser» signifie «en plein dans», alors tout tombe en place. Ainsi, un baigneur peut mettre un pied dans l'eau pour goûter la température avant de plonger en plein dans l'eau.

Un autre exemple, tiré des Ecritures, serait l'annonce de Pierre, le jour de la Pentecôte, selon laquelle le baptême est «en vue du» pardon des péchés (Ac 2.38); elle amène cette liberté du passé à son point culminant et sa consommation, d'une manière tout à fait analogue au passage de la mer Rouge amenant la libération des Hébreux de l'esclavage égyptien à son terme, même s'ils avaient quitté leur esclavage quelques jours auparavant.

En appliquant cette compréhension à 1 Co 12.13, nous apprenons qu'être «baptisés dans un seul Esprit» amène une personne «en plein dans» le corps, en l'oignant de la puissance pour servir le corps au travers d'une diversité de dons. Paul comprend le fait d'«être membre» du corps sous un angle tout à fait fonctionnel – il ne s'agit pas tant d'être inscrit sur le rôle ou de jouer un rôle! C'est par le «baptême dans l'Esprit» qu'est amené à son efficacité fonctionnelle chacune des parties du corps.

Cependant, il est vital de noter que cette interprétation du verset interdit la déduction négative selon laquelle ceux qui ne sont pas «baptisés dans l'Esprit» devraient donc être «tout à fait en dehors» du corps. Ils peuvent très bien être en chemin pour entrer *dedans*, tout en n'ayant pas atteint le point où ils sont *en plein dans* leurs place et fonction telles que Dieu les a voulues. C'est ainsi que des croyants repentants, qui n'ont pas été baptisés d'eau, peuvent bien être sur «la voie», sans avoir encore rempli les exigences fondamentales pour être disciples (Mt 28.19). Nous ne devons certainement pas les considérer comme «tout à fait en dehors», mais il ne faut pas non plus les voir comme «en plein dedans» (leur statut spirituel est étudié en profondeur au chapitre 36).

Cette façon de comprendre permet à «baptisés dans (un seul) Esprit» d'avoir la signification complète subjective et expérimentale que cette expression possède ailleurs dans le Nouveau Testament, même si elle n'est ni définie ni décrite dans ce verset en particulier (Paul tient pour acquis que les Corinthiens savent parfaitement de quoi il parle). Il s'agit toujours d'une *expérience* consciente, accompagnée d'une *preuve* audiovisuelle. Tout ceci serait exclu si le baptême de l'Esprit devait être assimilé à la justification pour les uns ou au baptême d'eau pour les autres – ce qui ne fait que soulever davantage de doutes quant à chacun de ces points de vue. Le «trempage» dans l'Esprit (puisque c'est ce que signifie «baptême»)

est certainement le même que l'«effusion» de l'Esprit, dont tous les croyants du Nouveau Testament ont fait l'expérience (voir les chapitres 16, 18 et 26). Ce côté subjectif est souligné dans la deuxième partie du verset, sur laquelle nous nous penchons maintenant.

«...ABREUVÉS D'UN SEUL ESPRIT...»

Les sacramentalistes, qui ont déjà assimilé la première partie du verset au baptême d'eau, appliquent la seconde à la Sainte Cène! Les évangéliques, qui ont déjà assimilé la première partie du verset à la justification, tendent à voir dans cette seconde partie une référence à l'appropriation continue de l'Esprit qui conduit à la sanctification. Les deux interprétations paraissent logiques, tant que l'on n'a pas regardé le temps du verbe – «abreuver» est à l'aoriste et dénote donc un événement unique qui ne se renouvelle pas! Ce verbe ne peut donc s'appliquer à un abreuvement continu, qu'il soit de nature sacramentelle ou spirituelle. Par conséquent, il parle ainsi de cet abreuvement qui a donné le départ à un fleuve s'écoulant de l'intérieur (voir chapitre 11).

Ainsi donc, quel est cet «abreuvement», et quel rapport y a-t-il entre les deux événements de ce verset? Peu de spécialistes ont laissé entendre qu'il n'y aurait pas le moindre lien; ceci en partie à cause du «et» qui les unit, mais surtout parce que le verset sent le «parallélisme hébraïque», dont les Psaumes regorgent et qui viendrait tout naturellement dans les écrits d'un ancien rabbin juif! Mais les opinions divergent sur le «genre» de parallélisme employé ici – est-il *synonyme* (disant la même chose de deux façons différentes) ou *synthétique* (fournissant dans la deuxième ligne des informations complémentaires à la première).

Certains considèrent le couple comme synonyme, même si «être trempé» et «boire» sont difficilement interchangeables! Pour soutenir ce point de vue, on a recours à un autre sens du deuxième verbe – soit, «irriguer» ou «saturer». Les deux verbes seraient alors deux façons possibles de dire «nous avons tous été inondés par l'Esprit». Ceci n'est pas impossible, mais ce n'est pas corroboré par le reste des Ecritures – ni surtout par l'offre de «boire» faite par Jésus lui-même à la femme samaritaine et lors de la Fête des Tabernacles (voir chapitre 11).

Dire que le couple est synthétique est plus compréhensible. Un événement, ou expérience, unique est décrit sous deux angles différents. Il serait commode de dire que la première partie montre l'aspect objectif et la seconde l'aspect subjectif. Pourtant cette distinction moderne aurait sans doute paru plutôt étrange aux auteurs du Nouveau Testament, malgré leur exhortation constante à «devenir ce que vous êtes», c-à-d. que votre état subjectif reflète votre statut objectif, que votre sanctification soit l'expression de votre

LE CORPS DÉSARTICULÉ *1 Corinthiens 12.13*

justification. Nous avons déjà vu que «baptiser» contient un élément fortement subjectif. Il semble préférable de voir la première affirmation comme l'aspect externe et la seconde comme l'aspect interne. «Trempés» implique quelque chose qui a été versé sur nous et qui provient donc de l'extérieur de nous; «abreuvés» implique quelque chose versé en nous, pénétrant jusqu'à l'intérieur. On peut trouver confirmation de cela dans la voix des verbes – «trempés» est à la voix *passive,* ce qui indique l'activité du seul baptiseur, tandis que «abreuvés» est à la voix *moyenne,* impliquant la coopération entre le baptiseur et le baptisé.

Les deux mots ont en premier lieu été employés par Jésus (Jn 4.14; 7.37-39; Ac 1.5, 8). Ils ont été associés de façon inhabituelle à la Pentecôte – quand les disciples ont été «baptisés» dans l'Esprit, les spectateurs se sont demandés s'ils avaient «bu» (Ac 2.13-15). Paul exhorte les croyants à ne pas «boire» de vin, mais à être remplis de l'Esprit (Ep 5.18). Les deux idées se rencontrent dans le contexte de la nature – quand il pleut, la terre est «trempée» en «buvant» l'eau (Hé 6.7).

Ainsi l'expérience à laquelle Paul fait appel associe le fait d'être passivement «trempé» dans l'Esprit et de «boire» activement l'Esprit (remarquez l'implication de l'emploi de la bouche, au stade de la coopération). Ces deux faits constituent ensemble ce que les apôtres appelaient «recevoir» l'Esprit. Dans l'Eglise primitive, dire qu'une personne aurait pu être «trempée» ou «abreuvée» sans qu'elle ou quiconque en sache rien aurait semblé absurde! C'était cette expérience consciente qui libérait le croyant pour qu'il exerce les dons spirituels énumérés juste avant ce verset (langues et prophétie figurant, en général, parmi les premiers) et devienne ainsi un «membre» tout à fait fonctionnel du corps.

Nous pouvons ajouter un mot au sujet de l'application

générale de ce verset aujourd'hui (quoique ce sujet soit traité plus à fond au chapitre 35). L'expression «nous avons tous» était employée légitimement pour les croyants de Corinthe. Ils avaient été «plantés» par Paul, qui veillait toujours à ce que ses convertis «reçoivent» l'Esprit aussi bien qu'à ce qu'ils «croient» en Jésus. Paul pouvait donc à juste titre tenir pour acquis que cette expérience avait fait partie de leur initiation – il fonde son argumentation en faveur de l'unité sur leur souvenir commun de cet événement. Mais il est impossible, à l'heure actuelle, de la tenir pour acquise chez *tous* les «chrétiens» ou dans *toutes* les «Eglises», pas plus qu'il n'est possible de dire de *tous* les croyants, aujourd'hui, qu'ils ont été «ensevelis avec Christ» dans le baptême d'eau (Rm 6.4; 1 Co 1.13; Ga 3.27; Col 2.12 – le tiennent tous pour acquis). Hélas, il y a de nos jours de nombreux croyants chez qui manque l'un des baptêmes, ou les deux.

Ce dernier fait est presque assurément l'explication de la rareté, et dans de nombreux cas de l'absence totale, des «dons spirituels» recensés en 1 Co 12. L'Eglise se trouve alors dans la dépendance de dons «naturels» consacrés (c-à-d. ceux possédés *avant* la conversion et employés aussi bien après); ces dons-là étant très inégalement distribués, le ministère divise le peuple de Dieu en une minorité active et une majorité passive! Quand 1 Co 12.13 est absent de notre expérience, les versets 7-11 ont fort peu de chance d'en faire partie! Même les auteurs évangéliques, qui n'aiment pas et n'emploient pas l'expression «baptisés dans l'Esprit», ont admis franchement que les dons spirituels n'apparaissent avec une quelconque régularité et fréquence que là où cette phraséologie est prêchée avec confiance. (Voir, par exemple, les citations de Michael Green, faites par Michael Cassidy, dans *Bursting the Wineskins* (Hodder and Stoughton, 1983, pp. 261-262.) Ces observations pratiques semblent contredire leurs hésitations théologiques!

LE CORPS DÉSARTICULÉ *1 Corinthiens 12.13*

La conclusion qui s'impose à nous est que l'initiation chrétienne est incomplète sans cette «inondation» de l'Esprit qui associe à la fois «tremper» et «abreuver» – et que cette expérience est l'ingrédient vital de l'unité de l'Eglise. En fait, sans elle il serait impossible de «conserver l'unité de l'Esprit par le lien de la paix» (Ep 4.3). Cela pourrait expliquer les nombreuses déceptions œcuméniques et certains des sous-produits inattendus du mouvement charismatique – quand l'eau monte plus haut que les clôtures, les canards commencent à nager ensemble!

24

LES MORTS BAPTISÉS
1 Corinthiens 15.29

> Autrement, que feraient ceux qui se font baptiser pour les morts? Si les morts ne ressuscitent absolument pas, pourquoi se font-ils baptiser pour eux?
>
> (1 Corinthiens 15.29)

C'est la seule mention, dans le Nouveau Testament, d'un baptême «par personne interposée», où une personne subit la cérémonie à la place de quelqu'un d'autre qui en sera néanmoins le bénéficiaire.

Certains ont vu en cela une pratique chrétienne très primitive conçue pour sauvegarder des parents morts avant que le salut complet – rendu possible par la première Pâque et la première Pentecôte – leur soit accessible. S'il en était ainsi, ce serait l'une de ces coutumes qui mourraient d'elles-mêmes après quelques générations (étant donné qu'il y a peu de personnes qui se soucient de la destinée éternelle de leurs ancêtres au-delà des grands parents).

D'autres, les Mormons en particulier, prétendent que ce doit être une pratique continuelle jusqu'aux «derniers jours», puisque ce verset lui donne une totale approbation biblique et apostolique.

Cependant, il y a des objections de poids au fait de considérer cette pratique comme «chrétienne». Ce qui en découlerait serait tout à fait contraire à certaines des doctrines principales des Ecritures.

Tout d'abord et principalement, cela va à l'encontre de

toute la teneur de l'enseignement du Nouveau Testament, qui veut que les choix moraux cessent à la mort. Au-delà de cette vie, il y a un «grand abîme» que personne ne peut franchir (Lc 16.26). Les décisions que nous prenons pendant cette vie sont décisives pour notre destinée éternelle (Lc 12.20). La doctrine d'une «deuxième chance» de salut dans l'au-delà ne trouve guère d'appui dans la prédication apostolique. La seule exception possible ne concerne qu'une *seule* génération: celle qui a été engloutie aux jours de Noé (1 P 3.19-20 – voir chapitre 29).

Deuxièmement, cela constituerait l'apogée de la doctrine de la «régénération baptismale», notion selon laquelle le salut est accompli par l'emploi de l'eau et des formules correctes en et par elles-mêmes, même en l'absence de repentance et de foi chez ceux qui bénéficient du baptême. Le terme technique pour cette façon, mécanique, voire magique, de concevoir le baptême est l'expression latine *ex opere operato* («ça marche tout seul»).

Troisièmement, cela mise sur la possibilité d'une foi substitutive, foi exercée pour le compte de quelqu'un d'autre, avec ou sans le consentement et la coopération de ce dernier. Il est vrai que les évangiles nous donnent quelques exemples de ce genre de foi, mais elle concerne toujours la guérison d'une maladie ou l'exorcisme de démons. Par contre, il n'y a pas un seul exemple de quelqu'un qui agisse comme «substitut» de cette façon-là pour ce qui touche au sujet du salut personnel éternel. Remarquez, par exemple, l'accent très net mis sur la nécessité d'une réponse *individuelle* et personnelle à la prédication apostolique («Repentez-vous, et que chacun de vous soit baptisé...» – Ac 2.38; voir chapitre 15). Bien qu'il y ait, dans l'Ancien Testament, des expressions de responsabilité collective pour des péchés à l'échelle de la nation (Né 1 et Dn 9), on ne trouve pas un seul cas de repentance substitutive dans le Nouveau. En fait, l'une des marques distinctives de la nouvelle alliance devait être que chaque individu ne serait tenu pour responsable que de ses propres péchés (Jr 31.29-30; Ez 18.2).

A côté de ces difficultés d'ordre général, le texte même contient des indications montrant que Paul lui-même ne parle pas d'une coutume chrétienne. Il parle de ceux qui la pratiquent à la troisième personne. Au lieu de demander: «Pourquoi faisons-nous...?» ou «Pourquoi faites-vous...?», il demande: «Pourquoi font-ils...?» En plus de cette formulation inhabituelle (et vraisemblablement choisie avec soin), on remarque quelques omissions frappantes. Il n'est fait aucune mention de repentance ou de foi, même d'une nature substitutive, bien que Paul les ait considérées toutes deux comme des conditions préalables indispensables pour le baptême. Paul n'énonce pas non plus le but ni l'efficacité de la pratique.

Le seul point soulevé par Paul est que les personnes qui passent par ce rite physique le font parce qu'elles croient en une existence corporelle au-delà de la tombe (ce qui s'oppose à la croyance grecque usuelle de l'extinction du corps et de l'immortalité de l'âme, pour laquelle un sacrement «matériel» serait absurde). L'assurance de leur «superstition» s'inscrit en un contraste frappant face au scepticisme des chrétiens de Corinthe, qui semblent être contaminés par les doutes concernant la résurrection corporelle, doutes inhérents à la philosophie grecque (cf. Ac 17.32).

Il s'avère que Paul utilise ce qui s'appelle un argument *ad hominem*: il se sert d'un exemple de confiance païenne pour faire honte à ses lecteurs et les amener du scepticisme à une foi plus forte. Il n'approuve pas davantage la pratique que ne le fit Jésus quand il fit, de la même façon, appel à l'habileté d'un escroc tout à fait malhonnête; il est, hélas, souvent vrai que «les enfants de ce siècle sont plus prudents [ou montrent plus de clairvoyance] à l'égard de leurs semblables que ne le sont les enfants de lumière» (Lc 16.8).

J'ai une photographie, prise à Singapour, d'une voiture grandeur nature entièrement construite en cannes de bambou et en papier; elle devait être portée et brûlée sur un bûcher funéraire pour offrir au défunt un moyen de transport convenable dans le monde à venir. (Cela m'a amusé de constater que les roues de papier portaient le logo Mercedes-Benz, probablement pour assurer un kilométrage éternel!) Si Paul vivait à notre époque, il aurait très bien pu opposer cette croyance naïve en un au-delà «matériel» au rejet radical de la théologie d'une résurrection «corporelle», laissant entendre que la première fait preuve de plus de foi que le dernier! Et nombre de chrétiens dont l'ambition est de posséder une Mercedes dans ce monde pourraient être mis au défi, par cette pratique chinoise, d'apprendre à «s'amasser des trésors dans le ciel» en faisant un usage correct de leur argent et de leurs possessions matérielles (Mt 6.19-21; Lc 16.9).

Certains des points abordés ci-dessus soulèvent également la question du bien-fondé et de l'efficacité du baptême d'enfant, qu'on le comprenne d'un point de vue «sacramentel» *(ex opere operato)* ou «évangélique» (reposant sur la repentance et la foi substitutives des répondants – parents, «parrain, marraine» et/ou membres de l'Eglise). Ce que l'on peut dire sur la base de ce verset, c'est que, si le baptême à la place des morts n'était une pratique ni de Paul ni des Corinthiens, il ne peut constituer un précédent pour des promesses faites par personne interposée pour le bénéfice d'un nouveau-né.

25

LA NOUVELLE CIRCONCISION
Colossiens 2.9-12

Car en lui, habite corporellement toute la plénitude de la divinité. Et vous avez tout pleinement en lui, qui est le chef de toute principauté et de tout pouvoir. En lui aussi vous avez été circoncis d'une circoncision qui n'est pas faite par la main des hommes; c'est-à-dire le dépouillement du corps de la chair; la circoncision du Christ. Ensevelis avec lui par le baptême, vous êtes aussi ressuscités en lui et avec lui, par la foi en la puissance de Dieu qui l'a ressuscité d'entre les morts. (Col 2.9-12)

Etudier une épître du Nouveau Testament, c'est comme entendre un seul côté d'une conversation téléphonique. Pour comprendre ce qui est dit, il est nécessaire de reconstruire par déduction l'autre côté du dialogue. (Voir *How to Read the Bible for All Its Worth* [Scripture Union, 1983], ch. 4, de Gordon D. Fee et Douglas Stuart. Ce livre est de loin le meilleur manuel d'étude biblique que je connaisse.)

Pour se faire une idée de la difficulté de ce processus d'écoute et de reconstruction, le lecteur est invité à mettre en œuvre son imagination pour deviner de quoi parle l'échange qui suit et dont on ne donne qu'un côté:

– Félicitations! Combien pèse-t-il?
(Silence)
– De quelle couleur est-il?
(Silence)

– Combien de litres à l'heure consomme-t-il?
(Silence)
– Tes anciens équipements peuvent-ils s'y adapter?
(Silence)

A quel moment avez-vous compris qu'un fermier venait d'acheter un nouveau tracteur?

Le prix et la complication de l'envoi de lettres aux temps du Nouveau Testament ont fait que chaque lettre était écrite pour une raison très importante, la plupart du temps en réponse à une situation précise soulevée chez ceux à qui elle s'adressait. Il nous est donc indispensable de «lire entre les lignes» pour être en mesure d'identifier ce qui, chez les destinataires, nécessitait conseil ou rectification de la part de l'expéditeur.

Dans le cas des Colossiens, il est manifeste que des hérésies s'étaient introduites dans leur ministère d'enseignement et qu'elles avaient eu comme toujours un effet néfaste sur le comportement, en particulier au niveau des relations personnelles. La fausse doctrine semble avoir été un amalgame de philosophie «gnostisque» et de ritualisme juif. C'est ce dernier que souligne l'accent principal des versets que nous étudions. Pour Paul, des «observances» telles que l'alimentation kascher, les jours de sabbat et les fêtes annuelles appartenaient au monde des «ombres»; elles pouvaient avoir une «forme» plus ou moins juste, mais elles manquaient de toute substance réelle.

Bien qu'il ne cite pas la circoncision dans son condensé des pratiques erronées, celle-ci devait certainement être présente à son l'esprit. Les versets 9-10 pourraient être paraphrasés ainsi: «Vous avez tout ce dont vous pouvez avoir besoin en Christ, y compris toute la circoncision que vous pourriez jamais exiger.» L'exigence que les chrétiens se fassent circoncire était une erreur judaïsante qui ne cessait de poursuivre la mission de Paul auprès des non-Juifs. Il a dû s'y opposer à Jérusalem même (Ac 15) et presque partout ailleurs (voir Rm 2.26; 1 Co 7.19; Ga 5.2; Ep 2.11; Ph 3.2). Le rite physique en tant que tel est dépassé et hors de propos pour le nouveau peuple de Dieu en Christ (Col 3.11).

Le rite de la circoncision avait été donné à Abraham comme un «sceau» apposé sur sa justice par la foi (Rm 4.11– remarquez qu'elle a été donnée *après* qu'il ait cru; s'il y *avait* un quelconque parallèle entre la circoncision et le baptême, ce dernier devrait suivre le même ordre!). Ce rite devait être transmis à tous les fils et serviteurs, de sexe masculin, de sa «maison» comme un «signe» (qui indiquait par avance, tandis qu'un sceau indique a posteriori) que la promesse de Dieu s'étendait à la «descendance» d'Abraham – un descendant mâle unique qui en hériterait (Ga 3.16). Quand ce légataire se présenta, en la personne de Jésus, le signe atteignit son accomplissement et la circoncision de Jésus fut la dernière que Dieu ait exigée. Remarquez que lors de la transmission de ce «signe», l'«effet» pratique était négligeable. Il n'amenait en fait aucun changement dans le bébé (autre que l'excision du prépuce du pénis); c'était uniquement une reconnaissance que le garçonnet était déjà descendant d'Abraham par sa naissance. Cependant, omettre la circoncision aurait eu un effet profond, retranchant le bébé de la lignée; ne pas être circoncis était considéré comme une rupture de l'alliance abrahamique. (Gn 17.14). Plus tard, le rite de la circoncision lierait celui qui la recevait à l'obligation d'observer toute la loi de Moïse, donnée aux descendants d'Abraham à leur sortie d'Egypte. C'est à cause de cela que Paul s'est opposé avec une telle véhémence à ce qu'il soit appliqué aux convertis d'entre les païens, bien qu'il l'acceptât comme une coutume sociale valable sans signification spirituelle (il alla même jusqu'à faire circoncire Timothée pour qu'il puisse évangéliser les Juifs – Ac 16.3).

Il le regardait cependant comme aboli, en tant que rite religieux (1 Co 7.19).

Pourtant beaucoup de gens diraient aujourd'hui que la circoncision a été accomplie plutôt qu'abolie – elle a été transmuée en un autre rite physique: le baptême chrétien. L'un a tout simplement remplacé l'autre comme rite d'initiation dans le peuple de Dieu. La «continuité» entre les deux est en général avancée par les «pédo-baptistes», qui prétendent que le baptême de bébés, pourvu que ces derniers puissent revendiquer un pédigrée chrétien, est la perpétuation valable de la pratique ancienne de la circoncision des bébés. La justification théologique de leur position dérive d'une interprétation des Ecritures qui réunit toutes les différentes alliances en une seule «alliance de grâce», faisant ainsi une identification des conditions et des applications de cette alliance tout au long de l'Ancien et du Nouveau Testament (voir chapitre 34 et Appendice 1 pour d'autres détails). La justification textuelle de cette assimilation entre baptême et circoncision se trouve dans ce passage de Colossiens (bien que ce soit le seul endroit du Nouveau Testament où les deux soient mentionnés ensemble).

Admettons que ces mots «circoncision» et «baptême» se trouvent ici en association étroite et, à première vue, en comparaison l'un avec l'autre. Pourtant, une étude approfondie révèle qu'ils sont en fait placés en contraste l'un avec l'autre. Si Paul avait dit simplement: «Vous n'avez pas besoin d'être circoncis parce que vous avez été baptisés», il n'y aurait plus rien à dire. Si c'était ce qu'il croyait il aurait pu s'éviter de participer à la conférence de Jérusalem ou d'écrire sa lettre aux Galates! Mais ni lui ni aucun autre apôtre n'a fait cette simple équation: le cheminement de sa pensée est beaucoup plus compliqué et doit être éclairci avec soin.

Le cœur de cette argumentation est une distinction claire

entre la circoncision physique pratiquée dans le corps par les Juifs et la circoncision spirituelle vécue dans le cœur par les chrétiens. La phrase clef est «qui n'est pas faite par la main des hommes», ce qui ne peut guère passer pour une description du baptême! Il est évident qu'il y a un rapport entre cette circoncision du cœur et le baptême, mais il ne s'agit pas d'une assimilation totale.

Il y a, dans l'Ecriture, des précédents pour l'emploi de la circoncision dans un sens spirituel, au lieu de physique. Alors que sa signification usuelle dans l'Ancien Testament était celle de l'acte chirurgical qui marquait les descendants d'Abraham, les prophètes israélites s'accordaient avec insistance pour dire que l'opération physique devait aller de pair avec une pureté morale, qu'ils appelaient la «circoncision du cœur» (voir Dt 10.16; Jr 4.4; 9.25). Les étrangers ne pouvaient pénétrer dans le temple parce qu'ils étaient incirconcis de cœur et de chair (Ez 44.7). Dans la plupart des cas, cette circoncision du cœur était censée être l'œuvre de l'homme, au même titre que la circoncision de la chair, mais on rencontre aussi la promesse qu'un jour, le Seigneur lui-même l'accomplirait comme il fallait (Dt 30.6).

Paul devait certainement être conscient de ce courant d'enseignement prophétique concernant la circoncision, mais ses lecteurs de Colosses ne s'en souvenaient sans doute pas ou même n'en savaient peut-être rien. Il n'était d'ailleurs pas nécessaire qu'ils le sachent. La discussion ne se construit pas autour du double aspect de la circoncision, mais autour de la double signification du mot «chair» (grec: *sarx)*. Bien que ce mot puisse s'appliquer au corps physique, l'apôtre l'emploie plus fréquemment pour parler de la nature pécheresse héritée avec la vie physique. La circoncision juive ne pouvait ôter qu'une petite partie de «chair» physique, tandis que la circoncision chrétienne ôte toute la «chair» de péché.

C'est ce qui est accompli par la «circoncision du Christ» (v. 11). Mais quelle est la signification du génitif («du») – est-il subjectif ou objectif, la circoncision est-elle faite à Christ ou par Christ? Paul veut-il parler d'un événement accompli une fois pour toutes dans la vie de Christ ou d'un événement répété dans la vie de chaque croyant? Pour poser la question d'une autre façon, quand la «circoncision du Christ» a-t-elle eu lieu, ou quand a-t-elle lieu?

Supposons qu'il s'agisse d'une circoncision que Christ a subie et voyons où cela nous mène. Au sens le plus simple, cela pourrait signifier le rite juif par lequel il est passé quand il était âgé de huit jours (Lc 2.21). Cependant, Paul parle de son «dépouillement du corps de la chair» – c'est-à-dire, non pas d'une partie seulement, mais de tout. Il est donc plus probable qu'il s'agisse d'une référence figurée à sa mort sur la croix. Fait dans une chair semblable à celle du péché (Rm 8.3) et fait péché, lui qui n'avait pas connu le péché (2 Co 5.21), il est mort pour le péché (Rm 6.10). Il ne s'est pas contenté de secouer de ses épaules son argile mortelle, mais il s'est dévêtu de ce qui était devenu une «chair du péché». Ce fut une «mort à la chair» complète, au double sens de ce mot. Comme Agneau de Dieu, il a «ôté le péché du monde» (Jn 1.29) dans cet acte de «dépouillement de la chair» au Calvaire.

Cette façon de voir s'accorde bien avec le contexte et elle fournit aussi un lien direct entre les significations «objective» et «subjective» du mot «chair». Ce qui a été fait *à* Christ sur la croix est aussi ce qui a été fait *par* Christ dans le croyant. A la base de la théologie de Paul se trouve la nécessité que chaque croyant s'approprie de façon existentielle ce qui a été accompli de façon historique dans la mort, l'ensevelissement et la résurrection du Seigneur Jésus (1 Co 15.3-4). Cette appropriation passe par le fait qu'il est crucifié, enseveli et ressuscité avec Christ, pour qu'à

LA NOUVELLE CIRCONCISION *Colossiens 2.9-12*

son tour il puisse se «dépouiller de la chair» (cette fois-ci le sens en sera uniquement spirituel, signifiant la nature de péché héritée de ses pères; il n'y aura besoin d'aucun acte chirurgical dans le corps).

Cette identification avec la «circoncision du Christ», qui sépare le chrétien de sa chair de péché, commence avec la repentance et la foi mais est consommée dans l'acte du baptême. Le baptême est fait «en sa mort» (Rm 6.3). L'immersion dans l'eau met en pratique son ensevelissement; l'émergence hors de l'eau met en application sa résurrection (remarquez que le croyant est «enseveli» et «ressuscité» *avec* Christ. On peut noter ici deux choses concernant le langage de Paul. Premièrement, il est plus sacramentel que symbolique; le rite est un agent qui contribue à la circoncision plutôt qu'une aide instructive! Deuxièmement, Colossiens omet de façon surprenante tout lien direct entre le baptême et la mort de Jésus, seuls étant mentionnés l'ensevelissement et la résurrection (même si cela ne doit pas être trop significatif).

Un profond paradoxe traverse tout ce passage. Pendant que la chair est vivante, la personne est dans un état de mort dans l'incirconcision (Col 2.13), même si son corps est circoncis! Quand la chair a été crucifiée et ensevelie par le baptême, la vraie vie commence! La même «puissance» qui a ressuscité Jésus d'entre les morts agit, au travers du baptême, pour mettre la nouvelle vie dans le croyant. Puisque cette «puissance» est définie ailleurs comme étant l'Esprit Saint (Rm 8.11), il se peut que Paul pense ici au baptême de l'Esprit, qui vient normalement juste après le baptême d'eau dans l'évangélisation apostolique. D'autres passages du Nouveau Testament associent baptême et résurrection de la même manière (Rm 6.4; 1 P 3.21).

Une vue aussi «élevée» du baptême, où Dieu est plus actif que l'homme, est à l'abri d'une efficacité mécanique, ou même magique, par l'accent marqué sur la foi (remarquez l'expression «par la foi» au v. 12). C'est le baptême du *croyant* qui accomplit cette identification effective avec la «mort à la chair» de Christ.

Il y a donc deux raisons pour que ce passage n'encourage en rien la pratique du baptême d'enfants. Premièrement, en l'absence de foi de la part de la personne baptisée, le rite dégénère en une cérémonie qui est soit superstitieuse dans sa pratique, soit purement symbolique; d'une façon comme de l'autre, l'équilibre biblique est perdu. Deuxièmement, Paul ne fait pas la moindre référence explicite à la circoncision *du corps* (bien qu'elle ait probablement fait partie de la toile de fond de sa lettre). Tout au long du passage, il se réfère à la «circoncision» *du cœur*, qui n'est pas faite par la «main», mais qui est opérée par Christ et dans les chrétiens.

Si Paul avait revendiqué, ou même laissé entendre, une continuité directe entre les deux rites physiques de la circoncision et du baptême – comme rites successifs de l'initiation au sein de la même «alliance de grâce» – il serait étrange qu'il n'ait jamais utilisé ce genre d'argument à la conférence de Jérusalem (Ac 15) ni dans sa lettre aux Galates, dont la circoncision juive est le sujet principal, ni d'ailleurs dans aucune des situations où des judaïsants causaient le trouble parmi les convertis. Cela n'expliquerait pas non plus qu'il ne s'oppose qu'à la circoncision des croyants d'origine païenne; si le baptême avait «remplacé» la circoncision, il aurait dû décourager la pratique de celle-ci chez les croyants juifs également.

L'interprétation du baptême donnée ici souligne la différence entre les deux actes. La circoncision était une reconnaissance (rendue visible par l'ablation d'une partie du corps) qu'une personne était née de la chair dans l'alliance abrahamique. Le baptême, en «ensevelissant» et en «ressuscitant» le corps tout entier, reconnaît qu'une personne, étant morte à la chair, est née de l'Esprit dans la «nouvelle» alliance. L'un des rites exige une relation de sang avec Abraham, l'autre une identification de foi avec Jésus. L'un était réservé aux seuls mâles; dans l'autre «il n'y a plus ni homme ni femme» (Ga 3.27-28).

L'évêque Lesslie Newbigin a démontré de façon concluante, sur la base de Col 2.9-12, que Paul ne considérait pas baptême et circoncision comme deux actes d'initiation équivalents. Dans son livre, *The Household of God* (London: SCM Press, 1953), pp. 36ss, il fait justement remarquer que, «au sein même de l'échauffement du conflit concernant l'exigence ou non de la circoncision pour les croyants païens, il n'est jamais fait allusion à cette équation [Circoncision dans l'Ancien Testament = Baptême dans le Nouveau], que ce soit dans les Actes ou dans les épîtres aux Galates ou aux Romains». Il conclut en disant qu'au contraire «le terrible combat à propos de la circoncision n'était pas la lutte entre deux rites d'initiation possibles dans le peuple de Dieu. C'était un combat à propos des principes fondamentaux sur lesquels ce peuple était constitué.»

26

LE BAIN DE LA RÉGÉNÉRATION
Tite 3.5-6

...il nous a sauvés – non parce que nous aurions fait des œuvres de justice, mais en vertu de sa propre miséricorde – par le bain de la régénération et le renouveau du Saint-Esprit; il l'a répandu sur nous avec abondance... (Tt 3.5-6)

Le but de cette épître est éminemment pratique: montrer que la saine doctrine concerne le comportement aussi bien que la croyance. Le salut que Dieu a manifesté à l'intérieur de nos cœurs doit se manifester à l'extérieur dans nos vies (cf. Ph 2.12-13).

Ce qui nous stimule à la sainteté, c'est le rappel constant de tout ce qui a déjà changé. Il est bon de se souvenir à la fois de ce que nous étions jadis et des moyens que Dieu a utilisés pour nous rendre différents. Le contexte immédiat du verset sur lequel nous nous penchons est le vivant rappel du genre de vie que les lecteurs avaient auparavant, de celui qui les a sauvés de leur bourbier et de la façon dont il s'y est pris.

«Sauver» est au temps aoriste et se réfère à un événement révolu plutôt qu'à un processus qui se poursuit. Cet événement les a libérés de leurs péchés passés (folie, désobéissance, esclavage des sens, malice, envie, haine, etc.). «Faire le bien» n'aurait jamais pu briser ces chaînes de l'habitude; pas plus qu'ils n'auraient pu voler en tirant sur leurs sandales, ils n'auraient pu briser ces chaînes «par eux-mêmes»! Il a fallu la bonté, l'amour et la miséricorde de «Dieu notre Sauveur» (v. 4 – référence presque certaine au Père, mais le mot «manifestés» inclut l'incarnation du Fils; il est peu probable que Paul soit en train de faire une déclaration christologique).

Mais, en réalité, comment cette «libération» se passait-t-elle dans la vie humaine? Quels étaient les *moyens* de cette délivrance? Comment ces schémas sordides de comportement étaient-ils brisés? La réponse est simple: baptême d'eau et baptême de l'Esprit (bien que le mot «baptême» ne soit pas employé, nous verrons qu'il est sous-entendu de façon claire). Nous avons été «sauvés» au travers d'un événement double:

1. Nous avons été sauvés «par le bain de la régénération» (TOB dit «bain de la nouvelle naissance»). Le mot «régénération» (grec: *palingenesia)* est composé du mot «naissance» ou «commencement» (grec: *genesia,* d'où le premier livre de la Bible tire son nom) et du préfixe «à nouveau» (grec: *palin).* Ainsi la première partie de cet événement «salvateur» consiste à «prendre un bain» qui rend la personne capable de «commencer à nouveau» ou d'être «née de nouveau».

Certains nieraient que cette expression ait quelque chose à voir avec le baptême d'eau. Le «bain» se référerait alors à une purification exclusivement «spirituelle» qui aurait lieu à l'intérieur de la personne au moment où elle «naît de nouveau» (voir chapitre 6 pour une réfutation du point de vue qui veut que la nouvelle naissance soit instantanée). Cette approche est en général prise pour une raison doctrinale, c'est-à-dire une répugnance à attribuer une efficacité sacramentelle au rite du baptême. Les raisons suivantes rendent ce point de vue improbable.

La forme verbale du substantif «bain» (littéralement, le «lavage») est ailleurs employée pour l'acte physique du baptême (voir Ac 22.16; Ep 5.26; Hé 10.22 – cf. aussi

LE BAIN DE LA RÉGÉNÉRATION *Tite 3.5-6*

1 Co 6.11; 1 P 3.21). Le mot lui-même peut vouloir dire le récipient qui contient l'eau ou l'acte de se plonger dans l'eau. Ici c'est le substantif qui est employé, mais la plupart des commentateurs le considèrent cependant comme une référence au baptême d'eau.

En ce sens-là, ce bain peut-il être un «bain de régénération»? Comment l'acte physique de l'homme peut-il être un acte salvateur de Dieu? Quel lien y a-t-il entre les deux? Ce sujet a déjà été traité (au chapitre 4), mais il est possible d'ajouter ici quelques commentaires.

Le principal effet du baptême est rétrospectif. Il représente et il accomplit tout à la fois la rupture finale avec l'ancienne vie de péché. Ce sont des funérailles – l'ensevelissement d'une vie qui est désormais morte. Le baptême est pour le chrétien, par rapport à Satan, ce qu'a été le passage de la mer Rouge pour les Juifs, par rapport à Pharaon. Il marque la fin de l'ancienne vie d'esclavage et le commencement de la nouvelle vie de liberté. C'est un ensevelissement qui conduit à la résurrection, une mort qui conduit à la vie.

Cependant, la nouvelle vie requiert quelque chose de plus que la rupture avec le passé. Nous n'avons pas seulement besoin d'un nouveau départ dans la vie, mais d'une nouvelle vie dans laquelle commencer! La rupture négative avec le passé doit être complétée par un coup de pouce positif pour nous faire entrer dans l'avenir! C'est le deuxième aspect compris dans le fait d'être «sauvé».

2. Nous avons été sauvés par le «renouveau du Saint-Esprit [qu'il] a répandu sur nous avec abondance». Ceci ne parle pas d'un processus qui se poursuit, puisque le verbe est encore une fois au temps aoriste, ce qui nous renvoie à cette expérience de l'Esprit Saint, décrite ailleurs comme «recevoir», être «rempli de» ou «baptisé dans». En fait, l'expression même «répandu sur» est employée à propos du jour de la Pentecôte (Ac 2.17, 33) et à propos de la maison

de Corneille (Ac 10.45), nouvelle confirmation qu'une réception «pentecôtiste» de l'Esprit Saint était l'expérience normale de *tous* les croyants du Nouveau Testament. L'adverbe «avec abondance» indique que les personnes ont été «trempées» plutôt qu'«éclaboussées»; il n'est pas loin du mot «baptisé».

«Renouveau» (grec: *anakainosis,* de *ana* = à nouveau et *kainos* = nouveau) n'est pas non plus très différent de «régénération». Ils parlent tous deux d'une restauration à une condition d'origine (cf. Mt 19.28).

Tous deux sont l'œuvre de Dieu. Cependant, l'un souligne le début du processus de restauration et l'autre en souligne la poursuite. Pourtant, même le processus de «renouveau» (cf. Rm 12.2; 2 Co 4.16; Col 3.10) a un point de départ précis dans l'«effusion» de l'Esprit. Le baptême dans l'eau met un terme à l'ancienne vie et donne le départ de la nouvelle; le baptême dans l'Esprit assure qu'elle se poursuivra jusqu'à ce que l'image de Dieu soit parfaitement restaurée.

La plupart des commentateurs ont noté le parallèle remarquable qui existe entre Tt 3.5 et Jn 3.5. Tous deux traitent du sujet de la «nouvelle naissance» (aussi surprenant que cela paraisse, ce sujet est relativement peu traité dans le Nouveau Testament) et ils mentionnent tous deux l'«eau» et l'«Esprit». Il est difficile de ne pas associer les paroles de Paul et celles de Jésus. La principale différence entre elles serait la préposition – là où Jésus dit qu'un homme est né de nouveau «hors des» (grec: *ek)* deux baptêmes, Paul dit qu'un homme est sauvé «au travers» (grec: *dia)* d'eux. Ni l'un ni l'autre n'emploie la préposition «par», car l'eau et l'Esprit sont tous deux le moyen et non la cause. Une personne ne peut être régénérée et sauvée que par «Dieu notre Sauveur».

27

L'ENSEIGNEMENT ÉLÉMENTAIRE
Hébreux 6.1-6

C'est pourquoi, laissant l'enseignement élémentaire de la parole du Christ, tendons vers la perfection, sans poser de nouveau le fondement: repentance des œuvres mortes, foi en Dieu, doctrine des baptêmes, imposition des mains, résurrection des morts et jugement éternel. C'est ce que nous allons faire, si Dieu le permet.

Quant à ceux qui ont été une fois éclairés, qui ont goûté le don céleste et sont devenus participants à l'Esprit Saint, qui ont goûté la bonne parole de Dieu et les puissances du siècle à venir, et qui sont tombés, il est impossible de les ramener à une nouvelle repentance. Car ils crucifient de nouveau, pour leur part, le Fils de Dieu et le déshonorent publiquement. (Hé 6.1-6)

Il est probablement impossible de découvrir qui a écrit «brièvement» cette lettre (13.22), mais il n'est pas trop difficile de discerner la raison pour laquelle elle a été écrite. En lisant entre les lignes, on décèle que ces croyants juifs (probablement de Rome – 13.24) étaient en grave danger spirituel à la suite de la première vague d'hostilité ouverte contre les «chrétiens». Ils avaient déjà souffert des attaques contre leurs biens et leurs personnes, avaient été jetés en prison et avaient souffert de l'humiliation publique (10.33-34).

Ils n'avaient pas encore dû mourir pour leur foi (12.4);

mais la pression allait croissant et le martyre se profilait à l'horizon.

La clef qui permet de comprendre cette épître est la compréhension que la persécution visait les chrétiens et non les Juifs. Le judaïsme était une religion «officielle» (une *religio licita),* mais «la Voie», comme on appelait le christianisme à ses débuts, était une religion «souterraine», proscrite (une *religio illicita).* La même distinction se retrouve sous les régimes totalitaires modernes.

Ainsi, ces «Hébreux» n'avaient connu que les difficultés sociales habituelles tant qu'ils avaient été des juifs pratiquants. Cependant, à peine étaient-ils parvenus à la foi en Jésus comme leur Messie, que les vrais ennuis avaient commencé. Au début, ils étaient restés fermes dans la confiance en leur toute nouvelle «lumière» (10.32). Mais à mesure que la nouveauté perdait de son attrait et que les ennuis croissaient, ils avaient manifestement commencé à se demander si cela en valait bien la peine (ils n'ont pas été les derniers à connaître ce genre de doutes!).

La dernière pièce du puzzle de leur situation fâcheuse est qu'ils avaient déjà une échappatoire toute prête. En quittant l'église et en retournant à la synagogue, ils pourraient s'éviter d'autres persécutions. Cependant, pour être à nouveau reçus par leurs compatriotes juifs, ils devraient renier leur foi en Jésus comme Fils de Dieu. Ils pourraient sans aucun doute justifier leur position en se disant qu'ils continueraient à adorer le même Dieu et qu'ils pourraient rester des disciples de Jésus «en secret»!

Quand on garde ce contexte présent à l'esprit, chaque phrase de l'épître aux Hébreux s'inscrit à merveille dans un but général. L'auteur avance tous les arguments imaginables pour persuader ces croyants juifs de ne pas revenir en arrière, mais de persévérer dans «la Voie». Il ne laisse pas entendre

L'ENSEIGNEMENT ÉLÉMENTAIRE *Hébreux 6.1-6*

qu'il y ait quelque chance que cela aille mieux, mais il les encourage à imiter la persévérance de leurs propres héros juifs, ainsi que celle de leurs nouveaux conducteurs chrétiens et, par-dessus tout, celle de Jésus lui-même.

La visée principale de cette lettre est l'exposé soigné de la supériorité («meilleur» est un mot clef) du christianisme sur le judaïsme, même si le premier dérive du dernier. Revenir en arrière équivaudrait à échanger une Rolls-Royce dernier cri contre une voiture bas de gamme d'avant-guerre! Cependant, le choix a des conséquences plus sérieuses que dans l'exemple cité: en évitant la souffrance physique et temporelle, ils sont passibles de s'attirer des conséquences spirituelles et éternelles.

C'est pourquoi, l'exposé général est constamment interrompu par des exhortations précises, adressées directement aux lecteurs dans un langage personnel et énergique (2.1-4; 3.1, 6, 12-14, 19; 4.14; 5.11-6, 12; 10.19-39; 12.1-13, 25). Elles deviennent de plus en plus longues et énergiques vers la fin de l'épître, allant d'un encouragement bienveillant à un avertissement sévère, en passant par des reproches graves.

Les versets que nous étudions (6.1-6) constituent la partie centrale d'une longue exhortation (5.11-6, 12). Cette section s'ouvre sur l'expression de la frustration de l'auteur; il est conscient que les comparaisons complexes de son exposé passent probablement au-dessus de la tête de ses lecteurs! C'est de la viande pour des adultes plutôt que du lait pour des bébés. Toutefois, à leur stade, ils auraient dû être capables non seulement de recevoir un tel enseignement, mais aussi de le transmettre à d'autres.

Il en appelle aux croyants juifs pour qu'ils «laissent» cet «enseignement élémentaire», qu'ils ont entendu quand ils sont devenus «chrétiens», et «tendent» (expression favorite de l'auteur) «vers la perfection» ou maturité, qu'il définit en termes de discernement moral plus qu'en termes de compréhension intellectuelle. Il n'en poursuit pas moins en dressant le contenu de cet «enseignement élémentaire» qu'il leur demande de laisser en arrière. En leur rappelant leurs débuts, il s'appuiera sur leur mémoire pour lancer son avertissement le plus redoutable.

Ce faisant, il nous donne un aperçu inestimable de sa compréhension de l'*initiation* chrétienne. C'est le seul endroit du Nouveau Testament où les *quatre* éléments sont énoncés de façon systématique. Ils sont vus ici comme les quatre pierres d'angle, si l'on peut dire, d'un fondement bien établi de la vie chrétienne. Pourtant il emploie certains modes d'expression inhabituels qui demandent explication.

Premièrement, «repentance des œuvres mortes». La préposition grecque, *apo,* qui unit repentance et œuvres mortes, est importante. Elle signifie «en éloignant, en séparant». Or beaucoup de personnes se repentent de leurs péchés, mais ne s'en «séparent» pas! Les œuvres du péché doivent être suivies d'*œuvres* de repentance – renonciation, réforme, restitution et réconciliation (ces choses ont été développées au chapitre 2 et seront appliquées au chapitre 32).

Deuxièmement, «foi en Dieu». Ce qui surprend ici, c'est qu'il dirige cette foi vers le Père plutôt que vers le Fils. Puisqu'ils étaient juifs, ils auraient déjà dû avoir «foi en Dieu». Mais ce n'est probablement pas significatif, puisque cela ressemble davantage à une liste «sténographique» de rappel qu'à un manuel d'instruction. Il ne fait aucun doute qu'au moment de leur conversion, cette expression se soit élargie pour entendre «la foi en tout ce que Dieu a accompli au travers de son Fils, Jésus-Christ».

Troisièmement, «doctrine des baptêmes». Deux particularités de cette expression ont dérouté les commentateurs. Tout d'abord, l'anomalie de l'emploi

L'ENSEIGNEMENT ÉLÉMENTAIRE *Hébreux 6.1-6*

d'une forme relativement rare du mot signifiant «baptême» (grec: *baptismos,* qui n'est utilisé ailleurs que pour un «lavage» ordinaire – Mc 7.4; Hé 9.10), de préférence à la forme usuelle pour le rite initiateur (grec: *baptisma*). Il est peut-être nécessaire de se rappeler qu'aucun nom n'était encore devenu l'appellation technique pour le sacrement comme c'est le cas pour le mot «baptême» de nos jours, au point qu'il a aujourd'hui perdu toute sa signification grecque d'«immersion». Les mots employés alors était plus descriptifs que définitoires. D'autres mots employés pour «lavage» étaient aussi utilisés dans le cas du baptême *(apolouo* et *loutron,* par exemple). Nous ne devons pas nous arrêter trop longtemps sur le vocabulaire employé ici. Mais ce qui est le plus troublant, c'est l'emploi du *pluriel;* à quels «baptêmes» fait-il allusion? Il y a au moins cinq explications possibles (que je donne dans l'ordre croissant de vraisemblance):

1 Cela signifie simplement qu'il y avait, en général, un certain nombre de personnes baptisées en chaque occasion.

2. Le baptême au nom trinitaire comprenait une triple immersion (comme c'est le cas, aujourd'hui, dans les Eglises grecques orthodoxes).

3. Le baptême est un «double» lavage – du corps et de l'âme en même temps.

4. Ceux qui se posaient des questions devaient être renseignés tant sur le baptême d'eau que sur le baptême de l'Esprit, puisqu'ils sont tous deux nécessaires.

5. Il était nécessaire d'expliquer à ces «Hébreux» la différence entre le baptême chrétien et les ablutions lévitiques, le baptême de prosélytes et, peut-être, le baptême de Jean, lesquels, bien qu'étant similaires dans leur mode, sous l'angle externe, sont différents dans leur signification, sous l'angle interne.

Les mots «doctrine des», ou enseignement sur, sont en faveur de la dernière solution. Ils devaient être «enseignés» en ce qui concerne les différents baptêmes, même s'ils n'en avaient reçu qu'un seul au cours de leur initiation chrétienne (10.22).

Quatrièmement, «imposition des mains». Il ne fait aucun doute qu'il s'agit ici d'une expression d'intense prière pour que le don de l'Esprit Saint puisse être reçu par le croyant repentant et baptisé. Le verset 4 parle des conséquences qui en découlent. La pratique trouve des équivalents dans le livre des Actes (8.17; 9.17; 19.6) et dans d'autres épîtres (par ex. 2 Tm 1.6-7). Ce qui est inattendu, c'est le sous-entendu que l'imposition des mains était un élément normal et nécessaire de l'initiation, employé dans tous les cas pour «communiquer» l'Esprit Saint aux convertis. Il est peut-être nécessaire de se rappeler que les deux seuls récits où il nous est rapporté que l'Esprit Saint a été donné *sans* l'imposition des mains contiennent des indications claires concernant la raison pour laquelle cela n'a pas été fait. Le jour de la Pentecôte (Ac 2.2-4), il n'y avait personne qui ait déjà «reçu» pour imposer les mains aux disciples, aussi Dieu lui-même a-t-il posé ses doigts de feu sur eux. Dans la maison de Corneille (Ac 10.44), Dieu a encore une fois dû le faire lui-même, étant donné que personne d'autre ne l'aurait fait pour ces non-Juifs. Puisqu'il est possible de trouver une explication logique à ces deux «exceptions», nous nous trouvons devant la «règle»: le don de l'Esprit Saint a toujours été reçu, dès le commencement, au travers de l'imposition des mains, contrairement à l'opinion de certains spécialistes qui veulent que la lettre aux Hébreux reflète un stade ultérieur de l'histoire de l'Eglise, où le rite de «confirmation» s'était cristallisé. Cet acte physique ne se contente pas d'associer intercession et identification, il comprend également la notion de transfert de puissance

L'ENSEIGNEMENT ÉLÉMENTAIRE *Hébreux 6.1-6*

d'une personne qui la possède déjà à une personne qui en a besoin (cf. Nb 27.18-20 avec Dt 34.9). La même idée de «transfert» sous-tend l'imposition des mains aux malades.

Suit une addition inattendue à ces quatre vérités chrétiennes fondamentales, qui traitent toutes du présent. L'auteur ajoute deux principes fondamentaux de plus concernant l'avenir: la «résurrection des morts» et le «jugement éternel». Ces principes constituent une étrange conclusion. Pourquoi la résurrection des morts, hormis celle de Jésus, est-elle si importante pour les débuts des chrétiens? Et le «jugement à venir» n'est-il pas partie intégrante de la proclamation originelle de l'évangile, qu'ils ont entendu avant de se lancer dans leur enseignement élémentaire?

Il n'y a de problème que si l'on prend ces six sujets comme un programme complet pour une classe de «débutants» en Christianisme (comme certains enseignants chrétiens ont été tentés de le faire à partir de ce passage même). Mais l'auteur vient tout juste de leur dire qu'il ne va *pas* leur faire suivre à nouveau ce cours! Cependant, il va leur rappeler ces choses qu'ils ont apprises dans le passé et qui vont conforter l'argumentation et l'appel qu'il fait maintenant. En d'autres termes, nous avons là une liste «sélective» de sujets particuliers extraits de leur instruction initiale et qu'ils ont particulièrement besoin de se rappeler dans leur situation présente. Les six thèmes choisis se répartissent de façon commode en deux têtes de chapitres. D'une part, ils doivent se souvenir des quatre étapes décisives franchies par la repentance, la foi, le baptême et la réception de l'Esprit – de façon parfaitement volontaire et, comme nous allons le voir, irrévocable. D'autre part, il doivent se souvenir de deux faits concernant l'avenir – ils ressusciteront un jour d'entre les morts et seront ensuite jugés sur la manière dont ils auront marché à partir de ce commencement (comme en 2 Co 5.10). Leur situation présente doit être confrontée à leur initiation passée et à leur examen futur, pour être vue sous son véritable jour. La souffrance se vit d'une manière toute différente quand on la considère sous l'angle eschatologique ou sous l'angle existentiel (cf. Rm 8.18).

Cet enseignement objectif est devenu leur expérience subjective; ils en connaissent la réalité dans leurs vies. Ils ont été éclairés, ont goûté le don céleste, sont devenus participants à l'Esprit Saint et ont goûté la bonne parole de Dieu et les puissances du siècle à venir.

Dire qu'ils pourraient avoir fait toutes ces expériences sans être le moins du monde devenus chrétiens, c'est ôter toute signification au langage employé ici. C'est ce qui est fait, en général, dans l'intérêt d'une théologie «calviniste», qui est directement intéressée à ce qu'ils ne soient pas «nés de nouveau», à cause de l'avertissement qui suit. Mais nous devons nous poser la question: «Pourquoi l'auteur voudrait-il les faire tendre à la «maturité» s'ils ne sont pas même encore devenus des enfants?»

Certains auraient attendu un appel plus tendre après un tel rappel – peut-être du genre: «Ayant goûté à ce point de la bonne vie, êtes-vous prêts à tout laisser tomber?» Au contraire, suit l'avertissement le plus sévère de toute l'épître: «Si vous laissez tomber tout cela, vous ne pourrez plus jamais le retrouver!» Quelle tragédie que ce passage soit en général discuté dans le contexte du problème «une fois sauvé, toujours sauvé», ce qui détourne en fait l'attention du véritable problème. L'auteur ne cherche pas à savoir s'il est possible pour un chrétien de perdre son salut; il tient pour acquis que ce soit possible! Il va beaucoup plus loin que cela en disant que, si c'est le cas et quand cela arrive, il est alors impossible à un tel «ex-chrétien» de recouvrer son salut, puisqu'il lui est impossible de se repentir! Il est impossible de se repentir de certains péchés, parmi lesquels la répudiation publique de Christ dans les temps de persécution. Faire cela, c'est partager la culpabilité de ceux qui ont humilié et crucifié Jésus parce qu'ils niaient sa revendication d'être le Fils de Dieu. Le fait que Pierre offre le pardon à ceux qui ont trempé dans l'acte originel ne modifie pas ce principe; ils agissaient par «ignorance» (Ac 3.17), ce qui est impossible à un chrétien. D'autres textes des Ecritures confirment le sérieux d'un tel reniement (Mt 10.33 et 2 Tm 2.12, par exemple).

Après avoir donné ce sévère avertissement d'un danger bien réel – car dire qu'il n'est qu'hypothétique serait dérober à l'avertissement son efficacité –, l'auteur confirme à ses lecteurs son optimisme et non son pessimisme en ce qui les concerne (6.9-12). Bien que ce destin funeste *puisse* être leur, il ne s'attend pas à ce qu'il le *soit*. Il a une foi réelle dans l'affermissement de l'Esprit Saint. Dieu lui-même est de leur côté et veut qu'ils aient du succès dans leur épreuve. Mais une issue victorieuse n'est pas inévitable. Il est vital qu'ils restent attentifs, patients et fidèles «jusqu'à la fin», s'il veulent s'assurer l'espérance d'hériter de tout ce qui est promis pour l'avenir.

Ils ont pris un bon départ, mais cela ne suffit pas pour remporter la course. Une bonne arrivée est tout aussi importante. Après avoir nommé beaucoup de héros de la foi de l'Ancien Testament, l'auteur dit d'eux: «Toutes ces personnes vivaient encore dans la foi quand elles sont mortes» (11.13; traduit de la version anglaise NIV). Il exhorte ses lecteurs à courir avec la même persévérance, les yeux fixés sur Jésus, qui est l'auteur de la foi, celui qui la mène à la perfection et qui nous rend lui-même capable de commencer et de finir. Le christianisme est la façon de mourir comme la façon de vivre!

28

LA FOI AGISSANTE
Jacques 2.14-26

Mes frères, à quoi bon dire qu'on a la foi, si l'on a pas les œuvres? Cette foi peut-elle sauver? Si un frère ou une sœur sont nus et manquent de la nourriture de chaque jour, et que l'un d'entre vous leur dise: Allez en paix, chauffez-vous et rassasiez-vous! sans leur donner ce qui est nécessaire au corps, à quoi cela sert-il? Il en est ainsi de la foi: si elle n'a pas d'œuvres, elle est morte en elle-même.

Mais quelqu'un dira: Toi, tu as la foi; et moi, j'ai les œuvres. Montre-nous ta foi sans les œuvres, et moi, par mes œuvres, je te montrerai ma foi. Tu crois qu'il y a un seul Dieu, tu fais bien; les démons le croient aussi et ils tremblent.

Mais veux-tu comprendre, homme vain, que la foi sans les œuvres est stérile? Abraham, notre père, ne fut-il pas justifié par les œuvres, pour avoir offert son fils Isaac sur l'autel? Tu vois que la foi agissait avec ses œuvres, et que par les œuvres sa foi fut rendue parfaite. Ainsi s'accomplit ce que dit l'Ecriture: Abraham crut à Dieu, et cela lui fut compté comme justice; et il fut appelé ami de Dieu. Vous le voyez, c'est par les œuvres que l'homme est justifié, et non par la foi seulement.

Rahab la prostituée ne fut-elle pas également justifiée par les œuvres, pour avoir reçu les messagers et les avoir fait partir par un autre chemin? Comme le corps sans esprit est mort, de même la foi sans les œuvres est morte.

(Jc 2.14-26)

La plupart des évangélistes ignorent ce passage quand ils prêchent l'évangile. Tout en reconnaissant qu'il pourrait contenir une correction fort utile pour les croyants satisfaits d'eux-mêmes, ils ne voient pas en quoi il concerne un incroyant en recherche. En bref, ce texte n'aurait rien à voir avec l'initiation chrétienne. Pourtant, Jacques parle très clairement de la foi qui peut «sauver» (v. 14), ce qui est assurément le cœur même de l'évangile.

Certains vont bien au-delà et se demandent si cette courte lettre devrait faire partie du canon des Ecritures! Le célèbre rejet par Luther de ce qu'il a qualifié d'«épître de paille» n'est pas une attitude isolée. Une piètre opinion sur sa valeur théologique peut apparemment aller de pair avec la conviction quant à son inspiration divine!

Ceux qui ressentent le plus profondément le «problème» de l'épître de Jacques sont ceux pour qui la compréhension paulinienne du salut est un système doctrinal complet, au regard duquel doivent être jugées toutes les autres contributions apostoliques du Nouveau Testament. Ce préjugé arbitraire ne rend pas justice aux autres aperçus vitaux.

Si l'on part de ce point de vue partial, Jacques peut être, et il l'est souvent, accusé de se trouver en conflit direct avec Paul. Ainsi, cette affirmation que «c'est par les œuvres que l'homme est justifié, et non par la foi seulement» (v. 24) est vue comme une contradiction flagrante avec des déclarations pauliniennes comme: «l'homme n'est pas justifié par les œuvres de la loi, mais par la foi» (Ga 2.16). Il n'est donc pas étonnant que, dans le combat Réformé en faveur du principe de la justification par la seule foi et sur la base de l'autorité des seules Ecritures, l'épître de Jacques ait été un document plutôt embarrassant!

Il est certain que cette tension doit être dissipée, si l'on veut jouir de la contribution vitale de Jacques à notre

LA FOI AGISSANTE *Jacques 2.14-26*

compréhension de la «foi salvatrice». L'Esprit Saint savait ce qu'il faisait en guidant l'Eglise primitive à reconnaître cette lettre du frère de notre Seigneur comme écriture inspirée, revêtue d'autorité apostolique pour toute l'Eglise au long des siècles.

La divergence apparente sur cet article de foi fondamental peut être corrigée par une analyse soignée de l'argumentation de Jacques.

La clef repose dans l'usage du mot «œuvres». Jacques ne parle pas des «œuvres de la loi». Paul, par contre, emploie cette expression dans le sens de garder les commandements en vue de «gagner», ou tout au moins de «mériter», le salut de Dieu. La pensée que l'homme puisse faire quoi que ce soit pour contribuer à son salut est totalement étrangère à l'évangile de la grâce divine. C'est pour cette raison que Paul s'est repenti de ses bonnes œuvres comme d'autant d'«ordures» (Ph 3.8-9; le mot «ordures» est très cru, c'est celui qu'on emploie pour les excréments humains). Il n'y a pas, dans un même cœur, place pour la propre justice et pour la justice de Dieu.

Jacques acquiescerait de tout son cœur à cette affirmation; mais il dénoncerait avec force qu'on en déduise que, dans le salut, l'homme n'est qu'un récepteur passif. Ce que souligne Jacques, c'est que la foi est une appropriation active de la justice divine. Et Paul acquiescerait de tout cœur à ce que Jacques dit ici!

Ni Paul ni Jacques n'enseigneraient que la «foi» consiste à atteindre des normes morales par ses seules forces. Le problème de base de la nature humaine est justement son incapacité à garder les commandements de Dieu (même un Saul de Tarse très zélé n'a réussi qu'à quatre-vingt-dix pour cent – Ph 3.6 doit être équilibré par Rm 7.8). Pour sceller cette distinction complète entre «foi» et «œuvres de la loi», il suffit de souligner que les deux exemples ou «modèles» de foi cités par Jacques enfreignent tous deux la loi de Dieu! Une prostituée est félicitée pour avoir porté un faux témoignage et un père pour avoir tenté de tuer son propre fils!

Jacques ne parle pas non plus d'«œuvres d'amour». Ce point est plus délicat. Au premier abord, il semble que ce soit ce qu'il veut dire (vv. 15-17), et cette interprétation a été accueillie comme la base possible d'une réconciliation entre son enseignement et celui de Paul qui parle, lui aussi, d'une «foi qui est agissante par l'amour» (Ga 5.6). Mais en déduire que la foi doit être complétée par des actes de bienfaisance à l'égard des nécessiteux n'est guère différent de dire qu'elle doit être complétée par des actes de moralité. Ces deux déductions affadissent la doctrine de la grâce.

Nous devons prendre conscience que la courte esquisse sur les rapports de bon voisinage, figurant aux versets 15-17, n'a pas pour dessein de présenter un exemple particulier d'«œuvres de la foi», mais qu'elle est là comme une illustration générale du principe: la profession sans l'action est sans effet quel que soit le domaine de la vie – dans le cas présent, la confrontation avec un frère dans le besoin. La compassion pour ceux qui souffrent, tout comme la foi en Dieu, n'est pas révélée par ce que nous disons, mais par ce que nous faisons. Remarquez en passant que Jacques partageait avec son frère Jésus la capacité de faire comprendre une vérité profonde à l'aide d'une situation de la vie de tous les jours.

Par conséquent, Jacques ne dit pas: «La foi sans les œuvres d'amour est morte», bien que la théologie libérale apprécierait qu'il en soit ainsi, mais il dit: «La foi sans les œuvres est tout aussi morte que l'amour sans les œuvres.» En d'autres termes, pour Jacques, le mot «œuvres» signifie tout simplement *«actions»* – contrairement à tout ce que ce mot évoque dans les pensées évangéliques imprégnées de théologie paulinienne! Certaines traductions modernes ont reconnu le besoin d'employer un autre équivalent libre de telles connotations choquantes – on trouve ainsi l'emploi de «bonnes actions» (Le Livre) ou, ce qui est plus général et plus utile, «actes» (Parole Vivante).

Que veut alors dire, pour Jacques, les «œuvres de la foi»? S'il n'entend pas par là le fait de donner de la nourriture à un frère qui a faim, il renvoie par contre à deux situations vécues de l'Ancien Testament (en contraste avec le cas hypothétique élaboré au verset 15). Il veut montrer «la foi à l'œuvre» ou «la foi en action». Comme pour bien souligner qu'il ne parle pas de moralité, il choisit une mauvaise femme et un homme bon. Comme pour bien souligner qu'il ne parle pas de bien-être, il choisit un acte qui a sauvé des vies et un acte qui a failli en détruire une. Mais qu'avaient donc en commun l'action de Rahab et celle d'Abraham? Ils ont tous deux agi d'une façon qui mettait en danger leur sécurité du moment – parce qu'ils croyaient tous deux que Dieu sauvegarderait leur vie future. Prendre de tels risques est l'essence même de la foi. C'est avoir suffisamment de confiance pour agir sur la base de ses convictions, en particulier lorsque celles-ci sont enracinées dans la révélation que Dieu donne de lui-même.

Ce genre de foi s'inscrit en un contraste absolu avec tout ce qui passe si souvent pour de la foi. De nos jours, les gens s'entendent souvent dire qu'ils sont devenus chrétiens et remplissent les conditions requises pour le baptême et l'appartenance à une Eglise sur le seul fondement d'une «profession de foi»; sur ce qu'ils *disent* par leurs paroles. Jacques n'en ferait aucun cas: seule la possession de la foi le satisferait. La preuve de la foi serait visible plus qu'audible, décelée par l'observation de ce que la personne fait, plus que par l'écoute de ce qu'elle dit (v. 18).

Avec un humour grinçant, Jacques met en avant que la récitation, dans un credo, d'une théologie impeccable ne vaut guère mieux que ce que les démons arrivent à faire, eux qui sont tous de bons monothéistes! S'ils n'ont pas la foi, leur «confession» a au moins un certain contenu émotionnel – ils tremblent de peur. Jacques laisse peut-être entendre qu'il y a assez longtemps que ses lecteurs n'ont même pas manifesté une telle réaction devant le fait redoutable du monopole de puissance qui appartient à Dieu.

A la lecture du début de Je 2, on reste sur l'impression que le christianisme apostolique dégénérait déjà, à l'époque où cette lettre a été écrite, en un «églisianisme» respectable. Dans ces conditions, la foi tend à se fossiliser en répétitions orales; les adorateurs peuvent passer des semaines, des mois et même des années sans jamais exercer la foi qu'ils professent si régulièrement à l'Eglise. Cette foi peut être correcte d'un point de vue doctrinal, mais elle n'a plus sa dynamique aventureuse. Ce modèle est hélas très répandu.

Jacques veut s'assurer que nous avons compris qu'avoir la «foi», ce n'est pas articuler avec les lèvres une saine théologie. Il ne s'agit pas tant d'*accepter* la vérité de la parole de Dieu que d'*agir* en conséquence. La profession sans la mise en pratique est aussi inutile, pour nous, que la compassion sans le secours, pour les autres. Une telle foi ne peut «sauver». Elle est aussi «morte» qu'un cadavre dans une morgue!

29

LE DÉLUGE QUI SAUVE
1 Pierre 3.18-22

En effet, Christ aussi est mort une seule fois pour les péchés, lui juste pour des injustes, afin de vous amener à Dieu. Mis à mort selon la chair, il a été rendu vivant selon l'Esprit. Par cet Esprit, il est aussi allé prêcher aux esprits en prison, qui avaient été rebelles autrefois, lorsque la patience de Dieu se prolongeait, aux jours où Noé construisait l'arche dans laquelle un petit nombre de personnes, c'est-à-dire huit, furent sauvées à travers l'eau. C'était une figure du baptême qui vous sauve, à présent, et par lequel on ne se débarrasse pas de la souillure de la chair, mais qui est la demande adressée à Dieu d'une bonne conscience, par la résurrection de Jésus-Christ qui, monté au ciel, est à la droite de Dieu et à qui les anges, les pouvoirs et les puissances ont été soumis. (1 P 3.18-22)

Des spécialistes ont suggéré que cette épître tout entière est un «tract baptismal», un genre de «catéchisme pour candidats». C'est assurément une excellente étude biblique pour débutants, couvrant beaucoup de choses qu'un nouveau chrétien doit connaître et faire.

Mais il y a également beaucoup ici pour les croyants mûrs. En fait, Pierre semble avoir été l'un de ces rares chrétiens qui sont aussi bons dans l'évangélisation que dans le soin pastoral. Après tout, Jésus l'a appelé à être un pêcheur d'hommes et un berger (Mc 1.17; Jn 21.15-17)!

Celui qui est en recherche, tout comme le croyant, a besoin qu'on lui dise que la vie chrétienne comportera des souffrances. Paul était aussi franc que Pierre en annonçant cela (cf. Ac 14.22); ils suivaient tous deux l'exemple de Jésus (Jn 16.33).

Le fil écarlate de la souffrance court tout au long de cette lettre. Elle a probablement été écrite sur la toile de fond de la première vague de persécutions sous Néron, et l'un des principaux soucis de l'auteur est d'aider son troupeau dispersé dans toute l'Asie Mineure (l'actuelle Turquie) à maintenir son intégrité morale en face de l'opposition – non seulement du public en général mais aussi, à ce moment-là, des autorités gouvernementales (il s'attend à ce que cela s'étende depuis Rome jusqu'aux confins de l'empire – voir 1.1; 4.12; 5.13).

Les tensions de la vie sous un régime hostile reviennent régulièrement à la surface dans la lettre. Celui qui suit Jésus doit vivre une vie sans reproche, et se verra pourtant accusé de crime. Il doit être un citoyen loyal, mais sera pourtant traité de traître. Il doit être ouvert et franc, et sera pourtant un objet de calomnie.

La nature humaine accepte de souffrir pour avoir fait le mal (cf. Le 23.41), mais être la victime innocente d'une injustice est une mise à l'épreuve difficile. Telle devait être l'expérience des chrétiens au cours des deux siècles suivants. Pierre lui-même allait être l'un des nombreux martyrs.

Sous de telles pressions, il est aisé d'imaginer que la justice n'amène que des ennuis supplémentaires (Ps 73.1-22 en est un exemple classique), ce qui peut inciter le chrétien à revenir aux conceptions du monde. L'antidote est de garder un point de vue éternel (Ps 73.23-28 le réalise). Ce qui arrive au corps est considéré comme relativement peu important; l'objectif vital est de maintenir la vie de l'esprit.

Voici donc le contexte de notre passage, qui renferme

LE DÉLUGE QUI SAUVE *1 Pierre 3.18-22*

une association d'idées inhabituelle ainsi qu'une révélation exceptionnelle. Le style est «décousu» plutôt que logique; le fil qui tient le tout ensemble est un souci général plus qu'une argumentation linéaire. Il s'agit bien plus d'une peinture que d'une photographie.

Après avoir fait l'observation valable qu'il est moralement préférable de souffrir en faisant ce qui est bien qu'en faisant ce qui est mal, il est naturel que Pierre illustre son affirmation par l'attitude de Christ lui-même sur la croix, en face de la plus grande de toutes les injustices. Il a déjà abordé ce sujet avec efficacité (en 2.21-23), mais cette fois le cours de ses pensées le mène dans une direction inattendue. Ce à quoi il veut en venir, c'est que la destruction du corps de Christ a été la libération de son esprit («e» minuscule; Pierre parle de son esprit humain, non de l'Esprit divin). Loin d'écourter le ministère de Jésus, sa mort l'a élargi!

Mis à mort selon (grec: *men* d'une part, d'un point de vue) la chair, Jésus a été rendu vivant selon (grec: *de* d'autre part, d'un autre point de vue) l'esprit. Il ne s'agit pas d'une référence à sa résurrection qui a rendu la vie à son corps, trois jours plus tard. C'est un commentaire sur son état pendant ces trois jours, entre sa dissolution physique et sa résurrection. Nulle part ailleurs le Nouveau Testament ne déclare qu'il ait été pleinement conscient et actif durant cette période, quoique les paroles de Jésus au brigand sur la croix le laissent clairement entendre (Lc 23.43).

Cet aperçu frappant est immédiatement suivi d'une information extraordinaire. Pendant cette période, Jésus a visité le séjour des disparus (en Hébreu: *shéol;* en grec: *hadès).* (C'est la véritable signification de la phrase «il est descendu aux enfers» dans le symbole des Apôtres – il ne s'agit *pas* du lieu du jugement éternel, dans lequel on n'entre qu'après le jugement dernier.) Ici, Jésus a prêché aux «esprits en prison», expression qui entend tous ceux qui sont retenus en «garde à vue» jusqu'à leur procès du jour du jugement (cf. 2 P 2.4 et Jude 6). Le groupe précis auquel Jésus s'est adressé est identifié comme la génération noyée dans le déluge à l'époque de Noé. Tout cela s'est passé entre la mort de Christ et sa résurrection.

Pierre est le seul auteur du Nouveau Testament à nous parler de cela, (bien que l'un des évangiles mentionne un autre effet de la mort de Jésus sur le monde des disparus, c'est-à-dire que de nombreux «saints» décédés sortirent du shéol et revinrent dans les rues de Jérusalem, où on les reconnut pendant qu'ils se promenaient – Mt 27.52-53). Mais d'où Pierre tient-il cette information? Certainement de la rencontre, dont nous n'avons pas de récit, qu'il fit avec Jésus ressuscité le matin du premier dimanche de Pâques (1 Co 15.5).

Chercher à savoir ce qui a conduit Jésus à faire une telle chose, c'est entrer dans le domaine de la conjecture, puisque les Ecritures ne nous proposent aucune raison logique. Etait-ce pour annoncer que l'acte le plus grave du jugement de Dieu avait maintenant été égalé par une intervention décisive de sa miséricorde? Mais proclamer cela sans offrir aux auditeurs une possibilité de salut serait un supplice de Tantale tout à fait étranger aux façons de faire du Seigneur. Tout ce que nous pouvons supposer, c'est qu'il avait en vue leur repentance. Mais pourquoi donc ce groupe particulier aurait-il eu l'insigne privilège d'une «deuxième chance» après la mort? Vraisemblablement parce que ces personnes constituaient la première génération à avoir connu le jugement divin d'une manière aussi totale et radicale avant le jour où le reste de la race humaine paraîtra en jugement – et qu'elles pourraient donc alléguer d'un traitement injuste, Dieu ayant promis de ne plus jamais refaire de même avec une autre génération. Dieu ne donnera jamais à quelqu'un la moindre raison de l'accuser de partialité (cf. Gn 18.25).

LE DÉLUGE QUI SAUVE *1 Pierre 3.18-22*

Le refus de prendre telles qu'elles sont les paroles de Pierre est en général dû à des réserves théologiques. On voit dans cet incident une contradiction avec l'enseignement biblique général selon lequel le moment de notre mort fixe notre destinée éternelle (Le 16.26). Ce serait une porte ouverte pour tous ceux qui veulent croire qu'ils auront une «deuxième chance» d'accepter le salut au-delà de la tombe, sur le présupposé naïf que ceux qui auront goûté à l'enfer désireront vraiment aller au ciel. La crainte que cela n'ôte la motivation morale et spirituelle pour se repentir dans ce monde est tout à fait valable, mais on pourrait dissiper cette crainte en soulignant que ces paroles de Pierre ne peuvent s'appliquer qu'à la *seule* génération de Noé, et à aucune autre. Cette unique exception ne compromet donc pas la règle générale.

La mention du déluge rappelle à Pierre qu'il y a dans la famille de Noé un exemple opportun de ceux qui ont gardé leur intégrité morale au sein d'une société à l'immoralité grossière – et ont ainsi survécu au jugement qui s'est abattu sur elle. L'arche les a gardés «sains et saufs» au travers du déluge; ils ont été «sauvés à travers l'eau» (grec: *dia* = par le moyen de). Le sens exact de cette expression est discutable. Elle signifie plus que d'avoir été gardé de la noyade dans l'eau. Certains pensent qu'elle signifie que la même eau qui a noyé les autres a en fait «soutenu» l'arche et à été presque littéralement le moyen de leur survie. L'interprétation la plus probable est que le déluge les a en fait «transférés» d'un monde sale de péché dans un monde propre de justice.

Cet effet purificateur et libérateur du déluge conduit naturellement Pierre à la pensée du baptême chrétien. Les deux événements, l'un universel et l'autre individuel, peuvent être considérés comme «type» et «anti-type», l'un symbolisant et «préfigurant» l'autre. De même que l'eau du déluge a «sauvé» Noé et sa famille (tous des adultes, pas de bébés!), de même l'eau du baptême «sauve» le croyant. Cette affirmation concernant le baptême est faite deux fois (au verset 21) et est sans doute l'expression *instrumentale* la plus forte que le Nouveau Testament emploie pour le baptême (bien que Mc 16.16 et Tt 3.5 emploient également le mot «sauvé» à propos du baptême – voir les chapitre 8 et 26). Ceux qui ont une phobie de la «régénération baptismale» éprouvent de grosses difficultés devant cette déclaration et tendent à l'ignorer (comme ils le font devant le mot «eau» en Jn 3.5). Pierre, qui entrevoyait peut-être l'éventualité d'une mauvaise interprétation, se hâte d'expliquer la signification du mot «sauve». Le baptême a un effet purificateur plutôt dans le domaine moral que dans le domaine matériel, ôtant davantage la souillure de la conscience que la salissure du corps.

Sur ce point crucial, le grec de Pierre est malheureusement ambigu! L'expression se traduit littéralement: «une acceptation (ou réponse) en Dieu d'une bonne conscience». Mais qui donc donne l'acceptation/réponse: l'homme ou Dieu? Les deux possibilités ont été utilisées, de nos jours, par des traducteurs:

1. l'engagement d'une bonne conscience envers Dieu;
2. la demande adressée à Dieu pour qu'il donne une bonne conscience.

Ces façons de rendre le texte original mènent à des façons bien différentes de concevoir le baptême, bien que le but général du passage n'en soit guère affecté.

La version «engagement» est simplement une promesse de vivre une vie de bien à l'avenir, une acceptation que la vie doit maintenant être vécue dans l'obéissance au Seigneur (le *sacramentum* était, à l'origine, le serment l'allégeance fait par le soldat nouvellement recruté, promettant l'obéissance

LE DÉLUGE QUI SAUVE *1 Pierre 3.18-22*

à César). Mais pourquoi une telle résolution devrait-elle être faite dans l'eau, et quel parallèle pourrait-il y avoir entre cette dernière et le déluge de Noé? Par-dessus tout, cette interprétation vide «sauve» de tout contenu rédempteur.

La version «demande» s'inscrit mieux dans le contexte immédiat. Le baptême n'a pas pour but une purification extérieure du corps, mais une purification intérieure de la conscience. La même certitude qui nous permet de savoir que tout le mal de l'ancien monde a été lavé et enlevé dans le déluge, nous assure que le croyant repentant sera «nettoyé à grande eau» de toute sa culpabilité et sa honte. De même que Noé a émergé hors de l'arche dans un monde libre du péché, de même le croyant peut jouir de la liberté d'une vie «blanchie»! Une façon aussi efficace de voir le baptême s'accorde tout à fait avec les autres écrits apostoliques (Ac 22.16; Ep 5.26; Hé 10.22; remarquez que ce dernier aussi unit «conscience» et «eau»).

Avant de nous décider pour l'une ou l'autre de ces interprétations, il nous faut mentionner une troisième proposition – située quelque part entre les deux et quelque peu plus subtile. Noé avait vécu de façon juste avant le déluge (Gn 6.19) et quand il est entré dans l'arche il faisait confiance à Dieu pour qu'il fasse valoir sa bonne conscience en l'amenant sain et sauf au travers de l'eau. D'une manière similaire, on peut supposer que le croyant repentant demande à Dieu de confirmer qu'il est «juste» (en ce cas, justifié) à ses yeux en ne le blessant pas dans les eaux du baptême! Cette suggestion n'est pas aussi farfelue qu'elle le paraît, quand on considère que le repas du Seigneur pris indignement peut causer la maladie et même la mort (1 Co 11.30). Cependant, cela limiterait l'activité divine dans le sacrement à la fonction négative de jugement, tandis que le libellé implique le dessein positif de salut. Il y a encore une objection pratique: bien que dans le cas du baptême des conséquences semblables à celles mentionnées ci-dessus aient sûrement été méritées en de nombreuses occasions, Dieu, que je sache, ne s'est pas servi du rite à cet effet!

Quelle que soit l'interprétation/traduction préférée – pour ma part, je préfère la deuxième –, une chose est claire en chacune: le baptême concerne ceux qui ont une conscience, qu'elle soit bonne et cherche la justification, ou qu'elle soit mauvaise et cherche la purification. Il s'agit donc d'un acte conscient et responsable, entrepris de façon délibérée. L'appliquer à des bébés qui n'ont aucune idée de ce qu'est une conscience bonne ou mauvaise paraîtrait donc tout à fait hors de propos. Michael Green, en parlant de ce passage dans *I Believe in the Holy Spirit* (Londres: Hodder & Stoughton, 1975), p. 128, fait le commentaire suivant:

> Le mot traduit par «demande» est diversement interprété... Mais dans tous les cas, il parle d'un engagement véritable de la part de l'homme. Et l'allusion à l'ascension de Christ à la droite de Dieu suggère la puissance libérée dans la vie du baptisé quand le candidat ne passe pas seulement par un lavage cérémoniel, mais se tourne vers Jésus Christ dans une repentance obéissante et dans la foi. Cette sorte de baptême nous sauve.

Le baptême est donc une combinaison d'activité humaine et divine. La personne qui est baptisée adresse une demande à Dieu pendant qu'elle est immergée (Ac 22.16 le décrit par «invoquer son nom»). Dieu saisit l'occasion pour effectuer une purification intérieure, qui libère la personne de sa culpabilité passée (Ac 22.16 le décrit en parlant d'avoir ses péchés lavés). C'est le point de rencontre entre la grâce active et la foi active. Les deux sont indispensables pour un baptême «efficace».

Enfin, la «délivrance» qu'opère le baptême n'est possible

que parce que Christ est lui-même ressuscité des morts et monté au ciel, recevant ainsi toute autorité sur l'ensemble des puissances naturelles, tant bonnes que mauvaises. De même que le déluge de Noé a purifié le monde de la violence et de la perversion sexuelle introduites par la corruption démoniaque (Gn 6.1-11), de même l'eau du baptême nous libère de la «domination» de ces mêmes forces (Rm 6.3-14). Le baptême est sacramentel précisément parce qu'il est surnaturel.

30

LA PORTE FERMÉE
Apocalypse 3.20

Voici: je me tiens à la porte et je frappe. Si quelqu'un entend ma voix et ouvre la porte, j'entrerai chez lui, je souperai avec lui et lui avec moi. (Ap 3.20)

«Un texte hors contexte devient un prétexte.» Si ce cliché s'est jamais vérifié, c'est bien avec l'emploi de ce verset pour la prédication et les conseils dans l'évangélisation!

Le tableau de Holman Hunt, «la Lumière du monde», est à la fois un effet et une cause de l'interprétation erronée, et largement répandue, de ce verset et des applications erronées qui en découlent. La représentation efféminée de Christ (des jeunes filles ont servi de modèle pour le visage et la tête), avec ses ornements ecclésiastiques, mise à part, la principale erreur est dans la porte à laquelle Jésus est en train de frapper et qui aurait dû être une porte d'église (en fait c'est la porte de la grange d'un jardin à Ewell dans le Surrey).

La déclaration d'Ap 3.20 ne s'adresse pas à des incroyants, mais à des croyants; elle ne s'adresse pas à des croyants individuellement, mais à une communauté de croyants de la ville de Laodicée.

Jésus frappe à la porte de l'une de ses propres églises! Il est à l'extérieur de l'assemblée, alors que ses membres s'imaginent qu'il est encore à l'intérieur. C'est une pensée qui donne à réfléchir, qu'une Eglise puisse continuer sa vie sans Christ, en se considérant même comme prospère et florissante, tout en restant aveugle à sa pauvreté spirituelle.

Avoir un cœur partagé est plus choquant pour le chef de l'Eglise que d'être indifférent! L'Esprit de Jésus leur dit: «Les Eglises tièdes me donnent la nausée», référence qu'ils devaient on ne peut mieux comprendre parce que les sources chaudes des environs de Laodicée se muaient en un ruisseau tiède avant que l'eau n'atteigne la ville; boire à cette température une eau aussi minéralisée, avait l'effet d'un puissant émétique.

Le vrai problème de cette Eglise était l'aveuglement. Quelqu'un d'aussi totalement «réel» que Jésus, l'«Amen» (= véritablement, vraiment, sincèrement), le «témoin fidèle et véritable» («véritable» et «réel» sont un seul et même mot en grec), ne pouvait se sentir «chez lui» au sein de tant d'irréalité et d'aveuglement. Etre froid à l'égard de la vérité est un véritable rejet et être chaud à son égard est une acceptation véritable; mais être tiède à l'égard de la vérité est profondément choquant. L'artifice en matière de religion est de l'hypocrisie, et rien ne peut mettre Jésus davantage en colère.

La bonne nouvelle est qu'il suffit qu'un seul membre se lève et ouvre la porte de l'église pour laisser entrer Christ à nouveau dans l'Eglise! «Entendre sa voix» signifie accepter le diagnostic que Jésus fait de la condition réelle de l'Eglise. «Ouvrir la porte» signifie admettre sa part de responsabilité dans la maladie et chercher la guérison. L'Eglise, dans son ensemble, ne peut être remise en ordre à moins que chacun de ses membres ne soit prêt à être restauré dans une relation réelle avec Jésus, et elle ne le sera pas avant que chacun le fasse. Toute personne dans l'Eglise qui est désireuse d'agir ainsi redécouvrira la joie d'une communion renouvelée avec le Seigneur, semblable à celle dont jouissent des amis autour de la table du dîner. Les commentateurs n'ont peut-être pas tout à fait tort en pressentant ici une référence à la table de la Communion, ou au moins à la pratique primitive du festin

LA PORTE FERMÉE *Apocalypse 3.20*

d'amour (ou agape, comme on dit souvent aujourd'hui). Cela signifiera qu'au moins un membre connaîtra à nouveau la «présence réelle» de Jésus à de tels rassemblements, même si, pour les autres, il s'agit encore d'une cérémonie formelle, aussi richement parée soit elle!

Ce message est réellement pertinent et trop souvent désespérément nécessaire dans de nombreuses Eglises de notre temps – celles qui ont l'aura de la réussite plus encore que celles qui ont du mal à avancer; et celles qui ont la tiédeur d'une certaine vie plus encore que celles qui sont froides! Mais *cela n'a rien à voir avec la conversion* ou le fait de devenir chrétien.

L'emploi de ce texte dans l'évangélisation simplifie inévitablement beaucoup trop l'initiation. Cela devient tout simplement une question de demander à Jésus d'entrer dans votre vie ou de recevoir Jésus dans votre cœur ou d'ouvrir la porte pour le laisser entrer. De tels euphémismes sont étrangers au Nouveau Testament. L'image de Jésus cherchant à entrer ne se retrouve nulle part ailleurs. Ce qui se passe en réalité est tout l'opposé! C'est le pécheur qui est dehors à frapper, cherchant à entrer dans le royaume (Lc 11.9). La question n'est pas: «Vais-je *le* laisser entrer?» mais «Va-t-il *me* laisser entrer?» (Mt 25.10-12). En fait, Jésus lui-même est la porte du salut; nous ne pouvons entrer que par lui (Jn 10.7-9).

Ce n'est que de façon occasionnelle que le Nouveau Testament parle de «Christ en» nous (Col 1.27 est l'un des rares versets contenant cette expression). Le Nouveau Testament parle beaucoup plus fréquemment pour nous d'être «en Christ». La «conversion» n'est pas tant Christ venant en nous que nous allant pour être «en Christ». Nous sommes baptisés dans l'eau pour entrer en Christ (Ac 19.5; Ga 3.27); nous sommes baptisés dans l'Esprit pour entrer dans son corps (1 Co 12.13 – voir chapitre 23).

Etant incroyants, nous sommes déjà «en Dieu» (Ac 17.28). Etant croyants repentants et baptisés, nous sommes «en Christ». Mais il y a un changement radical quand nous en venons à examiner notre relation avec l'Esprit Saint. Après la Pentecôte, c'est lui qui est reçu, non pas Jésus (voir chapitre 5), et c'est lui qui demeure en nous. Nous sommes «dans l'Esprit» et l'Esprit est «en nous»; mais c'est ce dernier aspect qui est mentionné le plus fréquemment (par exemple, Rm 8.9-11 contient trois références à l'Esprit «demeurant en nous»). C'est peut-être l'une des raisons pour lesquelles la prière est en général adressée au Père et au Fils dans les cieux, hors de nous, plutôt qu'à l'Esprit, dans le coeur, à l'«intérieur» de nous. Pour des raisons psychologiques, il est plus facile de prier à haute voix (comme Jésus s'attendait à ce que nous le fassions, quand nous sommes seuls – Lc 11.2; cf. Mt 6.6-13) en s'adressant à quelqu'un que nous pouvons imaginer «extérieur» à nous; parler à quelqu'un à l'intérieur de nous paraîtrait étrange, et plus proche des techniques de méditation orientale. La posture biblique de la prière semble avoir compris l'«élévation» de la voix, des mains et des yeux (cf. Jn 17.1; Ac 7.55-59; 1 Tm 2.8, etc.).

Il vaudrait mieux, vu la confusion qu'il engendre, arrêter complètement d'employer ce texte dans un contexte d'initiation. On pourrait objecter que Dieu a «béni» son usage erroné pour le salut d'un grand nombre de personnes. Mais la miséricorde de Dieu dépend uniquement de son libre arbitre (Mt 20.15; Rm 9.15); et s'il avait attendu que notre étude biblique soit parfaite avant de sauver qui que ce soit, qui aurait été sauvé? Sa liberté, cependant, ne nous appartient pas. Nous sommes soumis à l'obligation solennelle d'étudier sa parole d'autant plus soigneusement que nous sommes des ouvriers qui ne sommes pas embarrassés par un art de mauvaise qualité ou par la paresse, mais qui «dispensons avec droiture la parole de la vérité» (2 Tm 2.15). Une exégèse

LA PORTE FERMÉE *Apocalypse 3.20*

impressionnante ne remplace pas une exégèse correcte! Pour dire cela en termes moins techniques: une fois que nous savons ce qu'il y a vraiment dans le texte, nous ne pouvons plus prêcher ce que nous pensions qu'il signifiait, quel que soit le degré de bénédiction que Dieu ait fait reposer sur notre naïveté et notre ignorance passées. Le prédicateur de l'évangile doit partager la même passion pour la vérité que notre Seigneur: «S'il n'en était pas ainsi, je vous le dirais franchement» (Jn 14.2; Le Livre).

Le danger qu'il y a à employer ce verset pour «conduire quelqu'un à Christ» est que les éléments vitaux de l'initiation seront laissés de côté. Ce verset ne mentionne pas la repentance des péchés, le baptême d'eau ou la réception de l'Esprit. Il serait bien plus adéquat de citer un texte qui traite spécifiquement de ce qu'une personne en recherche doit faire (comme Ac 2.38, par exemple). Il se peut malheureusement que certains préfèrent en fait la «simplicité» d'Ap 3.20, parce qu'elle épargne au conseiller une grande part du temps investi et des problèmes rencontrés pour faire parcourir les autres étapes nécessaires. En fait, dans des campagnes d'évangélisation qui dépendent du soutien d'un large éventail d'Eglises, il se peut qu'on l'utilise pour éviter des sujets «controversés» comme celui du baptême d'eau ou d'Esprit! Cependant, cette façon d'esquiver le défi du Nouveau Testament dans sa totalité fait plus de mal que de bien – à court terme, pour l'expérience du «converti» et, à long terme, pour la qualité de l'Eglise. Tout cé sujet est repris dans le chapitre suivant.

J'ai pleinement conscience que ce chapitre a pu dépouiller certains prédicateurs de leur sermon d'évangélisation favori! Qu'ils trouvent leur réconfort dans le fait que l'évangélisation apostolique était tout à fait efficace sans le recours à ce verset. Il n'était même pas écrit avant la mort de la plupart des Douze! La réponse à nos prédications sera plus grande en quantité et de meilleure qualité si nous prenons la ferme décision de continuer résolument dans la doctrine de l'initiation qu'avaient les apôtres et d'appeler à une réponse complète à l'évangile. Et si nous utilisons ce texte dans son véritable contexte, il se peut que nous ayons ayions un sermon encore plus puissant que par le passé – sermon qui sera, cette fois-ci, un message prophétique pour l'Eglise plutôt qu'un message évangélique pour le monde.

Troisième partie:

LA DÉCISION TYPIQUE ACTUELLE

– La dimension pastorale

31

UNE DÉCISION STANDARD

Ayant traité les textes contenant le schéma d'initiation «normal d'hier», nous nous tournons vers le schéma «courant». J'entends par «normal» ce qui devrait se passer, et par «courant» ce qui se passe en réalité. Durant la période néo-testamentaire, il n'y avait pas de différence entre les deux – ce qui devait arriver arrivait! Si nous prenons l'évangélisation apostolique pour norme, nous pouvons maintenant énoncer la vérité réciproque: ce qui se passait alors devrait se passer aujourd'hui. Mais force est de constater que ce n'est malheureusement pas souvent le cas.

Nous avons vu au chapitre premier que différents courants de pensée chrétienne ont mis en relief des aspects différents de l'initiation: les libéraux mettent l'accent sur la repentance, les évangéliques sur la foi, les sacramentaux sur le baptême et les pentecôtistes sur l'Esprit. Une trop grande insistance placée sur l'un des éléments peut dévaloriser et même déformer les autres. Avec ces différences d'emphase sont venus les désaccords sur le sens et l'importance de chacun des éléments, et ceci est particulièrement vrai pour le baptême d'eau et pour le baptême de l'Esprit.

Les effets tragiques de la confusion qui en résulte viennent à la surface quand les différents courants essayent d'évangéliser dans l'unité. C'est le «plus petit commun dénominateur» qui l'emporte. Le plein évangile dans le Nouveau Testament et, en particulier, la réponse complète à cet évangile, se voient réduits dans les limites que leur imposent les éléments sur lesquels les Eglises participantes parviennent à s'entendre le plus largement. Evangile et réponse sont définis en termes minimaux et généraux. La plupart des évangélistes sont prêts à accepter ce compromis au profit d'un plus large soutien et d'un plus grand auditoire. Les chrétiens anciens apporteront alors leur soutien dans le but de faire de nouveaux chrétiens!

Cependant, ce sont les nouveaux chrétiens qui font les frais de cette réduction. Ils sont souvent «mal mis au monde» et connaissent ensuite un retard de croissance ou, dans certains cas, ne survivent même pas. Récemment, l'importance cruciale d'un suivi approprié a été de plus en plus reconnue et les pertes diminuent. On n'a toutefois pas encore bien saisi que l'accouchement même est aussi exigeant que les soins postnatals. Un bon départ dans la vie est aussi vital qu'un bon départ dans une course (1 Co 9.24; Hé 12.1).

Une des raisons de la négligence dans l'obstétrique spirituelle est la pression du temps. Comme pour la naissance naturelle, certains accouchements sont remarquablement rapides: tel celui du geôlier de Philippes, bien qu'il ait fallu un tremblement de terre pour provoquer les douleurs de l'enfantement. D'autres prennent plus de temps: pour Paul, il fallut trois jours. Il est tout à fait déraisonnable d'espérer achever le processus en quelques minutes à la fin d'une réunion, surtout si des parents ou des amis attendent la personne dont on s'occupe.

Pour répondre à cette contingence, l'ensemble de la procédure a été énormément condensé en un précis qui pourrait représenter le «plus strict minimum», requis d'une personne sur le point de mourir (voir le chapitre 9 au sujet du brigand sur la croix), mais qui est tout à fait insuffisant, et même grossièrement inadapté, pour quelqu'un qui va continuer à vivre! Le résultat est une «formule» à peu près standard, appelée communément «prière du pécheur», d'un emploi très large dans la prédication et dans la littérature. Mais ce n'est pas la seule pression du temps qui a formulé cette «prière». A sa base, on trouve une conviction théologique qui veut que cette prière couvre tout ce qui est nécessaire pour «naître de nouveau». Une répétition sincère est considérée comme suffisante pour un salut éternel.

LA «PRIÈRE DU PÉCHEUR»

Il est temps de regarder une «prière du pécheur» en détail, en l'occurrence celle que propose l'Union Evangélique Médicale et Paramédicale, dans son livret «4 pas jusqu'à Dieu», et qui ne diffère guère de la plupart des autres:

> Seigneur Jésus, je me rends compte que je suis pécheur et que j'ai besoin d'un Sauveur. Merci d'être mort pour moi sur la croix et d'avoir, par ton sang, payé la rançon de mes péchés. Je t'invite à entrer dans mon cœur afin de devenir mon Sauveur et le Seigneur de ma vie. Merci d'entrer dans mon cœur comme tu as promis de le faire dans ta Parole. Amen.

Nous allons évaluer cette prière à la lumière des «quatre portes spirituelles» déjà présentées dans ce livre. En agissant ainsi, nous ne voulons pas dire que cette prière est mauvaise, mais nous disons qu'elle pourrait être bien meilleure. Nous reconnaissons tout à fait que, sous sa forme actuelle, elle a permis, pour beaucoup, un pas réel dans la bonne direction, quoique nous n'ayons aucun moyen de savoir combien l'ont employée sans aucun effet immédiat ou durable. Ce que nous mettons en question, c'est l'idée qu'elle constitue le voyage complet pour entrer dans la vie du royaume.

Repentance

Dans le Nouveau Testament, cette prière est toujours exigée par Dieu et adressée à Dieu lui-même plutôt qu'à Jésus. Jésus est mort pour nous amener à Dieu, pour nous réconcilier avec Dieu. C'est contre Dieu que nous avons péché (voir le chapitre 2). C'est auprès de Dieu que nous devons nous excuser, plutôt qu'auprès de Jésus.

Il n'est fait, dans cette prière, aucune mention spécifique de péchés (pluriel) particuliers. C'est la principale faiblesse d'une «confession générale». On ne fait face à rien de précis. Il est improbable qu'une telle reconnaissance vague, bien que générale, soit suivie de quelconques «œuvres» de repentance - renonciation, restitution, réconciliation, réforme – puisque celles-ci découlent toutes d'une identification consciente de torts réels.

Foi

Nous avons déjà mis en question tout le concept de «recevoir» Jésus (voir chapitre 3) et de lui «ouvrir la porte» (voir chapitre 30 sur Ap 3.20). Aucun de ces concepts n'est une définition néo-testamentaire de «croire en» Jésus. C'est le pécheur qui devrait demander au Sauveur de lui ouvrir la porte et de le «recevoir»!

En outre, dire que répéter les paroles de quelqu'un d'autre correspond à ce que le Nouveau Testament appelle «invoquer le nom du Seigneur» est pour le moins douteux. Comme nous le verrons (au chapitre 33), il est bien plus utile d'encourager les personnes en recherche à s'adresser directement au Seigneur avec leur propres mots, qui ont alors beaucoup plus de chance de venir du «cœur» que de venir de la tête.

Mais la principale faiblesse de cette requête est son accent sur les paroles de foi plutôt que sur les œuvres de foi (voir les chapitres 3 et 28). Cette prière n'implique aucune «action»;

pourtant, la foi sans actions «est morte» et ne peut sauver (Je 2.14, 26). Il n'y est pas non plus fait mention de la nécessité de «continuer» à croire.

On peut aussi douter que «Merci» convienne à ce stade. Si le baptême d'eau est conçu «pour le pardon des péchés» (Ac 2.38) et si le baptême de l'Esprit est la première «preuve» que Dieu a accepté le croyant repentant, il semblerait que «S'il te plaît» soit plus adapté à l'étape de la première demande de salut.

Baptême

C'est le premier des «actes» de foi, en même temps que l'expression de la repentance. C'est un acte fondamental pour devenir un disciple (Mt 28.19), pour être sauvé (Mc 16.16), pour naître de nouveau (Jn 3.58), pour que les péchés soient pardonnés (Ac 2.38) et pour obtenir une conscience pure (1 P 3.21).

Pourtant, la «prière du pécheur» ne fait jamais mention du baptême pas plus, en général, que les conseils oraux ou imprimés qui l'accompagnent! La raison en est que le baptême n'est plus compris comme une réponse à l'évangélisation, mais comme un rite ecclésiastique dont l'accomplissement peut être laissé aux mains de la dénomination que choisira le «converti».

Réception de l'Esprit Saint

Il est rare que l'Esprit Saint soit introduit à ce stade. Si la première personne de la Trinité est souvent absente de la «prière», la troisième quant à elle y est toujours ignorée. La requête est pratiquement «unitaire» et elle conduit à une relation et à une expérience tronquées qui tombent bien en-deça de l'évangélisation complète trinitaire des apôtres («repentez-vous envers Dieu, croyez au Seigneur Jésus et recevez l'Esprit Saint»).

Même lorsque l'Esprit est mentionné, on sous-entend qu'il sera donné automatiquement. Il ne sera pas nécessaire de dire quoi que ce soit d'autre, encore moins d'enseigner qu'il faut «continuer à demander» (comme en Lc 11.13), ou de faire aucune autre chose, comme d'imposer les mains (comme en Ac 9.17; 19.6; 2 Tm 1.6; Hé 6.2).

Et comme il ne «se passe» en général rien quand la prière du pécheur est répétée, on en déduit que la réception de l'Esprit est normalement inconsciente. En fait, beaucoup de livrets sur «Comment devenir chrétien» se couvrent en soulignant que les convertis peuvent ne pas se «sentir différents»; certains vont jusqu'à leur dire de ne pas s'y «attendre»! Il est difficile d'imaginer plus grand contraste avec l'approche qu'a le Nouveau Testament dans le domaine du conseil. En ces jours-là, si «rien ne se passait», on supposait universellement que l'Esprit n'avait pas été reçu du tout (voir chapitre 6) et quand «quelque chose se passait», il était impossible de nier que l'Esprit avait été reçu (voir chapitre 18).

Ainsi, la prière du pécheur est bonne, mais elle ne va pas assez loin. Elle révèle des omissions et des distorsions. Dite lentement et sincèrement, elle ne prend pas plus d'une demi-minute! Tournée avec plus de soin, elle pourrait servir de début pour une réponse à l'évangile; mais la considérer comme une réponse complète, couvrant tout ce qui est nécessaire pour «devenir chrétien», induit dangereusement en erreur. On ne devrait l'employer qu'à partir du moment où la personne s'est réellement repentie en pensée, en parole et en acte (voir chapitre 2) et avant de la conduire jusqu'au baptême d'eau et au baptême de l'Esprit. Dans la prière, rien ne devrait laisser entendre que tout est accompli à ce moment-là. Dans l'exemple cité ci-dessus, on tient pour acquis que celui qui a prié est «sauvé» à la fin de la prière, ce qui n'est pas vrai d'après les Ecritures (voir Mc 16.16;

UNE DÉCISION STANDARD

Ac 2.38; 22.16; Tt 3.5 et le chapitre 36 de ce livre).

L'accent mis sur la profession plutôt que sur la possession de la foi et la simplification extrême de l'initiation ont pour résultat d'ouvrir la porte à un langage non scripturaire. Au lieu de dire qu'une personne s'est «repentie», a «cru», a «été baptisée» ou a «reçu l'Esprit», on a adopté un nombre impressionnant d'euphémismes pour servir de substituts à ces termes néo-testamentaires. Les personnes en recherche sont exhortées à «prendre un engagement», «remettre leur vie», «se consacrer», «prendre une décision», «ouvrir leur cœur», «se donner», «le laisser entrer», etc. Ce sont toutes des expressions «fourre-tout» qui réduisent l'initiation à une étape unique, ce qui explique peut-être leur invention. Pourtant elles sont tout à fait étrangères à l'évangélisation apostolique, qui est, de façon significative, vide d'une telle terminologie.

Il en résulte que de nombreux «chrétiens» sont mal initiés ou, plus simplement, «mal mis au monde». Le fondement est mal posé; il manque une ou plusieurs pierres d'angle. Pour changer de métaphore, leur «moteur» ne tourne pas sur les quatre cylindres, ce qui ne se verra peut-être pas avant qu'ils ne s'attaquent à leur première côte un peu raide, celle que John Bunyan a appelée «Difficulté». Bien sûr, ces mêmes remarques s'appliquent aussi bien à tous ceux qui ont reçu le baptême sans avoir la foi (comme bébés) qu'à ceux qui ont eu la foi sans le baptême. Certains pourraient objecter que le dernier cas est beaucoup «plus sûr» que le premier du point de vue de l'éternité. Mais ce genre d'«évaluation» ou d'antithèse est tout à fait étranger à la pensée du Nouveau Testament, qui n'envisage jamais une telle possibilité. Pour les apôtres, foi et baptême étaient l'intérieur et l'extérieur de la même chose. Pour eux, il était tout aussi impensable que quelqu'un professe la foi sans obéir au tout premier commandement du Seigneur, celui d'être baptisé, qu'il l'aurait été de baptiser quelqu'un avant qu'il ait cru. Pour eux, «Celui qui croira et qui sera baptisé sera sauvé» (Mc 16.16; nous avons déjà remarqué qu'une personne sera «condamnée» pour n'avoir pas eu foi, non pour n'avoir pas reçu le baptême). Mais on pourrait avancer que l'absence d'une relation consciente avec l'Esprit Saint est un bien plus grand handicap pour le nouveau chrétien que le fait de n'avoir pas fait l'expérience du baptême d'eau. Aujourd'hui, on peut dire que la majorité des chrétiens ont tenté de commencer la vie chrétienne sans avoir «reçu» l'Esprit Saint, au sens néo-testamentaire d'expérimenter consciemment son effusion.

COMMENT TRAITER DES CHRÉTIENS INSUFFISAMMENT INITIÉS

Ce livre s'adresse en premier lieu à ceux dont le ministère s'exerce auprès de nouveaux chrétiens de ce genre. Il est une supplication pressante pour qu'on donne à ces nouveaux chrétiens *tout* l'ensemble de ce qui leur appartient en Christ – et ce au moment où ils en ont le plus besoin. Il est évident que cette vue élargie de l'initiation a des implications dans le soin pastoral aussi bien que dans l'évangélisation. En fait, la réaction d'un vicaire de l'Eglise anglicane en entendant cet enseignement a été de reconnaître qu'il était conforme aux Ecritures, mais d'ajouter aussitôt qu'il avait l'intention de ne jamais le prêcher du haut de la chaire, parce qu'il avait déjà assez de problèmes avec les membres de son Eglise! Tout ceci soulève la question délicate de l'application de ces concepts aux chrétiens de longue date – et qui ont souvent des principes élevés – qui ont réussi à vivre fidèlement et fructueusement en l'absence d'un ou de plusieurs des éléments de l'initiation néo-testamentaire.

UNE DÉCISION STANDARD

Si on enseigne correctement les quatre portes spirituelles aux nouveaux convertis qui entrent dans l'Eglise, il ne se passera pas longtemps avant que bon nombre de ceux qui sont déjà dedans ne commencent à se sentir mal à l'aise en comparaison, et même vulnérables et menacés.

Nous avons deux façons possibles d'aborder de tels croyants qui sont mal à l'aise et sur la défensive: les réconforter ou les «compléter».

Les réconforter

C'est assurément la solution la plus simple – leur assurer que la bénédiction de Dieu sur eux prouve qu'il est satisfait d'eux, qu'ils sont bien comme ils sont et qu'ils ont tout ce dont ils ont besoin. En fait, on considère souvent que parler d'une lacune quelconque chez de tels «saints», c'est se montrer blessant et manquer d'amour, ce qui ferait plus de mal que de bien à leur paix et à leurs progrès spirituels.

Dans ce contexte, on cite souvent le brigand sur la croix comme précédent; il a été sauvé sans baptême d'eau ou baptême de l'Esprit (voir le chapitre 9 pour une critique de cet argument). Ce criminel exécuté a apporté plus de réconfort qu'il ne pouvait l'imaginer! Il a inspiré à de nombreuses personnes l'espoir d'entrer dans le ciel de justesse avec les qualifications minimales. Plus souvent encore, ce sont de «grands» chrétiens dont on se sert pour «réconforter» de cette façon – des généraux de l'Armée du Salut qui n'ont jamais été baptisés d'eau, de grands prédicateurs qui n'ont jamais parlé en langues, etc. Des «baptistes» et des «pentecôtistes» immatures sont défavorablement comparés à ces «saints» remarquables et des conclusions erronées sont tirées en ce qui concerne ce qui est «nécessaire» pour un salut complet.

Il y a un défaut fatal à de telles comparaisons détestables. La réponse appropriée serait de souligner que ces «grands» chrétiens auraient été infiniment meilleurs s'ils avaient reçu tout ce que Dieu voulait qu'ils possèdent. Quelle multiplication d'efficacité auraient connue ceux qui possédaient le fruit de l'Esprit, s'ils avaient possédé aussi les dons; et quel surcroît d'attirance auraient eu ceux qui possédaient les dons, s'ils avaient eu le fruit également.

A long terme, s'entendre dire qu'il n'y a besoin de rien de plus apporte plus de gêne que d'aide. Suggérer qu'une chose exigée de tous les croyants dans le Nouveau Testament est en fait une option est tout à fait injustifié. C'est peut-être la solution la plus simple, mais ce n'est pas la meilleure ni même la plus juste. Il y a une autre possibilité apostolique.

Les compléter

C'est la bonne voie: chercher quelles dimensions manquent et décider d'étapes positives pour combler la déficience. On peut voir les apôtres Pierre, Jean et Paul en train d'agir ainsi dans le livre des Actes (voir les chapitres 16, 18 et 20). Ils n'ont pas perdu de temps à *discuter* de la position spirituelle et éternelle de ceux chez qui manquait l'un ou l'autre des éléments de l'initiation; dans ces situations il fallait *faire* quelque chose! Il fallait fournir le plus vite possible ce qui manquait.

C'est la façon d'agir la plus aimante, puisqu'elle recherche ce qu'il y a de meilleur pour un autre croyant; elle ne peut se contenter de moins. L'essence même d'un véritable souci pastoral (et d'évangélisation) c'est de «suppléer à ce qui manque» (1 Th 3.10).

Quand on en recherche la cause, tant de problèmes ultérieurs remontent à une initiation insuffisante: le passé n'a peut-être pas été amené à une conclusion correcte; le besoin d'exercer sa confiance en prenant des risques n'a peut-être jamais été expliqué; le «vieil homme» n'a peut-être jamais reçu de funérailles correctes; la puissance surnaturelle n'a peut-être jamais fait l'objet d'une expérience personnelle. Quand ces omissions sont corrigées, les problèmes ultérieurs voient souvent leur taille se réduire et ils disparaissent même complètement (pour aborder de nombreux problèmes pastoraux, il est sain de s'enquérir tout d'abord de la conversion de la personne, pour voir si elle a été «complète»). Le chrétien sera bien mieux équipé pour affronter les problèmes de la vie chrétienne quand il aura un fondement sûr en dessous de lui.

Cette digression était nécessaire, parce que certains lecteurs en sont venus à se soucier davantage de la condition des «vieux» chrétiens que de la conversion des «nouveaux»! Les remarques précédentes n'ont pas pour but de les décourager ou de les priver de leurs droits, mais de les encourager et de les enrichir. Quoi qu'il en soit, on n'a pas le droit, par crainte de contrarier les «saints», de priver les pécheurs d'un départ correct dans la vie. Nos conseils d'évangélisation ont trop souvent été taillés pour éviter d'offenser les quatre-vingt-dix-neuf qui sont déjà dans le troupeau (ou, plus probablement, leurs bergers!). C'est la brebis perdue qui est perdante, à chaque fois. Même si une meilleure compréhension de l'initiation néo-testamentaire nous crée des problèmes à nous, cela ne nous donne pas le droit d'en retenir une part quelconque pour les autres. Pourquoi devraient-ils avoir des débuts malheureux, simplement parce que beaucoup d'entre nous en ont eu?

Il est temps de regarder quelle aide pratique il est possible d'apporter pour rendre les «disciples» capables de franchir les «quatre portes spirituelles» et d'entrer dans le royaume des cieux sur la terre – qu'ils commencent tout juste la vie chrétienne ou qu'ils soient dans «la Voie» depuis un certain temps. Nous allons regarder chacune de ses portes à son tour, en l'étudiant cette fois-ci sous un angle pratique et non sous un angle théologique.

32

AIDER DES DISCIPLES À SE REPENTIR

Le temps passé à s'assurer que la repentance est réelle est un temps bien employé. Un «je regrette» qui couvre tout ne fait guère de bien et laisse souvent intact le cordon ombilical qui relie au passé. La repentance est le premier pas pour entrer dans le royaume, et il ne faut pas qu'il soit précipité. La personne en recherche a besoin d'être aidée dans trois domaines fondamentaux: être sérieuse, être précise et être sensée. Le conseiller a besoin des dons de l'Esprit, en particulier de la parole de connaissance ou de sagesse et, par-dessus tout, de discernement.

ÊTRE SÉRIEUX

Quelqu'un peut être très intelligent, très riche, très attrayant, très doué, très puissant – et encore très insensé! La véritable sagesse n'est pas avant tout une réserve d'expériences accumulées; elle commence simplement quand on *fait* ce qui doit être fait. Se détourner de ses péchés pour se tourner vers Dieu est la chose la plus sensée qu'une personne puisse faire dans son existence. Cependant, peu de personnes agissent ainsi avant d'être fortement motivées.

«La crainte de l'Eternel est le commencement de la sagesse» (Pr 1.7; Segond). On peut douter qu'une personne entreprenne un changement moral authentique sans la présence de cette crainte. Un tel changement est le résultat de la prise de conscience des conséquences ultimes de la poursuite de l'existence dans de mauvaises habitudes de pensée, de parole et de comportement.

Le revers de la bonne nouvelle que le royaume des cieux est en cours de rétablissement sur la terre est que le point culminant inévitable du processus sera une crise de jugement. La moitié des paraboles de Jésus parlent du processus actuel d'infiltration du royaume et l'autre moitié parlent de la crise de séparation à venir (entre les brebis et les boucs, le bon grain et l'ivraie, les bons poissons et les mauvais).

Le jugement sera individuel, chaque personne rendant compte de toute sa vie au Seigneur. Toutes les pensées, les paroles et les actes ont été fidèlement notés. Les livres seront ouverts et les révélations répugnantes n'auront pas été expurgées. Le procès ne sera pas de longue durée, puisque tous les faits seront parfaitement connus du juge, qui sera strictement impartial et absolument équitable. Il n'y aura pas d'appel, puisqu'il n'y a pas d'instance supérieure. Il ne sera pas non plus possible à un seul être humain de plaider «non coupable», une fois qu'il aura été confronté à son dossier réel.

De peur que quelqu'un pense que Dieu ne comprend pas les pressions de la vie dans ce monde, il a délégué la responsabilité du jugement à un homme, Jésus (Ac 17.31). Le même homme qui a fait tout ce qu'il pouvait pour nous avertir et nous gagner, finira par rejeter ceux qui, ayant entendu parler de lui, l'ont ignoré, ce qui signifie que Pilate, Hérode et Judas comparaîtront tous devant le tribunal de Jésus.

Le châtiment est de «périr». Le mot signifie à peu près la même chose en grec qu'en français – non pas une cessation d'existence, mais un pourrissement au point que le but original de la création n'est plus possible (un homme «pourri» est aussi inutile à Dieu qu'un pneu «pourri» l'est à l'homme). L'enfer est l'incinérateur de Dieu pour les «biens» détériorées (cf. «très bon» en Gn 1.31 et «vous qui êtes mauvais» en Le 11.13). Toutes les catastrophes sont des rappels de ce terrible destin (Le 13.5). Notre plus grande crainte ne devrait pas avoir pour objet le cancer, le licenciement ou l'holocauste nucléaire – mais celui qui peut détruire le corps et l'âme en enfer (Le 12.5).

Tout ce que nous connaissons de l'enfer provient de la bouche même de Jésus, comme si Dieu n'avait fait confiance à nul autre pour transmettre une révélation aussi funeste. Beaucoup de tentatives ont été faites pour trouver une autre solution que cette effroyable possibilité – deuxième chance, souffrances temporaires (purgatoire), immortalité conditionnelle (extinction totale). Chacune serait préférable à un tourment sans fin, mais il est impossible de faire cadrer une seule d'entre elles avec la description que Jésus fait de l'horreur finale. L'aspect qui est sans doute mis le plus fréquemment en lumière est l'agonie mentale d'une frustration sans espoir (Mt 25.30; Le 16.24). Vivre aux siècles des siècles sans Dieu et se retrouver entouré de personnes complètement corrompues et d'«animaux» complètement dépravés qui ont jadis été humains (Dn 4.13) – tout cela en ayant conscience qu'il n'y a pas le moindre espoir de fuir cette compagnie ou ces conditions (Le 16.26) – voilà l'enfer, et tous les sacrifices de cette vie valent la peine pour éviter d'y entrer.

Voilà quelques vérités qu'il faut communiquer clairement à celui qui désire devenir chrétien. Les paragraphes ci-dessus sont, à peu de chose près, une paraphrase de l'appel de Jean Baptiste à «fuir la colère à venir» (Le 3.7). Il savait que le même Roi qui «baptiserait d'Esprit Saint», baptiserait également un jour «dans le feu», consumant la paille (Mt 3.11-12) – bien que les deux baptêmes ne soient pas simultanés, comme il s'y attendait peut-être (Le 7.19).

Quand Paul prêchait l'évangile, il commençait toujours par des nouvelles concernant la colère de Dieu, couvant pour le moment (Rm 1.18-32), mais qui bouillirait un jour (Rm 2.5-11). Ce jour-là, toutes les classes et tous les genres d'hommes, depuis les plus élevés jusqu'aux plus humbles, préféreront être écrasés sous un glissement de terrain que de regarder en face les visages furieux du Père et du Fils divins (Ap 6.16-17).

L'essence même du jugement veut qu'une personne soit responsable de ses actes et de son comportement. La psychologie du comportement a miné ce concept, en traitant les êtres humains comme des chiens de Pavlov qui auraient trop grandi (ceux-ci ne pouvaient s'empêcher de «baver» quand sonnait la cloche du repas, qu'il y ait ou non de la nourriture). On nous a appris à nous considérer comme de pauvres victimes, entièrement déterminées par l'hérédité et l'environnement, et totalement incapables de se venir en aide. Même la pensée chrétienne a été influencée par cette attitude; il peut y avoir un plus grand désir de «guérison intérieure des émotions» que de «pardon des péchés». Mais ce n'est pas ce qu'on nous a fait qui nous a rendu tels que nous sommes; c'est ce que nous avons fait avec ce que l'on nous a donné. Personne ne peut éviter d'être blessé à tort dans ce monde; mais c'est nous qui choisissons d'être amers et pleins de ressentiment. Dieu seul sait ce qui n'était pas de notre faute; mais de la même manière, il sait ce qui était de notre faute et il nous juge pour ces choix, fruits de notre volonté.

Considérer une personne comme responsable pour elle-même, c'est lui accorder une dignité humaine totale. Prendre pour acquis qu'elle a pu faire de mauvais choix, c'est accepter la vérité biblique de la dépravation humaine. Parler du jugement à venir, c'est lui rappeler la destinée humaine. Le péché est une affaire sérieuse. N'importe quel péché pourrait nous disqualifier à toujours d'un héritage dans le royaume à venir (1 Co 6.9-10; Ga 5.19-21; que de tels avertissements soient donnés à des croyants et non à des incroyants donne à réfléchir).

Un enseignement de ce genre sur le «jugement éternel» est partie intégrante de l'initiation chrétienne (il se trouve dans la liste des «enseignements élémentaires» en Hé 6.1-2 – voir le chapitre 27). C'est donc la base de cette «repentance des œuvres mortes».

ÊTRE PRÉCIS

Nous avons déjà examiné le danger d'une «confession générale». La vraie repentance n'est pas une repentance du péché en général, mais de péchés particuliers. Les péchés que l'on répudie doivent au moins être nommés.

Comment le conseiller peut-il aider quelqu'un à être précis? Il y a au moins trois méthodes possibles.

Premièrement, une *conversation guidée*. Au cours d'une telle conversation, le conseiller pousse fermement au-delà de vagues déclarations jusqu'à des détails personnels. Il faut poser des questions précises: «Pourquoi désirez-vous devenir chrétien?», «Quels sont les péchés dont vous devez être sauvé?», «Quels sont les secrets que vous cachez aux autres?», «Avez-vous déjà eu affaire avec des pratiques occultes?» Ceci ne doit surtout pas être fait dans un quelconque esprit de curiosité morbide, et la personne conseillée doit ressentir que ses confidences seront gardées. Mais c'est une preuve d'amour que d'agir ainsi, puisque amener ces choses à la lumière est souvent la première étape de la libération hors du royaume des ténèbres. Mettre à nu des péchés cachés peut commencer à desserrer leur emprise aussi bien qu'à réduire le tourment d'une culpabilité cachée.

Deuxièmement, *une liste détaillée*. Aujourd'hui, certains conseillers se préparent et utilisent un «condensé» des choses interdites que le disciple en puissance doit pointer. (L'excellent livre de Basilea Schlink, *Plus jamais le même* [Communauté Evangélique des Sœurs de Marie, 1985] traite de quarante-cinq péchés parmi les plus courants, et en particulier de ceux qui affligent l'esprit plus que la chair.) L'emploi de telles listes peut être utile et efficace, surtout pour stimuler la mémoire. Il devient, hélas, de plus en plus nécessaire d'explorer des exemples précis d'engagements occultes et de perversions sexuelles, ces deux domaines conduisant à des liens pour lesquels une délivrance est nécessaire, en même temps que le pardon.

La tentation avec de tels «catalogues» est de se concentrer sur les péchés les plus grossiers et les plus simples (vol, fornication) plutôt que sur ceux qui sont plus complexes et subtils (orgueil, avarice); mais ces derniers peuvent être aisément introduits par la présentation d'exemples précis (collections d'antiquités, spéculations en bourse, etc.). Jean-Baptiste faisait des suggestions pratiques de ce genre (Le 3.10-14 – remarquez en particulier: «contentez-vous de votre solde»!).

Le Nouveau Testament contient des listes de ce type (Mt 15.18-20; Mc 7.21-23; Rm 1.29-32; 13.13-14; 1 Co 5.9-11; 6.9-10; 2 Co 12.20-21; Ga 5.19-21; Ep 4.17-19, 25-31; 5.3-5; Col 3.5-6, 8-9; 1 Tm 1.9-10; 2 Tm 3.1-5; Tt 3.3; 1 P 2.1; 4.2-4; Ap 21.8; 22.15). Les vingt et une listes du Nouveau Testament contiennent un peu plus de cent péchés différents. Un conseiller avisé aura étudié ces péchés et sera capable d'en garder un «profil» en mémoire comme référence. La classification peut être faite de différentes façons: péchés d'intention, péchés en paroles et péchés en action; péchés contre Dieu, les autres et soi-même; péchés d'omission et d'action.

AIDER DES DISCIPLES À SE REPENTIR

Dans le Nouveau Testament, les péchés ne sont pas «échelonnés» en catégories – par exemple: «véniels» et «mortels» (bien qu'il y ait le «péché qui ne peut être pardonné» et le «péché qui mène à la mort», qui sont apparemment tous deux des cas désespérés: voir Mt 12.32; 1 Jn 5.16); un péché ne doit pas non plus être considéré comme plus sérieux qu'un autre, puisque tous les péchés brisent la relation avec Dieu.

Une étude des listes du Nouveau Testament convaincra rapidement le lecteur que la plupart des «Dix Commandements» de la loi de Moïse sont repris, avec une signification plus profonde et une application plus large, dans la «loi de Christ». La seule exception concerne le quatrième commandement, concernant le sabbat, qui n'est jamais appliqué aux croyants d'entre les païens, car il est «accompli» d'une manière toute différente (voir Rm 14.5-6; Col 2.16-17; Hé 4.9-11; voir aussi D. A. Carson (éd), *From Sabbath to Lord's Day* [Zondervan, 1982].) La loi mosaïque peut encore servir de «précepteur» pour nous conduire à Christ (Ga 3.24), «c'est en fait la règle de la Loi qui nous montre à quel point nous sommes tordus» (Rm 3.20 – traduction par nos soins de la paraphrase de la Bible par J. B. Phillips).

Un contraste fait par rapport aux vertus peut être aussi efficace qu'une comparaison avec les vices. En particulier, une confrontation avec la perfection équilibrée du caractère, de la conversation et de la conduite du Seigneur Jésus lui-même peut apporter une profonde conviction de péchés (Lc 5.8). Tout au fond du cœur, chacun de ceux qui ont entendu parler de lui sait que la vie devrait être vécue ainsi, et qu'elle ne l'a été par aucun d'entre nous. Contempler Jésus, c'est être convaincu que «tous ont péché et sont privés de la gloire de Dieu» (Rm 3.23).

Troisièmement, par *une révélation instantanée*. C'est à

ce niveau-là que l'aide de l'Esprit Saint dans le conseil est on ne peut plus appréciable, bien que les deux premières «techniques» doivent être utilisées sous son contrôle également.

D'une part, il peut faire remonter la «racine» du péché depuis la mémoire inconsciente jusqu'à la pensée consciente de ceux que l'on conseille. Nous n'oublions en fait jamais rien de ce que nous avons ressenti, dit ou fait à un moment donné (remarquez le nombre de fois où une vision, un son ou même une odeur peut déclencher un souvenir); mais nous pouvons éprouver des difficultés à nous rappeler une chose quand nous en avons besoin. C'est précisément à ce point-là que l'Esprit Saint peut nous venir en aide (Jn 14.26). Le conseil peut commencer par une prière pour demander son assistance dans le souvenir.

D'autre part, L'Esprit peut donner une «parole de connaissance» qui guide le conseiller vers une «racine pivotante» principale de péché, que la personne conseillée peut cacher de façon consciente ou inconsciente. Tout comme Jésus «savait ce qui était dans l'homme» (Jn 1.48; 3.25; 4.18) et pouvait «pointer du doigt» le vrai problème (par exemple, l'instinct de possession du jeune homme riche – Mc 10.17-22), son Esprit peut donner des aperçus similaires aujourd'hui. Je me rappelle avoir essayé d'aider une jeune fille qui avait répondu à tous les appels pendant dix-huit mois, espérant que sa vie changerait mais ne voyant pas de différence; l'Esprit Saint me poussa à lui demander: «Avec qui vivez-vous?» – ce qui mit à nu tout son problème, mais conduisit au même résultat que pour le jeune homme riche: elle s'en retourna triste, refusant de se séparer d'un homme qui ne voulait pas l'épouser. Pleine de regrets, elle refusait de se repentir.

ÊTRE SENSÉ

Ce besoin revêt deux aspects – les émotions qui accompagnent la repentance et les actions qui devraient la suivre.

Il est de plus en plus nécessaire de faire la distinction entre une culpabilité psychologique (ce que nous ressentons à propos de nous-mêmes) et une culpabilité morale (ce que Dieu ressent à notre propos). La première est souvent conditionnée (par l'éducation, le tempérament, etc.) et artificielle (la haine de soi et la pitié de soi sont très destructives, entravant souvent la repentance). La culpabilité morale est plus objective que subjective, c'est une capacité à sortir de son propre état et à voir le péché tel qu'il est en réalité. La parabole du «fils prodigue» en est un exemple parfait. Les sentiments du fils ont évolué de regret en remords, puis en véritable repentance quand il éprouva l'amour de son père et prit conscience de l'énormité de sa négligence. Avec quelle facilité nos émotions tordent notre jugement!

> Un jour, dans une passion sainte,
> Je m'écriai, en proie au désespoir:
> «O Seigneur, mon cœur est noir et trompeur;
> Je suis le premier des pécheurs!»
> Alors mon ange gardien se pencha Et murmura
> derrière moi:
> «Vanité, mon petit,
> Tu es loin de cela!»
>
> (source inconnue)

Ce court poème met en lumière le danger d'émotions faussées, qui peuvent nous aveugler complètement, nous coupant de la réalité: par exemple, il est plus facile de convaincre un homme de masturbation que de meurtre. Parfois, les péchés qui préoccupent le plus le pécheur ne sont pas les véritables barrières qui le séparent de Dieu. La douleur à l'égard d'un péché peut cacher la culpabilité à l'égard d'un autre. Le cœur est expert à s'illusionner. Etre sensé, c'est avoir un sens des proportions, une échelle de valeurs juste. Ceci vient lorsque l'Esprit applique les Ecritures au pécheur.

Il est également important d'être réaliste pour ce qui est des actions aussi bien que des émotions de la repentance. Avec certains péchés, il est impossible de revenir en arrière et de les redresser. Avec d'autres, il ne serait pas sage d'essayer; creuser le passé peut être franchement mauvais. C'est là que le don de l'Esprit appelé «la parole de sagesse» peut être tellement utile. Un homme m'avait confessé un adultère, mais se demandait s'il devait le confesser à sa femme, qui était internée dans un centre psychiatrique; le Seigneur me donna cette parole pour lui: «Elle est maintenant un enfant pour moi, dit le Seigneur, et on ne dit pas de telles choses à un enfant» (le mari fut sur-le-champ totalement déchargé de sa culpabilité et il vit maintenant avec droiture en aimant sa femme comme il le doit).

Les situations les plus difficiles à redresser sont celles qui ont trait au divorce et au remariage. Qu'est-ce que Jésus a bien pu dire à la femme, au puits de Samarie, concernant sa situation fâcheuse? Epouser son dernier «homme»? Retourner auprès du cinquième mari? Ou du quatrième, troisième, second ou premier? Rester seule jusqu'à la fin de ses jours? Si seulement nous le savions! Ce n'est pas ici l'endroit pour traiter de ce problème complexe (il nécessiterait un livre à lui seul). Cependant, j'ai toujours trouvé sage de m'assurer qu'avant d'examiner les circonstances individuelles, les deux points suivants sont clairement compris et acceptés par les parties concernées.

Premièrement, que le pardon n'annule pas tous les contrats précédents – depuis un prêt jusqu'au mariage (imaginez-vous annonçant à une compagnie de crédit que toutes vos dettes ont été payées au Calvaire!); la régénération ne «convertit» ni une personne mariée ni une personne divorcée en un ou une célibataire! Deuxièmement, la *règle* du Seigneur est très claire: le remariage est un adultère aux yeux de Dieu. La personne qui a été pardonnée pour péché d'adultère n'est pas libre de continuer à pécher ainsi (Jn 8.11). Pour un grand nombre de personnes, le «fruit digne de la repentance» sera de rester seul (ou seule) ou de se réconcilier avec l'ancien conjoint (1 Co 7.11). Une fois ces deux principes acceptés de tout cœur, il devient possible de chercher la sagesse auprès du Seigneur pour la meilleure façon de procéder, en particulier lorsqu'il y a des enfants, dont le Seigneur se soucie tout particulièrement (Mt 18.10; Lc 17.2).

Cependant, la plupart des «œuvres de repentance» sont bien plus faciles à définir, même si elles sont tout aussi difficiles à accomplir. Il est essentiel d'être positif et de redresser ce qui peut l'être. On peut payer des dettes, présenter des excuses, confesser des crimes à la police. Un converti de ma connaissance l'a fait, a reçu la condamnation la plus légère, a été surnommé «l'Evêque» par ses compagnons de détention à cause de son enthousiasme à leur parler de Jésus et s'est vanté d'être le seul évangéliste de Grande-Bretagne à être entièrement financé par Sa Majesté la Reine! Faire du bien à ceux à qui on a fait du mal est extrêmement efficace pour chasser l'amertume et le ressentiment.

En encourageant des réformes, restitutions et réconciliations de ce genre, il doit être clair comme le cristal que ce n'est en aucune manière faire pénitence ou payer pour les péchés passés, même si de telles actions soulagent la conscience et allègent des sentiments de culpabilité. Les œuvres de repentance ne «gagnent» en aucune façon la grâce divine. Elles doivent davantage être considérées comme l'expression du désir sincère d'être sauvé des péchés passés et de la profonde gratitude pour le miracle du pardon. Nous ne sommes pas sauvés par la repentance, mais par la foi, même si toutes deux sont à la fois don de Dieu et acte de l'homme (Ac 5.31; Ep 2.8).

La repentance commence à l'initiation, mais elle ne s'achève pas là. On peut la décrire comme une «façon de vivre». En fait, il y aura normalement beaucoup plus de repentance après la «conversion», bien qu'elle doive commencer avant. L'une des caractéristiques des «saints» est qu'ils deviennent de plus en plus conscients d'être «pécheurs». Une repentance qui se poursuit est essentielle au processus de sanctification. A mesure que la maturité spirituelle produira un discernement croissant entre le bien et le mal (Hé 5.14), il y aura davantage, et non moins, besoin de repentance. Ceux qui se repentent le plus sont en général les plus saints. Ainsi, la repentance s'étendra sur toute la vie.

Elle s'étendra aussi à tout l'ensemble de la vie. A mesure que le chrétien mûrit, il devient conscient de ce que le mal est collectif aussi bien qu'individuel. Il apprend à identifier les péchés de l'Eglise, de la nation ou du monde – à en ressentir la culpabilité et à exprimer la repentance à leur place. Il développe une «conscience sociale» qui conduira à des œuvres de repentance dans des «actions sociales». Par-dessus tout, cela se reflétera dans sa prière d'intercession, qui fera écho à la requête même de Jésus: «Père, pardonne-leur, car ils ne savent pas ce qu'ils font» (Lc 23.34).

Quoi qu'il en soit, cette double «extension» de la repentance, au reste de la vie et à l'ensemble de celle-ci, appartient à la vie dans le royaume. Il est à la fois irréaliste et déplacé d'introduire ces aspects dans l'initiation. Alors qu'il est tout à fait légitime, et nécessaire, d'exiger les preuves d'une repentance, il est impossible d'attendre une repentance totale (c-à-d. de tous les péchés commis); ce serait rechercher la sanctification avant la justification (ce qui est l'erreur fondamentale de toutes les autres religions, y compris le judaïsme). De la même manière, au moment d'entrer dans le royaume, un pécheur n'a besoin que de faire face à ses propres péchés; son seul souci dans les vices et crimes collectifs, c'est la part qu'il y a prise lui-même, s'il en a prise une. En un sens, il choisit de passer devant le juge avant le jour du jugement, de plaider «coupable» et d'obtenir l'acquittement au nom de Jésus.

Pour obtenir ce verdict, il faut que la repentance soit suivie de la foi. Lorsqu'on fait de la repentance l'élément unique ou primordial de l'initiation, comme la pensée «libérale» tend à le faire, le résultat est dangereusement proche du salut par les œuvres, qui plaît à une ère du «faites-le vous-même». L'accent est alors placé sur ce que l'homme fait pour Dieu plutôt que sur ce que Dieu fait pour l'homme. Nous ne sommes pas justifiés par les œuvres de la loi – ni par les œuvres de la repentance! Nous devons aider les personnes à se repentir; nous devons aussi les aider à croire.

33

AIDER DES DISCIPLES À CROIRE

Le monde dit: «Je ne crois que ce que je vois». La Bible dit: «La foi vient de ce qu'on entend» (Rm 10.17). C'est la raison pour laquelle les chrétiens pensent généralement que la seule vraie foi est la foi «aveugle»; que l'évangile doit atteindre l'âme humaine par la porte des oreilles et non par celle de l'œil.

La foi pénètre assurément au-delà du visible (Hé 11.1, 27); et il y a une bénédiction spéciale pour ceux qui, sans l'avoir vu, ont cru que Jésus était vivant (Jn 20.29; remarquez que Thomas n'était pas plus «incrédule» que les dix autres apôtres ou que les femmes à la tombe – voir Mc 16.9-14). Mais est-ce toute la vérité? Est-ce qu'un monde qui désire voir des preuves de la vérité de l'évangile demande ce qu'il ne faut pas lui donner et, certains pourraient ajouter, ce qu'il n'est pas possible de lui donner? Nietzsche avait-il donc tellement tort en disant que si les chrétiens avaient davantage l'air sauvés, alors il voudrait être sauvé?

PAROLES, *OEUVRES ET SIGNES

Nous pouvons commencer à examiner ces questions en remarquant le grand nombre de fois où, dans les quatre évangiles, la vue a conduit à la foi. Ces Juifs qui ont «reçu» Jésus, «cru en son nom» et qui sont «nés de Dieu», l'ont très souvent fait parce qu'ils avaient vu ses miracles. Le point culminant dans ce sens a été la résurrection de Lazare

(Jn 11.45). C'est la raison pour laquelle l'évangile de Jean appelle les miracles des signes, des événements physiques tellement anormaux qu'ils indiquent au-delà d'eux-mêmes des réalités surnaturelles. Jésus n'a jamais découragé ceux qui venaient à lui par ce moyen. Par contre, il critiquait fortement ceux qui ne recherchaient que les bénéfices physiques de son ministères sans aspirer aux bénédictions spirituelles au-delà de ses miracles (Jn 6.26) – attitude on ne peut plus commune dans notre propre monde matérialiste. Il refusa aussi d'accomplir des miracles pour satisfaire la curiosité de sceptiques hostiles (Mt 16.1-4), bien qu'il leur promît le «signe de Jonas». Il faut nous rappeler que si personne n'avait *vu* Jésus ressuscité, il n'y aurait pas de religion appelée christianisme (cf. Lc 24.24): on ne verrait en Jésus qu'un prophète (comme le font tant le judaïsme que l'islam).

Pierre n'hésitait pas à citer comme preuve de la résurrection et de l'ascension de Jésus (et preuve par là qu'il était maintenant le *«Seigneur Jésus Christ»*) le fait que Jésus avait «répandu ce que vous *voyez* et *entendez*» (Ac 2.33). Plus tard, Pierre et Jean saisirent l'occasion fournie par le spectacle de l'homme qui «demandait l'aumône» pour conduire la foule à la foi; les gens virent le miracle et entendirent le message (Ac 3.9-10; 4.4). Les «signes et prodiges» sont, de façon patente, un des principaux facteurs de la croissance spectaculaire de l'Eglise primitive (Ac 5.12-16).

C'est en ces mêmes termes que Paul aussi comprenait la communication de l'évangile. En fait, il renvoie à trois dimensions: parole, œuvre et signe. Quand, avant sa visite dans la métropole, il informa l'Eglise de Rome de ses méthodes d'évangélisation parmi les païens, il écrivit: «Il m'a utilisé pour gagner les païens à Dieu. Et mon message les a convaincus, ainsi que ma façon de vivre, tout comme les signes de Dieu – les miracles accomplis à travers moi – tout cela par le pouvoir du Saint-Esprit. C'est de cette façon que j'ai prêché le plein évangile du Christ, depuis Jérusalem jusqu'en Illyrie» (Rm 15.17 – Le Livre; cf. 1 Th 1.5).

Ce qui frappe dans cette description de la méthode de Paul, c'est que deux des dimensions s'adressent à l'œil et une seule à l'oreille. La vérité de ce qui est dit est confirmée par ce qui est vu, dans le comportement humain et les signes divins. Les «œuvres» humaines ne sont pas avant tout des actes de provision sociale ou de pression politique, quelle que soit la nécessité de ces conséquences de l'évangile. Jésus en donne une définition en termes d'une «norme de vie» supérieure, plus morale que matérielle; il l'a énoncée dans le Sermon sur la montagne – pas de colère, pas de convoitise, pas de divorce, pas de serment parjure, pas de vengeance, pas de piété publique, pas de souci, etc. (voir Mt 5.16 et tout Mt 5-7). Les «signes» divins sont principalement la guérison des maladies et la délivrance des démons (Mt 10.1), mais ils ne se limitent pas à cela (cf. Paul «aveuglant» le magicien chypriote, comme il l'avait lui-même été sur le chemin de Damas, ce qui conduisit à la conversion du gouverneur – Ac 9.9; 13.11).

Tout cela est lié à l'évangile du *royaume*. La bonne nouvelle est que le royaume de Dieu (son «gouvernement» plus que son «domaine») a été rétabli sur terre avec l'arrivée du Roi. Il est maintenant monté sur le trône de l'univers, tandis que ses sujets sur la terre, tout en jouissant déjà des bienfaits de son gouvernement, préparent tous ceux qui croient pour l'établissement complet et final du royaume, qui suivra le retour du Roi sur cette planète. C'est vraiment un programme «incroyable», bien au-delà de l'expérience ou de l'imagination humaine (Es 64.3, cité en 1 Co 2.9). Le royaume «là-bas et alors» est aussi «ici et maintenant» (la moitié des paraboles de Jésus parlent d'une crise à venir, en vue de l'établissement du royaume sur la terre; l'autre moitié parlent d'un processus actuel). Est-il déraisonnable que des gens attendent quelques indications visibles de ce que le royaume est déjà ici-bas? Les premiers disciples étaient capables d'affirmer que Jésus était déjà souverain en montrant les signes divins; et de montrer qu'ils étaient déjà ses sujets en montrant les œuvres humaines. Le royaume pouvait et devait être mis en évidence aussi bien que proclamé (Le 10.9). C'est exactement ce que Paul entendait en disant que sa prédication à Corinthe avait été «une démonstration d'Esprit et de puissance» (1 Co 2.4; cf. Ac 14.3).

LES «SIGNES» SURNATURELS SONT-ILS DÉPASSÉS?

On reconnaît en général que la prédication apostolique était attestée de cette façon (2 Co 12.12), mais on prétend fréquemment que ce n'était pas destiné à être le schéma d'évangélisation tout au long de l'histoire de l'Eglise. L'argument avancé est qu'une fois la doctrine apostolique complète et consacrée par écrit, de telles authentifications miraculeuses ont été rendues caduques. La foi devrait alors croire en des miracles passés (c-à-d. invisibles) comme preuve de la vérité du message! La page imprimée visible est donc considérée comme remplaçant convenablement la puissance manifestée! Ni les Ecritures ni l'histoire de l'Eglise n'apportent leur soutien à la notion que Dieu a retiré les confirmations miraculeuses de sa parole, quand elle a été transférée de la forme orale à la forme écrite. (Par exemple, la lettre que John Wesley a écrite le 4 janvier 1749 au docteur Conyers Middleton, sceptique à l'égard de la prophétie, des langues et de la guérison, est une défense classique de la continuation des dons surnaturels. Voir ses *Letters* [Epworth, 1930], vol. 2, pp. 312ss.).

Même s'il ne se trouve pas dans le texte original, il y a un passage clair des Ecritures qui contredit le point de vue selon lequel Dieu aurait fait cesser les «signes» surnaturels (soit, Mc 16.15-20). Même s'il s'agit d'une addition ultérieure par un correcteur de l'Eglise primitive, ce n'en est qu'une meilleure preuve de la façon de voir post-apostolique! Nous avons ici le mandat missionnaire de l'Eglise dans «le monde entier» et «jusqu'à la fin du monde». La promesse qui est faite, c'est que des événements miraculeux accompagneront la prédication de l'évangile par n'importe quel croyant, et non par les seuls apôtres, en tout lieu et en tout temps. Réinterpréter ces «signes qui suivront» comme «de nombreuses conversions» ou «des vies changées», c'est faire un abus de terminologie biblique et chercher un moyen de cacher l'absence des signes promis.

C'est à ceux qui affirment le retrait des «signes et prodiges» qu'il incombe d'apporter des preuves de ce qu'ils avancent. Une chose au moins ne peut être niée: l'Esprit Saint lui-même n'a pas été retiré. Tant qu'il sera impossible de donner des raisons bibliques et historiques claires d'un changement radical dans le mode d'opération de l'Esprit, la démonstration de sa puissance et la distribution de ses dons demeureront des traits constitutifs et convainquants de la communication du plein évangile (Hé 2.4). Ajoutons que la parole imprimée, et même prêchée, pourrait être disséminée sans l'Esprit Saint (par exemple, on pourrait payer un incroyant pour qu'il distribue des tracts et certains pourraient même être sauvés par ce moyen!) – mais les œuvres humaines et les signes divins sont impossibles à reproduire sans sa présence (raison pour laquelle Jésus a ordonné à ses disciples d'attendre à Jérusalem jusqu'à ce qu'ils aient «reçu la puissance»). Même une connaissance «scripturaire» de la mort, de la résurrection et de l'ascension de Jésus n'est apparemment pas suffisante pour faire de nous son «témoin» (cf. Lc 24.27 avec Ac 1.8).

LA VALEUR D'UNE DÉFENSE RAISONNÉE

Pour aider d'autres à croire, il faut considérer un autre genre de «preuve» de la vérité de l'évangile. Nous pensons au rôle de l'«apologétique», la nécessité et la capacité de présenter une «défense raisonnée» de la foi. C'est une demi-vérité que de dire qu'on n'a jamais fait entrer quelqu'un dans le royaume par la force des arguments (la réaction d'Agrippa à la force de persuasion de Paul est souvent citée pour soutenir ce point de vue; Ac 26.28). Des barrières à la vérité peuvent être ôtées par la mise en évidence que la cause du christianisme est raisonnable. (Par exemple, les écrits de C. S. Lewis, Francis Schaeffer et Josh McDowell ont aidé beaucoup de personnes dans cette voie; ils fournissent une excellente réserve de «munitions»!). Croire, ce n'est pas commettre un suicide intellectuel. La foi et la raison parcourent la même route vers la vérité, quoique la foi aille beaucoup plus loin sur ce chemin. Abraham Lincoln n'a-t-il pas dit: «Acceptez de la Bible autant que vous pouvez sur la base de la raison, prenez le reste par la foi; vous vivrez et mourrez plus heureux»?

D'une part, la masse des preuves de l'exactitude historique de la Bible va croissant, en particulier dans le domaine archéologique. Il y a également une authenticité inhérente des Ecritures même; dans les récits de la résurrection, les détails sur les circonstances suffiraient à convaincre tout jury légal que l'événement a bien eu lieu. Il est possible de montrer que bon nombre des soi-disant «contradictions» ne sont que superficielles ou seulement apparentes. L'histoire du texte même encourage une confiance croissante. Le fait que près de six cents prophéties distinctes se sont accomplies (le cinquième restant concerne presque uniquement la fin du monde) est plus imposant que l'astrologie superstitieuse ou la futurologie scientifique. L'incroyant moyen est en grande partie inconscient de la quantité de preuves cumulatives qu'il est possible d'amasser en faveur de la vérité de la Parole de Dieu.

D'autre part, une apologétique efficace doit aborder la philosophie générale de la Bible aussi bien que les détails historiques particuliers. L'Ecriture n'enseigne sûrement pas l'*athéisme* (croyance qu'«il n'y a pas de Dieu», dont l'acceptation exige beaucoup de foi!), l'*agnosticisme* («je ne sais s'il y a un Dieu ou non»), le *panthéisme* («tout est Dieu»), l'*humanisme* («maintenant qu'il est devenu majeur l'homme est Dieu») ni le *déisme* («Dieu a créé le monde mais ne peut le contrôler»). La véritable philosophie biblique est le *théisme* («Dieu a créé et contrôle l'univers») – point de vue le plus sensé concernant la nature et l'histoire.

Quand nous présentons une preuve particulière ou que nous donnons une explication générale, nous obéissons à l'injonction biblique: «Soyez toujours prêts à vous défendre contre quiconque vous demande raison de l'espérance qui est en vous» (1 P 3.15). Cependant, la «raison» est aussi bien subjective qu'objective et devrait comprendre des expériences aussi bien que des preuves. Il serait bon de dire deux mots de mise en garde pour conclure cette section. Premièrement, il est nécessaire de discerner si celui qui vous pose des questions rencontre des difficultés authentiques qu'il désire résoudre ou s'il ne fait que cacher son scepticisme obstiné derrière un rideau de critiques (si tel est le cas, peu importe le nombre de problèmes résolus de façon satisfaisante, d'autres surgiront sans cesse!). Deuxièmement, bien que l'on doive oser regarder en face les barrières mentales véritables, il est nécessaire de souligner que les principaux problèmes qui nous empêchent d'avoir foi en Dieu sont les problèmes moraux (notre besoin fondamental est celui du pardon, non celui de l'éclaircissement).

AIDER A AGIR PAR LA FOI

Une fois que nous avons présenté l'évangile en parole, en actes et en signes, en pénétrant par l'oreille et par l'œil jusqu'au cœur et à la pensée, et que nous sommes satisfaits de ce que la vérité a été pleinement acceptée, l'étape suivante consiste à aider la personne à agir par la foi. En effet, croire est avant tout une question de volonté – quelque chose que l'on fait (voir chapitre 3). Deux décisions pratiques doivent être prises.

Premièrement, la foi doit s'exprimer par des mots. Du côté négatif, il ne sert à rien de fournir les mots, que ce soit ceux d'un credo type ou d'une «prière du pécheur». La personne risque d'être plus consciente de la personne dont elle répète les paroles que de celle à qui ces paroles s'adressent. Par-dessus tout, le degré de sincérité variera en fonction de l'harmonie entre la «liturgie» et, les émotions et pensées de celui qui les prononce. Du côté positif, il est bien préférable de laisser une personne s'adresser au Seigneur directement, en utilisant ses propres mots, même s'ils sont très simples ou hésitants. Un conseiller avisé, qui écoute avec soin tout ce qui est dit et entend également ce qui ne l'est pas, se rendra compte de l'aide dont la personne a encore besoin ou de l'authenticité avec laquelle elle aura «invoqué le nom du Seigneur». A ce stade, il faudrait encourager la personne à employer le nom humain de «Jésus» et, quand elle en comprend la signification, à l'appeler «Seigneur». Il est en particulier utile de noter la présence ou l'absence des pronoms personnels; pas seulement: «Je crois que tu es mort et ressuscité», mais: «Je crois que tu es mort pour que *j'*arrête de pécher et que tu es ressuscité pour *m'*aider à trouver la vraie vie.» Il peut être nécessaire d'encourager plusieurs prières courtes exprimant chaque aspect de la foi au fur et à mesure que la personne en prend conscience et de l'aider à y parvenir en entrecoupant ces prières de conseils.

Deuxièmement, la foi doit s'exprimer par des actes. Il est important d'aider la personne à commencer à vivre par la foi et à continuer dans cette voie pour le restant de sa vie. Le meilleur moyen d'y arriver, c'est de discerner un besoin particulier ou une situation précise qui nécessite une intervention de Dieu immédiate. On peut alors en parler plus à fond, en expliquant clairement que la foi n'est pas croire que Dieu *peut* intervenir, mais qu'il *va* le faire. Il est vital d'évaluer le niveau de foi de la personne avant de commencer à prier avec elle. La meilleure méthode consiste à suggérer toutes sortes de moyens par lesquels le Seigneur pourrait agir dans la situation donnée (d'un léger changement à un bouleversement total de la situation) et de demander auquel d'entre eux le disciple s'attend. Il est parfois utile de proposer une échéance précise pour la réponse attendue. Ma «technique» personnelle pour discerner le degré de foi est de proposer un défi («Ainsi, vous croyez effectivement que le Seigneur vous enverra deux cents francs d'ici à la fin du mois?») – mais au lieu d'écouter la réponse, je regarde la personne droit dans les yeux! L'œil est la «lampe du corps» et le doute se traduit toujours par un regard «fuyant»; ce n'est que lorsque la pupille reste ferme comme un roc et que la personne me regarde du même regard, que je me sens libre de prier avec confiance en invoquant l'accomplissement de la promesse de Jésus «si deux d'entre vous s'accordent sur la terre» (Mt 18.19). Il est souvent nécessaire de «retailler» la requête à la mesure de foi du nouveau croyant; mais il sera beaucoup plus utile de prier pour une petite chose qui s'accomplit que pour une grande chose qui ne change pas! Cela n'a pas seulement pour effet d'impartir un don de foi, mais cela encourage aussi la foi à persévérer et à grandir.

Bien sûr, j'ai tenu pour acquis qu'un bon conseiller aura dit au disciple que la toute première expression pratique de la foi, sa toute première façon de s'exercer pratiquement, c'est d'enterrer son ancienne vie «morte» et d'en laver la «souillure» dans les eaux du baptême. S'il est vraiment prêt à faire confiance à Jésus pour le pardon, il sera également prêt à lui obéir en se soumettant à ce rite de purification (Ac 2.38).

34

AIDER À ÊTRE BAPTISÉ

Ce chapitre aurait pu être le plus court de ce livre, et le plus simple! Il n'y a que deux choses à faire.

Premièrement, il est absolument essentiel de s'assurer que le candidat s'est véritablement repenti et a réellement cru (voir les chapitres 2, 3, 32 et 33), en se rappelant que la profession de la bouche n'est pas une garantie de la possession par les actes. Une fois ces deux qualifications acquises, il n'y a pas lieu d'attendre une minute de plus.

Deuxièmement, il est nécessaire de trouver un endroit où il y a assez d'eau (Jn 3.23). L'immersion semble avoir été le mode baptismal néo-testamentaire (le mot lui-même le confirme, tout autant que l'usage) et elle traduit assurément la signification que lui donne le Nouveau Testament (combinaison de «bain» et d'«ensevelissement»). En Europe, c'est relativement facile: bon nombre de bâtiments d'église ont installé des baptistères, de nombreuses villes sont équipées de piscines dans les centres de loisirs et la campagne est généralement bénie par de nombreuses rivières et des plans d'eau, sans parler des centaines de kilomètres de côtes pour des pays comme la France ou la Grande-Bretagne. En Russie, on rompt la glace d'un lac et le candidat en ressort congelé! Parfois, dans certains pays où la sécheresse est fréquente, une tombe est creusée, tapissée d'un linceul de coton dans lequel on «ensevelit» le candidat et l'eau, si précieuse, est aspergée sur le drap jusqu'à saturation. Qui veut la fin, veut les moyens!

PRATIQUES BAPTISMALES

L'efficacité de l'acte ne dépend pas de la quantité exacte d'eau utilisée, puisque ce n'est pas le lavement du corps qui est l'événement essentiel (1 P 3.21). Cependant, plus on s'approchera de la représentation et du bain et de l'ensevelissement, plus cela aura de sens pour le candidat. Ceux qui ont été «aspergés» alors qu'ils étaient croyants se sentent souvent «frustrés»; il ne semble pas y avoir de véritable raison pour interdire que leur baptême soit «complété» par une immersion, ce qui ajouterait l'aspect «ensevelissement» à celui de «bain» (les paroles prononcées alors étant ajustées en conséquence).

L'efficacité de l'acte ne dépend pas non plus de l'état ou du statut spirituel de la personne qui fait le baptême. Jean-Baptiste n'était pas même baptisé et pourtant Jésus a accepté le baptême de ses mains (Mt 3.14). Aujourd'hui, on pourrait ne pas se sentir totalement à l'aise d'être baptisé par quelqu'un qui n'est pas prêt à être lui-même baptisé. Nulle part, le Nouveau Testament ne laisse entendre que le baptême ne puisse être administré que par certains «ministères» (les Ecritures ne contiennent d'ailleurs aucune indication concernant un ministère avec «ordination» qui aurait le monopole des sacrements). En fait, les apôtres suivirent l'exemple de Jésus et laissèrent leurs associés pratiquer les baptêmes (cf. Jn 4.2 avec Ac 10.48 et 1 Co 1.13-17). Paul a été baptisé par un frère «ordinaire» du nom d'Ananias (Ac 9.17-18). L'élément vital est la soumission à quelqu'un d'autre, ce dont le Seigneur lui-même donne un exemple parfait. Le bain et l'ensevelissement sont faits *pour* nous et non *par* nous; le «cadavre» ne participe pas aux funérailles!

Cependant, «que tout se fasse avec bienséance et avec

ordre» (1 Co 14.40). Si des responsables chrétiens mûrs sont disponibles, il est bon de faire appel à eux. Et, pour le bien des autres, comme pour celui du candidat, une cérémonie publique est préférable à une cérémonie privée. Ce «témoignage» public est peut-être ce à quoi Paul fait allusion quand il parle à Timothée de sa «belle confession en présence d'un grand nombre de témoins» (1 Tm 6.12). Mais il faut souligner que ce «témoignage mouillé» n'est pas le vrai but du baptême, quelle que soit la profondeur de son influence sur les spectateurs.

Il y a certainement de bons arguments bibliques pour attendre du candidat qu'il participe oralement à la cérémonie, mais ses paroles seront adressées en premier lieu au Seigneur lui-même – confesser des péchés commis (Mt 3.6) et invoquer le «nom» de Jésus (Ac 22.16) pour le pardon de ces péchés (Ac 2.38). Il est plus important de s'adresser à Dieu de cette façon-là, dans une expression de repentance et de foi, que de donner aux spectateurs un condensé de l'histoire de sa conversion; cette dernière expression peut se montrer une addition utile, mais ne saurait être considérée comme se substituant valablement à la première.

A peine le candidat a-t-il été «submergé» et a-t-il «émergé», qu'on devrait lui imposer les mains, en priant avec ferveur pour qu'il reçoive l'Esprit Saint, s'il ne l'a pas encore reçu (cf. Ac 10.47 avec 19.5-6; voir aussi le chapitre suivant). A ce point, il est utile, si les personnes présentes tournent leur attention du baptême vers le Seigneur, de les conduire dans une louange et une adoration jaillissant du cœur; dans une telle atmosphère, il sera plus facile pour le candidat de «déborder» quand l'Esprit sera «répandu».

Le souvenir de cet événement/expérience restera une source d'inspiration et d'encouragement toute la vie de cette personne. Qu'elle soit venue à la repentance et à la foi lentement ou rapidement (le Nouveau Testament est tout à fait indifférent à la vélocité!), elle peut maintenant dater la fin de son ancienne vie et le début de la nouvelle (comme un pasteur le dit à ses candidats: «Ce sont vos funérailles, profitez-en!»). Le baptême est à la formation du disciple ce que le mariage est à la vie conjugale.

Dans le baptême comme dans le mariage, la parfaite signification des choses dites et faites peut ne pas être saisie au moment même (y a-t-il jamais eu de couple aimant qui ait compris toutes les implications de «pour le meilleur et pour le pire; dans la richesse ou la pauvreté; dans la santé ou la maladie; jusqu'à ce que la mort nous sépare...»?). Cela n'a pas d'importance. Les années mettront en lumière la signification pleine et entière ainsi qu'une appréciation approfondie. La plupart des enseignements néo-testamentaires sur le baptême sont donnés après celui-ci (cf. Rm 6.3-4). La cérémonie doit être fréquemment rappelée, mais jamais répétée. Un couple ne devrait se marier qu'une seule fois et un chrétien ne devrait être baptisé qu'une seule fois.

Cette réflexion nous amène tout droit au problème épineux du «*re-baptême*»!

LE RE-BAPTÊME – EST-CE JUSTE?

En Europe, que le pays soit de tradition catholique ou de tradition protestante, beaucoup de personnes, sinon la plupart, sont déjà passées par une cérémonie de «baptême» en tant que bébé, dans des Eglises qui, en pratiquant ce baptême, le considèrent comme un baptême chrétien complet. Même si la personne n'en a aucun souvenir conscient, n'en tire aucune inspiration régulière et n'y voit aucun lien avec sa «conversion» ultérieure, il lui est néanmoins interdit de songer à «être à nouveau baptisée». Maintenant qu'elle est morte à sa vie de péché, on lui refuse des funérailles appropriées! Souvent alors, chaque fois qu'elle lit, dans le Nouveau Testament, ce qui concerne le mode, le sens et l'échéance du baptême, elle se sent frustrée d'une naissance chrétienne «normale», par ses parents et l'Eglise.

Des ministres chrétiens, convaincus de la validité du baptême d'enfants, chercheront à aider le nouveau chrétien à «relire» dans son baptême la pleine signification du baptême chrétien, quoiqu'il soit très difficile d'y arriver sans faire de l'événement original un pur symbole ou une pratique magique. Nombre de personnes admettent que la signification du baptême doit être différente pour un bébé et pour un croyant.

D'autres ministres mettent l'accent ailleurs, attirant, par exemple, l'attention sur la «confirmation» comme «achèvement» du baptême d'enfant, en insistant sur le fait que la repentance et la foi peuvent aussi bien suivre le baptême que le précéder (bien que, en général, cela sépare l'effet du baptême de l'événement lui-même d'au moins une décennie!). Plus récemment, on a émis la suggestion insolite d'une «confirmation par immersion»,[1] ceux qui pratiquent ce rite hybride se persuadent qu'il ne s'agit pas d'un baptême, mais ceux qui le reçoivent le voient de plus en plus comme tel!

Ceux qui se soumettent à l'autorité de l'Eglise pour connaître la voix du Seigneur sont enclins à adopter ces expédients, quoique souvent à regret. Ceux qui se soumettent à l'autorité de la Bible pour connaître la voix du Seigneur s'y résoudront moins aisément. Le présent ouvrage ayant beaucoup plus de chances d'être lu par ces derniers, il nous faut prendre le tison par où il brûle.

Celui qui se trouve face à ce dilemme doit être prêt à investir temps et réflexion pour trouver une réponse convaincante à la question: *«Suis-je baptisé aux yeux du Seigneur?»* La réponse viendra des Ecritures et de l'Esprit, même si une partie de la quête consiste à écouter ce que d'autres ont à dire.

J'ai personnellement conseillé le cheminement suivant. Premièrement, étudier tous les passages du Nouveau Testament sur le sujet (il y en a plus de trente, mais ils ont été arrangés de façon commode en un mois de lectures bibliques journalières dans le livre de Stephen Winward, *The New Testament Teaching on Baptism,* édité par la Baptist Union). Tout au long de l'étude se poser la question: «Est-ce que cela est vrai pour moi; puis-je le revendiquer pour moi-même?» Deuxièmement, parler à des chrétiens de différentes obédiences, sur le principe que si quelqu'un a pu nous faire entrer dans quelque chose par ses paroles, un autre peut nous en faire sortir de la même manière; mais si c'est Dieu qui nous fait entrer dans une chose par ce qu'il nous dit, tout ce qu'un homme peut nous dire ne fera que nous conforter dans cette voie! Troisièmement, chercher pourquoi et comment la pratique du baptême des enfants a été introduite et poursuivie dans l'Eglise (l'Appendice 1 est conçu dans ce but; les «pédobaptistes» jugeront sans doute mon rapport tendancieux, libre à eux de recommander la lecture de leur propre exposé pour qu'il soit étudié en même temps que le mien). Quatrièmement, se placer seul devant Dieu, exposer les diverses possibilités devant lui et lui demander à la fois la paix à l'égard de celle qu'il demande de suivre et une gêne à l'égard des autres. Cinquièmement, laisser agir l'épreuve du temps: les impulsions humaines vont en s'affaiblissant, mais la direction du Seigneur devient plus forte, jusqu'à ce qu'il ne reste plus que le choix d'obéir ou de désobéir.

Si ce processus devait conduire à la décision de demander le baptême en tant que croyant, la personne devrait en parler tout d'abord avec les responsables de son assemblée – pour demander au moins leur bénédiction, même s'il leur paraît impossible d'apporter leur coopération ou leur approbation. A ce point, il est important de s'assurer de leur volonté de continuer à exercer la responsabilité pastorale dans d'autres domaines, même si l'on doit demander le baptême ailleurs; si leur réponse est négative, il faut alors rechercher quelle partie du corps de Christ peut être une maison spirituelle pour continuer la vie chrétienne, de sorte qu'il soit possible d'aborder les «nouveaux» bergers en ayant en vue l'accomplissement du baptême.

Enfin, je voudrais adresser un appel fervent au clergé «pédobap- tiste» pour qu'il respecte la conscience des personnes placées sous leur garde. Un bon berger ne se préoccupe pas en premier lieu de la soumission qu'on lui doit ou qu'on doit à sa partie du corps de Christ, mais de la soumission que l'on doit au Chef de l'Eglise et à son Père, qui est tout en tous. Quand une brebis est convaincue d'obéissance au Berger Suprême sur un sujet particulier, il faudrait l'encourager à agir dans ce sens, à moins que la ligne de conduite ne soit clairement interdite dans les Ecritures. On devrait permettre au croyant de suivre sa conscience et ses convictions.

Le re-baptême ne devrait pas être traité comme s'il s'agissait du péché qui ne peut être pardonné. Il ne devrait assurément pas devenir un sujet de discipline, encore moins d'excommunication. Après tout, ce «péché» est motivé par une détermination à être obéissant au Seigneur en toutes choses, à accomplir toute justice (Mt 3.15). Il est difficilement justifiable de pénaliser cette détermination! De plus, il y a dans le Nouveau Testament des précédents pour le «re-baptême». Paul n'a pas hésité à re-baptiser, quand le précédent baptême, tout en exprimant la repentance, n'avait pas été accompagné de la foi salvatrice dans le Seigneur Jésus (Ac 19.1-6; voir le chapitre 20). C'est probablement ce que Pierre a fait lui aussi, le jour de la Pentecôte; il est, en effet, extrêmement improbable qu'aucun des trois mille n'ait été baptisé par Jean au Jourdain. La véritable question est donc: Qu'est-ce qui rend un baptême «chrétien» – la formule correcte ou la foi convainquante, le bon baptiseur ou le bon baptisé?

Bien entendu, le re-baptême pourrait être considéré comme un «péché» contre l'Eglise. Etre «à nouveau» baptisé en tant que croyant *est effectivement* une répudiation de son baptême d'enfant. C'est dire que l'Eglise (et le clergé) a fait une erreur en l'administrant. C'est remettre en cause des siècles de tradition, bien que cette tradition n'ait jamais été la seule en usage. Mais depuis quand la croyance en une Eglise infaillible a-t-elle fait partie de la foi chrétienne? L'autorité de l'Eglise dépend de ce qu'elle soit une, sainte, catholique et, par-dessus tout, apostolique (au sens de «persévérer dans l'enseignement des apôtres»). Quand l'Eglise s'éloigne de l'enseignement du Nouveau Testament, elle ne peut s'attendre à ce qu'on lui obéisse, et ne devrait pas non plus s'offenser de ce qu'on ne lui obéisse pas.

Il est triste que de tout nouveaux chrétiens doivent être plongés dans de telles controverses aussi rapidement. Il est encore plus triste que tant d'entre eux se voient refuser le sacrement même dont ils ont tant besoin au moment de leur «conversion». Le baptême doit être replacé dans son contexte approprié – il tient plus de la réponse à l'évangélisation que du rite ecclésiastique. C'est une expression de l'acceptation de la parole qui convient bien mieux que «s'avancer à l'appel», «signer une carte de décision» ou «être confirmé». C'est la seule réponse qui ait été instituée, et même ordonnée, par le Seigneur Jésus en personne (voir le chapitre 7 sur le grand ordre de mission). Sa fonction vitale est de donner au disciple un «départ net» dans la vie nouvelle, en faisant une «coupure nette» avec l'ancienne. Combien de temps encore, l'Eglise privera-t-elle ses convertis de cette expérience importante?

Pris isolément, le baptême n'est cependant pas suffisant. Le baptême dans l'eau peut bien avoir amené le passé à la conclusion qui convient, mais il devrait normalement être le prélude au baptême dans l'Esprit, qui introduit comme il convient l'avenir. Ceux qui sont nés deux fois doivent être baptisés deux fois!

---

[1] N.d.T. Un tel rite est pratiqué, depuis 1945, par l'Union de prière, dite de Charmes, communauté reconnue par les Eglises réformées de France. Toutefois, le contexte théologique de leur pratique n'est pas directement lié au baptême d'initiation.

35

AIDER UN DISCIPLE À RECEVOIR

Tout comme le chapitre sur le baptême d'eau, celui-ci aurait pu être court et simple, mais notre confusion actuelle a rendu le sujet infiniment plus compliqué.

CONFUSION AU SUJET DE LA RÉCEPTION DE L'ESPRIT

A l'époque apostolique, la prière, avec imposition des mains, était normalement faite juste après le baptême d'eau; l'Esprit était alors donné par le Seigneur et reçu par le croyant repentant et baptisé. Cette réception s'accompagnait de signes extérieurs manifestes qui la confirmaient. Comme nous l'avons vu, il ne nous est rapporté que deux circonstances où l'Esprit a été donné et reçu sans l'exercice d'un tel «ministère» – et il y a des raisons évidentes pour traiter ces cas d'«exceptionnels» (voir les chapitres 14 et 18). La procédure normale veut que ceux qui ont déjà «reçu» l'Esprit «transmettent» le don à ceux qui le recherchent. Il n'y a pas non plus de récit où cela n'a pas produit le résultat escompté. La vie semble avoir été beaucoup plus simple en ces temps-là, aussi bien spirituellement que matériellement (Ac 3.6)!

Considérez toutes les variantes dans l'Eglise d'aujourd'hui. Le courant «libéral» semble ignorer le besoin de «recevoir» l'Esprit, puisque celui-ci est censé être déjà avec les hommes, dans le monde aussi bien que dans l'Eglise –

et certains diraient même davantage dans le monde que dans l'Eglise. Le courant «évangélique» ne mentionne que rarement la «réception» de l'Esprit, croyant qu'elle a lieu automatiquement, et en général inconsciemment, quand une personne «reçoit Jésus dans sa vie». Le courant «sacramentel» croit que l'Esprit est reçu lors du baptême de l'enfant ou de la confirmation de l'adolescent, mais l'opinion semble divisée sur celui des deux actes qui le rend effectif. Le courant «pentecôtiste» tend à enseigner deux réceptions de l'Esprit: la première, subconsciente, a pour but le salut et se produit donc à la conversion; la deuxième, consciente, a pour but le service, elle se produit après la conversion (souvent longtemps après) et est parfois appelée «deuxième bénédiction». La première réception est celle de la personne de l'Esprit, la seconde celle de sa puissance (distinction qu'il n'est pas facile d'établir à partir du Nouveau Testament – voir chapitre 13 et Appendice 2).

Aucun de ces points de vue n'est conforme à l'enseignement complet du Nouveau Testament, ce que nous avons essayé de montrer précédemment dans ce livre. A l'encontre du point de vue «libéral», le Nouveau Testament établit clairement que le monde ne peut recevoir l'Esprit (Jn 14.17): il n'est donné qu'aux disciples de Jésus. A l'encontre du point de vue «évangélique», le Nouveau Testament fait une distinction claire entre «croire» et «recevoir», de sorte qu'il est possible de «croire» sans «recevoir» (voir les chapitres 16 et 20); en outre, «recevoir» est une expérience parfaitement consciente, accompagnée de preuves attestées. A l'encontre du point de vue «sacramentel», le Nouveau Testament fait une distinction claire entre baptême d'eau et baptême de l'Esprit, bien que les deux soient étroitement liés; il ne considère pas non plus un «rite de confirmation» comme une preuve suffisante que l'Esprit a été véritablement reçu, même si celui qui impose les mains est élevé en dignité! A l'encontre du point de vue «pentecôtiste», le Nouveau Testament ne mentionne qu'une «réception» de l'Esprit, que ce soit pour le salut ou pour le service, que ce soit la réception de la personne ou celle de la puissance, et cette réception est un élément intégral de la «première» initiation.

Cette confusion a conduit à une réticence notoire à employer le langage néo-testamentaire dans son acception d'origine. «Recevoir» est transféré de la troisième personne de la Trinité à la seconde. «Sceller» est interprété comme une transaction intérieure et spirituelle dont les autres sont tout à fait inconscients. «Oindre» n'est plus employé du tout, si ce n'est pour l'huile matérielle. On a laissé tomber «remplir» au profit d'une «plénitude» ultérieure. «Baptiser» ne figure plus que dans les discussions théologiques et jamais dans la prédication ou l'enseignement en général (et son acception de «tremper, noyer, plonger» est ignorée). «Répandu» («déversé d'en-haut») n'est jamais employé. Le «cri de l'Esprit» s'est mué en un «témoignage intérieur» muet. «Tomber sur» est réservé aux rares saisons de «réveil». Le fait est que la terminologie du Nouveau Testament ne «convient» tout simplement pas à la pratique et à l'expérience de l'Eglise contemporaine!

Il semble que soit né, par conséquent, un accord à garder une conspiration du silence autour du don de l'Esprit, en particulier dans l'évangélisation œcuménique. Les «convertis» sont livrés à eux-mêmes pour découvrir la troisième personne de la bienheureuse Trinité, à quelque stade ultérieur de leur vie de disciple (pour certains ce sera bien plus tard; pour d'autres, jamais). Tout délai rend l'introduction plus difficile. Le temps le meilleur, et de loin, pour prier en imposant les mains pour que l'Esprit «vienne sur» eux est juste après qu'ils se soient repentis, qu'ils aient cru et qu'ils aient été baptisés. Plus on attend, plus c'est difficile!

Cependant, il y a quelque chose de bon sur la scène contemporaine! Le «renouveau charismatique» a touché tous les courants à l'intérieur de l'Eglise. L'expérience de beaucoup de personnes est maintenant bien plus proche de celle de l'Eglise primitive. Une plus grande liberté dans la louange, profondeur dans la communion, libération des dons, assurance dans les Ecritures et joie dans le Seigneur ont toutes réapparu – pour la plus grande joie des uns et la consternation des autres! Mais la théologie n'a pas emboîté le pas à l'expérience, en particulier dans le domaine de l'initiation. Dans l'ensemble, les grandes dénominations ont accueilli l'expérience, mais avec réticence, et elles ont obstinément maintenu leur théologie et leurs pratiques précédentes, tentant de faire entrer le vin nouveau dans de vieilles outres. L'un des signes de cette anomalie est le développement d'euphémismes pour décrire cette expérience, en remplacement de la terminologie néo-testamentaire. Des expressions comme «mise en évidence de l'Esprit» et «actualisation de dons déjà reçus de façon potentielle» ont essayé de créer de nouvelles catégories pour une ancienne expérience; et le terme même de «renouveau» n'est pas sans ambiguïté. Ceux qui ont cherché à revoir la doctrine de l'initiation ont, en général, fini dans de nouvelles communautés ou «Eglises de maison» dont la plupart pratiquent aussi le baptême des croyants.

Tout cela pourrait sembler une digression quelque peu académique dans un chapitre pratique sur comment «aider à recevoir». L'à-propos de cette digression est simple: la première exigence pour «aider» s'adresse aux «aides»! Ils doivent être parfaitement convaincus, d'après les Ecritures et leur propre expérience, de la nécessité de «recevoir» l'Esprit en plus de la repentance, de la foi et du baptême. Ils doivent mettre tout leur cœur dans la prière avec imposition des mains et être fermes dans une foi qui s'attend à ce que le Seigneur «trempe» ses disciples dans l'Esprit Saint. L'incertitude et l'hésitation risquent tout autant d'avoir un effet négatif sur le ministère (en parole comme en action) que la clarté et l'assurance ont la chance d'en avoir un positif. Une foi solide repose sur une compréhension claire de *la* foi; la Pentecôte même reposait sur la foi dans la «promesse» (Le 24.49; Ac 2.33, 39; Ga 3.14). Ceux qui aident doivent être absolument certains de la promesse et de son accomplissement individuel.

QUAND L'ESPRIT N'EST PAS REÇU

Nous pouvons maintenant nous pencher sur les inhibitions de la personne aidée. En d'autres termes, si on prie pour une personne et que «rien ne se passe», que faut-il alors dire ou faire?

La solution qui n'apporte rien du tout, c'est d'assurer au disciple qu'il a reçu, même si rien ne s'est passé! Il est inquiétant de découvrir le nombre de fois où des documents à l'intention de ceux qui cherchent conseil donnent des exhortations du genre: «Ne vous inquiétez pas si vous ne vous sentez pas différent», ou même «Ne vous attendez pas à vous sentir différent» (attente qui a toutes les chances d'être exaucée!). On fait parfois appel à des textes qui laissent entendre que la foi doit être certaine d'une chose avant qu'elle soit donnée – par exemple, les paroles mêmes de Jésus: «C'est pourquoi je vous le dis: Tout ce que vous demanderez en priant, croyez que vous l'avez reçu, et cela vous sera accordé» (Mc 11.24; cf. Hé 11.1). Il existe un certain enseignement au sujet de la foi qui s'appuie sur ce verset et qui encourage à tort le témoignage sans preuve à l'appui («Je sais que je suis guéri, même si je boite encore»); une telle déclaration peut nous aveugler et conduire à la déception et à la désillusion. Le temps du verbe que Jésus emploie est significatif: «...croyez que vous l'avez reçu [aoriste = une-fois- pour-toutes], et cela vous sera accordé [futur, donc à ne pas comprendre comme «déjà vôtre»].» En d'autres termes, la prière, qui a été prononcée dans l'assurance que la pétition était acceptée en principe, sera exaucée en pratique. J'ai prié pour un certain nombre de personnes afin qu'elles reçoivent l'Esprit, sans aucun résultat immédiat; mais je me suis senti le droit dans l'Esprit de leur assurer que la prière avait été entendue et je leur ai demandé de me faire savoir qu'elles avaient reçu le don dès que ce seraient effectivement le cas, ce qui a conduit à quelques coups de téléphone passionnants, en général dans un délai de quelques heures. Il y a une différence énorme entre croire que cela s'est passé sans aucune preuve et croire que cela se passera avec des preuves. C'est cette dernière attitude qui traduit la foi nécessaire pour «recevoir l'Esprit Saint».

Mais supposez que rien ne se passe après qu'on ait prié avec une telle foi: que faire alors? L'Ecriture nous encourage à continuer de demander jusqu'à ce que cela arrive! Le temps du verbe grec, le «présent continu», n'est pas toujours traduit par un équivalent exact («continuer de» faire quelque chose). Nous en perdons la force de l'original: *«Continuez de demander et l'on vous donnera; continuez de chercher, et vous trouverez; continuez de frapper, et l'on vous ouvrira»* (Lc 11.9). Ce verset précède immédiatement l'assurance donnée par Jésus: «...à combien plus forte raison le Père céleste donnera-t-il l'Esprit Saint à ceux qui *continuent de* le lui demander» (Lc 11.13). Cela ne peut s'appliquer à des incroyants qui ne peuvent «recevoir»; c'est donc un encouragement donné aux croyants pour qu'ils persistent dans la prière pour le don de l'Esprit. Après tout, une personne qui demande l'Esprit une fois et laisse tomber quand rien ne se passe immédiatement n'a sans doute pas été très sérieuse la première fois; elle ne se laisserait pas si aisément décourager sur d'autres besoins, ambitions ou priorités de l'existence! Quand une personne désire une chose avec suffisamment d'ardeur, elle s'y accroche en général jusqu'à ce qu'elle l'obtienne.

Un échec répété à recevoir l'Esprit donne à penser qu'il pourrait y avoir d'autres facteurs qu'il convient de découvrir et corriger. Ceux-ci peuvent être fondamentaux (Paul s'est renseigné sur le baptême d'eau, par exemple; Ac 19.3). L'un des blocages les plus communs est un défaut de repentance, en particulier en ce qui concerne la participation à l'occultisme et les liens qui en résultent (depuis la franc-maçonnerie jusqu'à l'astrologie). Même la foi peut avoir à être précisée et mise à l'épreuve. Il est sage de suivre la démarche apostolique et de vérifier les points essentiels avant de rechercher d'autres «problèmes». Mais quelles autres raisons pourrait-il y avoir?

Certains ne savent tout simplement pas ce qu'ils doivent attendre ni comment «recevoir». Ils ont besoin d'un exemple et d'une explication. Ceux qui n'ont jamais vu ou entendu ce qui se passe quand l'Esprit «tombe sur» une personne sont désavantagés. Les cent vingt de la Pentecôte étaient des Juifs et leur histoire leur fournissait des exemples (Nb 11.25; 1 S 10.6); les trois mille virent et entendirent ce qui était arrivé aux cent vingt (Ac 2.33). Le fait d'avoir été témoin de l'expérience d'autrui n'est pas *indispensable* pour recevoir l'Esprit (comme le montre le cas de la maison de Corneille; Ac 10.44), mais cela peut être d'un grand secours. Voir et croire ne sont pas nécessairement contradictoires, comme nous l'avons déjà vu (au chapitre 33). L'Eglise d'aujourd'hui, qui manifeste, en général, si peu de preuves audibles ou visibles de la présence ou de la puissance de l'Esprit, ne suscite guère l'envie ou l'attente du nouveau croyant! Il est bien plus facile de recevoir l'Esprit dans le contexte d'un groupe rempli de l'Esprit. Pour être on ne peut plus pratique, il est bien plus utile que le groupe des «aides» «prie dans l'Esprit» lui-même (1 Co 14.15; Ep 6.18) plutôt qu'il «regarde ce qui va se passer». La personne nouvellement baptisée dans l'Esprit entrera alors dans la «communion de l'Esprit» (grec: *koinonia* = ce qui est commun, partagé). Cela l'aidera à prendre immédiatement conscience de l'aspect collectif de ce qui vient de se passer (la réalité de «pour entrer dans un seul corps»; voir le chapitre 23 sur 1 Co 12.13).

L'élément actif de la «réception» peut nécessiter une explication soignée. Certains essayent d'être totalement passifs, pensant que c'est l'attitude qui convient. Il faut leur dire que nous ne devenons pas des robots mécaniques! L'Esprit n'impose sa puissance à personne mais, avec notre coopération, il nous rend capables de dire et de faire des choses surnaturelles. Il est nécessaire de souligner qu'à la première Pentecôte, *«ils* [non pas «il», l'Esprit Saint] se mirent à parler en d'autres langues» (Ac 2.24). L'Esprit Saint leur a dit ce qu'ils devaient dire, mais ce sont eux qui ont prononcé les paroles. Il en va de même avec tous les dons de l'Esprit – l'Esprit les active (ce que dit littéralement 1 Co 12.6), mais c'est à nous de les exercer. Si l'Esprit nous «ensevelissait» au point que nous ne «puissions nous empêcher» de faire quelque chose, ce serait en contradiction directe avec son propre «fruit» de «maîtrise de soi» (Ga 5.23). Sa puissance est libérée quand notre volonté se met à l'unisson de la sienne et que nous répondons à son remplissage par un débordement volontaire.

Hélas, il y a beaucoup de personnes qui désirent être remplies (à l'intérieur et en privé) et ne veulent pas déborder (à l'extérieur et en public). Quand un tempérament personnel introverti se double d'une culture nationale réservée, la barrière émotionnelle est énorme! C'est peut-être l'une des raisons de la rapidité de croissance du «pentecôtisme» plus grande dans le «Nouveau Monde» qu'en Europe, et en Amérique du Sud plus qu'en Amérique du Nord. La religion dans nos vieux pays a été à ce point introvertie qu'une adoration «aérobic» (!) est anathème. Démonstration des sentiments et dignité de l'adoration sont considérés comme tout à fait incompatibles. On peut dire ou chanter «Alléluia» de façon liturgique, mais pas le prononcer de façon spontanée! On admire celui qui sait «garder à l'intérieur» et on méprise celui qui «laisse sortir». Pourtant, cette attitude répressive peut être très dommageable – par exemple, pour les personnes endeuillées.

Même la compréhension «évangélique» a dressé une équation entre «intérieur» et «spirituel» - à l'opposé des «pentecôtistes», chez qui le bruit est souvent pris pour de la puissance! Beaucoup de personnes ne prient jamais à haute voix, même quand elles sont toutes seules, ceci en dépit de l'instruction de Jésus: «Quand vous priez, *dites*...» (Le 11.2). Il en résulte que nombreux sont ceux qui ne s'expriment spirituellement en paroles que lorsqu'ils sont poussés de l'extérieur (quand un chant est annoncé, par exemple) et n'ont jamais appris à parler en étant poussés de l'intérieur. D'autres n'ont eu l'habitude de parler qu'avec leur intelligence; ils examinent donc soigneusement ce qu'ils vont dire avant de le dire; ils n'ont jamais appris à parler avec leur esprit, ni même envisagé que ce soit possible (voir 1 Co 14.14-45 pour la différence). Alors que Paul parle de crier spontanément (ce que signifie le mot grec *krazein* en Rm 8.15; cf Mt 14.26, 30) le mot «Abba», on en parle comme du «témoignage intérieur» et on voit cette expression comme une chose qui est «sentie» plutôt que «criée»!

Cette pression sociale est fortement inhibante quand il s'agit d'être rempli de l'Esprit jusqu'à déborder. La peur de se rendre ridicule devant les autres est très réelle. Lors de la première Pentecôte, le bruit a rapidement couru que les disciples étaient ivres, cela à cause de leur liberté de comportement en public, ce qui a fourni à Pierre une merveilleuse introduction pour son sermon: «Comment? Soûls à neuf heures du matin? Mais c'est bien trop tôt!» Paul a comparé l'intoxication alcoolique au fait d'être rempli de l'Esprit, comme moyens pour passer une bonne soirée, mais il en a opposé les résultats du lendemain matin (Ep 5.18)! La Pentecôte a aussi illustré le fait qu'il est bien plus facile de ne pas tenir compte des restrictions sociales quand ceux qui vous entourent font de même – encore une raison pour entourer celui qui recherche l'Esprit d'un groupe qui prie et loue dans l'Esprit.

Certains conseillers ont encouragé à «balbutier» comme première étape. Il ne semble pas que cette pratique risque de faire du mal spirituellement; dans certains cas, elle a aidé à vaincre l'habitude psychologique de penser soigneusement à tout ce qui est dit et, dans d'autres, elle a familiarisé d'autres avec l'expérience inhabituelle de s'entendre dire des choses que l'on ne comprend pas (ce qui se passera quand ils parleront couramment une langue inconnue). Mais un tel «balbutiement» ne doit jamais être assimilé au don des langues (qui ont une grammaire et une syntaxe claires, qu'on reconnaisse ou non la langue). Pour ma part, je préfère encourager les personnes à vaincre leurs complexes psychologiques en s'isolant pour «lancer des clameurs et chanter» au Seigneur (comme les Psaumes nous l'ordonnent si souvent), de toute la force de leurs poumons, dansant et sautant de joie à la pensée de la pure grâce et de la parfaite miséricorde qu'elles ont reçues – jusqu'à ce qu'elles parviennent au point où elles ne se soucient plus de qui les voit ou les entend! Bon nombre de ceux qui ont essayé cette méthode ont découvert qu'ils ont glissé presque imperceptiblement dans un débordement de l'Esprit, sans se rendre compte qu'ils utilisaient une nouvelle langue, jusqu'au moment où ils se sont arrêtés pour réfléchir à ce qui se passait.

Hélas, certaines craintes ont été entretenues par un enseignement erroné. Si une personne fréquente l'Eglise depuis un certain temps, de sérieux doutes peuvent avoir été semés dans ses pensées par l'enseignement qu'elle a reçu – ce qui empêche un élan fervent de la foi. Ce genre de «pensées-doubles» est paralysant (Je 1.7). Parmi les enseignements de ce genre certains sont liés aux affirmations concernant le «dispensationalisme» et à celles concernant la «démonologie».

Premièrement, certains ont entendu dire que les expériences surnaturelles de «baptême dans» l'Esprit et des «dons de» l'Esprit appartenaient seulement à l'ère apostolique et ont été rendues caduques avec l'achèvement du Nouveau Testament. Ces expériences n'auraient été données que pour attester les paroles des apôtres avant qu'elles soient arrêtées définitivement sous la forme écrite, ce qui rendait alors possible la reconnaissance de leur authenticité et de leur autorité par l'Eglise primitive. C'est une théorie très élégante, mais sans réel fondement dans l'Ecriture elle-même. Une personne élevée dans cet enseignement sera handicapée dans la foi et elle aura besoin qu'on lui montre avec patience que de telles manifestations sont promises pour «les derniers jours» (Jl 3.1; cité en Ac 2.17) – ce qui couvre toute la période de l'histoire de l'Eglise depuis la première venue de Christ jusqu'à sa seconde; elles ne seront «abolies» que lorsque «ce qui est parfait sera venu» et que nous verrons le Seigneur «face à face» (1 Co 13.8-12).

Deuxièmement, certains ont été si fréquemment mis en garde contre les «contrefaçons sataniques» qu'une crainte saine s'est muée en une phobie paralysante! Cet enseignement est souvent lié à celui que nous venons de mentionner: ceux qui croient que les «dons» de l'Esprit ne sont pas pour aujourd'hui suspectent toute manifestation d'avoir une inspiration mauvaise. Ils ne savent distinguer entre les langues divines, celles qui sont charnelles et celles qui sont sataniques (il existe les trois mêmes types de «guérison par la foi»). Pour chaque don authentique, il y a un substitut charnel et une contrefaçon satanique. A moins que cela ne soit clairement compris, il y aura une crainte réelle à demander ce qui est bon, de peur de recevoir ce qui est mauvais! Heureusement, Jésus lui-même s'attendait à ce problème. Dans le contexte même de la demande de l'Esprit, il a enseigné qu'un enfant demandant quelque chose de bon à son père peut compter sur le fait qu'il ne lui sera pas donné quelque chose d'inutile, de nuisible ou de dangereux (Lc 11.11-13). Le seul cas où une contrefaçon pourrait être reçue est celui où il n'y a pas eu de renoncement clair et net à toute participation à des activités occultes. Au reste, on peut tout à fait faire confiance au Père céleste pour donner ce qu'on lui demande.

UN PROBLÈME PARTICULIER: LES CROYANTS DE LONGUE DATE QUI N'ONT PAS REÇU

Il faut s'arrêter sur une dernière situation. Qu'en est-il du disciple qui s'est repenti, a cru et a été baptisé; qui a continué dans la vie chrétienne pendant de nombreuses années, croissant en grâce et sainteté, mûrissant en confiance et obéissance, étant fidèle et fructueux dans le service, étant d'un caractère dévoué et sur lequel on peut compter – et n'a pourtant jamais fait d'expérience qu'il puisse appeler «baptême dans l'Esprit»? Doit-il tout «recommencer», pour ainsi dire? Lui manque-t-il quelque chose? Son salut est-il complet? Son service serait-il sans valeur? Il nous faut à ce sujet faire deux affirmations claires.

D'une part, il serait tout à fait erroné de dénigrer quoi que ce soit du passé ou du présent. Tout a été l'œuvre de l'Esprit Saint. Il a été «avec» ce disciple tout le temps, que celui-ci en ait eu conscience ou non (voir le chapitre 12). Même avant que le disciple se soit repenti et qu'il ait cru, l'Esprit le convainquait de péché, de justice et de jugement (Jn 16.8-11). Tout ce que le disciple a appris et qui a une valeur spirituelle a été enseigné par l'Esprit, directement ou par l'intermédiaire d'autres. L'Esprit n'a pas été davantage un «étranger» pour lui qu'il ne l'a été pour les disciples avant la Pentecôte. Comme ceux-ci, le disciple peut avoir été capable d'accomplir des miracles, même si rien de tout cela ne correspond à ce que le Nouveau Testament entend par «recevoir l'Esprit».

D'autre part, il serait tout aussi erroné de laisser entendre qu'il n'y a plus rien à acquérir ou désirer. Il est tout à fait illogique de comparer un croyant «non charismatique» mûr avec un croyant «rempli de l'Esprit» immature! La vraie comparaison devrait se faire entre ce que chacun d'eux serait s'il possédait davantage – davantage de dons pour le premier, davantage de fruits pour le dernier! Le croyant est destiné à avoir une relation consciente et continue avec la troisième personne de la Trinité, aussi bien qu'avec la première et la seconde – et à connaître parfaitement les ressources surnaturelles disponibles par le moyen de cette relation (remarquez l'«assurance» absolue des premiers chrétiens, qui ne s'appuyait en rien sur leur niveau d'instruction – Ac 4.13, 31). Il est triste de voir de véritables «saints» qui semblent connaître les Saintes Ecritures mieux que le Saint Esprit. Quand le Nouveau Testament parle de l'Esprit qui «habite en nous», il parle d'un état dynamique plus que d'un statut statique (voir le chapitre 21 sur Rm 8.9). Une fois que nous avons «reçu» l'Esprit, Dieu continue à donner et à faire des miracles (Ga 3.2, 5).

Beaucoup rendent témoignage des nouvelles dimensions dont ils jouissent, même tardivement dans la vie chrétienne, quand ils «reçoivent» l'Esprit à la manière néo-testamentaire. De nouveaux ministères s'ouvrent au Seigneur (en particulier dans la louange et la prière), aux autres (la guérison peut être donnée en plus de la sympathie et du soutien; la prophétie en plus de la prédication; des directions précises en plus des générales) et, ce qui est peut-être le plus surprenant, à soi-même (le premier but des langues est de «s'édifier» soi-même; elles n'ont aucun intérêt en public sans le don complémentaire d'interprétation).

La seule tristesse que ressentent de tels croyants «plus anciens» est de n'avoir pas découvert plus tôt des dimensions de ministère aussi passionnantes. Ils prennent alors conscience de ce que la «plénitude» de l'Esprit n'est pas une récompense pour un service fidèle, donnée en fin de parcours, mais un équipement pour un service fructueux, donné au début du parcours. J'ai le souvenir vivant d'un évangéliste gallois soulignant ce fait, en rappelant à son auditoire que la Pentecôte se trouve au chapitre deux des Actes et non au chapitre vingt-huit! Tous s'accorderont sur l'ancien adage: mieux vaut tard que jamais...mais mieux vaut jamais tard!

En ce qui concerne la chronologie, plus le baptême de l'Esprit est proche du baptême d'eau mieux c'est; et plus le baptême d'eau est proche de la repentance et de la foi, mieux c'est. En effet, les quatre éléments de l'initiation sont intimement liés les uns aux autres et tirent leur signification les uns des autres. Que l'homme ne sépare pas ce que Dieu a uni!

36

ENFIN SAUVÉ

Au point où nous en sommes, beaucoup de lecteurs doivent brûler de poser la question: A quelle étape du «processus» de la nouvelle naissance peut-on dire d'une personne qu'elle est «sauvée»? Parfois la question est directement liée à l'un des quatre éléments de l'initiation. Est-il nécessaire d'être baptisé d'eau pour être «sauvé»? Quelqu'un doit-il parler en langues pour être «sauvé»? En effet, fort peu de protestants posent la question de la nécessité de la foi pour le salut!

Cet aspect du sujet a été délibérément renvoyé à la fin, principalement parce que des notions préconçues sur la signification du mot «sauvé» auraient pu voiler la thèse générale du complexe en quatre volets de l'initiation. Il nous faut donc maintenant attaquer de front ce défi!

Nous pourrions commencer par une liste de références bibliques au mot «sauvé». Ce mot n'est jamais directement associé à l'élément de repentance, bien que «périr» et «pardon» le soient assurément (Lc 13.3; 24.47). Il est employé conjointement à la foi (Ac 16.30-31; Rm 10.10), au baptême d'eau (Mc 16.16; 1 P 3.21) et au baptême de l'Esprit (Tt 3.5). Il est de ce fait relativement facile de montrer, à partir du Nouveau Testament, que «sauvé» met en jeu les quatre éléments. Mais une telle affirmation a plus de chances d'aggraver que de soulager l'anxiété de celui qui pose la question! Est-ce que cela signifie qu'en l'absence de l'un ou de plusieurs des quatre éléments, la personne est encore «perdue»? Et, au niveau théologique, comment cela s'inscrit-il dans la doctrine de la «justification par la foi seulement»?

QUE SIGNIFIE «SAUVÉ»?

Il est clair qu'il nous faut commencer par établir avec précision *de quoi* on est «sauvé». La plupart diraient qu'on est sauvé du châtiment éternel (c-à-d. de l'enfer).

Une prédication évangélique simpliste a créé l'impression très répandue que l'évangile est foncièrement une police d'assurance pour le monde à venir. Le prédicateur place son auditoire devant le défi: «Si vous deviez mourir ce soir, où iriez-vous: au ciel ou en enfer?» Cela peut engendrer la peur de l'enfer, mais pas forcément le genre de crainte du Seigneur qui est le «commencement de la sagesse» (remarquez en Ap 6.16-17 que la crainte de voir la face de Dieu est plus grande que celle d'être détruit dans un glissement de terrain; et Jésus lui-même a prévenu ses auditeurs d'avoir à craindre celui qui peut détruire plutôt que le fait d'être détruit – Mt 10.28; l'accent est toujours mis sur la colère personnelle plutôt que sur une ruine impersonnelle – Lc 3.7; Rm 2.5).

La prédication apostolique se souciait autant de ce monde que de celui à venir. Le royaume des cieux, maintenant rétabli sur la terre, il était possible d'y entrer de son vivant et pas seulement à la mort (remarquez l'extraordinaire affirmation de Jésus: le Fils de l'homme qui est descendu du ciel est encore dans le ciel – Jn 3.13; certains copistes n'ont pas réussi à faire face à un tel paradoxe, si bien que la dernière proposition manque dans certains manuscrits). La vie éternelle commence sur terre dès maintenant (Jn 3.36). Il est vraisemblable que les apôtres auraient plutôt lancé à leurs auditeurs la question: «Si vous étiez encore vivant demain, votre vie serait-elle vécue dans le royaume de Satan ou dans celui de Dieu et de son Fils bien-aimé (Col 1.13)?» Ils se souciaient bien plus de mettre leurs auditeurs sur «la

Voie» (Ac 18.25ss.; 19.9, 23; 24.14, 22) que de leur faire «franchir la ligne»; ils parlaient moins d'être né de nouveau que d'être bien vivant.

Pour dire les choses autrement, «sauvé» signifiait «rescapé du péché» plutôt que «à l'abri de l'enfer», ce dernier état résultant du premier. Jésus a été ainsi nommé, non parce qu'il sauverait son peuple de l'enfer, mais parce qu'il le sauverait de ses péchés (Mt 1.21). Beaucoup de personnes désirent être sauvées de l'enfer, fort peu désirent être sauvées de leurs péchés. La plupart veulent jouir du plaisir du péché tout en évitant la condamnation. L'initiation complète en quatre volets est pour ceux qui désirent échapper à leurs péchés, qui ont vraiment compris l'évangile (qui offre la liberté de vivre droitement) et désirent véritablement être «sauvés» pour la justice. Bien que le baptême d'eau et le baptême de l'Esprit aient quelque rapport avec l'avenir (remarquez les mots «héritiers» et «espérance» de Tt 3.7), ils parlent en premier lieu de la vie purifiée ici-bas dès maintenant, purifiée du passé et revêtue de puissance pour le moment présent.

Le «salut» est donc un concept de continuité dans le Nouveau Testament, non pas tant un point au-delà duquel quelqu'un est «sauf», qu'un *processus* par lequel quelqu'un devient un «rescapé» («sauvetage» est beaucoup plus proche du mot «salut» que ne l'est «sécurité»). On raconte l'histoire de la jeune fille de l'Armée du Salut demandant à l'évêque Westcott s'il était «sauvé» et ce spécialiste de grec lui répondant: «Voulez-vous dire *sotheis, sesosmenos* ou *sozomenos*?» (en français: «Voulez-vous dire que j'ai été sauvé, que je suis en train d'être sauvé ou que je serai sauvé?»)! Il réprimandait gentiment son ignorance des temps passé, présent et futur du verbe «sauver» dans le Nouveau Testament (Rm 8.24; 1 Co 15.2; Rm 5.9). Il n'y a pas de croyant pour lequel le processus de salut soit déjà achevé; la question de savoir s'il peut être certain de son achèvement est une toute autre affaire, à laquelle nous viendrons un peu plus tard.

RELATION ENTRE JUSTIFICATION, SANCTIFICATION ET GLORIFICATION

Les temps passé, présent et futur du verbe «sauver» sont en quelque sorte analogues aux trois substantifs «justification», «sanctification» et «glorification». Ensemble, ils constituent le salut complet, la rédemption complète. C'est par eux qu'une personne est délivrée de la sanction, de la puissance et de la présence du péché. Les deux questions que nous devons aborder maintenant sont: premièrement, «Quand la justification a-t-elle lieu?» et deuxièmement, «La justification garantit-elle la glorification sans la sanctification?» Si on libelle ces questions selon le cliché «une fois sauvé, toujours sauvé», on obtient: Quand se passe le «une fois sauvé»? Et est-ce que le «toujours sauvé» suit automatiquement?

Les quatre éléments de l'initiation et la justification

«Justification» est un horrible mot pour une merveilleuse expérience. Il est nécessaire de le traduire en langage populaire pour qu'il puisse passer de la tête au cœur. Cela donnerait en sabir enfantin: «Dieu i' dit qu' pour moi c'est bon»! Ce mot était à l'origine un terme légal, utilisé au tribunal; c'était la déclaration d'acquittement sur la base de l'innocence (ce n'était *pas* la grâce accordée à un coupable). Quand Dieu justifie un pécheur, il s'agirait d'une fiction légale absolue si le péché n'avait pas déjà été expié aux yeux de la loi; ce qui est précisément le cas, puisque son Fils a déjà «payé l'amende» (Rm 3.21-26 est le passage clef). La «justification» signifie qu'un Dieu saint peut «accepter» quelqu'un de mauvais, l'«adopter» dans sa famille et l'appeler «saint»!

La *seule* condition requise du pécheur est la «foi» dans la mort, l'ensevelissement et la résurrection du Fils de Dieu. Cependant, une simplification à l'extrême de ce qu'est la «foi» a conduit à une compréhension moindre de l'«initiation» dans cette foi.

Par exemple, un accent excessif placé sur la justification «par la seule foi» pourrait amener à conclure que la repentance des péchés n'est pas essentielle ou, au moins, pas au début. Il est certes vrai qu'il y a généralement davantage de repentance après que l'on a cru, mais il n'est pas vrai qu'une repentance n'est pas nécessaire avant que l'on croie! La repentance est à juste titre considérée comme une expression de la foi; qui se détournerait de ses péchés et se tournerait vers Dieu sans avoir une certaine foi en son existence, en son caractère et en sa puissance? C'est sans doute pour cette raison que Pierre a reconnu que Dieu avait déjà «agréé» Corneille (Ac 10.34-35); et que Jésus a dit que le péager était rentré chez lui «justifié» (Lc 18.14). Inversement, Simon avait cru et été baptisé, mais n'était «pas droit devant Dieu» parce qu'il ne s'était pas repenti (Ac 8.21).

Le baptême est aussi une expression de «foi», en fait, l'expression par excellence, la première «œuvre de foi» (voir chapitre 28 sur Je 2.14-26), le premier pas dans l'intention du croyant d'«obéir à l'évangile» (2 Th 1.8). Le fait que Paul ait placé «lavés» avant «justifiés» n'est peut-être pas sans signification (en 1 Co 6.11; quoi que «sanctifiés» aussi vienne avant «justifiés» dans ce contexte!). Ce qui est plus frappant, c'est que Paul fait suivre une description du «salut» au travers du baptême d'eau et du baptême de l'Esprit, d'une phrase de résumé: «justifiés par sa grâce...» (Tt 3.4-7).

De ce fait, il est presque assuré que les apôtres ont vu la

repentance et le baptême comme parties intégrantes de cette «foi» au travers de laquelle le pécheur est justifié (remarquez que Pierre a placé la repentance et le baptême parmi les éléments essentiels pour la rémission des péchés – Ac 2.38). Repentance et foi n'étaient en aucune manière considérées comme une «action» humaine rendant la personne «digne» de l'approbation divine.

Le baptême de l'Esprit n'est pas tant une base nécessaire pour la justification qu'il en est une preuve essentielle! Comment quelqu'un peut-il être certain que sa repentance, sa foi et son baptême ont été suffisants? Aujourd'hui, on répond en général à cette question par une exégèse des Ecritures («Dieu le dit dans sa parole, je le crois dans mon cœur, je suis donc en paix à ce sujet»). Une «assurance» de ce genre n'était pas possible pour les convertis du Nouveau Testament, puisque celui-ci n'était pas encore écrit! A l'origine, la «garantie» ne se trouvait pas dans la logique, mais dans la vie; pas dans un exposé déductif, mais dans une expérience dynamique – c'est-à-dire, dans une effusion de l'Esprit. Le don de l'Esprit était le fondement de l'assurance (Rm 8.15-16; 1 Jn 3.24; 4.13). Quand ce don avait été «reçu» (expérience intérieure aux confirmations extérieures – voir le chapitre 5), il était certain que la personne avait été acceptée par Dieu (Ac 15.8) et par conséquent justifiée. Le don était la confirmation de Dieu, le sceau qu'il apposait sur la transaction, les arrhes qu'il déposait comme prémices de ce qui allait suivre.

Ainsi la foi, exprimée dans la repentance et le baptême, est la condition nécessaire de la justification, et le don de l'Esprit en est la confirmation nécessaire. C'est à ce point qu'il y a toujours quelqu'un pour demander: «Qu'en est-il du brigand sur la croix?» On tient pour acquis que son cas annule tous les autres enseignements du Nouveau Testament sur l'initiation! La réponse (énoncé en détail au chapitre 9) est qu'il a fait tout ce qui était en son pouvoir dans des circonstances exceptionnelles; le baptême d'eau et le baptême de l'Esprit était hors de portée et sa repentance n'a pu s'exprimer que par des paroles sans actes. Il ne constitue pas un précédent pour ceux qui ont la possibilité d'avoir une initiation chrétienne complète. Au mieux, on peut citer son cas aux mourants, mais il est tout à fait mal choisi pour les vivants. Cependant, pour une personne qui, sans aucune faute ou hésitation de sa part, se trouverait dans l'incapacité d'achever le processus normal d'initiation, le seul exemple du brigand sur la croix encouragerait l'espoir d'une entrée au ciel.

Pour ceux qui peuvent avoir l'initiation dans son ensemble, cet exemple ne peut constituer une excuse. Il est extrêmement difficile de plaider: «Je suis dans une position spéciale», à la lumière de la propre soumission de Jésus au baptême d'eau et à sa réception de l'Esprit immédiatement après. Il y a quelque chose de malsain dans une attitude qui se demande quelles sont les exigences minimales pour le salut. Une repentance authentique recherche en Dieu les ressources maximales disponibles pour vivre une vie droite.

Sanctification et persévérance

Que chacun des quatre éléments soit nécessaire ou non pour la justification (j'ai suggéré qu'ils le sont, ou du moins les trois premiers), ils sont tous vitaux pour la sanctification. Mais jusqu'à quel point la sanctification est-elle nécessaire à la glorification? Le nombre de personnes qui ont l'impression que la justification est absolument nécessaire tandis que la sanctification n'est que relativement désirable est étonnant! On pense que le début de la vie chrétienne garantit sa fin, peu importe ce qui se passe entre deux.

Pourtant les auteurs du Nouveau Testament insistent auprès de leurs lecteurs: «Efforcez-vous...de mener une vie sainte; car, sans cela, personne ne pourra voir le Seigneur»

(Hé 12.14, Bible en français courant). Jésus lui-même a raconté la parabole de l'homme qui avait accepté l'invitation du roi à un banquet de mariage, mais ne s'était pas présenté dans des habits acceptables (Mt 22.1-14); il voulait montrer par là que, pour être élu, il faut plus que de répondre à un appel.

Jusqu'à quel point «sauvé» est-il chose certaine? La justification garantit-elle la sanctification? Est-ce qu'être une fois sauvé veut dire inévitablement toujours sauvé? Il se pourrait que la tension engendrée chez certaines personnes par la discussion sur le lien entre la justification et les quatre éléments de l'initiation soit due à l'anxiété de savoir à partir de quel moment une personne peut être absolument certaine d'aller au ciel à sa mort. Les gens se soucient-ils davantage du minimum indispensable pour être sauf que des ressources énormes dont ils peuvent disposer pour être des rescapés? A-t-on mis, dans la prédication de l'évangile, un accent trop prononcé sur la justification et trop peu prononcé sur la sanctification? Est-il plus important de s'assurer une place au ciel qu'un caractère de sainteté?

Se poser de telles questions n'est pas nécessairement tomber dans le piège qui consiste à enseigner la justification par la foi et la sanctification par les œuvres, bien que ce soit un danger bien réel. La justification et la sanctification résultent toutes deux de l'œuvre de grâce et de l'activité de Dieu. L'évangile n'est pas une offre de justification et une demande de sanctification; justification et sanctification sont toutes deux des offres du véritable évangile, qui s'appuie fermement sur la justice de Dieu (Rm 3.21; 10.3). Mais elles doivent toutes deux faire l'objet d'une appropriation et d'une mise en application par l'homme lui-même. S'il est possible de résister à la grâce (Ac 7.51), quelle est la position de celui qui a reçu la grâce de la justification mais a refusé celle de la sanctification?

Je n'ai pas envie de m'aventurer sur un terrain aussi controversé! Ce que je crains c'est que certaines écoles de théologie (en particulier l'école «calviniste» et l'école «réformée») ne saisissent mes commentaires sur ce sujet pour mettre tout ce livre de côté, alors que cette question n'est pas le pivot de ma thèse de base. La raison de cette question dans l'ensemble de la discussion est que ceux qui ont enseigné que la sécurité éternelle ne dépendait que d'un unique pas de foi ont encouragé le genre d'invitation et d'initiation qui se résume à «crois seulement». «Crois *une fois* et tu seras sauvé» a conforté l'appel «crois *seulement* et tu seras sauvé». Les deux baptêmes (d'eau et d'Esprit) perdent alors leur caractère prioritaire, glissent à une place secondaire et deviennent, dans le pire des cas, de simples suppléments optionnels.

La question de savoir si la justification est obtenue par la foi seule ou par la foi précédée de la repentance, toutes deux consommées dans le baptême d'eau et confirmées par le baptême de l'Esprit, n'est pas ici le problème fondamental. La vraie question est de savoir si une autre route, courte ou longue, conduit à coup sûr, et sans autre développement, à la gloire.

La masse des enseignements du Nouveau Testament sur le sujet encourage à croire en la «persévérance *des* saints» (selon l'expression de Calvin): le Seigneur est capable de garder ce qui lui a été confié (2 Tm 1.12), de nous préserver de toute chute (Jude 24) et d'achever l'œuvre qu'il a commencée en nous (Ph 1.6); personne ne peut arracher ses brebis de sa main (Jn 10.28-29); rien ne peut nous séparer de l'amour de Dieu (Rm 8.38-39). Il est impossible de recenser ici toutes ces déclarations; elles sont trop nombreuses.

Mais il y a aussi de nombreuses exhortations qui contiennent une autre doctrine – la «persévérance *par* les saints», accompagnée de mises en garde sur le fait qu'elle n'est en aucune manière automatique ou inévitable. Nous avons déjà remarqué l'accent que le Nouveau Testament place sur la nécessité de continuer dans la foi (voir le chapitre 3). Le Nouveau Testament nous donne aussi des exemples d'échecs dans la foi (ou dans la fidélité, puisque l'hébreu comme le grec n'ont qu'un seul terme pour couvrir «fidélité» et «foi»): il y a l'intendant infidèle, les vierges folles et le serviteur inutile (Mt 24.45-25.30), dont les destins ne peuvent être compris qu'en termes d'enfer. Il y a l'incapacité de certains grains germés et levés à parvenir à la maturité et au fruit (Mc 4.16-19). Il y a la déclaration selon laquelle «celui qui persévérera jusqu'à la fin sera sauvé» (Mc 13.13; cf. Lc 21.19). Les branches qui ne portent pas de fruit seront retranchées et jetées au feu (Jn 15.6). Les chrétiens courent le danger d'être «retranchés» autant que l'ont fait les Juifs, *si* ils ne «demeurent» pas dans la bonté de Dieu (Rm 11.22; cela est particulièrement significatif dans un contexte de prédestination divine comme Rm 9-11). L'exemple de la majorité des Hébreux, qui avaient été délivrés de l'Egypte par le sang de l'agneau pascal et baptisés dans la mer Rouge et qui n'ont pas réussi à achever leur voyage en entrant dans le pays de la promesse et du repos, est utilisé par trois auteurs apostoliques comme un avertissement solennel adressé à des chrétiens (1 Co 10.1-5; Hé 4.1-11; Jude 5). Dire de ce danger qu'il n'est qu'«hypothétique», c'est neutraliser l'avertissement. Toute l'épître aux Hébreux est une exhortation à «persévérer» et elle contient les avertissements les plus solennels de tout le Nouveau Testament concernant les conséquences de l'apostasie, et ceci, notons-le, dans le contexte du seul rappel complet de l'initiation trouvé dans les épîtres (Hé 6.1-6). On trouve aussi dans l'Apocalypse une allusion au fait que ceux qui ne parviendront pas à vaincre courent le danger de voir leurs noms effacés du livre de vie (Ap 3.5).

Il faut prendre au sérieux ces passages des Ecritures. Le Nouveau Testament possède un bel équilibre entre la responsabilité qui nous incombe de nous maintenir dans l'amour de Dieu (Jude 21) et la capacité de Dieu à nous préserver de toute chute (Jude 24). (A mon avis, le livre de I. Howard Marshall, *Kept by the Power of God* [Bethany Fellowship, 1969] est le livre le plus équilibré sur tout ce sujet.)

En conclusion, je pense qu'il est sans doute préférable de garder le mot «sauf» pour la fin du voyage, quand enfin nous arriverons au but, et d'employer «en train d'être sauvé» jusqu'à ce que nous y soyons arrivés! Après tout, le premier nom donné à la religion chrétienne était, à juste titre, «la Voie» (Ac 18.26; 19.9, 23). Il vaut mieux imaginer le salut comme une ligne horizontale le long de laquelle on avance depuis le passé (justifié) jusqu'à l'avenir (glorifié), en passant par le présent (sanctifié) – plutôt qu'une ligne verticale que l'on franchi pour passer de l'état de «non sauvé» à celui de «sauvé».

Alors la «conversion» sera considérée comme un départ plutôt qu'une arrivée, un commencement plutôt qu'une fin. Bunyan a parlé du *Voyage du pèlerin* et a compris qu'à la fin du voyage il y avait «un chemin qui conduit en enfer, même de la porte du ciel».

Que l'on croie possible ou impossible qu'un chrétien perde son salut, la distinction faite plus haut entre «sauf» et «rescapé» reste valable et importante. On pourrait soulever la question d'une toute autre façon en demandant s'il est possible d'accepter Jésus comme Sauveur (pour la justification) sans l'accepter comme Seigneur (pour la sanctification), s'il est possible de lui faire confiance sans lui obéir. L'un des plaidoyers les plus efficaces pour un évangile qui intègre les deux aspects se trouve dans le livre de John MacArthur, *The Gospel According to Jésus* (Academic

Books, Zondervan, 1988).

La naissance n'est, après tout, que le prélude à la vie. Un bon départ est une chose; une bonne fin en est une autre. Nous avons besoin de pasteurs patients autant que d'évangélistes enthousiastes. Des gens qui prennent une décision pour Christ doivent devenir des disciples de Christ. Quand la sage-femme a terminé son travail, le labeur des parents ne fait que commencer!

ÉPILOGUE :
UN MOT À LA FAMILLE

Une naissance normale a lieu dans une famille, aussi bien la première naissance, la naissance physique, que la seconde, la naissance spirituelle. Il existe entre l'espèce humaine, qu'elle soit naturelle *(homo sapiens* – le «vieil homme» en Adam) ou spirituelle *(homo novus* – l'«homme nouveau» en Christ), et toutes les autres créatures une différence frappante. L'homme prend un temps incroyablement plus long à mûrir et a besoin d'une plus grande quantité de soins pour y arriver. La complexité même de l'homme, associant une affinité avec la terre et une affinité avec le ciel, accroît sa vulnérabilité pendant le processus de «croissance».

L'IMPORTANCE DE FORMER LE DISCIPLE

La naissance n'est, après tout, que le commencement de la vie. Elle n'apporte pas avec elle de garantie de continuation, sans parler du développement. Un bébé peut être abandonné. On aura toujours à lutter contre la mortalité infantile. Les soins post-natals sont essentiels. En termes d'évangélisation moderne, «le travail de suite» est vital. Il y a un équilibre à redresser. A cause de l'accent mis sur le fait d'être «à l'abri de l'enfer» plutôt que «rescapé du péché», on a beaucoup trop parlé du besoin de «naître de nouveau», au détriment du besoin de «vivre en bonne santé».

Laisser le concept d'«obtention de décisions» et retourner à celui de «formation de disciples» corrigera cette anomalie. La parturition (accouchement) doit être suivie de l'éducation (voir le chapitre 7 sur Mt 28.19-20). Cependant, «enseigner» est, dans le Nouveau Testament, plus «manuel» qu'«intellectuel». Le véritable enseignement se soucie de la pratique autant que de la théorie. Le mot «disciple» est plus proche du mot «apprenti» que du mot «étudiant». (Voir le livre de Philip Vogel, *Go and Make Apprentices* [Kingsway, 1987] pour de plus amples détails sur cette compréhension de ce qu'est un «disciple».) Au lieu de faire entrer les nouveaux chrétiens dans une «classe» avec tous les autres nouveaux chrétiens ou de leur faire suivre un «cours» pour débutant, nous devons les unir à des chrétiens plus âgés et plus mûrs (du même sexe, de peur que Satan ne trouve un marchepied!). Une fois encore, la part de l'œil sera plus efficace que celle de l'oreille dans le processus d'apprentissage. Un bon formateur de disciples imitera le Seigneur et invitera les disciples à «venir voir» (Jn 1.39, 47). En fait, l'imitation joue un rôle vital dans la formation du disciple (1 Co 4.16; 1 Th 1.6; 2.14; Hé 6.12; 13.7). Une relation personnelle et intime avec un saint authentique enseignera plus au sujet de la sainteté que tous les livres sur la sanctification!

CHERCHER UN FOYER SPIRITUEL

La vie était beaucoup plus simple à l'époque du Nouveau Testament, surtout dans les questions ecclésiastiques. L'évangélisation et l'implantation d'Eglises étaient les deux côtés d'une même pièce. Il n'y avait d'ordinaire qu'une seule Eglise dans un endroit donné; des conversions se produisaient au travers de cette communauté et les personnes converties se joignaient à ce groupe. Il n'y a, de ce fait, dans le Nouveau Testament, aucune exhortation à «se joindre à une Eglise», mais seulement des exhortations à y «rester» (Hé 10.25). Naître pour appartenir à Christ, c'était naître pour

ÉPILOGUE: UN MOT À LA FAMILLE

appartenir à l'Eglise; être baptisé dans la Tête, c'était être baptisé pour entrer dans le Corps. Le nouveau bébé n'avait pas besoin de chercher un foyer spirituel «convenable». Initiation et incorporation ne faisaient qu'une seule et même chose.

Deux développements ont rendu nécessaire, à l'heure actuelle, le fait de «se joindre» à une Eglise. Premièrement, la naissance des dénominations (ayant chacune ses propres traditions) a produit une multiplicité d'Eglises locales. Deuxièmement, le développement des campagnes d'évangélisation et l'organisation d'autres actions, à l'échelle interdénominationnelle, font que des personnes «viennent à Christ» en dehors du contexte d'une Eglise locale, amenant à encourager l'«adoption» de bébé spirituel.

Quelle Eglise choisir comme foyer potentiel du nouveau disciple? La diplomatie dénominationnelle voile parfois le problème. Une sollicitude pure pour le nouveau bébé simplifie la recherche: où trouver les meilleurs soins postnatals? L'Eglise la plus vivante et la plus chaleureuse a toutes les chances d'être la meilleure, quelle que soit son étiquette.

La pêche doit céder la place à l'élevage d'un troupeau; l'évangéliste au pasteur. L'un pense quantité, il est soucieux de voir le plus grand nombre possible de personnes mises en route; l'autre pense qualité, il est soucieux de voir des disciples complets, même en petit nombre. Il est rare que les deux fonctions coïncident chez une même personne, quoique Pierre ait été appelé à faire les deux (Mc 1.17; Jn 21.15-17). Elles devraient toutefois être toutes les deux représentées dans une Eglise en bonne santé, non seulement dans l'équipe de responsables, mais aussi parmi les membres. Lorsque c'est le cas, il ne devrait pas y avoir de problème pour trouver une famille qui prenne soin du bébé. Hélas, les évangélistes travaillent trop souvent à l'extérieur de l'Eglise et les pasteurs à l'intérieur, sans liaison véritable entre eux.

CRITÈRE POUR ÊTRE MEMBRE DE L'ÉGLISE

Dans l'Eglise primitive, la qualité de membre n'était pas formelle (une liste dans un registre), mais fonctionnelle (un rôle dans un corps). Les seules conditions requises pour être membre à part entière étaient les quatre choses dont nous avons parlé dans ce livre: repentance, foi, baptême d'eau et baptême de l'Esprit. Des quatre, la dernière était la plus importante pour appartenir à l'Eglise; en effet, pour être capable de fonctionner dans le corps, il était nécessaire d'être «baptisé dans l'Esprit» (voir le chapitre 21 sur Rm 8.9 et le chapitre 23 sur 1 Co 12.13). Il y a là deux implications pratiques quand se pose la question de l'appartenance à une Eglise aujourd'hui.

Premièrement, rien de *plus* que ces quatre choses ne devrait être exigé d'une personne pour qu'elle ait la pleine qualité de membre d'une Eglise locale. Bien souvent, le nouveau converti se voit imposer d'autres conditions – une cérémonie supplémentaire (par ex. confirmation épiscopale), un «engagement» particulier (par ex. donner la dîme), d'autres règles (par ex. ni tabac, ni boisson, ni jeux d'argent, ni bal, ni maquillage). Or il faudrait traiter de tous ces sujets après que la personne est devenue membre, pas avant. La réception dans le corps devrait marquer le début de la formation et non, comme c'est le cas d'ordinaire, sa fin. Une personne devrait être acceptée parce qu'elle a été justifiée (Rm 15.7) et non pas rejetée parce qu'elle n'est pas encore assez sanctifiée aux yeux d'une Eglise qui se considère «pure». L'escalier devrait se trouver à l'intérieur du bâtiment, et non pas à l'extérieur! Quelqu'un qui aura été correctement mis au monde aura soif d'apprendre et sera souvent d'une malléabilité embarrassante! Bien sûr, la discipline pourra être nécessaire plus tard, s'il y a une persistance obstinée dans le péché, discipline pouvant aller jusqu'à une exclusion temporaire de la famille (1 Co 5.1-13; remarquez que cette excommunication était une décision de la majorité des membres de l'Eglise, qui a conduit à la repentance et au retour des récalcitrants – 2 Co 2.6-7). Notre répugnance pour une telle discipline ultérieure a peut-être pour origine la hauteur de notre seuil d'entrée: si nous rendons l'entrée difficile, nous n'avons guère de chances d'avoir à jeter dehors par la suite! Mais un tel raisonnement comporte une faille: l'Eglise est une pouponnière pour ceux qui se sont séparés de leurs péchés, elle n'est pas une maison de repos pour ceux qui sont parvenus à la sainteté!

Deuxièmement, rien de *moins* que ces quatre choses ne devrait être exigé pour conférer la qualité de membre à part entière d'une Eglise locale. Les cours qui précèdent l'admission devraient couvrir ces quatre aspects, pour s'assurer qu'ils sont tous devenus un sujet d'expérience plus qu'un sujet de connaissance. Il est nécessaire de garder présents à l'esprit deux groupes en particulier. D'autre part, celui des convertis qui ont commencé leur initiation dans un autre contexte (ils se sont peut-être avancés à un appel lors d'une campagne d'évangélisation et leur nom à été transmis à l'Eglise); il est vital de poursuivre l'initiation de ces personnes avant de les recevoir comme membres, peu importe ce qu'un conseiller a pu leur dire ou ce que ces personnes ont tenu pour acquis concernant leur décision. Ensuite, il y a ceux qui désirent transférer leur qualité de membre en venant d'une autre Eglise où on n'insiste pas sur ces quatre éléments, voire, dans certains cas, où on ne les attend même pas. Cette situation est plus délicate et demande une attention ferme, mais aimante. Au travers d'un enseignement biblique soigné, l'Eglise devra informer ces personnes de sa conviction concernant ces quatre éléments: ils sont le minimum de base indispensable pour une vie corporelle de l'Eglise aussi bien que pour la vie individuelle du chrétien. S'il en manque un la vie sera altérée au lieu d'être en pleine santé. Si ces personnes ne sont pas prêtes à rechercher une telle «plénitude», on peut mettre en question l'acceptation du transfert. Chaque Eglise locale est directement responsable devant le Chef de l'Eglise du maintien des normes convenables, elle ne doit pas se préoccuper de ce qui se fait ailleurs (voir Ap 2-3, où Jésus traite individuellement chacune des sept Eglises d'un même district). Il est impossible de corriger la situation partout si on ne commence pas à la redresser quelque part. Une seule bonne maternité vaut mieux que pas de maternité du tout! Beaucoup de bonnes maternités font rapidement diminuer le taux de mortalité périnatale.

Je me répète: une «naissance chrétienne normale» est le commencement, pas la fin; le quai de départ, pas celui d'arrivée; le démarrage, pas l'achèvement. Un bon départ peut faire toute la différence, pourvu qu'on ne s'arrête pas là. Une naissance holistique dans une famille heureuse est ce que Dieu veut pour tous les êtres humains qu'il a créés et aimés. Et, fait incroyable, c'est à nous, les êtres humains, qu'il a confié la responsabilité de mettre au monde et d'élever les bébés, tant physiques que spirituels. C'est la preuve d'une confiance solennelle.

J'ai presque toujours réussi à trouver une strophe de Charles Wesley pour conclure un message – celui-ci ne fait pas exception! Le lecteur conclura cette étude en disant à haute voix:

> Une charge m'a été confiée,
> J'ai un Dieu à glorifier
> Une âme immortelle à sauver
> Et, pour le ciel, à préparer.

APPENDICE 1

LE BAPTÊME D'ENFANT

Le baptême est presque universellement accepté comme partie essentielle de l'initiation dans l'Eglise. En Europe, la grande majorité des baptêmes concernent des bébés. Une majorité de la population européenne a été «baptisée» (malgré le déclin général des dénominations qui baptisent les bébés et la croissance régulière des églises qui baptisent des croyants). Dans le Tiers-Monde, la majorité des baptêmes concernent des croyants. La scène américaine est en train de passer du schéma européen à celui du Tiers-Monde, l'essentiel de la croissance se trouvant à l'extrémité baptiste/pentecôtiste du spectre. Comme le christianisme devient de plus en plus une force minoritaire persécutée au sein d'une terre de mission païenne, la tendance universelle dans la pratique baptismale est en train de passer des bébés aux croyants.

CONSIDÉRATIONS HISTORIQUES

Quand et comment le «baptême d'enfant» a-t-il commencé? Pourquoi a-t-il été perpétué? Comment s'inscrit-il dans la description néo-testamentaire de l'initiation? Quelle est sa signification ou son effet sur un enfant incapable de repentance ou de foi?

En cherchant une réponse, nous emploierons le terme

«bébé» de préférence au terme ambigu «enfant» (les Southern Baptists aux Etats-Unis baptisent souvent des «enfants» de sept ans ou moins!) et nous aborderons le sujet sous l'angle historique, notant les principes qui ont sous-tendu cette pratique aux divers stades de son développement. Comme c'est le cas de tant d'autres traditions ecclésiales, le baptême des bébés a commencé pour une certaine raison, mais s'est poursuivi pour des raisons tout autres (ou même sans aucune raison, si ce n'est celle qui a conduit à escalader l'Everest – «parce qu'il était là»!). On l'a décrit avec perspicacité comme «une pratique à la recherche d'une théologie».

La plupart des spécialistes reconnaissent qu'il n'y a pas de référence directe à cette pratique dans le Nouveau Testament. Certains prétendent trouver des références indirectes, mais elles sont au mieux circonstancielles (voir le chapitre 15 sur «vous et vos enfants», le chapitre 19 sur les «maisons» et le chapitre 22 sur «vos enfants sont saints»). La pratique ne peut être établie, à partir des Ecritures, que sur des principes théologiques généraux (voir ci-dessous), non sur des préceptes textuels particuliers (il n'a jamais été ordonné par Christ ou par les apôtres).

En fait, au fil des siècles, des vérités doctrinales, parfaitement valables dans leur contexte scripturaire, ont été transférées de ce contexte ailleurs pour être liées au baptême, altérant toujours le sens du rite et détournant son application vers ceux pour qui il n'avait jamais été prévu. La porte était dès lors ouverte aux spéculations, aux sentiments et à la superstition.

La première mention explicite de baptême de bébé se situe vers la fin du deuxième siècle après Jésus-Christ. A cette époque, le baptême commençait à avoir une plus grande importance dans le salut qu'il n'en avait eue jusque-là. Deux développements tout à fait opposés se sont produits à cette

APPENDICE 1 LE BAPTÊME D'ENFANT

période – motivés par exactement la même raison! D'une part, le baptême a été repoussé jusqu'au moment de la mort physique, de peur que les péchés ultérieurs ne conduisent à l'enfer. D'autre part, le baptême a été rapproché de la naissance physique, de peur qu'un bébé n'aille en enfer avant d'avoir péché (ce qui est compréhensible au vu du taux élevé de mortalité infantile en ces temps-là). Dans les deux cas, le baptême était considéré comme le moyen suffisant, voire unique, de salut.

Des souffrances éternelles en enfer ont été, plus tard, ressenties comme une justice quelque peu brutale pour des bébés qui n'avaient pas péché ou même pour des adultes baptisés qui avaient péché. C'est ce que laisse entrevoir le développement de deux autres traditions ecclésiales – *limbus infantum* (les limbes) pour les bébés non baptisés (moins déplaisant que l'enfer, mais tout aussi permanent) et le «purgatoire» pour les adultes baptisés (presque aussi déplaisant que l'enfer, mais moins permanent). Ce qui ne fut pas remis en cause pendant plus d'un millénaire, c'est que le baptême *sauve de l'enfer,* par le fait qu'il lave le bébé du péché «originel», celui dont on hérite, et qu'il lave l'adulte à la fois du péché originel et du péché réel.

A l'époque même où l'on a commencé à baptiser les bébés (cette pratique n'a pas été universelle avant l'«établissement» du christianisme comme religion de l'Empire romain par Constantin), il y a eu dans l'Eglise une dérive générale de la «substance» de la «nouvelle» alliance pour retomber dans les «ombres» de l'«ancienne» (prêtrise, autels, «temples», vêtements, encens, etc.). En outre, la structure de l'Eglise s'alignait de plus en plus sur celle de l'administration de l'Empire (beaucoup d'évêques pour une seule Eglise dans le Nouveau Testament devinrent un seul évêque pour beaucoup d'Eglises, avec des hiérarchies régionales et métropolitaines; le processus atteignit son apogée quand l'évêque de Rome reprit le titre de l'empereur, «Pontifex Maximus», et devint une personnalité internationale, un «père» spirituel, un «papa» ou pape).

La «chrétienté», comme on a commencé à appeler ce mélange d'Eglise et d'Etat, avait plus en commun avec le peuple de Dieu de l'Ancien Testament, la «théocratie» d'Israël, qu'avec l'Eglise du Nouveau Testament; «prêtres et rois» étaient à nouveau des officiels de l'Etat plutôt que des titres pour tous les croyants (cf Ap 1.6; Parole Vivante). On commença à établir un parallèle entre baptême et circoncision, ce qui n'a rien d'étonnant; les deux étaient considérés comme une reconnaissance du fait qu'une personne était née dans le peuple de «Dieu» comme sujet de son royaume. Pourtant, malgré ce parallèle, il faut rappeler que le baptême était encore considéré comme un acte de rédemption, ce qui n'a jamais été vrai de la circoncision. C'est par son intermédiaire que le bébé était délivré du «péché originel», qu'il «naissait d'en-haut» et obtenait par conséquent le salut éternel.

On trouve des récits bizarres de campagnes missionnaires médiévales (et modernes) où les prêtres «évangélisaient» les territoires récemment découverts en baptisant clandestinement les bébés. Cependant, il apparaît clairement que, si le baptême d'un bébé était considéré comme une qualification suffisante pour que celui-ci entre au ciel s'il venait à mourir, il ne suffisait pas pour lui conférer la pleine qualité de membre de l'Eglise! La pratique néo-testamentaire de faire suivre le baptême de l'imposition des mains pour la réception de l'Esprit a été aussi transférée aux bébés (avec une «onction» d'huile pour représenter l'Esprit, sans doute en l'absence d'autre manifestation extérieure). Plus tard, cette partie du rite a été retardée après la puberté, devenant la cérémonie de «confirmation» (considérée comme le moment de l'admission à la Sainte Communion et de l'accession à

APPENDICE 1 LE BAPTÊME D'ENFANT

la qualité de membre de l'Eglise), du moins dans l'Eglise d'Occident (les Eglises orthodoxes orientales restèrent plus logiques, même si elles étaient moins scripturaires, en donnant baptême, «onction» et communion aux bébés). Au cours du Moyen Age, le centre de l'initiation s'est déplacé du baptême sur la confirmation (pendant des siècles l'«évêque» avait accompli le baptême et le «prêtre» local la confirmation ultérieure; mais ceci s'est progressivement inversé et c'est la confirmation épiscopale qui prévaut aujourd'hui).

La chrétienté avait quelque chose d'autre en commun avec le royaume d'Israël – elle était plus à l'aise avec ses rois et ses prêtres qu'avec ses prophètes et leur appel constant à aller de la tradition à la vérité, des rites à la réalité, de la sophistication à la simplicité. La première «protestation» contre la frontière floue entre «Eglise» et «Etat» a conduit à la formation d'ordres monastiques, bien que ces derniers allaient rester dans le cadre ecclésiastique. Plus tard, il y aurait de nombreux groupes indépendants cherchant à retrouver le caractère de l'Eglise primitive en faisant du Nouveau Testament leur seule «règle»; la plupart de ceux-là allaient restaurer la pratique du baptême des croyants. En fait, un prélat catholique devait plus tard informer le concile de Trente que si ces «baptistes» n'avaient pas été aussi impitoyablement supprimés au cours des mille années précédentes, ils auraient à l'époque causé plus de souci que tous les Réformés mis ensemble! Le principal facteur qui a favorisé l'évolution de petits groupes protestataires, qui pouvaient être supprimés, à de grands corps «protestants», qui ont fait sécession, a été indubitablement la redécouverte générale de la Bible. L'étude faite par Erasme des manuscrits hébreux et grecs qui sous-tendaient la version latine, jointe à l'explication et la traduction en allemand de Luther, ainsi qu'à l'invention de l'imprimerie par Gutenberg ont permis à beaucoup d'établir des comparaisons (en général odieuses!)

entre l'Eglise des temps apostoliques et celle des temps médiévaux.

Une théologie prenant pour seul fondement l'Ecriture arriva bientôt à la conclusion que le salut ne s'obtient que par grâce et la justification que par la foi. L'idée que le pardon pouvait se gagner, même s'acheter et se vendre (la dernière goutte ayant été pour Luther le colportage des «indulgences», qui réduisaient le temps passé au purgatoire pour les parents décédés, lancé dans toute l'Europe par Tetzel pour financer la construction de Saint Pierre de Rome), devint le nouvel «anathème» (application appropriée de Ga 1.9). Sous la bannière «Le juste vivra par sa foi» (Ha 2.4; voir le chapitre 3), les rajouts médiévaux furent balayés – y compris le «sacrifice» de la messe, l'adoration des reliques et statues, les prières pour les saints décédés, les pèlerinages aux sites sacrés, le célibat des prêtres et une foule d'autres pratiques pieuses sans justification biblique. Pourtant, le baptême des bébés persista.

Les réformateurs protestants avaient rapidement pris conscience de l'incompatibilité entre le salut par le baptême et la justification par la foi. Au début, ils se sont tous prononcés pour un retour à la pratique néo-testamentaire du baptême des croyants.

Puisque cela est fort peu connu, et pourrait être contesté, nous devons citer leurs propres paroles (je dois ces références au remarquable livre de T. E. Watson, *Baptism Not For Infants* [Walter, 1962], dans lequel il établit un plaidoyer en faveur du baptême des croyants entièrement à partir de citations des écrits de pédobaptistes!).

Tout d'abord Luther:

Sans foi personnelle, personne ne doit être baptisé... Comme nous ne pouvons pas répondre mieux à cette question et prouver que les jeunes enfants croient eux-mêmes et ont une foi personnelle, mon conseil sincère et

APPENDICE 1 LE BAPTÊME D'ENFANT

mon jugement sont que l'on y renonce sur-le-champ, le plus tôt sera le mieux, et que l'on ne baptise plus jamais aucun enfant afin que, par de telles bouffonneries et charlataneries sans aucun fondement, nous ne nous moquions pas de la majesté suprêmement louée de Dieu et ne lui fassions pas injure. (Sermon du troisième dimanche après l'Epiphanie.)

Ensuite Calvin:

Au reste, pource que Christ commande d'enseigner avant de baptizer, et veut qu'on recoyve au Baptesme les croyants seulement, il semble que le Baptesme n'est point administré comme il appartient, si la foy ne va devant. (*Commentaires sur l'harmonie des évangiles*, p.758, passage commentant Mt 28.)

Zwingli a aussi maintenu que le baptême reposait sur la foi et n'avait pas de sens sans elle *(Works,* vol. 4, p. 191); il pensait qu'il devrait être repoussé jusqu'à l'âge de raison (Vadian II, p. 231). «Rien, disait-il, ne m'afflige plus que d'avoir, à l'heure actuelle, à baptiser des enfants, car je sais que cela ne devrait pas être fait» (Quellen IV, p. 184). Avec une honnêteté louable, il admettait que «Si, cependant, je devais abandonner cette pratique, alors je crains que je perdrais ma prébende [mon salaire].» Cependant, le fait qu'il voyait le baptême, tout comme la Sainte Cène, comme un pur symbole sans aucune valeur ou effet «sacramentels», lui permit de changer plus facilement d'avis ultérieurement.)[1]

Pourquoi donc aucun des réformateurs n'a-t-il pratiqué ce que tous prêchaient? La réponse est d'une simplicité qui dérange. Ils s'opposaient à une autorité ecclésiastique avec l'autorité biblique, mais ils dépendaient également de l'autorité *civile* pour qu'elle les aide. Le succès de la Réforme reposait sur cette alliance entre l'Eglise et l'Etat, bien que ce pacte ait revêtu des formes très différentes en Allemagne et en Suisse. Il s'ensuivit que la confusion entre citoyenneté de l'Etat et appartenance à l'Eglise se perpétua.

Il est impossible de conserver une Eglise «nationale» sans y accueillir tous ceux qui sont nés dans cette nation. Le baptême devient un sceau d'alliance, signe par lequel est reconnue la qualité civilo-religieuse de membre d'une nation considérée comme un «nouvel Israël» aux yeux de Dieu. (Cela est clairement expliqué dans le livre de Johannes Warns, *Baptism* [Paternoster Press, 1957], qui a pour sous-titre: «Etudes sur le baptême chrétien original, son histoire et ses conflits, sa relation à une Eglise d'Etat ou nationale et sa signification pour le temps présent».)

Voilà la raison «positive»; mais il y en avait aussi une négative. Ce que les réformateurs avaient prêché commença à être mis en pratique par d'autres! Ceux qui avaient été baptisés bébés, sans foi, se mirent à chercher un «re-baptême» de croyant (on leur donna le surnom «anabaptistes», du grec *ana* = à nouveau). Au début, on ne vit en cela qu'un acte de déloyauté vis-à-vis de l'Eglise (c'est encore le cas!) et de ceux qui cherchent à la réformer de l'intérieur (ils y sont encore!). Mais quand on prit conscience que le baptême de croyants comportait le concept d'une Eglise «rassemblée» (par distinction avec l'église «nationale») et totalement séparée des autorités civiles, le re-baptême fut associé à la trahison contre l'Etat, en particulier un Etat qui était devenu «officiellement» «protestant». Cela a conduit à une réaction contre le baptême de croyants et à la persécution de ceux qui étaient re-baptisés (la punition par la noyade est une tache indélébile sur le souvenir des réformateurs suisses).

Le baptême des croyants fut alors à nouveau supprimé, quoi qu'avec moins de succès cette fois-ci. De nombreux groupes «anabaptistes» devinrent excentriques et extrémistes quand ils furent obligés de s'isoler, mais ils eurent une influence durable. En Angleterre et dans les Pays-Bas, le concept d'une Eglise «rassemblée», indépendante de l'Etat, prit fermement racine; les tentatives pour la supprimer ont poussé les Pilgrim Fathers à l'emmener avec eux dans le Nouveau Monde, ce qui permet de comprendre pourquoi l'Amérique n'a jamais eu de religion «établie», tout en se considérant comme une nation chrétienne – et pourquoi les Eglises baptistes et pentecôtistes sont si fortes et acceptées socialement. Mais nous allons trop vite...

CONSIDÉRATIONS THÉOLOGIQUES

Comment les principaux réformateurs ont-ils pu justifier leur revirement complet sur le sujet du baptême, que ce soit devant leur propre conscience ou devant leurs adeptes? Bien sûr, il leur fallait trouver quelque justification biblique ou théologique pour perpétuer une pratique médiévale. Luther, sans grande conviction, avança l'argument qu'il était impossible de dire qu'un bébé n'avait pas la foi, mais il ne résolut jamais le dilemme. Pour Calvin, l'aide était à portée de main. Le successeur de Zwingli à Zurich, Bullinger, s'est présenté avec un concept totalement nouveau en théologie – il prit les nombreuses alliances de la Bible (notez le pluriel en Rm 9.4), les réunit toutes en une qu'il appela «l'alliance de grâce» (expression qui ne se trouve nulle part dans les Ecritures). La continuité entre l'«ancienne» et la «nouvelle» alliance fut soulignée à tel point que leur discontinuité essentielle en fut neutralisée. Ce qui est plus significatif, l'entrée dans les deux alliances était essentiellement identique: elle se faisait normalement par héritage au travers de l'ascendance physique de personnes déjà dans l'alliance. Le baptême pouvait alors être vu comme une transmutation directe de la circoncision, à appliquer au même âge. Bien sûr, «demeurer» dans l'alliance exige de l'enfant chrétien qu'il réponde plus tard par la foi en Christ, comme il était exigé de l'enfant juif qu'il obéisse plus tard à la loi; mais ils étaient tous deux dans l'alliance par leur naissance et pouvaient donc prétendre aux «signe et sceau» physiques et cette alliance.

Cette théologie «de l'alliance» étant maintenant si répandue et si communément employée pour justifier aujourd'hui le baptême des bébés (par exemple, par la majorité des réformés et quelques anglicans, dont la plupart font partie de l'aile évangélique de cette Eglise), il nous faut apporter quelques appréciations critiques avant de nous tourner vers d'autres variantes de théorie et de pratique.

La théologie de l'alliance: lien entre le baptême des bébés et la circoncision

Le plus gros problème au niveau théologique est l'accent biblique sur la discontinuité entre l'ancienne et la nouvelle alliance, cette dernière rendant la première caduque (Hé 8.13 est rarement cité par les tenants de cette théologie; remarquez aussi l'emploi de «non comme» en Jr 31.32). En particulier, l'ancienne alliance était collective, alors que la nouvelle est individuelle. Ce changement majeur avait été prédit par les prophètes de l'Ancien Testament (Jr 31.29-30; Ez 18.1-32; Jl 3.5), mais il a été encore plus clairement prêché par les apôtres dans le Nouveau Testament («chacun de vous» en Ac 2.38 est typique). Il y a un «quiconque» au cœur de l'évangile (Jn 3.16; Rm 10.10-13). Tant Jean que Jésus ont fait tout ce qui était possible pour répudier tout droit héréditaire à une place dans le royaume de Dieu (Mt 3.9; Jn 8.39). C'est la naissance spirituelle qui est la qualification et non pas la naissance physique.

Dans le Nouveau Testament, le baptême n'est jamais assimilé à la circoncision, omission étonnante au vu de toute la controverse des premiers chrétiens sur ce rite juif (Col 2.9-12 n'est pas une exception; voir le chapitre 25) et à la lumière du fait que ces deux actes étaient «physiques».

APPENDICE 1   LE BAPTÊME D'ENFANT

S'il y avait quelque parallèle, ce ne pourrait être qu'avec la circoncision d'Abraham qui est venue *après* qu'il eut cru, comme un «sceau» placé sur sa foi, faisant de lui le «père de tous ceux qui croient», qu'ils soient ou non circoncis (Rm 4.9-12; remarquez qu'il n'est jamais dit des croyants qu'ils ont pris part à «l'alliance» faite avec Abraham). Les circoncisions ultérieures de ses descendants n'étaient pas des «sceaux» sur leur foi, puisqu'elles étaient faites avant qu'ils croient, si jamais ils finissaient par croire; elle était un gage de la promesse qui s'accomplirait un jour pour *l'un* d'eux (la «descendance» d'Abraham, au singulier – Ga 3.16). Christ, en accomplissant la «lignée» de la promesse, rendit le rite caduc pour des fins spirituelles, mais il peut encore être désirable parfois pour des raisons sociales (comme dans le cas de Timothée, même s'il avait déjà été baptisé – Ac 16.3).

Que ceux qui prêchent le baptême «d'alliance» pour les bébés le pratiquent! Cela veut dire, d'une part, qu'il faut renoncer à la pratique d'un baptême sans discrimination. Il faut, en particulier, que les parents soient eux-mêmes croyants, surtout le père comme chef de la famille (le remplacement par des «parrains et marraines» avec leurs vœux en substitution ne peut satisfaire aux exigences de l'alliance). En outre, à la lumière de la thèse présentée dans ces pages, les parents devraient avoir reçu l'Esprit. D'autre part, les baptêmes faits hors de l'alliance, quand les parents n'étaient pas croyants – probablement la grande majorité des baptêmes d'enfants de nos jours – doivent être répudiés et répétés. Il faut dire aux personnes qu'elles n'ont pas reçu un baptême chrétien et doivent être re-baptisées, puis procéder à ce re-baptême. Je rencontre de plus en plus de membres du clergé qui décourageront les parents non croyants (peu ont le courage de refuser) – mais peu, très peu, qui «re-baptiseraient» les millions qui sont passés entre les mailles du filet, montrant par là qu'ils acceptent encore la validité d'un baptême sans discrimination, même s'ils ne le pratiquent pas eux-mêmes.

Ces anomalies tant dans les principes que dans la pratique du baptême d'alliance des bébés, jointes au fait que sa théologie ne remonte qu'à une seule source, vieille seulement de quatre cents ans, soulèvent la question de savoir si, en fait, il ne s'agit pas d'une rationalisation brillante plutôt que d'une raison biblique. Si cela était aussi clairement enseigné dans le Nouveau Testament que le prétendent ses défenseurs, ce point de vue aurait dû surgir spontanément partout où la Bible est étudiée; en fait, il n'est tenu que par ceux qui ont été influencés par la branche «réformée» de la Réforme et à qui on a enseigné où le trouver dans les Ecritures. Le secrétaire général de la Société Biblique Britannique, qui est anglican, m'a dit une fois que les récits de situations où des Bibles sont parvenues à des personnes sans interprète missionnaire montrent que les communautés chrétiennes qui en ont résulté pratiquent toutes le baptême de croyants.

L'héritage confus des réformateurs concernant le baptême d'eau n'est pas sans rapport avec leur échec à redécouvrir le baptême de l'Esprit, ou même des vérités plus générales concernant l'Esprit Saint. Ils ont été forts sur l'œuvre de la seconde personne de la Trinité, mais faibles sur la troisième (dans *l'Institution de la religion chrétienne* de Calvin il n'y a que quelques pages sur l'Esprit Saint et une soixantaine sur la loi de Moïse; c'est peut-être la raison pour laquelle ses partisans sont tellement enclins au légalisme). Le baptême d'eau et le baptême de l'Esprit étant si étroitement liés, quoique jamais confondus, dans le Nouveau Testament (cf. Mt 3.16; Ac 19.2-3), il n'est guère surprenant que la façon dont les réformateurs ont traité l'un ait conduit à un angle mort sur l'autre. L'intégralité de l'initiation chrétienne n'ayant pas été restaurée, le problème du baptême des bébés restait ouvert à des incompréhensions supplémentaires.

APPENDICE 1 LE BAPTÊME D'ENFANT

Grâce prévenante et baptême des bébés

Le dernier argument théologique à considérer est relativement récent. Cette fois-ci le point de départ est la «grâce prévenante», vérité précieuse en soi, qui souligne l'initiative divine dans le salut, ce que Calvin a eu raison de mettre en avant. Dieu nous aime avant que nous l'aimions, nous cherche avant que nous le cherchions, nous appelle avant que nous l'appelions et a envoyé son Fils sur la terre pour que nous puissions devenir ses fils dans le ciel. Jésus l'a magnifiquement résumé: «Nul ne peut venir à moi, si le Père qui m'a envoyé ne l'attire...» (Jn 6.44).

Pour certains, le baptême est devenu l'expression parfaite de cette vérité. On le considère donc comme *plus* approprié à des bébés qu'à des croyants, soulignant comme il le fait que c'est «lorsque nous étions encore sans force» que Christ est mort pour nous (bien que Paul pensât vraisemblablement à une faiblesse morale plutôt que physique – Rm 5.6). Dieu entre dans notre vie avant que nous entrions dans la sienne. Le récit de Jésus bénissant les enfants est un point de référence favori de ceux qui épousent cette façon de voir (bien que l'on ne souligne pas toujours que les enfants n'étaient plus des bébés et qu'ils étaient amenés par leurs pères plutôt que par leurs mères – Mt 19.13); il est souvent lu, et parfois comme le seul passage des Ecritures, lors des baptêmes de bébés.

Cette interprétation, commune chez les méthodistes (voir en particulier W. F. Flemington, *The New Testament Doctrine of Baptism* [SPCK, 1948], chapitre 10) et chez les Congrégationalistes, est particulièrement agréable pour ceux qui ont embrassé l'universalisme – croyance selon laquelle, à la fin, tout le monde sera sauvé, dans le monde à venir si ce n'est pas dans celui-ci. Elle voit dans la croix une rédemption «cosmique», d'une *efficacité* et d'une portée universelles.

L'évangile est alors la proclamation que la totalité de la race humaine a été «libérée», le baptême déclare que toute personne née dans cette race a le «droit» de jouir de cette liberté et, en théorie, en jouit déjà.

La principale objection à cette approche de la «grâce prévenante» est que le Nouveau Testament considère le baptême comme le sacrement de la grâce *que l'on s'est appropriée* plutôt que celui de la grâce prévenante. C'est le point de rencontre de la grâce et de la réponse volontaire et consciente (dans la repentance et la foi) d'un pécheur reconnaissant réagissant à la bonne nouvelle que l'expiation de Christ est pleinement suffisante. C'est un acte *à la fois* divin et humain, et il ne peut être entrepris par substitution à la place d'un autre (voir le chapitre 24).

DIFFICULTÉS CONCERNANT LE BAPTÊME DES BÉBÉS

Voici donc les trois raisons théologiques fondamentales données en faveur du baptême des bébés: le péché originel, le droit de naissance d'alliance et la grâce prévenante. L'Eglise anglicane (*Church of England*) contient un mélange (certains diraient un «fouillis» typiquement anglais) des trois. La «haute» Eglise (*High Church*) retiendrait le point de vue catholique d'une «régénération baptismale» (celle que reflète la liturgie du Book of Common Prayer). L'Eglise «large» (*Broad Church*) soulignerait la grâce et l'amour de Dieu, accueillant le dernier-né dans sa «famille». La «basse» Eglise (*Low Church*) refléterait la période puritaine/presbytérienne de l'histoire anglicane, se servant des concepts «d'alliance» pour justifier une présence évangélique dans une Eglise «établie». Le problème pratique majeur rencontré par l'aile évangélique est que les deux autres positions (catholique et

APPENDICE 1 LE BAPTÊME D'ENFANT

libérale) engendrent inévitablement la pratique du baptême sans discrimination, qu'ils abhorrent tant, mais dont la hiérarchie supérieure se fait largement l'avocat. Pour un observateur impartial, il semble que les anglicans ne soient d'accord que sur leur détermination à défendre la pratique du baptême des bébés, quelle que soit la réponse trouvée pour la justifier! Une fois encore, cela ressemble plutôt à une rationalisation de la tradition qu'à la réalisation de la vérité. Comme nous l'avons déjà vu, il serait presque impossible de maintenir une Eglise «nationale» sur la seule base du baptême des croyants – ce qui est peut-être l'argument réel, indépendamment de la rationalisation.

Cependant, ces trois courants (catholique, libéral et évangélique – tant dans l'anglicanisme qu'à l'extérieur) sont touchés aujourd'hui par le «renouveau charismatique». La redécouverte du baptême de l'Esprit conduit à une appréciation renouvelée du baptême d'eau (inversant le schéma de la Réforme sur ce sujet). L'expérience personnelle de l'Esprit Saint renouvelle l'intérêt pour les Ecritures et restaure la confiance en celles-ci. Il en résulte un désir très répandu de voir le baptême d'eau «restauré» à sa signification et à son mode originaux – bien que, on le comprend, cela ait été entrepris plus promptement par les laïcs que par le clergé, dont la vocation est centrée sur l'administration des sacrements.

Le principal dommage occasionné par le baptême sans discrimination est de donner l'impression fausse d'une sécurité spirituelle à ceux qui le reçoivent, et qui sont souvent étrangement résistants aux appels ou défis ultérieurs (comme s'ils étaient vaccinés contre l'évangile). Mais un mal est également occasionné par le baptême des bébés «avec discrimination» – principalement en changeant la «signification» de l'événement. Qu'il soit vu comme la rémission du péché originel, la reconnaissance du droit de naissance de l'alliance ou la révélation de la grâce prévenante, le baptême ne porte plus la signification du rite néo-testamentaire. De nombreux «pédobaptistes» admettent ouvertement qu'il est impossible d'appliquer l'enseignement du Nouveau Testament au baptême d'un bébé sans en faire un acte purement symbolique ou manifestement magique. Au lieu de se servir de l'un des trente passages du Nouveau Testament sur le baptême, on a recours à des doctrines trouvées ailleurs dans les Ecritures, en particulier dans l'Ancien Testament, qui ne mentionne pas une fois le baptême.

Il y a un effet encore plus grave. Non seulement la signification du baptême est en général modifiée, mais le bébé est aussi par là privé de la possibilité ultérieure de demander un baptême revêtu de la véritable signification néo-testamentaire, en supposant que l'Eglise continue à interdire le re-baptême, ce qu'elle fait encore officiellement, quoique les instances locales commencent à lâcher du lest. Quand une personne se repentira plus tard de ses péchés et croira au Sauveur, il lui sera interdit d'exprimer son désir de purification de la manière parfaitement naturelle et tout à fait scripturaire. Elle ne connaîtra donc pas cette purification divine dont le sacrement est le médiateur, et ceci au moment même où elle en aurait le plus besoin – tout cela parce que ses parents l'ont soumise à une cérémonie mettant en jeu quelques gouttes d'eau et une formule orale, alors qu'elle-même n'avait aucune part active à jouer.

Le divorce complet entre le baptême et la volonté de son principal protagoniste est peut-être l'aspect le plus gênant de ce changement de perspective. Le baptême des bébés retire en fait *tout* choix! Quelqu'un qui a été baptisé bébé peut être convaincu ultérieurement que le baptême des croyants est juste, mais il lui est interdit d'obéir à sa conscience, sous peine d'offenser son Eglise. Inversement, quelqu'un qui

APPENDICE 1 LE BAPTÊME D'ENFANT

n'a pas été baptisé bébé peut, plus tard dans l'existence, être convaincu qu'il aurait dû l'être – pourtant il n'y a pas de moyen qu'il le soit alors! De tels dilemmes ne seraient jamais apparus si l'Eglise avait continué fermement dans la doctrine des apôtres.

C'est pour toutes ces raisons que, dans la partie principale de ce livre, je n'ai fait aucune tentative pour intégrer le baptême des bébés – que Luther appelait avec candeur baptême des «incroyants» – dans une doctrine complète de l'initiation chrétienne, bien que je ne l'aie certainement pas ignoré (le lecteur est renvoyé en particulier aux chapitres 4, 19, 22, 24, 25 et 34). J'espère, cependant, que les lecteurs pédobaptistes seront quand même capables de profiter de l'enseignement sur la repentance, la foi et le baptême de l'Esprit. J'espère, en outre, que les pédobaptistes étudieront à fond le plaidoyer des credobaptistes en faveur du baptême des croyants. En plus des ouvrages mentionnés précédemment, ceux qui suivent apportent une contribution significative au débat: Karl Barth, *The Teaching of the Church Regarding Baptism* (SCM Press, 1948); G. R. Beasley-Murray, *Baptism Today and Tomorrow* (Macmillan, 1966); A Gilmore (éd.), *Christian Baptism* (Lutterworth, 1959); David Kingdon, *Children of Abraham* (Carey, 1973); R. E. O. White, *The Biblical Doctrine of Initiation* (Hodder & Stoughton, 1960),

---

[1] N.d.T.: les citations de Zwingli sont données avec des références insuffisantes pour qu'il nous soit possible de les retrouver dans d'éventuelles éditions en français de ces ouvrages (par ailleurs fort rares), nous les avons donc traduites nous-mêmes.

APPENDICE 2

«ESPRIT» SANS L'ARTICLE DÉFINI

Le Nouveau Testament grec n'emploie pas toujours l'article défini («le, l', du») quand il parle de l'Esprit Saint. Par exemple, il dit à la fois «le don du Saint-Esprit» (Ac 2.38) et «ils furent tous remplis d'Esprit Saint» (Ac 2.4).

R. Young (dans la préface de sa *Literal Translation of the New Testament*) a souligné que la présence ou l'absence de l'article défini était en soi un trait significatif de la parole inspirée et devait se refléter dans les traductions (on peut s'étonner de ce qu'il ait ensuite ignoré son propre principe en traduisant les déclarations concernant l'Esprit Saint!).

La question fondamentale est de savoir si la présence ou l'absence de l'article est une question purement *grammaticale* et stylistique, ou possédant un contenu *théologique* par le fait qu'elle donne une signification ou un accent particuliers.

Certains spécialistes ont trouvé une solution logique à la question dans la construction des phrases. Par exemple, le grec a tendance à laisser tomber l'article après une préposition. La même tendance se retrouve dans des phrases qui emploient un datif instrumental.

Il y a cependant des anomalies grammaticales. La première mention d'un sujet personnel ou d'un objet impersonnel est en général anarthre (sans l'article) alors que les mentions suivantes ne le sont pas (par ex. «Il a acheté une Rolls» sera suivi de «Il a pris *la* Rolls pour faire un tour dans la campagne» et «Il a cassé *la* Rolls»). Cette habitude caractéristique en grec, comme en français, est rompue à de nombreuses reprises dans le Nouveau Testament quand il est question de (l')Esprit.

Il est vrai, comme James D. G. Dunn l'a noté dans son livre, *Baptism in the Holy Spirit* (SCM Press, 1970), p. 68ss., que neuf situations dans les livres Luc/Actes ont les deux formes pour décrire le même événement (par ex. Ac 1.5 dit: «vous serez baptisés dans Esprit Saint», alors que Ac 1.8 dit: «...quand l'Esprit Saint surviendra sur vous»). Pourtant, il ne s'arrête pas pour se demander si les constructions différentes pourraient, en fait, souligner deux aspects différents du même événement.

Il existe toute une longue tradition de biblistes qui ont découvert des raisons aux variations dans le contenu aussi bien que dans la construction de ces déclarations; c'est-à-dire que la présence ou l'absence de l'article est significative pour le sens comme pour la grammaire!

En 1881, l'évêque B. F. Westcott a réimprimé ses Notes sur l'évangile de Jean, écrites à l'origine pour «The Speaker's Commen- tary»).[1] Sur Jn 7.39 («L'Esprit n'était pas encore donné...») il commente:

L'adjonction du mot *donné* exprime la véritable forme de l'original dans lequel *Esprit* n'a pas l'article [*houpo hen pneuma*]. Quand le terme apparaît sous cette forme, il indique une opération, une manifestation ou un don de l'Esprit, et non la personne de l'Esprit. Comparez 1.33; 20.22; Mt 1.18, 20; 3.11; 12.28; Lc 1.15, 35, 41, 67; 2.25; 4.1. (*Gospel of St. John* [Murray, 1903], p. 123; la translittération est mienne).

En 1909, dans son livre *The Holy Spirit in the New Testament* (Macmillan, 1909), p. 395, H. B. Swete a consacré tout un Appendice à cette question. Il conclut: «La règle de Middleton semble tenir bon; alors que *to pneuma to hagion*

APPENDICE 2 «ESPRIT» SANS L'ARTICLE DÉFINI

ou *to hagion pneuma* est l'Esprit Saint considéré comme une personne divine, *pneuma hagion* est un don ou une manifestation de l'Esprit dans sa relation avec la vie de l'homme» (les translittérations sont miennes).

Le docteur S. G. Green, dans son livre *Handbook to the Gram- mar of the New Testament,* p. 189, établit la même chose: «Le substantif Esprit Saint exige l'article quand c'est de lui-même qu'on parle; mais quand on fait référence à ses actions, dons ou manifestations dans les hommes, l'article est presque sans exception omis.»

Bien plus récemment, D. Pitt Francis écrivit un article intitulé *«The Holy Spirit – a Statistical Enquiry»* (L'Esprit Saint – une enquête statistique) dans *l'Expository Times,* Vol. 96, NV1/2 5 (Février 1985), p. 136. En classant les quatre-vingt-neuf références à «Esprit Saint» dans le Nouveau Testament, il est arrivé à la conclusion «que les références à la «puissance" (49) ne contiennent pas l'article défini, mais que les références à l'Esprit Saint en tant que personne (40) l'ont invariablement». Il prétend qu'un «test du khi carré [test bien connu en statistique]... avec six degrés de liberté donne une valeur significative de 85,228». Pour le profane, cela signifie que la présence ou l'absence de l'article défini considérée comme un simple «coup de chance», sans aucune signification, se produit moins d'une fois sur mille!

La distinction, commune à de nombreux spécialistes, entre la «personne» et la «puissance» de l'Esprit est en général confirmée par le contenu ou le contexte des textes étudiés.

Avec l'article

L'Esprit descend (3x), est répandu (3x), survient sur (2x), est envoyé par le Père (2x), repose sur, est donné. L'Esprit parle (19x), enseigne (2x), rend témoignage (5x), sonde, connaît. Des choses sont communiquées par, déclarées par (2x), dites par, révélées par. Des personnes viennent par, sont saisies par, envoyées par (2x), averties par, placées par et liées dans l'Esprit. L'Esprit ne permet pas. On peut blasphémer contre (4x), parler de, mentir à, mépriser, tenter, étouffer, résister à, avoir des désirs contraires à (2x), attrister, semer pour, moissonner de, sembler bon à. Une personne peut être scellée de, lavée par, justifiée par, sanctifiée par (2x), puissante par et se réjouir dans l'Esprit. L'Esprit a ressuscité Jésus, nous aide dans nos infirmités et souffle où il veut. Il est l'Esprit du Seigneur, de son Fils, de vérité (3x), le même Esprit (3x), et le Seigneur c'est l'Esprit. L'Ecriture parle du nom de, de la puissance de, de la promesse de, du don de (2x), de la consolation de, des prémices de, de la pensée de, de l'amour de, des choses de, du temple de, des manifestations de, de l'assistance de, de l'unité de, du fruit de, des arrhes de (2x) et de la communion de (2x) l'Esprit Saint.

Sans l'article

Baptisé dans (7x), rempli avec (10x; Ac 4.31 n'a pas l'article dans le texte majoritaire),[2] plein de (4x), oint de, avoir, ne pas avoir, avoir commencé dans, enceinte par/né de (4x), dans Esprit (3x), Esprit dans (2x), demeurer dans (3x), amour dans (2x), signes et prodiges dans, démonstration de, rendant témoignage par les dons de, démons chassés dans la puissance de, révélé par, parler en (2x), prier dans, adorer en, enseigner par, déclarer selon, s'offrir par, écrit avec (2x), renouvelé par, sanctifié par, participant de, vivant dans, marchant dans (2x), attendre par, faire mourir par, en espérance par la puissance de; justice, paix et joie en; conscience rendant témoignage par Esprit.

Il existe quelques exceptions dans chacune des deux listes (sept textes seulement au total, dont certains émanant de manuscrits à l'authenticité douteuse); mais le schéma général semble clair.

APPENDICE 2   «ESPRIT» SANS L'ARTICLE DÉFINI

Les deux formes sont librement (et presque en nombre égal) utilisées en Romains 8; celles-ci aussi pourraient être répertoriées de la même façon. *Avec* l'article (9x), l'accent est placé sur ce que l'Esprit est – la loi de (v. 2), les tendances de (vv. 5, 6), les prémices de (v. 23), l'intention de (v. 27); et sur ce que l'Esprit fait – a ressuscité Jésus (v. 11), rend témoignage (v. 16), vient au secours de notre faiblesse (v. 26), intercède (v. 26). *Sans* l'article (8x), l'accent est mis sur ce que nous avons – nous sommes sous son emprise (v. 9), il habite en nous (v. 9), nous l'avons/ne l'avons pas (v. 9), il nous habite (v. 11); et sur ce que nous pouvons faire en lui – marcher selon lui (v. 4), vivre selon lui (v. 5), faire mourir les actions du corps par lui (v. 13) et être conduits par lui (v. 14).

Conclusions

En résumé, la présence de l'article défini attire l'attention sur les activités et les attributs objectifs de la *personne*, selon une direction «de haut en bas» de l'action de Dieu sur des personnes; l'absence de l'article défini attire l'attention sur l'expérience et l'habilitation subjectives de la *puissance*, avec une direction «de bas en haut» de personnes agissant pour Dieu. La différence porte plutôt sur le degré que sur l'espèce, si bien qu'il ne peut être tiré de ligne inflexible entre les deux; mais la nuance est sensible.

La conclusion erronée que l'on pourrait tirer de cette tendance serait de dire qu'il y a deux «réceptions» de l'Esprit. Les pentecôtistes comme les évangéliques ont exploré cette voie de réconciliation; et elle fournirait une solution commode aux tensions qui existent entre eux! Croire qu'un disciple reçoit la personne de l'Esprit à la «conversion» (c-à-d. au moment de la foi), de façon automatique et en général inconsciente, et qu'il reçoit ensuite la puissance de l'Esprit, plus tard et de façon consciente (lors de ce que les pentecôtistes appellent «*le* baptême de l'Esprit» et les évangéliques «*un* baptême de l'Esprit» – autre situation où la présence ou l'absence de l'article défini est significative théologiquement!) serait une solution élégante. Certains ont essayé de faire reposer cette double «réception» sur les deux mentions où les apôtres ont reçu l'Esprit (Jn 20.22 et Ac 1.8); mais on peut sérieusement douter qu'ils aient reçu quoi que ce soit la première fois (voir le chapitre 13).

Le fait demeure cependant que le Nouveau Testament semble n'enseigner qu'une seule «réception» de l'Esprit Saint – celle de la *personne avec puissance*. A ce propos, il est intéressant de remarquer que «baptisé dans Esprit Saint» est à 100% sans l'article; «rempli de» l'est à 92% et «recevoir» l'est à 75%. L'accent est donc clairement placé sur les aspects subjectifs et évidents. Recevoir (l') Esprit est une expérience accompagnée de manifestations (voir le chapitre 5); bien que cette façon de comprendre ne dépende pas de la présence ou de l'absence de l'article défini, elle ne s'en trouve pas moins confirmée par cet usage.

Cela nous aide également à comprendre l'enseignement ambigu, sinon paradoxal, du Nouveau Testament sur ce sujet – avec son alternance entre «*le* Saint Esprit», véritable personne qui pense, ressent, agit et parle comme nous, et «Saint Esprit», force impersonnelle qui souffle comme le vent, se déverse comme l'eau et se répand comme l'huile. Etre «baptisé dans Esprit Saint» consisterait davantage à ressentir l'influx d'une énergie impersonnelle qu'à faire pour la première fois la connaissance d'une personne. Dans l'expérience existentielle, la prise de conscience de la puissance, chez le croyant, a toutes les chances de précéder celle de la présence; dans l'enseignement intellectuel, c'est généralement l'inverse!

APPENDICE 2 «ESPRIT» SANS L'ARTICLE DÉFINI

[1] N.d.T.: Il s'agit d'une série de commentaires bien connue à la fin du siècle dernier.

[2] N.d.T.: Le texte grec du Nouveau Testament qui a été le plus utilisé pour les versions modernes est celui de Nestlé et Aland. Ce n'est pas de ce texte qu'il s'agit ici, mais d'un corps de manuscrits qui diffère sur plusieurs points de celui de Nestle et qui a la faveur d'un nombre croissant de commentateurs et d'exégètes.

APPENDICE 3

TRINITÉ OU TRI-THÉISME?

La principale objection doctrinale à ma thèse de base a trait à ma façon de concevoir la Divinité. Parce que je sépare «croire en Jésus» de «recevoir l'Esprit» (à la fois théologiquement et chronologiquement), on m'accuse de compromettre l'unité de la Trinité, en frisant le tri-théisme (croyance en trois Dieux). En termes simples, les critiques posent la question: Comment est-il possible de recevoir une Personne divine sans les deux autres, puisqu'elles sont toutes trois les unes «dans» les autres?

Je pourrais dire que les auteurs apostoliques sont eux-mêmes passibles de la même accusation, si ma thèse est une véritable explication de leur enseignement (la question de Paul aux disciples d'Ephèse en Ac 19.2 par exemple – voir le chapitre 20).

Historiquement, c'est un fait que les apôtres sont venus à une relation avec les trois Personnes divines successivement. En tant que Juifs, ils avaient connu le Père (quoiqu'ils n'auraient jamais osé l'appeler ainsi); ils ont ensuite rencontré le Fils (tout en ne s'en rendant pas compte de prime abord); enfin, ils ont reçu l'Esprit (bien qu'il ait été «avec» eux incognito – voir le chapitre 12). Il y a même eu, entre l'Ascension et la Pentecôte, une période de dix jours où ils n'ont eu «avec» eux ni le Fils ni l'Esprit. Pourtant, pendant ce temps-là, ils priaient le Père (sans doute conformément à Luc 11.13), probablement au nom de Jésus (Jn 16.23) qui avait déjà commencé son ministère d'intercession pour eux (Jn 14.16; cf. Ac 2.33; Hé 7.25).

Mais tout ceci se passe avant la Pentecôte. Or ma position part de l'hypothèse que l'évangélisation telle qu'elle a été pratiquée après la Pentecôte est la norme. Il faut pour cela prendre aussi en compte les déclarations prophétiques de notre Seigneur avant et après sa mort. Par exemple, il a dit qu'il allait «partir» et envoyer quelqu'un d'autre prendre sa place (Jn 16.7), et pourtant il a promis à ses disciples sa présence permanente auprès d'eux (Mt 28.20)! Il a dit que l'Esprit viendrait habiter en eux (Jn 14.17), et pourtant il a aussi promis que le Père et lui-même en feraient autant (Jn 14.23)! En fait, les déclarations de Jésus concernant sa nouvelle «venue» pourraient s'appliquer à sa résurrection, à la Pentecôte ou à sa Parousie à la fin des temps (que le lecteur étudie l'ambiguïté dans Jn 14.18ss.; 16.22).

Le seul moyen de résoudre le paradoxe, c'est de croire qu'en même temps que l'Esprit est venu en eux à la Pentecôte, le Père et le Fils ont également élu résidence en eux – tout en restant aussi à l'extérieur d'eux.

En termes simples – *quand l'Esprit vient, le Père et le Fils viennent également.* Dans un sens très réel, toute la Trinité habite dans le disciple initié, dont on peut dire qu'il a l'Esprit en lui (ou qu'il est «dans l'Esprit», ce qui est moins fréquent dans le Nouveau Testament), qu'il a Christ en lui (Ga 2.20, Col 1.27 où «vous» est un pluriel; mais remarquez que cet emploi est rare dans le Nouveau Testament où les apôtres emploient davantage la phrase inverse, «en Christ») et qu'il a le Père en lui (que ce soit individuellement ou collectivement, les croyants sont le «temple de Dieu»).

Puisque c'est ce que je crois, pourquoi me soupçonnerait-on d'avoir des vues hétérodoxes, sinon hérétiques, de la Trinité? C'est parce qu'il reste une nette divergence

APPENDICE 3   TRINITÉ OU TRI-THÉISME?

d'opinions concernant le stade de l'initiation où la Divinité «fait sa demeure» chez le croyant.

L'évangélisme traditionnel et le pentecôtisme classique persistent à employer le terme (non biblique, à mon sens) de «recevoir Jésus» pour le *deuxième* stade, «croire en Jésus» (ceci sur la base d'une mauvaise interprétation d'un seul verset, Jn 1.12, dont ils transfèrent l'application de la phase historique, où il était dans la chair, à la phase contemporaine, où il est dans l'Esprit – voir les pages *** pour une réfutation de cette erreur). Sur cette prémisse, ils m'accusent d'enseigner *deux* «réceptions» distinctes de Jésus et de l'Esprit, dont ils disent à juste titre qu'ils sont à ce point «un» que l'un ne peut être reçu sans l'autre.

Je suis d'accord avec cette dernière affirmation, mais mon opinion diverge sur le moment où cette double (ou plutôt triple) «habitation» commence. Au lieu du point de vue traditionnel qui veut que l'Esprit soit reçu quand Christ est «reçu», je mets les choses dans l'autre sens: Christ est reçu (ainsi que son Père) quand l'Esprit est reçu. Cela place le moment de l'entrée au *quatrième* stade au lieu du second, mais garde la Trinité unie!

Ce n'est pas couper les cheveux en quatre, car il y a d'énormes implications pastorales (pensez au dommage causé par le fait de dire à une personne qu'elle est «habitée» avant que ce ne soit réellement vrai!). Certains lecteurs n'envisageront même pas la possibilité de ré-étudier leur position de peur des répercussions!

Néanmoins, il apparaît effectivement que la prédication et la pratique des apôtres aient été d'encourager les personnes en recherche à entrer dans cette relation d'habitation avec le Père, le Fils et l'Esprit, et à en jouir, en «recevant» la *troisième* personne de la Trinité au cours d'une expérience étayée de manifestations, comme cela avait été le cas pour eux le jour de la Pentecôte (que le lecteur qui remet cela en question fasse une étude soignée de l'exégèse présentée aux chapitres 7-30). C'était le point culminant de la nouvelle naissance, la réponse de Dieu à ceux qui avaient répondu à l'évangile par la repentance, la foi et le baptême.

www.davidpawson.com

www.davidpawson.org

www.ingramcontent.com/pod-product-compliance
Lightning Source LLC
Chambersburg PA
CBHW071213080526
44587CB00013BA/1351